Bogdan Musial

»Konterrevolutionäre Elemente sind zu erschießen«

Bogdan Musial

»Konterrevolutionäre Elemente sind zu erschießen«

Die Brutalisierung des deutsch-sowjetischen Krieges im Sommer 1941

Propyläen

1. Auflage August 2000
2. Auflage Februar 2001

Propyläen Verlag

Satz: Utesch GmbH, Hamburg
Druck und Verarbeitung: GGP Media, Pößneck
ISBN 3 549 07126 4
Printed in Germany 2001

Inhalt

Einleitung

Die europäische Geschichte des 20. Jahrhunderts wurde von zwei totalitären Systemen entscheidend geprägt, dem kommunistisch-sowjetischen und dem nationalsozialistischen. Beide waren schreckliche Erfahrungen. Doch in der kollektiven Erinnerung stehen nach wie vor die NS-Vergangenheit und die NS-Verbrechen im Vordergrund. Insbesondere der Völkermord an den europäischen Juden erschüttert aufgrund seines anscheinend irrationalen Charakters, der eigens errichteten Tötungsfabriken, der rassischen Dimension und der unvorstellbaren Brutalität bis heute das Gewissen. Daß auch die sowjetischen Kommunisten ungeheuerliche Verbrechen begingen, wird in der breiten Öffentlichkeit kaum wahrgenommen: Ihre Untaten werden von den nationalsozialistischen überschattet.

Da die Nationalsozialisten, die »nur« zwölf Jahre regierten, den von ihnen angezettelten Krieg verloren, hatten sie kaum die Möglichkeit, ihre vorwiegend in den letzten Jahren der NS-Herrschaft begangenen Untaten zu verschleiern. Nach 1945 deckten die Siegermächte alle NS-Verbrechen auf, und die Sowjetunion und die anderen kommunistischen Staaten instrumentalisierten die NS-Vergangenheit als Waffe im Kalten Krieg, um antiwestdeutsche und antikapitalistische Propaganda zu betreiben und gleichzeitig von eigenen Verbrechen abzulenken; exemplarisch hierfür ist der Fall

Katyn/Chatyn.[1] Hinzu kam die sogenannte Vergangenheitsbewältigung in der westdeutschen Gesellschaft. Kein Wunder, daß in der kollektiven Erinnerung die nationalsozialistischen Verbrechen dominieren.

Von Aufdeckung, Aufklärung und Aufarbeitung der kommunistisch-sowjetischen Verbrechen konnte bis Ende der achtziger Jahre nicht die Rede sein. Im Gegenteil, sie wurden systematisch vertuscht und geleugnet. Die kommunistischen Täter blieben, von wenigen Ausnahmen abgesehen, nicht nur an der Macht, sondern machten Karriere. Sie wurden dekoriert und genossen Privilegien, sie schrieben (und schreiben) ihre eigene Geschichte und verfälschten sie. Die Opfer und deren Angehörige dagegen wurden verfolgt oder lebten in ständiger Angst vor Verfolgung und waren gezwungen, ihre Leidensgeschichte zu verschleiern. Selbst im privaten Kreis war die Diskussion über kommunistische Verbrechen tabu.

Im Westen wurde das Gedenken an die sowjetischen Verbrechen seit dem Ende des Zweiten Weltkriegs von Emigranten und Flüchtlingen aus dem sowjetischen Machtbereich wachgehalten und gleichzeitig von rechten Kreisen für ihre antikommunistischen Kampagnen instrumentalisiert. Für die breite Öffentlichkeit blieb dieses Thema jedoch von zweitrangiger Bedeutung.

Eine Wende brachten erst die achtziger Jahre, als es in den kommunistischen Systemen in Osteuropa zu kriseln begann. Für die sogenannten progressiven Kreise im Westen war es nicht selten ein Schock, ohne propagandistische Brille mit den Realitäten des realexistierenden Sozialismus konfrontiert zu werden. Im Osten dagegen konnte man endlich anfangen, über die kommunistische Realität, über Vergangenheit, Verbrechen und Terror des Kommunismus und deren Folgen zu diskutieren. Das Tabu war gebrochen. Davon wurde auch der Westen, einschließlich Deutschlands, erfaßt.

Das Schwarzbuch des Kommunismus und die Diskussion, die es auslöste, sind ein sichtbares Zeichen für diesen Wandel. An deutschen Universitäten und in den Medien begann eine kritische Auseinandersetzung auch mit diesem dunklen Kapitel der europäischen Geschichte.

Das vorliegende Buch fügt sich in diese neue Forschungstendenz ein, indem es sich konkret mit der Geschichte der sowjetischen Verbrechen im Sommer 1941 beschäftigt. Gleichzeitig geht es aber auch auf NS-Untaten ein, um die fatale Wechselwirkung der sowjetischen und der nationalsozialistischen Verbrechen im Sommer 1941 zu rekonstruieren. Die Geschehnisse im Sommer 1941 haben entscheidende Bedeutung für die Geschichte des Zweiten Weltkrieges. Am 22. Juni 1941 begann der Krieg gegen die Sowjetunion, der, gemessen an der Gewalt und Brutalität, die er entfesselte, alle bisherigen Kriege übertraf. Zeitgleich begann in den deutsch besetzten Gebieten im Osten die systematische Ausrottung der Juden.

Nirgendwo lassen sich die beiden verbrecherischen Systeme besser vergleichen als im Polen der Jahre 1939 bis 1945. Dort wütete sowohl der sowjetische als auch der nationalsozialistische Terror in seiner brutalsten und radikalsten Form. Vor allem der NS-Terror erreichte dort im Hinblick auf Brutalität und Zahl der Opfer seinen absoluten Höhepunkt: Der Massenmord an den Juden fand schließlich vorwiegend im besetzten Polen statt. Daher ist es hilfreich, die Geschehnisse in Polen genauestens zu untersuchen, wenn man das Wesen des nationalsozialistischen und des sowjetischen Terrors begreifen will. Meine Fragestellung lautet nun: Ob und, wenn ja, wie sich die sowjetischen Verbrechen im Sommer 1941 auf die Brutalisierung des deutsch-sowjetischen Krieges und die Radikalisierung der NS-Judenverfolgung auswirkten.

In den einschlägigen Quellen finden sich dazu zahlreiche Hinweise und Indizien. Sie springen einem geradezu ins

Auge, etwa wenn Goebbels in seinem Tagebuch folgende Äußerung Hitlers notiert: »Angesichts der furchtbaren Greueltaten, die die Bolschewiken sich haben zuschulden kommen lassen, und auch angesichts der geradezu himmelschreienden Vergangenheit dieses politischen Unrats wird im Osten kein Pardon gegeben.«[2] Dennoch ist der Zusammenhang zwischen den sowjetischen Verbrechen und der Brutalisierung des Krieges im Osten bisher nicht untersucht worden.

Die vorliegende Darstellung konzentriert sich zeitlich auf die ersten zwei Wochen des deutsch-sowjetischen Krieges und beschränkt sich räumlich auf das Gebiet des ehemaligen Ostpolen, das im September 1939 von der Roten Armee besetzt wurde. Heute gehören diese Gebiete zur Ukraine, zu Weißrußland, Litauen und Polen. Im Mittelpunkt steht die Untersuchung von Massakern an Gefängnisinsassen, welche die Sowjets in den ersten zwei Wochen des deutsch-sowjetischen Krieges im ehemaligen Ostpolen begangen haben.

Die Arbeit ist in drei Abschnitte gegliedert. Im ersten wird die sowjetische Besatzung von Ostpolen in den Jahren 1939 bis 1941 geschildert. Ostpolen war ein wirtschaftlich rückständiges, armes und multiethnisches (Polen, Ukrainer, Juden und Weißrussen) Gebiet, das von ethnischen, wirtschaftlichen und sozialen Konflikten geprägt war. Die sowjetische Besatzung zeichnete sich durch massiven Terror (Deportationen, Verhaftungen, Folter und Erschießungen) aus, von dem die einzelnen ethnischen Gruppen in unterschiedlichem Ausmaß betroffen waren, am schmerzlichsten die Polen. Die sowjetische Besatzungspolitik führte dazu, daß die ohnehin angespannten Beziehungen zwischen den einzelnen Nationalitäten verschärft wurden. In eine besonders prekäre Lage geriet dabei die jüdische Bevölkerung, die von vielen Nichtjuden mit den sowjetischen Besatzern in Verbindung gebracht wurde. In diesem ersten Abschnitt werden auch das sowjetische Gefängniswesen und seine Funktion im sowjetischen Terrorsystem in Ostpolen behandelt.

Vor diesem geschichtlichen Hintergrund werden im zweiten Abschnitt Ablauf und Ausmaß der von den Sowjets in den ersten Wochen des deutsch-sowjetischen Krieges durchgeführten Mordaktionen erörtert. Die Gefängnisinsassen wurden ermordet, weil es den kommunistischen Machthabern in Moskau nicht mehr möglich erschien, sie ins Landesinnere zu evakuieren. Darüber hinaus werden sowjetische Verbrechen an der Zivilbevölkerung und an polnischen Soldaten, die Ende September 1939 in sowjetische Gefangenenschaft geraten waren, dargestellt.

Der dritte Abschnitt ist der umfangreichste. Er behandelt die Umstände, unter denen die sowjetischen Verbrechen aufgedeckt wurden, die Exhumierung und Bestattung der Opfer sowie die anschließenden antijüdischen Pogrome, die damals in vielen Orten im ehemaligen Ostpolen stattfanden. Einer der zentralen Aspekte der vorliegenden Studie ist die Reaktion der deutschen Seite auf die sowjetischen Untaten. Insbesondere geht es hierbei um den NS-Propagandaapparat, der diese Verbrechen für seine Kriegspropaganda ausschlachtete, sowie um die deutschen Soldaten, die buchstäblich mit Leichenbergen konfrontiert waren, um die Wehrmachtsführung und die Einsatzgruppen. In diesem Kontext wird auch die Tötung von kriegsgefangenen deutschen Soldaten durch sowjetische Truppen behandelt. Zudem wird auf die Instrumentalisierung der sowjetischen Verbrechen durch ukrainische Nationalisten und die pauschal erhobene Anschuldigung, die jüdische Bevölkerung sei für diese Verbrechen mitverantwortlich, eingegangen.

Abschließend wird die Frage untersucht, inwieweit die sowjetischen Verbrechen im Sommer 1941 den Prozeß der Brutalisierung des deutsch-sowjetischen Krieges und der NS-Judenverfolgung beeinflußt haben. In dieser Hinsicht steht für den Autor fest, daß der Krieg gegen die UdSSR von den Nationalsozialisten von vornherein als Eroberungs-, Versklavungs- und Vernichtungskrieg geplant war. Ihr Ziel war es, im Osten »Lebensraum« zu erobern und anschließend mit Deutschen zu besiedeln. Es kann also keine Rede davon sein, daß erst die sowjetischen Verbrechen oder gar ein bevorstehender sowjetischer Angriff (die sogenannte Präventivkriegsthese) die deutsche Seite veranlaßt hätten, einen derart brutalen Krieg zu führen. Vielmehr glaubte Hitler, der sowjetische Terror und dessen Folgen würden es ihm erleichtern, seine Lebensraumvision zu verwirklichen. Er dachte, die Bolschewiken würden gewissermaßen die Vorarbeit für ihn leisten, indem sie die Führungseliten in Rußland ausrotteten. Bereits 1923 schrieb er: »Wenn wir aber heute von neuem Grund und Boden reden, können wir in erster Linie nur an Rußland und die ihm untertanen Randstaaten denken. Das Schicksal selbst scheint uns hier einen Fingerzeig geben zu wollen. Indem es Rußland dem Bolschewismus überantwortete, raubte es [durch den Terror] dem russischen Volke jene Intelligenz, die bisher dessen staatlichen Bestand herbeiführte und garantierte.«[3]

Für die deutsche Seite war schon vor dem 22. Juni 1941 klar, daß der Krieg gegen die Sowjetunion ein Vernichtungskrieg sein würde, und dementsprechend bereitete man sich vor. Es sei nur an den zwei Wochen vor Kriegsbeginn erlassenen »Kommissarbefehl«, die Bildung der Einsatzgruppen, die »sich bis zum Ural durchschießen« sollten, und den Generalplan Ost, der in den besetzten Gebieten Mord und Vertreibung von zig Millionen Menschen vorsah, erinnert.

Trotzdem besteht nach Auffassung des Autors ein Zusammenhang zwischen der Brutalisierung der Kriegführung und den sowjetischen Verbrechen im Sommer 1941. Die sowjetischen »Greuel« erleichterten der NS-Propaganda, bei Soldaten aller Dienstgrade »Verständnis« für den Vernichtungs-

und Ausrottungskrieg zu erzeugen. Nicht selten waren auch einzelne deutsche Verbrechen eine direkte Reaktion auf konkrete sowjetische Maßnahmen.

Quellenlage

Dieser Zusammenhang blieb bislang auch deshalb verborgen, weil die sowjetischen Verbrechen im Sommer 1941 bis in die neunziger Jahre hinein nicht systematisch untersucht wurden. Für westliche Historiker waren sie kein Thema und für Historiker hinter dem Eisernen Vorhang tabu. Erst nachdem die kommunistischen Staaten in Europa zusammengebrochen waren, konnte man sich in den betroffenen Ländern mit diesem Kapitel der eigenen Geschichte beschäftigen. So setzen sich polnische Historiker seit Ende der achtziger Jahre intensiv und kritisch mit der sowjetischen Besatzung Ostpolens von 1939 bis 1941 und der kommunistischen Herrschaft nach 1944/45 auseinander. Es gilt, die weißen Flecken in der polnischen Geschichte zu erforschen und die systematischen geschichtlichen Verfälschungen aus der Zeit des realexistierenden Sozialismus zu korrigieren. Dies ist eine mühsame und langwierige Arbeit, zumal die alten Geschichtsfälscher und -verdreher weiterhin am Werk sind. Postkommunisten stellen in Polen eine politisch starke und einflußreiche Gruppe dar; einer von ihnen ist heute Staatspräsident. Daß sie kein Interesse an der kritischen Auseinandersetzung mit der kommunistischen Vergangenheit haben, ist nachvollziehbar. Dies verdeutlicht exemplarisch folgendes Ereignis: Im Sommer 1999 dekorierte der postkommunistische Präsident Polens, Alexander Kwaśniewski, einen ehemaligen Angehörigen des kommunistischen Staatssicherheitsdienstes für Verdienste um den Aufbau Polens mit einem hohen Orden. Nach mehreren Zeugenaussagen ist der Geehrte jedoch für zahlreiche kommunistische Verbrechen in den Jahren 1944 und 1945 verantwortlich. Inzwischen ermittelt die Staatsanwaltschaft gegen ihn.[4]

Es gibt in Polen aber auch Versuche, die sowjetischen und kommunistischen Verbrechen juristisch aufzuarbeiten. So stellte die Hauptkommission zur Untersuchung der Verbrechen am polnischen Volk[5] in den neunziger Jahren Ermittlungen über die NKWD-Verbrechen an Gefängnisinsassen im Sommer 1941 an und trug Beweismaterial zusammen, vor allem Zeugenaussagen, aber auch zeitgenössische Dokumente. Diese Ermittlungsakten sind ein wichtiger Quellenfundus der vorliegenden Untersuchung.

Für das Thema bedeutsam sind darüber hinaus zeitgenössische Dokumente deutscher und sowjetischer Provenienz. Deutsche Quellen aus deutschen Archiven sind Ereignismeldungen der Einsatzgruppen, Wehrmachtsberichte, Ermittlungsakten der Wehrmachtsuntersuchungsstelle und Feldpostbriefe deutscher Soldaten von der Ostfront. Sowjetische Quellen – NKWD- und Parteiberichte – befinden sich in kopierter Form unter anderem im Archiwum Wschodnie in Warschau; zum Teil sind sie inzwischen in Quelleneditionen veröffentlicht worden.

Ein sehr wichtiger Quellenbestand, der für den ersten Abschnitt der Arbeit von zentraler Bedeutung ist, sind Aufzeichnungen jüdischer Zeitzeugen aus den Jahren 1941/42, die zwischen 1939 und 1941 unter sowjetischer Besatzung lebten. Sie werden heute im Jüdischen Historischen Institut (ZIH) in Warschau aufbewahrt. Diese Berichte haben wegen der zeitlichen Nähe zum Geschehen enormen historischen Wert. Zudem wurden sie meistens von jungen, relativ gut ausgebildeten Personen niedergeschrieben, deren Erinnerung noch nicht von der fürchterlichen Erfahrung des Holocaust überlagert war. Diese Aufzeichnungen wurden im sogenannten Ringelblum-Archiv, dem Archiv des Warschauer Ghettos, gesammelt. Überhaupt sind zeitgenössische Tagebücher und Aufzeichnungen für das Thema bedeutsam, da sie die damalige Atmosphäre und die Gefühle der Akteure am unmittelbarsten wiedergeben.

Zuletzt sei eine Quellengattung genannt, die in wenigen Jahren nicht mehr verfügbar sein wird. Es handelt sich dabei um Interviews und Befragungen von polnischen, ukrainischen, jüdischen und deutschen Zeitzeugen, die von ermittelnden Rechtsanwälten der Hauptkommission und/oder dem Verfasser durchgeführt wurden. Zeitzeugenaussagen nach so vielen Jahren sind wegen der großen zeitlichen Distanz zum Geschehen und daraus resultierenden Erinnerungslücken allerdings problematisch, zumal viele Zeitzeugen bewußt oder unbewußt dazu neigen, Ereignisse und Verhaltensweisen, die sie oder ihre Landsleute belasten könnten, auszublenden oder herunterzuspielen. Andererseits tendieren viele dazu, gegenüber anderen sehr kritisch zu sein und die Gelegenheit zu nutzen, um eigene Vorurteile zu artikulieren. Daher ist beim Umgang mit diesen Quellen Vorsicht geboten.

Wie aber kann man feststellen, ob ein Zeitzeuge tatsächlich Gesehenes beschreibt? Trotz der unterschiedlichen Qualität der Aussagen sind viele Augenzeugen imstande, bestimmte Ereignisse mit erstaunlichen Details zu schildern, Skizzen anzufertigen oder Namen zu nennen. Diese Angaben lassen sich oftmals mit zeitgenössischen Dokumenten und/oder anderen Augenzeugenberichten vergleichen. Außerdem unternahm der Verfasser mit Augenzeugen Tatortbesichtigungen (in Lemberg und Złoczów). So war es möglich, einzelne Aussagen zumindest im Kern zu verifizieren und als glaubwürdig einzustufen.

Weshalb können sich Menschen nach so vielen Jahren an bestimmte Ereignisse derart lebendig erinnern? Der Grund dafür ist meines Erachtens die Einmaligkeit der Geschehnisse. Die sowjetischen Verbrechen, welche die Augenzeugen erlebt oder überlebt haben, waren für sie ein einmaliges und zutiefst erschütterndes Ereignis, das auf Dauer im Gedächtnis haftenblieb. Mehrere Augenzeugen sagten dazu: »So was vergißt man nie!«

Durch die wissenschaftliche Auswertung aller vorliegenden Quellen hinsichtlich einer bestimmten Fragestellung läßt sich ein relativ vollständiges und differenziertes Bild des Geschehens gewinnen. Dies ist in diesem Fall erst seit den neunziger Jahren möglich. Isoliert und nach unterschiedlichen Gesichtspunkten ausgewertet, wie in der bisherigen Forschung, vermitteln dieselben Quellen nur einen Ausschnitt des Geschehens, da sie aus einer beschränkten Perspektive betrachtet werden.

Aber nicht nur die schwierige Quellenlage verhinderte bisher eine Untersuchung der hier interessierenden Wechselwirkung. Die Ursachen dafür liegen unter anderem in der besonders in Deutschland herrschenden emotionalen Betroffenheit durch die NS-Vergangenheit, die nicht selten eine unbefangene wissenschaftliche Erörterung des Themas blockiert. Gleichzeitig kommt die Diskussion kommunistischer Verbrechen für viele einer Relativierung der NS-Verbrechen gleich. Sergej Slutsch, ein russischer Historiker, der sich mit stalinistischen Verbrechen auseinandersetzt, hat Anfang der neunziger Jahre in Deutschland in zahlreichen Diskussionen zu hören bekommen: »Wozu legen Sie derartigen Nachdruck auf die Ausmaße der Verbrechen Stalins, die die Untaten Hitlers und seines Regimes verdecken? Begreifen Sie denn nicht, daß Sie damit Wasser auf die Mühlen unserer Rechten gießen?«[6] Für die Kritiker Slutschs ist die historische Wissenschaft weniger der Versuch, das Vergangene zu rekonstruieren, zu erklären und zu begreifen, sondern eher ein Instrument in der innenpolitischen Auseinandersetzung zwischen »Rechten« und »Linken«.

Dieselbe Haltung blockierte vier Jahre lang eine sachliche und kritische Diskussion über die Wanderausstellung »Vernichtungskrieg. Verbrechen der Wehrmacht 1941–1944« und war zugleich eine unabdingbare Voraussetzung für deren Erfolg. Die Auseinandersetzung um die Ausstellung ist inzwischen ein Stück deutscher Nachkriegsgeschichte geworden, das zeigt, wie politisiert und zugleich tabuisiert der Umgang mit der NS-Vergangenheit in Deutschland ist.

Paradoxerweise standen ausgerechnet in dieser den Verbrechen der Wehrmacht gewidmeten Ausstellung Fotografien im Mittelpunkt, die nicht deutsche, sondern sowjetische Verbrechen im Sommer 1941 zeigen. Mein Aufsatz »Bilder einer Ausstellung. Kritische Anmerkungen zur Wehrmachtsausstellung«, der zur Suspendierung der Ausstellung führte, ist gewissermaßen ein Nebenprodukt der vorliegenden Untersuchung. Wegen meiner Kritik an der Ausstellung sah ich mich mit ähnlichen Vorwürfen wie Sergej Slutsch konfrontiert. So verstieg sich Dominik Wichmann in der *Süddeutschen Zeitung* vom 29. November 1999 dazu, mich des Revisionismus zu bezichtigen, indem er behauptete, ich hätte den Konsens aufgekündigt, »der innerhalb der Geschichtsforschung seit Jahren Bestand hat, ... daß es ein rassischer Vernichtungskrieg war, den die Deutschen seit 1939 im Osten führten, und daß die Wehrmacht darin eine aktive Rolle spielte«. Aber nur wenige schlossen sich Wichmanns Meinung an.

Dieselbe Haltung trug sicherlich auch zum Medienerfolg von Daniel Goldhagen bei, während ihm der wissenschaftliche Erfolg versagt blieb. Raul Hilberg meinte über den wissenschaftlichen Wert von Goldhagens Werk: »Historiker diesseits und jenseits des Atlantik waren sich doch einig, daß der Goldhagen einen Blödsinn geschrieben hat.«[7]

Emotionale Betroffenheit mag in der bildungspolitischen Arbeit und in der Pädagogik angebracht sein. In der Geschichtswissenschaft kann sie dagegen hinderlich sein, wie Hans Mommsen es konstatiert hat: »Die Erzeugung emotionaler Betroffenheit steht einer rationalen Erklärung im Wege.«[8] Die Grenze zwischen Betroffenheit und Befangenheit ist fließend. Beides verhindert aber die Historisierung der NS-Vergangenheit, worunter der Autor den Versuch versteht, etwas aus seinen historischen Bedingungen heraus zu verstehen, sich in die Zeit zu versetzen, statt sie von oben herab abzufertigen. Es geht nicht darum, unbedingt recht zu haben, sondern zuerst einmal darum, die Tatsachen wahrzunehmen. Bestimmte Ereignisse und ihre Akteure sollen in ihrer Zeit, das heißt im historischen Kontext, der dafür zunächst rekonstruiert werden muß, beurteilt werden – und dies ohne die moralische Überheblichkeit, zu der nicht wenige Unbeteiligte und Nichtbetroffene neigen.

Dieses Buch ist keine umfassende historische Analyse des Prozesses, der zur Brutalisierung des deutsch-sowjetischen Krieges führte. Es untersucht lediglich einen von mehreren Aspekten, die dazu beigetragen haben, wie etwa die politischen Intentionen der NS-Führung und die aus ihnen resultierenden Weisungen, Befehle und Anordnungen, die bestehenden Vorurteile und Emotionen oder der weitere Verlauf des Krieges. Der künftigen Forschung bleibt es überlassen, all diese Aspekte unter einer einheitlichen Fragestellung zu untersuchen und entsprechend zu gewichten. Die vorliegende Abhandlung ist nicht mehr als eine Augenblicksaufnahme, die lediglich einen Ausschnitt des Gesamtgeschehens (den sowjetischen Terror sowie die sowjetischen Verbrechen in Ostpolen und ihre Folgen) im Sommer 1941 behandelt und in der unter anderem auf die Haltung deutscher Soldaten an der Ostfront eingegangen wird.

In diesem Zusammenhang muß ausdrücklich hervorgehoben werden, daß es darum geht, die Haltung deutscher Soldaten zu erklären, und nicht darum, sie zu rechtfertigen. Eine verbrecherische Handlung gedanklich nachzuvollziehen bedeutet keinesfalls, sie moralisch zu akzeptieren oder in irgendeiner Weise zu entschuldigen oder zu relativieren.

Abschließend noch einige Anmerkungen zur Terminologie und Schreibweise. Im Text verwende ich die Begriffe »Sowjets« und »sowjetisch«, statt »Russen« und »russisch«, wie es in den zeitgenössischen Quellen und noch heute oft heißt. »Russisch« und »sowjetisch« wird oft synonym verwendet. Ich gehe jedoch davon aus, daß sich die Gründer und Eliten der UdSSR vor allem als Kommunisten verstanden, weshalb die Sowjetunion im engeren Sinn kein russischer Nationalstaat war. Im übrigen waren nicht nur die ersten, sondern auch die meisten Opfer der Sowjets Russen. Daher wäre es inkonsequent, sowjetische Verbrechen und Institutionen als russische zu bezeichnen. Die sowjetischen Täter begingen ihre Verbrechen im Namen des Kommunismus sowjetischer Prägung.

Ortsnamen werden in der damals üblichen polnischen oder deutschen Schreibweise wiedergegeben. Quellen in polnischer und russischer Sprache sind von mir übersetzt worden.

Das vorliegende Buch wird nun in der zweiten Auflage gedruckt, ein Hinweis auf das lebhafte Interesse, auf das es gestoßen ist. Nach dem Erscheinen im August 2000 wurde es innerhalb von wenigen Wochen in den wichtigsten Printmedien besprochen. Die Rezensionen waren überwiegend kritisch und zeichneten sich durch einen hohen Grad an Unsachlichkeit aus. Manche Rezensenten bewegten sich am Rande der persönlichen Verunglimpfung. Diese emotionalen Reaktionen reflektieren das vorherrschende Klima, in dem in Deutschland der Diskurs über die NS-Vergangenheit stattfindet, und zeigen zugleich, daß die Thesen des Buchs offensichtlich einen empfindlichen Punkt berührt haben. Trotz all dieser Kritik braucht zur Zeit keine meiner Thesen korrigiert oder gar revidiert zu werden.[9] Dazu ist eine sachliche Diskussion die Voraussetzung, die in der Regel mehr Zeit erfordert, um in Gang zu kommen.

Wie scharf die bisherige Kritik auch ausgefallen ist, eine erste Zwischenbilanz ist trotzdem positiv: Die vorliegende Darstellung hat dazu beigetragen, daß ein bisher weitgehend unbeachtetes Problem (sowjetischer Terror in Ostpolen 1939–1941 und die partielle Wechselwirkung der sowjetischen und nationalsozialistischen Verbrechen im Sommer 1941) von einer interessierten Öffentlichkeit wahrgenommen worden ist. Dies ist nicht zuletzt das Verdienst der bisherigen Kritik. Die Zukunft wird erweisen, ob sich daraus eine fruchtbare Diskussion entwickelt.

Einzelne Formulierungen, die Mißverständnisse hervorrufen könnten, wurden in der zweiten Auflage präzisiert. Auch wurde das Buch um ein Orts- und Personenregister ergänzt. In die Bibliographie wurden nur solche Werke aufgenommen, die im Buch zitiert worden sind. Sie erhebt keinen Anspruch auf Vollständigkeit.

September 1939: Die Aufteilung Polens und die Besetzung Ostpolens durch die Rote Armee

Der 1. September 1939 ist eine der wichtigsten Zäsuren in der Geschichte des 20. Jahrhunderts. An diesem Tag begann der Zweite Weltkrieg, der die Versailler Ordnung in Europa zerstörte. Aus dem Krieg gingen zwei Mächte, die USA und die UdSSR, als Sieger hervor, welche die Welt in zwei Einflußsphären aufteilten. Diese Nachkriegsordnung herrschte bis Ende der achtziger Jahre.

Den 1. September 1939 verbindet man im allgemeinen mit dem deutschen Überfall auf Polen. Dabei wird oft übersehen, daß dieser Überfall in Absprache mit der Sowjetunion stattfand und daß sich die Sowjetunion aktiv am Krieg gegen Polen beteiligte. Am 17. September 1939, als Polen praktisch besiegt, wenn auch noch nicht ganz besetzt war, überschritten sowjetische Truppen die sowjetisch-polnische Grenze und okkupierten das östliche Polen. Es ist schwer vorstellbar, daß Hitler im September 1939 ohne Absprache mit Stalin gewagt hätte, den Krieg gegen Polen zu beginnen. Somit waren beide totalitären Systeme für den Ausbruch des Zweiten Weltkriegs verantwortlich, obwohl NS-Deutschland zweifellos die Hauptverantwortung trug.[1]

Der Hitler-Stalin-Pakt und der Einmarsch der Roten Armee

Am Nachmittag des 23. August 1939 traf der Außenminister des Dritten Reichs, Joachim von Ribbentrop, in Moskau ein. Im Kreml warteten Stalin und sein Außenminister Wjatscheslaw Molotow auf ihn. Ribbentrops Aufgabe war es, einen im Vorfeld ausgehandelten Nichtangriffspakt zwischen Deutschland und der Sowjetunion unterschriftsreif zu machen.[2] Die Schlußverhandlungen in der Nacht vom 23. auf den 24. August endeten noch in derselben Nacht mit der Vertragsunterzeichnung. Der Pakt sollte zehn Jahre Gültigkeit besitzen, mit der Option, ihn um fünf Jahre zu verlängern, und er trat sofort in Kraft (Art. 7). Der historisch wichtigste Bestandteil des Pakts war ein gesondert unterzeichnetes geheimes Zusatzprotokoll, das die Abgrenzung der Interessensphären beider Staaten in Osteuropa regelte, das heißt die Annexion der unabhängigen Staaten in diesem Teil Europas. In bezug auf Polen hieß es in Punkt 2 des Protokolls:

> »Für den Fall einer territorial-politischen Umgestaltung der zum polnischen Staate gehörenden Gebiete werden die Interessensphären Deutschlands und der UdSSR ungefähr durch die Linie der Flüsse Narew, Weichsel und San abgegrenzt.
>
> Die Frage, ob die beiderseitigen Interessen die Erhaltung eines unabhängigen polnischen Staates erwünscht erscheinen lassen und wie dieser Staat abzugrenzen wäre, kann endgültig erst im Laufe der weiteren politischen Entwicklung geklärt werden.
>
> In jedem Falle werden beide Regierungen diese Frage im Wege einer freundschaftlichen Verständigung lösen.«[3]

Im Klartext bedeutete dies die vierte Teilung Polens. Die Welt reagierte auf die unerwartete Verständigung zwischen Sowjets und Nationalsozialisten mit Erstaunen und Besorgnis, obwohl das Zusatzprotokoll nicht bekannt gemacht wurde. Die Sorge war berechtigt, denn erst dieser Vertrag ermöglichte den deutschen Überfall auf Polen, der den Zweiten Weltkrieg auslöste.

Nach dem deutschen Angriff auf Polen wartete Stalin sechzehn Tage, bevor er die Rote Armee am 17. September 1939 in Ostpolen einmarschieren ließ. Innerhalb von zwölf Tagen rückten die sowjetischen Truppen zweihundertfünfzig bis dreihundert Kilometer nach Westen vor. Dabei hatten sie gegen zahlenmäßig unterlegene und bereits merklich geschwächte polnische Truppen zu kämpfen. Die polnischen Verluste beliefen sich auf 6000 bis 7000 Gefallene und 10 000 Verwundete, während die Rote Armee nach offiziellen zeitgenössischen Angaben 737 Gefallene und 1862 Verwundete zu beklagen hatte. In der neueren russischen Literatur ist von über 3500 toten und verwundeten Rotarmisten die Rede. Polnische Historiker halten allerdings auch diese Zahl noch für zu niedrig und schätzen die Verluste der Roten Armee auf 2500 bis 3000 Tote und 8000 bis 10 000 Verwundete.[4]

Die sowjetische Beute: Territorium und Bevölkerung

Die endgültige Aufteilung der Kriegsbeute fand am 28. September 1939 statt. An diesem Tag unterschrieben Ribbentrop und Molotow einen Grenz- und Freundschaftsvertrag, in dem die Teilung Polens vertraglich fixiert wurde. Die neue Grenze verlief entlang der Flüsse San und Bug. Das Gebiet, das der Sowjetunion zufiel, umfaßte 201 000 Quadratkilometer, das heißt 51,5 Prozent des ehemaligen polnischen Staatsgebiets. Auf diesem Territorium lebten etwa 13,2 Millionen Menschen, denen am 29. November 1939 die sowjetische Staatsbürgerschaft verliehen wurde. Die Bevölkerung war ethnisch gemischt; sie setzte sich aus Polen, Ukrainern, Juden, Weißrussen, Litauern und anderen zusammen, darunter eine Gruppe von etwa achthunderttausend Menschen, die sich als »Hiesige« bezeichneten und keiner Nationalität zugehörig fühlten.

Tabelle 1: Die Bevölkerung im sowjetisch besetzten Ostpolen (Stand: September 1939)[5]

Nationalität	Zahl in Tausenden	Prozent
Polen	5281	40,02
Ukrainer und Ruthenen	4513	34,20
Weißrussen	1122	8,50
Juden	1115	8,45
»Hiesige«	802	6,08
Russen	135	1,02
Deutsche	89	0,67
Litauer	84	0,64
Tschechen	35	0,27
Andere	20	0,15
Zusammen	13196	100,00

Nach dem Einmarsch der Sowjets änderte sich die Zahl der Polen, Ukrainer und Weißrussen nicht entscheidend. Die der Juden stieg dagegen wegen der Flüchtlinge aus Westpolen beträchtlich an. Schätzungen sprechen von zwei- bis dreihunderttausend Menschen. Nach Ben-Cion Pinchuk machten die Flüchtlinge aus Westpolen etwa zwanzig Prozent der jüdischen Bevölkerung aus. Zuverlässige Angaben gibt es aber nicht.[6]

Vorkriegspolen war im europäischen Vergleich ein armes, landwirtschaftlich geprägtes und industriell unterentwickeltes Land mit tiefen wirtschaftlichen, sozialen, ethnischen und politischen Konflikten. Doch Ostpolen (Kresy) war sogar für polnische Verhältnisse ein rückständiges und unterentwickeltes Gebiet, wo die wirtschaftlichen, sozialen, politischen und vor allem die ethnischen Spannungen besonders stark waren. Hier sei nur auf das angespannte ukrainisch-polnische Verhältnis hingewiesen.

Industrie gab es in diesen Gebieten kaum. Die große Mehrheit der Einwohner lebte auf dem Lande, wo kleine, rückständige Bauernhöfe die Regel waren. Die arme bäuerliche Bevölkerung, die wenig für den Markt produzierte, setzte sich vor allem aus Ukrainern und Weißrussen und zum geringeren Teil aus Polen zusammen. Auf der anderen Seite gab es Großgrundbesitzer, die meistens Polen waren. Die Weißrussen waren orthodox, die Ukrainer orthodox oder griechisch-katholisch und die Polen katholisch. In Städten und Kleinstädten lebten dagegen vor allem Polen und Juden. Ukrainer und mehr noch Weißrussen waren in der Minderheit. Es gab nur zwei größere Städte, Lemberg und Białystok, sowie eine Reihe von Kleinstädten, die wie ihr Umland rückständig und arm waren. Die Infrastruktur war selbst im polnischen Vergleich unterentwickelt, insbesondere was das Straßennetz und die Bahnverbindungen anging. Die Kleinstädte erfüllten in der Regel die traditionelle Funktion, das heißt, sie versorgten die Bauern des Umlandes mit den wenigen von ihnen benötigten Gütern. Für den überregionalen Bedarf wurde kaum produziert. Die Städte, besonders die Kleinstädte, waren durch eine breite Schicht von Kleinhändlern und kleinen Handwerkern geprägt, die überwiegend Juden waren.

Diese vorwiegend jüdischen Handwerker und Händler erfüllten die traditionelle Scharnierfunktion zwischen Stadt und Land. Die meisten Geschäfte und Werkstätten waren Einmannbetriebe mit geringem Umsatz, und wegen des personellen Überangebots herrschte eine starke Konkurrenz.

Das wirtschaftlich rückständige Land bot der großen Gruppe jüdischer Händler und Handwerker nur wenige Erwerbsmöglichkeiten, und es gab nur eine relativ dünne Schicht wohlhabender jüdischer Kaufleute und Unternehmer. Polizisten, Bahnangestellte, Beamte und Verwaltungsangestellte, Lehrer, Justizangestellte und Berufssoldaten (wegen der polnisch-sowjetischen Grenze waren in Ostpolen relativ viele Truppen stationiert) waren in der Regel Polen. Die Zahl der Arbeiter fiel nicht ins Gewicht, da in Kresy kaum größere Industriebetriebe existierten. In den freien Berufen, vor allem unter Ärzten und Rechtsanwälten, waren sowohl Polen als auch Juden vertreten, aber nur wenige Ukrainer und noch weniger Weißrussen.

Vereinfachend gesagt, stimmten im ehemaligen Ostpolen die ethnischen Grenzen mit den sozialen, wirtschaftlichen und religiösen überein. Die Polen gehörten im großen ganzen einer Schicht an, die de facto privilegiert war. Sie waren die Staatsnation, worauf sie entsprechend stolz waren, und die Politik des Staates zielte darauf ab, das Polentum in diesem multinationalen Gebiet zu stärken, um den polnischen Nationalstaat zu festigen. Dies äußerte sich unter anderem in einer antiukrainischen Schul- und Sprachenpolitik, in der Ansiedlung von Kolonisten[7] und der gezielten Förderung polnischer Händler und Handwerker. In Lida beispielsweise erhielten Militärangehörige und Beamte in den dreißiger Jahren inoffiziell die Anweisung, nicht in jüdischen, sondern ausschließlich in polnischen Geschäften einzukaufen.[8] Ukrainer, Juden und Weißrussen empfanden diese Politik zu Recht als Benachteiligung und Unterdrückung.

Hinzu kam, daß die Polen, die erst wenige Jahre zuvor ihre nationale Unabhängigkeit wiedererlangt hatten, besonders stolz auf ihr Polentum und ihren Staat waren. Endlich konnten sie in ihrem Land selbst bestimmen und sich frei zum Polentum bekennen, ohne Nachteile oder gar Verfolgung fürchten zu müssen. Besonders in ethnisch gemischten Gebieten empfanden viele Polen ein starkes Bedürfnis, zu zeigen, daß sie die Herren waren. Viele waren in verschiedenen polnisch-nationalen Organisationen und Vereinen aktiv, und polnische Nationalfeiertage wurden mit großem Pomp gefeiert.[9] Diesen starken Nationalstolz empfanden viele Nichtpolen als nationale Arroganz und Provokation.

Der kleinen Gruppe wohlhabender jüdischer Kaufleute, Unternehmer und Freischaffender, die etwa fünf Prozent der Juden ausmachten,[10] stand auf der anderen Seite die zahlreiche Gruppe der sogenannten Luftmenschen gegenüber, das heißt Juden ohne feste Arbeit, Kapital und Beruf, die sich mit Gelegenheitsarbeiten über Wasser hielten.[11] Zwischen diesen Extremen gab es eine breite Schicht von kleinen Händlern und Handwerkern, die um ihr Auskommen kämpfen mußten. Besonders die jüdische Jugend fühlte sich unterprivilegiert, da sie faktisch keine Zukunftsperspektiven hatte. An vielen polnischen Universitäten, wie etwa in Lemberg, gab es zwar keinen formalen, aber einen faktischen Numerus clausus,[12] den die bildungshungrigen Juden zu Recht als Diskriminierung empfanden.

Auswanderungsmöglichkeiten gab es kaum. Die traditionellen Einwanderungsländer, vor allem die USA, wünschten keine Masseneinwanderung aus Osteuropa. Industrie, welche die in Kresy überflüssigen Arbeitskräfte hätte aufnehmen können, gab es in Polen kaum. Das Land litt an chronischer Arbeitslosigkeit. 1939 herrschte in den Stetl Perspektivlosigkeit, wenn auch keine Resignation. Denn besonders die jüdische Jugend war stark politisiert, und es ist angesichts des Elends und der Perspektivlosigkeit in den Stetl kaum verwunderlich, daß sich linke Ideen großer Beliebtheit erfreuten.[13]

Ganz unten auf der sozialen Leiter standen die Millionen ukrainischer und weißrussischer Bauern. Sie waren materiell und sozial am stärksten benachteiligt, und auch für sie gab es kaum Aussichten auf soziale und wirtschaftliche Besserung. Übervölkerung und Landmangel bestimmten das Bild.

Diese wirtschaftlich und sozial verfahrene Situation belastete das Verhältnis zwischen Polen und Nichtpolen. Beispielsweise führten viele Juden – und mit ihnen westliche Historiker – ihre schlechte materielle Lage auf eine gezielt antisemitische Politik des polnischen Staats zurück, ohne die objektiven wirtschaftlichen Schwierigkeiten des Landes zu berücksichtigen.[14] Man übersah, daß es den polnischen, ukrainischen und weißrussischen Bauern, also den Kunden, noch schlechter ging als den jüdischen Händlern und Handwerkern. Joseph Marcus, ein Historiker jüdischer Herkunft, bestätigte, daß Armut und Übervölkerung das eigentliche Problem der Juden in Polen waren: »Die Juden in Polen waren arm, weil sie in einem armen, unterentwickelten Land lebten. Diskriminierung trug nur am Rande zu ihrer Armut bei.«[15] Zu der schlechten materiellen Lage der jüdischen Bevölkerung kam hinzu, daß viele Polen Juden, besonders Stetl-Juden, herabsetzend behandelten und schikanierten. So waren Juden beispielsweise ein beliebtes Ziel von »Jugendstreichen«.[16] Diese Haltung verstärkte die antipolnischen Emotionen natürlich.

In Ostpolen gab es für polnische Verhältnisse eine einzigartige Konfliktkonstellation. Zudem stimmten die ebenso vielfältigen wie vielschichtigen Konflikte weitgehend mit den religiösen und ethnischen Grenzen überein, was ihnen eine zusätzliche Dynamik und Brisanz verlieh. Zu Recht nannte der polnische Wissenschaftler Marian Zdziechowski die in Ostpolen herrschenden Verhältnisse bereits in den zwanziger Jahren eine »Büchse der Pandora«.[17] Ende September 1939 wurde sie von den Sowjets geöffnet.

Die Etablierung der sowjetischen Herrschaft: Verhaftungen, Deportationen und Erschiessungen

Nach der militärischen Besetzung Ostpolens gingen die Sowjets daran, ihre Macht im Land zu etablieren. Ihr Ziel war es, die alte kapitalistische Ordnung zu zerschlagen und das kommunistische System einzuführen, das heißt, das Land zu sowjetisieren. Dafür mußten zunächst die alten politischen und sozialen Eliten ausgeschaltet werden. Dies nahmen die Sowjets mit der gewohnten Brutalität und Rücksichtslosigkeit, die sie seit zwanzig Jahren in der UdSSR praktizierten, in Angriff. Zu den dabei angewandten Methoden gehörten Verhaftungen, Folter, Massendeportationen, Zwangsumsiedlungen und Massenerschießungen. In den ersten Wochen und Monaten waren von diesen Maßnahmen vor allem Polen betroffen. Die neuen, aus Ukrainern, Weißrussen und Juden gebildeten Milizen führten zusammen mit dem sowjetischen Militär und dem NKWD zahlreiche Hausdurchsuchungen und Verhaftungen durch, um die polnische Bevölkerung einzuschüchtern. Bei diesen Aktionen wurden die Opfer mißhandelt und ihre Wohnungen geplündert.[1]

Den Hausdurchsuchungen folgten oftmals Verhaftungen. Die Opfer waren vor allem führende Persönlichkeiten aus Staats- und Kommunalverwaltung, politischen, gesellschaftlichen und kulturellen Organisationen sowie der Wirtschaft, in der Regel also Polen. Hinweise auf diese Personengruppe erhielten die Sowjets von Informanten aus den

Reihen der revolutionären Komitees und der Miliz, von denen viele einfach Rache übten. Darüber hinaus recherchierte man in den Archiven polnischer Institutionen.[2] Dem NKWD gelang es schnell, ein engmaschiges Informantennetz aufzubauen. Schließlich war es relativ einfach, Ukrainer gegen Polen und Juden, Juden gegen Polen und Ukrainer und Polen gegen Ukrainer und Juden anzusetzen. Daher war der NKWD verhältnismäßig gut über die Lage informiert und konnte gezielt zuschlagen. In dieser Atmosphäre hatte der sich organisierende polnische Widerstand einen schweren Stand.[3]

Während Verhaftungen von »Feinden der sowjetischen Ordnung« individuelle Aktionen waren, hatten die Deportationen, von denen Hunderttausende von Menschen betroffen waren, Massencharakter. Ganze Familien und manchmal sogar Dörfer wurden ins tiefste Innere der UdSSR deportiert. Dabei starben Tausende an Unterernährung, Kälte und Krankheiten. Die Deportationen erwiesen sich als das wirkungsvollste Instrument, um das besetzte Gebiet von »unerwünschten Elementen« zu säubern. Man kann vier große Deportationswellen unterscheiden. Zuerst wurden im Februar 1940 polnische Siedler und Forstangestellte mit ihren Familien deportiert, insgesamt 140 000 Personen. Im April und Mai 1940 kamen Familien an die Reihe, deren Angehörige bereits verhaftet, deportiert oder liquidiert worden waren oder als Kriegsgefangene später ermordet werden sollten (Fall Katyn). Diesmal wurden 61 000 Personen verschleppt. Im Juni und Juli 1940 erfaßte die dritte Deportationswelle etwa 78 000 Personen, vor allem Westflüchtlinge. 84 Prozent von ihnen waren Juden, die man grundsätzlich als »unsichere Elemente« einstufte. Die letzte große Deportation fand kurz vor dem Ausbruch des deutsch-sowjetischen Krieges statt und betraf insgesamt etwa 90 000 Personen. Jetzt wurden »unerwünschte Elemente« aus den Grenzregionen deportiert, vor allem Ukrainer, aber auch Polen und Litauer. Wegen des deutschen Überfalls konnte diese Aktion nicht abgeschlossen werden.[4]

Insgesamt wurden nach NKWD-Angaben 330 000 bis 340 000 Menschen verschleppt. Die meisten von ihnen, etwa sechzig Prozent, waren Polen.[5] Diese Zahl stellt jedoch eine Mindestzahl dar, die nach oben korrigiert werden muß. Denn außer den vier großen Deportationswellen gab es noch Einzeldeportationen, die in den NKWD-Statistiken nicht auftauchen oder von den Historikern noch nicht erfaßt worden sind. So fanden bereits ab November 1939 Deportationen von Familien oder kleinen Personengruppen statt, ohne daß die Zahl der Deportierten bekannt wäre.[6] Der Priester Józef Anczarski, ein Zeitzeuge aus Dobropol, östlich von Lemberg, schreibt dazu: »Es gibt einzelne Deportationen, die ständig stattfinden und von Chronikschreibern nicht erfaßt werden.... Es gibt aber auch die anderen Deportationen, die groß, schrecklich, fürchterlich, entsetzlich sind. Das sind die Massendeportationen.«[7]

In der Tat wurden nach der Statistik der zuständigen Gulag-Abteilung zwischen Februar 1940 und Juni 1941 381 000 ehemalige polnische Bürger aus den östlichen Teilen Polens als Sondersiedler weit in die UdSSR deportiert. Für die Zeit vom September 1939 bis Januar 1940 gibt es keine Angaben.[8] Hinzu kamen Zwangsumsiedlungen innerhalb der besetzten Gebiete. Sie erreichten jedoch nicht die Dimensionen der großen Deportationswellen. Betroffen waren vor allem jene Menschen, die nach der deutsch-sowjetischen Grenzregelung vom September 1939 in unmittelbarer Nähe der neuen deutsch-sowjetischen Demarkationslinie lebten. Insgesamt wurden im Rahmen dieser Aktion in der Weißrussischen Sowjetrepublik (BSSR) 35 300 Menschen und in der Ukrainischen Sowjetrepublik (USSR) 102 800 zwangsumgesiedelt. Die meisten von ihnen kamen in Dörfer, aus denen zuvor polnische Siedler und Bauern deportiert worden waren oder deren volksdeutsche Bewohner im Rahmen eines deutsch-sowjetischen Umsiedlungsvertrages ins Reich umgesiedelt worden waren.[9]

Eine andere Form der Repression war die Zwangsrekrutierung zum Dienst in der Roten Armee. Nach der Eingliederung der besetzten Gebiete in die UdSSR wurden die Einwohner automatisch zu sowjetischen Bürgern – mit allen »Rechten« und Pflichten, die daraus resultierten, einschließlich des Militärdiensts. Abertausende von ehemaligen polnischen Bürgern wurden zur Roten Armee zwangsrekrutiert. Viele von ihnen mußten bereits im finnisch-sowjetischen Krieg (im Winter 1939/40) für Stalin und das sowjetische Arbeiter-und-Bauern-Paradies kämpfen und sterben. Es wird geschätzt, daß in den Jahren 1939 bis 1941 bis zu zweihundertdreißigtausend ehemalige polnische Bürger gezwungen waren, diesen »Ehrendienst« abzuleisten.[10] Darüber hinaus zwang man mehr als hunderttausend junge Männer zur Arbeit in der sowjetischen Industrie, hauptsächlich im Donezbecken (Kohlerevier), im Ural und in Westsibirien.[11]

Von allen Terrormaßnahmen, mit denen die Bewohner des ehemaligen Ostpolen von den Sowjets überzogen wurden, waren die Massenerschießungen am schrecklichsten. Es sind drei große, systematisch geplante und durchgeführte Erschießungsaktionen zu unterscheiden. Die erste und zugleich berühmt-berüchtigtste ist der sogenannte Katyn-Mord, die zweite die Liquidierung von Gefängnisinsassen im Frühjahr 1940 und die dritte der Gegenstand der vorliegenden Untersuchung, die Ermordung von Gefängnisinsassen im Sommer 1941. Doch zunächst zum Katyn-Mord. Im Herbst 1939 gerieten 240 000 bis 250 000 Soldaten und Offiziere der polnischen Armee in sowjetische Gefangenschaft. Die einfachen Soldaten wurden ab Anfang Oktober 1939 nach und nach freigelassen, bis auf etwa 37 000 Mann, die zur Zwangsarbeit (Straßenbau und Schwerindustrie) eingesetzt wurden. Parallel dazu wurden in Starobielsk und Kozielsk zwei Offizierslager sowie in Ostaszków ein Speziallager für Polizisten, Gefängnispersonal und Grenztruppen eingerichtet. Ende Februar 1940 waren in diesen drei Lagern 8376 Offiziere und 6192 Polizisten interniert. Über Monate hinweg blieben die sowjetischen Machthaber in der Frage, was mit diesen »gefährlichen Elementen« geschehen sollte, unentschlossen.

Anfang März 1940 fiel die Entscheidung. Am 5. März beschloß das Politbüro auf Berijas Antrag, die Gefangenen von Kozielsk, Starobielsk und Ostaszków zu liquidieren. Der Massenmord spielte sich zwischen dem 3. April und dem 13. Mai 1940 ab. Die Insassen wurden in kleinen Gruppen aus den Lagern zum Erschießungsort transportiert. Aus dem Lager in Kozielsk brachte man 4404 Personen nach Katyn, wo sie durch Genickschuß ermordet wurden. Die 3896 Insassen des Lagers von Starobielsk wurden auf dem Gelände des NKWD in Charkow getötet und am Stadtrand bei Piatichatki vergraben. Die Gefangenen von Ostaszków (6287 Personen) wurden auf dem Gelände des NKWD in Kalinin (heute Twer) umgebracht und in der Nähe des Ortes Miednoje verscharrt. Insgesamt liquidierte der NKWD im Rahmen dieser Aktion 14587 Personen.[12]

Gleichzeitig mit der Entscheidung für den Katyn-Mord beschloß das Politbüro auf Antrag Berijas, etwa elftausend zivile Gefangene (überwiegend Polen) zu liquidieren, die in Gefängnissen im westlichen Teil der Ukraine und Weißrußlands festgehalten wurden. Dabei handelte es sich um Widerstandskämpfer, Offiziere, die 1939 nicht mobilisiert worden waren, Regierungs- und Kommunalbeamte sowie andere Gruppen »gesellschaftlich gefährlicher Elemente«, wie Gutsbesitzer, Fabrikanten und Grenzverletzer. Nach Auffassung Berijas waren sie allesamt »unversöhnliche Feinde des sowjetischen Systems, bei denen keine Aussicht auf Besserung besteht«.

Das Politbüro schloß sich seiner Meinung an. Eine »Troika«[13] sollte die Fälle ohne Anhörung der Opfer, ohne formalen Untersuchungsabschluß und ohne Anklageschrift entscheiden.[14] Aus den zugänglichen Quellen gehen weder die näheren Umstände noch die Ausführenden und die Tatzeit hervor. Man weiß lediglich, daß insgesamt 7285 Personen (3405 in der Ukraine und 3880 in Weißrußland) erschossen wurden, also etwa siebzig Prozent der von Berija vorgeschlagenen Anzahl.[15] Von den in der heutigen Ukraine Ermordeten (vor allem Polen, darunter auch Frauen) sind die Namen überliefert.[16] Wo die Opfer vergraben wurden, ist unbekannt.[17]

Darüber hinaus wurden ständig Personen erschossen, die von sowjetischen Gerichten zum Tode verurteilt worden waren. Wie hoch die Zahl dieser Opfer ist, konnte nicht ermittelt werden.

Die sowjetische Wirtschaftspolitik und ihre Folgen

Ziel des sowjetischen Kommunismus war eine sozial gerechte Gesellschaftsordnung auf der Grundlage neuer wirtschaftlicher Strukturen, in denen diese Ordnung verwirklicht werden konnte. Nach der Eroberung der Macht war die erste Etappe auf diesem Weg die Zerstörung des alten kapitalistischen Wirtschafts- und Sozialsystems, um auf dessen Trümmern die neue sowjetische Ordnung zu errichten.

Vorkriegspolen, insbesondere Ostpolen, war ein landwirtschaftlich geprägtes und industriell unterentwickeltes Land. Daher spielte die Agrarpolitik in den sowjetischen Plänen für Ostpolen eine entscheidende Rolle. Die sowjetische Wirtschaftsordnung sah eine vollständige Kollektivierung der Landwirtschaft vor. Allerdings wußten die sowjetischen Machthaber aus eigener Erfahrung, daß Bauern, gleich welcher ethnischen Herkunft, an ihrem Grundbesitz hingen. Daher entschloß man sich, in Ostpolen die neuen landwirtschaftlichen Strukturen stufenweise aufzubauen. Zunächst enteignete man Großgrundbesitzer, zumeist Polen, und die den nichtpolnischen Bauern verhaßten polnischen Siedler. Sie wurden deportiert, inhaftiert oder sogar ermordet, und ihr Eigentum wurde an die arme Landbevölkerung (Weißrussen und Ukrainer) verteilt. Damit gewannen die Sowjets viele Anhänger unter den weißrussischen und ukrainischen Bauern und Landarbeitern. Diese Entwicklung fand in einem von brutaler sozialer und ethnischer Revanche geprägten Klima statt, worauf noch einzugehen sein wird.

Im Frühjahr 1940 begannen die Sowjets die nächste Etappe, eine breit angelegte Kollektivierungskampagne, die bis zum deutschen Überfall auf die UdSSR intensiviert wurde. Doch trotz der Gründung erster Kolchosen war das Ergebnis dieser Kampagne nach einundzwanzig Monaten sowjetischer Herrschaft bescheiden. Die Bauern leisteten passiven, teilweise auch aktiven Widerstand, und die »sanften« Methoden der sowjetischen Behörden (massiver psychischer und administrativer Druck) konnten diesen Widerstand nicht brechen. Zu härteren Maßnahmen, das heißt zum Massenterror, wollten die Sowjets offenbar nicht greifen. Im Juni 1941 waren in den in die BSSR eingegliederten Gebieten nur 6,7 Prozent der bäuerlichen Betriebe kollektiviert, in der westlichen Ukraine 13 Prozent.[1]

Erfolgreicher verlief die Nationalisierung von Industrie-, Handels- und Dienstleistungsbetrieben. Als erste wurden größere Fabriken und Unternehmen verstaatlicht. Im nächsten Schritt nationalisierte man Druckereien, Kraftwerke, Hotels, Mietshäuser, Schwimmbäder und sonstige Kommunalbetriebe, Versicherungen, Schulen und andere Bildungseinrichtungen, Krankenhäuser, Apotheken, Banken und Sparkassen, Kurhäuser, kulturelle Einrichtungen wie Theater, Kinos, Bibliotheken und Museen, Sportanlagen sowie größere Handels- und Dienstleistungsbetriebe. Insgesamt wurden 3918 Unternehmen und Institutionen verstaatlicht.[2] Das neue System bedeutete auch, daß private Handwerksbetriebe und Genossenschaften allmählich liquidiert wurden. An ihre Stelle traten Produktionsgenossenschaften nach sowjetischem Muster, die das Eigentum der Vorgängerbetriebe übernahmen.[3]

Wesentlich radikaler gingen die Sowjets im öffentlichen Sektor vor. Das polnische Justizwesen wurde durch das sowjetische ersetzt und das sowjetische »Recht« eingeführt. Das neue Personal (Richter, Staatsanwälte) kam aus der UdSSR. Die Aufgaben der polnischen Polizei übernahmen die Miliz, die sich überwiegend aus Einheimischen zusammensetzte, und der NKWD mit aus der UdSSR abgeordnetem Personal. Ähnlich war es im Gefängniswesen sowie in der Staats- und Kommunalverwaltung. Sogar Bahn und Post wurden von den radikalen Veränderungen erfaßt. In allen diesen Sektoren wurde das Personal entweder völlig oder wenigstens auf der Führungsebene ausgetauscht, falls es schwierig war, neues qualifiziertes Personal (beispielsweise bei der Bahn oder im Gesundheitswesen) zu finden.[4] Wer in Vorkriegspolen politisch, wirtschaftlich und gesellschaftlich aktiv gewesen war, wurde von Führungsposten entfernt. Die Nachfolger waren in den meisten Fällen aus der Sowjetunion versetzte Kräfte. Für die mittleren und unteren Führungsposten stellte man häufig kooperationswillige Einheimische ein, in der Regel jedoch keine Polen.[5]

Parallel dazu entstanden in fast allen Bereichen des wirtschaftlichen und öffentlichen Lebens massenhaft neue Arbeitsplätze und Leitungsposten: Der Terrorapparat von NKWD und Miliz wurde auf- und ausgebaut; das Gefängniswesen expandierte; Industrie und Handel, handwerkliche Produktionsgenossenschaften und Kolchosen erhielten neue Verwaltungsstrukturen, und die bestehenden wurden erweitert; und auch in der Kommunistischen Partei mit ihren Ablegern wie Komsomol, Gewerkschaftsorganisationen und Propagandaapparat wurde eine völlig neue Verwaltung aufgebaut. All diese Einrichtungen hatten einen enormen Bedarf an Verwaltungs- und Führungskräften, die man unter politisch zuverlässigen und kooperationswilligen Einheimischen rekrutierte. Die wichtigsten Positionen wurden jedoch mit Fachleuten aus der Sowjetunion besetzt.

Wirtschaftlich wirkte sich die Sowjetisierung verheerend

aus. Die alte funktionierende Marktwirtschaft wurde zerstört und durch eine Planwirtschaft ersetzt. Deren Kennzeichen waren extremer Etatismus und wirtschaftliche Trägheit, Zentralismus und Bürokratismus, Inkompetenz und Verschwendung von Ressourcen, Korruption und Vetternwirtschaft, Versorgungsengpässe und die Vortäuschung von Erfolgen, die nur auf dem Papier existierten.[6] Die breite Bevölkerung bekam die sowjetische Mißwirtschaft rasch zu spüren, vor allem durch die mangelnde Versorgung mit wichtigen Nahrungsmitteln und Gebrauchsartikeln. Zunächst verursachte das Kriegschaos Versorgungsschwierigkeiten. Im Lauf der Zeit zeigte sich jedoch, daß die Sowjets unfähig waren, mit diesem Problem fertig zu werden. Im Gegenteil, die Lage verschlechterte sich weiter. Vor den Geschäften bildeten sich Schlangen; man mußte tagelang anstehen, um etwas kaufen zu können; es kam zu Teuerungen, und der Schwarzmarkt blühte.[7]

Diese Zustände kompromittierten die neuen Machthaber. Sogar unter denen, die das neue System anfangs begrüßt hatten und von den Veränderungen profitierten, wuchs die Unzufriedenheit. Vor allem wegen der sich ständig verschlechternden wirtschaftlichen Lage waren immer mehr von ihnen enttäuscht und sehnten sich nach den alten polnischen Zeiten zurück.[8] In einem NKWD-Lagebericht wurde die Aussage eines Bauern aus der Gegend um Białystok zitiert, der von einem NKWD-Agenten denunziert worden war. Dieser Bauer soll gesagt haben: »Unter der polnischen Regierung hatten wir alles, ... in den Geschäften konnte man alles kaufen. Die Sowjetmacht hat alles weggenommen und nichts übriggelassen, weder Gebrauchsartikel noch Brot und Fleisch.« In demselben Bericht wird ein Lehrer erwähnt, der einem NKWD-Informanten erzählte, die Lehrer seien angewiesen worden, »mit den Schülern einen offenen Brief zu besprechen, der im Namen des weißrussischen Volkes an den Genossen Stalin geschrieben worden war. Unter anderem haben wir Passagen vorgelesen, in denen es hieß, daß die Weißrussen unter polnischer Herrschaft von polnischen Herren unterdrückt worden seien und in Elend und Hunger gelebt hätten. Jetzt aber, unter der sowjetischen Regierung, lebe das weißrussische Volk fröhlich und glücklich. Diese Worte erregten bei den Schülern Heiterkeit.«[9]

Die Auswirkungen von Sowjetisierung und Terror auf die einzelnen Bevölkerungsgruppen und deren Verhältnis zueinander

Die sowjetischen »Befreier« überzogen das besetzte Ostpolen mit Massenterror. Bevor die neue kommunistische Gesellschaftsordnung sowjetischer Prägung aufgebaut werden konnte, mußte die alte Ordnung zerstört werden, und man tat dies mit den bereits in der UdSSR bewährten Methoden, das heißt mit systematischem, brutalem Massenterror. Ebenso wie die Sowjetisierung zog der Terror die einzelnen Bevölkerungsgruppen mit unterschiedlicher Intensität in Mitleidenschaft. Im folgenden soll versucht werden, die Konsequenzen von sowjetischem Terror und Sowjetisierungsprozeß für die einzelnen Bevölkerungsgruppen und deren Verhältnis untereinander skizzenhaft zu rekonstruieren.

Die polnische Bevölkerung

Die Polen waren diejenigen, die der sowjetische Terror am härtesten traf. Besonders in den ersten Monaten der sowjetischen Herrschaft hatten sie viele Opfer zu beklagen. Es wurden zwar auch Ukrainer, Juden (Zionistenführer, Funktionäre des Allgemeinen Jüdischen Arbeiterbunds in Litauen, Polen und Rußland, kurz Bund genannt) und Weißrussen verfolgt, aber in dieser Phase betrafen die Maßnahmen entweder einzelne Personen oder kleinere Gruppen und erreichten nicht die Dimension des Terrors gegen die Polen. Bei der Verfolgung von Polen erhielten die Sowjets tatkräftige Unterstützung von seiten der nichtpolnischen Bevölkerung, vor allem von Kommunisten zumeist jüdischer, aber auch weißrussischer und ukrainischer Herkunft sowie von weißrussischen und ukrainischen Bauern, die auf diese Weise mit Großgrundbesitzern und polnischen Siedlern abrechneten. Der sowjetische Terror der ersten Monate kam einem kollektiven Rachebedürfnis der nichtpolnischen Bevölkerung entgegen.

Die politischen, sozialen und ethnischen Verhältnisse in Ostpolen führten dazu, daß ein großer Teil der polnischen Bevölkerung von den Sowjets a priori als sowjetfeindlich eingestuft wurde. Der verlorene Krieg und die anschließende sowjetische Besetzung bedeuteten für die Polen eine nationale und häufig auch persönliche Katastrophe. So verloren zum Beispiel sämtliche polnischen Staatsbediensteten mit einem Schlag ihre Arbeit und wurden verfolgt. Sie gehörten zu den ersten, die verhaftet und deportiert wurden. Polnische Großgrundbesitzer und Unternehmer wurden enteignet und vielfach ebenfalls verschleppt. Alle polnischen Siedler, die in den zwanziger und dreißiger Jahren ins Land gekommen waren, wurden mitsamt ihren Familien nach Sibirien deportiert, wobei viele von ihnen ums Leben kamen.

Der mißlungene Versuch, den Widerstand zu organisieren, führte dazu, daß Tausende von Polen, die ihm angehörten oder ihn unterstützten, verfolgt wurden.[1] General Rowecki, der die Widerstandsbewegung im besetzten Polen aufbaute und anführte, berichtete im November 1940: »Unter der sowjetischen Besatzung ist die konspirative Arbeit viel schwieriger als im Generalgouvernement. Dies ist darauf zurückzuführen, daß die Bolschewiken einen größeren Polizeiapparat haben, Polnisch verstehen und große Hilfe von den Einheimischen erhalten, von Ukrainern, Weißrussen und vor allem

Juden; auch unter jungen Menschen haben sie viele Anhänger, die sie favorisieren und an die sie Posten vergeben.«[2]

Lediglich die Angehörigen der technischen Intelligenz, wie Ärzte und Fachkräfte bei der Bahn oder den wenigen Industrieunternehmen, behielten ihre Arbeitsplätze, vorausgesetzt, sie wurden nicht als »konterrevolutionäre Elemente« verhaftet und deportiert oder liquidiert. Auf jeden Fall mußten sie sich den sowjetischen Funktionären unterordnen, die die wichtigsten Führungspositionen übernommen hatten.[3] Wohlhabende polnische Familien hatten ihre Wohnungen zu räumen, die als Unterkünfte für die ins Land strömenden sowjetischen Funktionäre gebraucht wurden, wobei sie den neuen Bewohnern in der Regel die gesamte Einrichtung überlassen mußten. Die Sowjets entdeckten, daß man sich bei den Polen alles beschaffen konnte, was in der UdSSR für sie unerschwinglich war.[4]

Sämtliche polnischen Einrichtungen, Organisationen, Vereine und Parteien wurden aufgelöst, und deren Angestellte verloren ihre Arbeit. Die polnische Sprache und Kultur wurden diskriminiert, polnische Denkmäler und Gedenktafeln demontiert oder zerstört. In Białystok bemalte man Piłsudskis Denkmal mit roter Farbe und verhöhnte es. Selbst Gräber von Soldaten, die 1920 im polnisch-sowjetischen Krieg gefallen waren, und Grabmale des Unbekannten Soldaten wurden zerstört. Der polnische Adler, das Symbol polnischer Staatlichkeit, wurde aus allen Institutionen und Ämtern entfernt. Polnische Denkmäler, Gedenktafeln, Aufschriften und andere Nationalsymbole wurden durch sowjetische ersetzt.[5]

Mit einem Wort, die Polen wurden plötzlich von einem privilegierten und selbstbewußten Staatsvolk zu einer verfolgten, diskriminierten und gedemütigten Bevölkerungsgruppe herabgesetzt. Eine Denunziation reichte aus, um verhaftet oder deportiert zu werden. Viele Ukrainer, Juden und auch Weißrussen konnten nun mit den unbeliebten Polen abrechnen. Nicht wenige von ihnen nutzten die Gunst der Stunde und lachten die Polen aus, verhöhnten und denunzierten sie. Man wollte ihnen »eins auswischen«. Hinzu kam die starke antipolnische Stimmung, die in der Sowjetunion schon vor 1939 vorhanden war und sich nach 1939 verstärkte. Es gab wohl kaum eine Nation, der Stalin und seine Schergen mehr mißtrauten als der polnischen. »Mehr als zehn Prozent der Opfer der großen Säuberungen waren Polen [während sie nur etwa 0,5 Prozent der Gesamtbevölkerung der UdSSR ausmachten], desgleichen ungefähr vierzig Prozent derjenigen, die unter den gegen nationale Minderheiten gerichteten Maßnahmen [in den dreißiger Jahren in der UdSSR] zu leiden hatten.«[6] Nicht selten gaben sich Polen, die in Gefängnissen oder Arbeitslagern inhaftiert waren, als Ukrainer, Weißrussen oder Juden aus, weil sie sich davon eine bessere Behandlung erhofften.[7]

Die Polen wurden allgemein schikaniert und als »polnische Faschisten« und »Pany« verunglimpft.[8] So beschimpften im Sommer 1941 Einwohner der Kleinstadt Ulla im heutigen Weißrußland polnische Gefangene, die in einer Kolonne nach Osten getrieben wurden, als »polnische Schweine und Banditen« und forderten die Wachen auf, sie an Ort und Stelle zu töten.[9] Ähnliches erlebte Czesław Blicharski im Sommer 1940 in Ihuman in Weißrußland: »Auf den Bürgersteigen stehen meistens Juden. Manche von ihnen rufen uns ›polnische Pany‹ zu. ... Sie betrachten uns mit erkennbarer Feindseligkeit.«[10] Es kam vor, daß jüdische Händlerinnen es ablehnten, ihre Waren an Polen zu verkaufen.[11] Die antipolnischen Gefühle gingen so weit, daß sich eine jüdische Krankenschwester in Kiew weigerte, einen erkrankten Häftling zu behandeln, weil er Pole war.[12]

Auf den Straßen kam es sogar zu regelrechten Jagden auf »polnische Faschisten«. Czesław Blicharski aus Tarnopol fuhr am 30. September 1939 nach Lemberg, wo er die schlimmste Zeit besser zu überstehen hoffte. Zwei Tage später begegnete er auf der Straße zwei jüdischen Gymnasialkollegen aus Tarnopol, Józef Ostersetzer und Fritz Wechsler. »Als sie mich sahen«, berichtet er, »begannen sie zu schreien: ›Polnischer Faschist! Fangt den Faschisten! Miliz!‹ Mir blieb nichts übrig, als zu fliehen. Der Jagd schloß sich ein Milizionär mit roter Armbinde an. Dank meiner Ortskenntnisse gelang es mir jedoch zu entkommen.«[13] Weniger Glück hatte Tadeusz Niewolański, ein Berufssoldat aus Lemberg, der Ende September 1939 aus Angst vor Verhaftung untertauchte. Am 1. November 1939 ging er auf den Janowski-Friedhof in Lemberg, wo seine Tochter begraben war. Auf dem Weg dorthin wurde er von jüdischen Bekannten erkannt, die sofort den NKWD benachrichtigten. Die NKWD-Männer ergriffen Niewolański nach einer Verfolgungsjagd und brachten ihn ins Gefängnis. Die Familie hatte noch einige Zeit Kontakt zu ihm, später ist er spurlos verschwunden.[14]

Nicht ohne Grund schreibt Andrzej Paczkowski, die Polen gehörten zu den Völkern, die durch die sowjetische Unterdrückung am meisten gelitten hätten.[15] Im sowjetisch besetzten Polen gab es kaum polnische Gewinner der neuen Ordnung. Selbst die wenigen polnischen Kommunisten wurden oft als Abweichler verfolgt.

Ab Sommer 1940, nachdem die ärgsten polnischen Feinde des sowjetischen Systems ermordet oder deportiert worden waren, verlagerte sich der sowjetische Terror auf die anderen Bevölkerungsgruppen. So waren 84 Prozent der rund 78 000 Opfer der dritten Deportationswelle vom Juni 1940 Juden.[16] Ab Sommer 1940 zeichnete sich auch eine intensivere antiukrainische Gewaltpolitik der Sowjets ab. Dieser Wandel hing zum einen damit zusammen, daß der antipolnische Terror sehr erfolgreich gewesen war: Die polnischen Eliten waren vernichtet oder ausgeschaltet, und der polnische Widerstand war zerschlagen. Abertausende von Polen, die eine Gefahr für das sowjetische System darstellten, waren inhaftiert, deportiert oder ermordet worden. Die übrigen lebten in ständiger Angst, verhaftet und verschleppt zu werden. Viele polnische Augenzeugen berichten, daß polnische Familien Handvorräte anlegten, um für eine etwaige Deportation vorbereitet zu sein. So trockneten sie Brot für die lange Reise nach Sibirien.[17] Zum anderen wandten sich immer mehr Ukrainer gegen das sowjetische System, so daß sich die Sowjets veranlaßt sahen, ihren Terror gegen sie zu richten.

Vor diesem Hintergrund ist es nachvollziehbar, daß die Verfolgung der Polen und des Polentums ab Sommer 1940 nachließ. Es läßt sich sogar seit Sommer 1940 eine gewisse Liberalisierung feststellen. Vorsichtig wurde die Existenz einer ungelösten »polnischen Frage« signalisiert. Es durften mehr Zeitungen, Zeitschriften und Bücher in polnischer Sprache als bisher erscheinen. An den pädagogischen Hochschulen in Lemberg wurde die polnische Sprache zugelassen. Polnische Kommunisten aus der aufgelösten Kommunistischen Partei Polens (KPP) wurden in die Kommunistische Partei der Sowjetunion (KPdSU) aufgenommen. Ähnliches galt für polnische Literaten, die mit den Sowjets kollaborierten und in den sowjetischen Schriftstellerverband aufgenommen wurden.[18]

Das hieß aber nicht, daß die Verfolgung der Polen aufhörte. Es bedeutete lediglich, daß sie ab Sommer 1940 nicht mehr die Hauptzielgruppe des sowjetischen Terrors und Verfolgungswahns waren. Im November 1940 berichtete General Rowecki über die Lage im besetzten Polen: »Viele Polen aus dem sowjetisch besetzten Teil sind deportiert, insbesondere Angehörige der Intelligenz. Die Lage der Polen hat sich den letzten Informationen zufolge verbessert, ist aber immer noch schlechter als im Generalgouvernement.«[19]

Die ukrainische Bevölkerung

Die Ukrainer begrüßten im September 1939 mehrheitlich die Rote Armee. Allerdings wurde neben der roten oft auch die blaugelbe Fahne der ukrainischen Nationalbewegung gehißt. Auch ein Großteil der ukrainischen Aktionen gegen die polnische Armee und Verwaltung im September ging wahrscheinlich auf das Konto der Nationalisten.[20] Während der sowjetischen Invasion verübten Ukrainer unzählige Überfälle auf einzelne oder auf kleine Gruppen von polnischen Soldaten, Polizisten und Zivilisten, wobei sie entweder gemeinsam mit den sowjetischen »Befreiern« oder selbständig handelten. Wie viele Polen dabei ums Leben kamen, ist heute nicht mehr zu ermitteln. Die Zahl dieser Übergriffe geht aber in die Hunderte.[21] In einem Bericht an Stalin vom 22. September 1939 heißt es: »Die Feindschaft zwischen Ukrainern und Polen wächst; die Ukrainer sind aktiv geworden und terrorisieren in vielen Ortschaften polnische Bauern.«[22] Diese Periode des »spontanen« Terrors gegen Polen wurde von den Sowjets nach wenigen Wochen beendet und durch eine gezielte, systematische Verfolgung ersetzt. Antipolnische Gefühle der Nichtpolen, so auch der Ukrainer, wurden kanalisiert und aufgeheizt, um die polnischen Eliten zu vernichten.

Die Rote Armee marschierte unter dem Vorwand in Ostpolen ein, das weißrussische und ukrainische Volk von polnischer Unterdrückung befreien zu müssen. Folglich gehörte die »Entpolonisierung« und »Ukrainisierung« der heutigen Westukraine zu den erklärten Zielen der sowjetischen »Befreier«. Formale Ukrainisierung, unentgeltliche Bildung, »Kinofizierung« (staatliche Förderung von Kinos) und andere Maßnahmen im kulturellen Bereich wurden von den Ukrainern im allgemeinen positiv aufgenommen.[23] Bald zeichnete sich jedoch eine Wende ab. Die anfängliche Bereitschaft vieler Ukrainer, mit den Sowjets zu kooperieren, resultierte nicht aus ideologischer Nähe, sondern aus dem Wunsch, die polnische Herrschaft zu beseitigen. In diesem einen Punkt stimmten die national gesinnten Ukrainer mit den Sowjets überein. Sie erkannten jedoch bald, was das sowjetische System in Wirklichkeit bedeutete. Darüber hinaus waren die Sowjets nicht an einer unabhängigen Ukraine, dem erklärten Ziel der ukrainischen Nationalisten und Patrioten, interessiert. Die wirtschaftlichen und kulturellen Einrichtungen sowie die Bildungs- und Jugendorganisationen der Ukrainer, die in Vorkriegspolen bestanden hatten, wurden aufgelöst, da die Sowjets sie als bürgerlich-nationalistisch und somit antisowjetisch betrachteten, und durch sowjetisch-ukrainische ersetzt. Den Rest erledigte die sowjetische Mißwirtschaft. Die Folge war, daß immer größere Kreise der ukrainischen Bevölkerung von der sowjetischen Herrschaft enttäuscht waren.[24]

Bereits Ende 1939 wurden die ersten national gesinnten Ukrainer verhaftet, andere flüchteten in das Generalgouvernement. Die 1929 gegründete ukrainische Nationalbewegung OUN (Organisation Ukrainischer Nationalisten), die für eine unabhängige Ukraine kämpfte, blieb im Untergrund und konnte trotz des sowjetischen Terrors einen Zuwachs verzeichnen. Im Juni 1941 soll OUN-B[25] in der heutigen Westukraine über dreitausenddreihundert Stanizen (die unterste Organisationseinheit auf Dorfebene) mit zusammen zwanzigtausend Mitgliedern verfügt haben.[26] Ende 1939 kam es zu ersten bewaffneten Aktionen gegen Kollaborateure und sowjetische Einrichtungen. Ab 1940 wurden diese Aktionen immer häufiger. In der zweiten Jahreshälfte 1940 beispielsweise töteten OUN-Angehörige in der Oblast Tarnopol dreißig prokommunistische Kolchosbauern und verletzten zweiunddreißig weitere. Im Jahr 1940 gab es sogar Pläne für einen antisowjetischen Aufstand.[27]

Im Vergleich mit der Niederlage der polnischen Widerstandsbewegung ist der Erfolg der ukrainischen bemerkenswert. Er läßt sich erstens damit erklären, daß die Ukrainer eine langjährige Erfahrung in der Untergrundarbeit besaßen und die bestehenden Strukturen nur an die neuen Verhältnisse anzupassen brauchten, während die Polen diese Strukturen völlig neu aufbauen mußten. Zweitens konzentrierte sich der NKWD in den ersten Monaten der Besatzung auf die Verfolgung der polnischen Bevölkerung, um deren tatsächlichen und potentiellen Widerstand zu brechen.

Angesichts der Erfolge der ukrainischen Untergrundbewegung ist es kaum verwunderlich, daß die Sowjets ihren vor allem antipolnischen Kurs revidierten. Auf dem XI. Parteitag der KP der Ukraine im Sommer 1940 warnten zahlreiche Delegierte vor der zunehmenden Gefahr, die vom ukrainischen Nationalismus ausgehe. In der Folgezeit verschärfte sich der Terror gegen die Ukrainer.[28] Spätestens im Frühjahr 1941 wurden national eingestellte Ukrainer zur Hauptzielgruppe des sowjetischen Terrors in der heutigen Westukraine. Darüber hinaus säuberten die Sowjets ihre Institutionen von Ukrainern, die verdächtig waren, national orientiert zu sein. Die Miliz entließ ukrainische Freiwillige oder verlegte sie nach Osten.[29]

Ein weiterer bedeutsamer Faktor, der in der ukrainischen Bevölkerung antisowjetische Gefühle weckte und verstärkte, war die sowjetische Landwirtschaftspolitik. Die Masse der Ukrainer lebte auf dem Lande. Die ersten Maßnahmen der Sowjets, die auf eine radikale Änderung der alten landwirtschaftlichen Strukturen abzielten, waren bei der nichtpolnischen Landbevölkerung noch auf breite Zustimmung gestoßen. Immerhin ging es um die Aufteilung von Großgrundbesitz sowie von Staats- und Kirchengütern. Diese soziale Revolution auf dem Lande fand in einem Klima sozialer und ethnischer Revanche statt. Die Güter wurden ausgeraubt, Land und Viehbestand an arme Landarbeiter und Kleinbauern verteilt.

Die Sowjets erlaubten den Bauern darüber hinaus eine uneingeschränkte Nutzung der Wälder. Als nächstes wurden Ländereien der katholischen und der orthodoxen Kirche, der Klöster und Besitz der polnischen Siedler konfisziert.

Insgesamt wurden 1939 und 1940 in der heutigen Westukraine über eine Million Hektar Ackerland, 14 707 Hektar Weideland, 296 Fischteiche, über 45 000 Pferde, etwa 2000 Ochsen, 75 000 Kühe und über 20 000 Schweine an landlose Landarbeiter und arme Bauern verteilt. Im westlichen Weißrußland fanden über eine Million Hektar Ackerland, 14 086 Pferde, 33 400 Rinder neue Besitzer. Die Gewinner waren ukrainische und weißrussische Bauern und Landarbeiter, die Verlierer in der Regel Polen. Kein Wunder, daß die Sowjets in der nichtpolnischen Landbevölkerung anfangs viele Anhänger gewannen.[30]

Doch die »guten« Zeiten gingen schnell zu Ende. Bald gab es nichts mehr zu verteilen, und Plünderungen wurden verboten. Die sowjetische Realität holte nun auch die nichtpolnische Landbevölkerung ein. Die Bauern wurden mit hohen Steuern und Zwangsabgaben belegt, zunächst für Getreide und Kartoffeln, ab Frühjahr 1940 auch für Milch, Schlachtvieh und Geflügel. Die für Zwangslieferungen festgesetzten Preise lagen erheblich unter den Marktpreisen, weshalb die Eintreibung oft unter dem Schutz der Miliz stattfinden mußte. Gleichzeitig wurden der Verkauf von Lebensmitteln auf dem freien Markt erschwert und das private Schlachten verboten. Trotzdem schlachteten die Bauern massenweise Rinder und Schweine, und in vielen Dörfern bebauten sie nur einen Teil der Felder – für den Eigenbedarf.[31]

Die sowjetischen Maßnahmen führten bei den nichtpolnischen Bauern zur Ernüchterung. Aber es sollte noch schlimmer kommen: In den ehemaligen ostpolnischen Gebieten ging nämlich im Frühjahr 1940 das Gespenst der Kollektivierung um. Nichts fürchteten die Bauern, ob polnische, ukrainische oder weißrussische, mehr als die Kolchose. Die Grenze zur UdSSR war nah, und man war recht gut über die Zwangskollektivierung informiert, mit der die sowjetischen Kommunisten zehn Jahre zuvor ihr eigenes Land »beglückt« hatten. Damals hatte der Sowjetstaat »einen regelrechten Krieg gegen eine ganze Nation von kleinen Betrieben« geführt. Die Folgen dieses Krieges waren entsetzlich: »Mehr als zwei Millionen Bauern wurden deportiert ... Sechs Millionen verhungerten, und Hunderttausende starben während der Deportation.«[32]

Nach Ansicht der Sowjets war ihre Macht in den neuen Gebieten aber noch nicht gefestigt genug, um das Land kurzfristig mit brutaler Gewalt zu kollektivieren, wie in den dreißiger Jahren in der UdSSR geschehen. Sie entschlossen sich daher für nach sowjetischen Maßstäben »sanfte« Methoden und setzten auf Propaganda, »Freiwilligkeit« und psychologischen Druck. Im Frühjahr 1940 starteten die kommunistischen Machthaber eine breit angelegte »Informations«- und Propagandakampagne für die Gründung von Kolchosen. Von Milizionären begleitete Kolchosaktivisten priesen vor zwangsweise zusammengetriebenen Bauern die Vorzüge der kollektivierten Landwirtschaft und riefen ihre Zuhörer auf, sich freiwillig zu Kolchosen zusammenzuschließen. Überall, auch im Radio und in den Zeitungen, wurde massive Propaganda für die kollektive Landwirtschaft betrieben.[33] Im Februar 1940 entstanden die ersten Kolchosen, und es bildeten sich »Initiativgruppen« für weitere Neugründungen. Die Zahl der Kolchosen wuchs stetig an, aber schneller noch die Angst vor ihnen und der Widerstand gegen sie. Im April 1941 berichtete das Warschauer *Biuletyn Informacyjny,* das Informationsblatt der polnischen Untergrundbewegung: »Die Stimmung unter der sowjetischen Besatzung ist eigenartig. Einerseits hat die Bevölkerung aufgeatmet, weil die Deportationen aufhörten und die

Versorgungslage sich verbesserte. Andererseits wächst der Haß auf die Bolschewiken. Besonders stark ist er bei den Bauern, die zur Kollektivierung gezwungen werden. Man quält sie mit Beschlagnahmen und Zwangsabgaben.«[34] Der Zeitzeuge Józef Anczarski hat diese Stimmung geschildert:

»24.02.1941: In Poczapy [Anczarskis Heimatdorf bei Złoczów] traf ich auf eine große Kolchosaktion. ... Der Kolchos muß sein, und keine Macht auf der Welt kann das Dorf vor Kolchosen bewahren. Die Menschen wissen das sehr wohl; trotzdem leisten sie erbitterten Widerstand. Sie wissen, daß der Kolchos ihnen Elend und Hunger bringt. ... Stürmische Agitation. Das stärkste Argument ist die Drohung. Sie ist deutlich und nachdrücklich: ›Willst du dich nicht einschreiben? Dann bist du ein Feind des Sowjetstaats.‹ ... ›Du bist wohl verrückt.‹ Trotz dieser Drohungen leisten die Bauern Widerstand. ... Für mehrere Tage fliehen sie aus dem Dorf und verstecken sich, um den Kolchosagitatoren zu entkommen. Trotzdem klitterte man in Poczapy einen Kolchos zusammen. ...

18.03.1941: Ich fahre nach Darchonow, um die Osterbeichte abzunehmen. Hier ist der Druck, einen Kolchos zu bilden, schrecklich. Den Agitatoren ist jedes Argument recht. Wütend drohen sie mit Strafen, Gewalt und Rache des Regimes. ...

22.04.1941: In vielen Ortschaften beginnen ukrainische Überfälle auf Bolschewiken und örtliche Aktivisten der Dorfräte und Kolchosen. ... Hier und da werden sowjetische Menschen getötet. Überall gibt es solche Überfälle. Und immer öfter. Die Bevölkerung registriert diese Ereignisse mit sichtlicher Genugtuung, sowohl Polen als auch Ukrainer. Besonders zufrieden ist man, wenn man von der Ermordung von Kolchosagitatoren und Schuften hört, die das unterdrückte Volk quälten. ...

18.05.1941: ... Ich erfahre von verschiedenen Ereignissen, die sich in Poczapy zugetragen haben. Die Polen werden erbarmungslos unterdrückt. Die Ukrainer leben in panischer Angst vor Kolchosen. Kolchosbauern, die alles dürfen, nutzen ihre Freiheit aus; sie drangsalieren die Menschen auf jede erdenkliche Weise und plündern, wo es nur geht. Dieses Gesindel von der schlimmsten Sorte – zu solchen Menschen gehören die Kolchosgründer – erlebt goldene Zeiten. Es hat jetzt ein Paradies auf Erden, von dem es in normalen Zeiten nicht einmal geträumt hätte.«[35]

Ein jüdischer Augenzeuge, der nach seinen Angaben von 1939 bis 1941 als Fotograf etwa hundert ukrainische, polnische und ukrainisch-polnische Dörfer in der Umgebung von Lemberg aufsuchte, berichtete 1942:

»Ohne übertreiben zu wollen, habe ich keinen Bauern getroffen, der froh gewesen wäre, von der Roten Armee ›befreit‹ worden zu sein. ... Sowjetische Regierungsstellen hatten eine Reihe von Mitarbeitern ..., die ständig in den Dörfern agitierten, in denen sie verschiedene Aktionen durchführten. Die wichtigste war die Kollektivierung. Und da liegt der Hund begraben! Darin war der Haß der Bauern auf das neue System begründet.«[36]

Auch andere zeitgenössische Berichte bestätigen den besonderen Haß, den wohl die meisten Bauern gegen das sowjetische System hegten. Verursacht wurde er durch Kollektivierung, hohe Steuern, Zwangsabgaben sowie physischen und psychischen Terror. Von Historikern, die sich mit der sowjetischen Besatzung Polens beschäftigen, wird die Stimmung auf dem Lande nicht anders beurteilt.[37] Und die Zahlen bestätigen diese Einschätzung, denn trotz der massiven Agitation, die man zumindest als psychologischen Terror bezeichnen kann, waren in der westlichen Ukraine am 1. Juni 1941 nur dreizehn Prozent der bäuerlichen Betriebe in 2589 Kolchosen kollektiviert.[38]

Die weißrussische Bevölkerung

Ein Großteil der weißrussischen Bevölkerung begrüßte den Einmarsch der Roten Armee. Nicht selten kam es zu bewaffneten Überfällen auf polnische Soldaten, Polizisten und Vertreter des polnischen Staatsapparates, insbesondere dort, wo die kommunistische Agitation stark war. In Skidel zum Beispiel brach ein regelrechter Aufstand aus, an dem sich jüdische und weißrussische Kommunisten beteiligten. Er wurde von polnischen Truppen niedergeschlagen. Darüber hinaus kam es zu unzähligen Überfällen auf polnische Gutsbesitzer, Siedler und Flüchtlinge aus dem Westen. Raub, Plünderung und Mord waren an der Tagesordnung. Die Motive für diese Übergriffe waren politischer, sozialer und krimineller Natur. Diese Anarchie wurde aber von den Sowjets rasch beendet und durch systematische Verfolgung ersetzt.[39]

Alle weißrussischen Politiker, ob Kommunisten oder Nationalisten, begrüßten die Eingliederung des westlichen Weißrußland in die BSSR. Damit lebten die meisten Weißrussen in einem Staat. Das neue System zu akzeptieren wurde ihnen durch die proweißrussische Politik der neuen Machthaber erleichtert, die Sprache, Kultur, Schulen und kulturelle Einrichtungen der Weißrussen förderten. Das westliche Weißrußland wurde »entpolonisiert« und »weißrussifiziert«. Zwar wurden auch weißrussische Nationalisten verhaftet, aber dies waren Einzelfälle, welche die prosowjetische Einstellung der Weißrussen nicht beeinflußten. Überhaupt waren die Unabhängigkeitsbewegung und das Nationalbewußtsein bei den Weißrussen anders als bei Ukrainern und Litauern relativ schwach entwickelt und die Sowjetisierung dieser Gebiete zu keiner Zeit durch einen weißrussischen Nationalismus gefährdet. Es gibt keine Hinweise auf einen organisierten weißrussischen Widerstand gegen das sowjetische System im Land selbst, wie er von Polen, Ukrainern und Litauern auf die Beine gestellt wurde.[40]

Allerdings machte sich in breiten Teilen der weißrussischen Bevölkerung wegen der allgemeinen wirtschaftlichen Lage (Mangelwirtschaft), vor allem aber aufgrund der sowjetischen Agrarpolitik bald Ernüchterung breit. Die meisten Weißrussen lebten auf dem Lande. In den ersten Monaten profitierten zwar viele von ihnen von der Sowjetisierung auf Kosten polnischer Gutsbesitzer und Siedler. Bald jedoch belegten die Sowjets das Land mit Zwangsabgaben, hohen Steuern und anderen Belastungen. Im Frühjahr 1940 wurde außerdem mit den gleichen Methoden wie in der Westukraine eine Kollektivierungskampagne gestartet. Diese Maßnahmen riefen den passiven Widerstand der weißrussischen Bauern hervor, die zunehmend sowjetfeindlich wurden. Im Juni 1941 waren im westlichen Weißrußland trotz der massiven Propagandakampagne nur etwa 6,7 Prozent aller landwirtschaftlichen Betriebe kollektiviert.[41]

Nicht wenige Weißrussen sehnten sich nun nach den alten polnischen Zeiten zurück. Unter ihnen war folgender Spruch weit verbreitet: »Was die Polen in zwanzig Jahren nicht geschafft haben, haben die Bolschewiken in wenigen Monaten erreicht – wir sind jetzt alle Polen.« In einem Lagebericht der polnischen Untergrundbewegung vom Februar 1941 heißt es: »Die weißrussischen Massen sind passiv. Sie hassen die Bolschewiken; sie wollen, daß sie verschwinden, und hoffen, daß Polen wiederersteht.« Diese Berichte werden durch zeitgenössische NKWD-Dokumente bestätigt.[42]

Die jüdische Bevölkerung

Die jüdische Bevölkerung empfand den Zusammenbruch des polnischen Staats ähnlich wie Ukrainer und Weißrussen als Erleichterung. Auch sie fühlte sich in Vorkriegspolen rechtlich, wirtschaftlich und sozial benachteiligt und diskriminiert. Zudem war die einzige Alternative zur sowjetischen Besatzung die deutsche. Die Juden waren daher froh, daß die Sowjets Ostpolen besetzten. Insbesondere von der Jugend wurden die einmarschierenden Rotarmisten begeistert empfangen. Der Umstand, daß in der Roten Armee viele jüdische Soldaten und Offiziere dienten, die nun in Ostpolen stationiert wurden, erfüllte die einheimischen Juden mit Stolz.[43] »Dieser Enthusiasmus«, so der polnische Historiker Andrzej Żbikowski, »war eine psychologische Reaktion, die zum Massenphänomen wurde. Darin äußerten sich das Verlangen nach Wiedergutmachung für frühere rechtliche und wirtschaftliche Benachteiligung sowie die Abneigung und sogar Feindschaft gegenüber den Polen und dem polnischen Staat. Außerdem spiegelte er die Befriedigung darüber wider, daß diese Gebiete nicht von den Deutschen, sondern von den Sowjets besetzt wurden. Das erste Gefühl scheint jedoch entschieden stärker gewesen zu sein.«[44]

Ganz ähnlich schätzt die Historikerin Teresa Prekerowa die Haltung der jüdischen Bevölkerung ein.[45] Viele Juden, vor allem Kommunisten, beteiligten sich aktiv an der Besetzung Ostpolens durch die Sowjets. In mehreren Städten und Ortschaften kam es zu Angriffen organisierter jüdischer Kampftruppen oder einzelner jüdischer Bewohner auf polnische Soldaten, Polizisten und Freiwillige, die gegen die Sowjets kämpften oder vor ihnen flüchteten. Mancherorts, wie in Grodno und Skidel, brachen regelrechte Aufstände aus. Juden schossen aus dem Hinterhalt auf polnische Truppen, kämpften aktiv auf sowjetischer Seite mit, verbreiteten Desinformationen und beteiligten sich an der Jagd auf versprengte polnische Soldaten, Polizisten und polnische Freiwillige. Im Zuge dieser Ereignisse begingen die Sowjets zahllose Morde an kriegsgefangenen polnischen Soldaten und Polizisten sowie an polnischen Zivilisten, die sich tatsächlich oder angeblich an Abwehrkämpfen gegen die sowjetischen Aggressoren beteiligt hatten.[46]

Juden spielten in der Übergangsphase nach dem Einmarsch der Roten Armee und vor der Errichtung sowjetischer Institutionen eine wichtige Rolle. In den Städten stellten von jüdischen Kommunisten gegründete Komitees erste vorläufige sowjetische Machtorgane dar. Viele Juden traten freiwillig in die Miliz ein, beteiligten sich an der Verfolgung polnischer Soldaten und Polizisten und nutzten nebenbei die Gelegenheit, um alte Rechnungen zu begleichen. Hinzu kam, daß besonders in der ersten Zeit relativ viele kriminelle Elemente in die Miliz gelangten, die sich entsprechend aufführten.[47] Eine wichtige Rolle spielten in dieser Phase auch die einheimischen Kommunisten, die zumeist jüdischer Herkunft waren. Sie halfen, diejenigen zu identifizieren, die eine Gefahr für die neue Ordnung darstellten, indem sie Listen mit »politisch Unerwünschten« und »Klassenfeinden« aufstellten oder an ihrer Aufstellung mitwirkten.[48] Daher konnte Pinchuk resümieren, daß Juden eine entscheidende Rolle bei der Etablierung der sowjetischen Institutionen in Ostpolen spielten.[49]

Nach den ersten Wochen und Monaten der sowjetischen Herrschaft zeichnete sich jedoch eine Wende ab, die mit der sowjetischen Nationalitätenpolitik in diesen Gebieten zusammenhing. Die Sowjets besetzten das ehemalige Ostpolen, um, wie sie erklärten, die Weißrussen und Ukrainer von der polnischen Unterdrückung zu befreien. Um dies glaubwürdig zu machen, mußte man sie mitregieren lassen. Dies erwies sich allerdings als nicht so einfach, denn es gab nur wenige Weißrussen und Ukrainer, die im sowjetischen Sinne dafür geeignet waren. Die weißrussische Bevölkerung bestand fast ausschließlich aus armen Bauern, die nicht selten Analphabeten waren. Deshalb kamen nur wenige Weißrussen für die Arbeit in den neu entstandenen sowjetischen Institutionen in Frage, von leitenden Positionen ganz zu schweigen.[50] Ein gewisses Mindestmaß an Ausbildung war selbst bei den Sowjets erforderlich.

Ähnliches traf auf die Ukrainer zu. Auch unter ihnen überwog die bäuerliche Bevölkerung, die für die neuen Aufgaben nicht qualifiziert war. Die ohnehin dünne Schicht der ukrainischen Intelligenz, die etwa ein Prozent der ukrainischen Bevölkerung ausmachte, war antirussisch und für sowjetische Begriffe zu nationalistisch eingestellt.[51] Nach anfänglicher Kooperation, die aus dem gemeinsamen Interesse resultierte, die verhaßte polnische Herrschaft zu beseitigen, wandte sie sich gegen das sowjetische Regime. Daher waren Ukrainer aus sowjetischer Sicht entweder nicht geeignet oder nicht vertrauenswürdig genug, um stabile sowjetische Machtstrukturen aufzubauen.[52]

Polen waren in der Regel ausgeschlossen. Schließlich waren sie die »Unterdrücker«. Blieben nur noch die Juden, unter denen besonders die Stetl-Juden ein großes Reservoir relativ gut ausgebildeter und williger Arbeitskräfte darstellten. Sie hatten keine Ambitionen auf einen eigenen Staat auf diesem Gebiet, waren sowohl antipolnisch als auch antideutsch eingestellt und beteiligten sich, zumal die Jugend, enthusiastisch am Aufbau der neuen Ordnung, in der sie ihren Platz zu finden hofften.[53] Unter diesen Umständen schickte Moskau Tausende von sowjetischen Funktionären, darunter viele Juden, ins ehemalige Ostpolen, um die leitenden Posten in Staat und Wirtschaft zu besetzen.[54] »In den verschiedenen Zweigen der staatlichen Verwaltung und der Wirtschaft war eine große Zahl sowjetischer Juden vorhanden«, konstatiert

Pinchuk. »Sie waren Fabrikdirektoren, Schullehrer, Handelsvertreter, NKWD-Ermittler und so weiter.«[55]

Posten, die im Zuge sowjetischer Pseudowahlen besetzt wurden, wie die von Bürgermeistern, Stadt- und Dorfräten, Abgeordneten und Delegierten, vertraute man meistens mehr oder weniger geeigneten Ukrainern und Weißrussen an. Hierfür war außer »politischer Zuverlässigkeit« keine besondere Qualifikation erforderlich. Juden waren in dieser Gruppe unterrepräsentiert und Polen kaum vertreten. Die Parteiführung in der westukrainischen Oblast Stanisławów dekretierte beispielsweise, daß fünfundsiebzig Prozent der »gewählten« Delegierten von Gewerkschaftskongressen Ukrainer sein müßten.[56] Im sowjetisch besetzten Polen galt für Organe, die durch »Wahlen« zu besetzen waren, eine Quotenregelung (Ukrainer- und Weißrussenquoten). Es ist also kaum verwunderlich, daß »einige Juden gebeten wurden, sich nicht zur Wahl zu stellen«.[57] Auf diese Weise wollten die neuen Machthaber den Eindruck erwecken, die »befreiten« Ukrainer und Weißrussen regierten tatsächlich selbst in ihren Republiken.

Jeder, der das kommunistische Herrschaftssystem, die Volksdemokratie, kennt, weiß jedoch, daß solche »gewählten Volksorgane« nur eine Alibifunktion erfüllten, indem sie »volksdemokratische« Verhältnisse vortäuschten. Wichtige Entscheidungen wurden woanders gefällt. Aber die schnell expandierenden sowjetischen Institutionen und Unternehmen, die von abkommandierten sowjetischen Funktionären geleitet und überwacht wurden, stellten massenweise jüdische Arbeitskräfte ein, da nur sie geeignet waren. Anzumerken ist, daß der Bedarf an Arbeitskräften aufgrund der Bürokratisierung des sowjetischen Systems wesentlich größer war als in Vorkriegspolen. Juden besetzten nun massenweise die unteren und mittleren Ränge in diesen Institutionen.[58]

Das bisher Gesagte vermittelt den Eindruck, die jüdische

Bevölkerung hätte von der Sowjetisierung nur profitiert. Dies stimmt aber nur zum Teil, denn die Sowjetisierung wirkte sich höchst unterschiedlich auf die jüdische Gesellschaft aus. Erstens ist darauf hinzuweisen, daß die alten sozialen und wirtschaftlichen Eliten, das heißt die wohlhabenden Kaufleute, Unternehmer und zum Teil auch Freiberufler, zu den Verlierern der Sowjetisierung gehörten. Die Angehörigen dieser Schicht betrachteten den Einmarsch der sowjetischen Armee eher mit Sorge, weil sie viel zu verlieren hatten. Tatsächlich wurden sie, ähnlich wie die polnischen »Kapitalisten«, »Ausbeuter« und »Faschisten«, enteignet und nicht selten Repressalien ausgesetzt. Diese soziale Schicht verschwand in den ersten Wochen der sowjetischen Besatzung. Darüber hinaus wurden gezielt Personen verfolgt, die in jüdischen Organisationen aktiv waren, welche die Sowjetisierung behindern konnten, wie etwa Bund-Funktionäre oder Zionisten. Diese Maßnahme hatte zwar individuellen Charakter und betraf nur eine relativ kleine Gruppe der jüdischen Bevölkerung, aber sie hatte zur Folge, daß die jüdische Gesellschaft ihrer traditionellen Führungsschicht beraubt wurde. Laut Pinchuk wurde die jüdische Gesellschaft regelrecht atomisiert.[59]

Darüber hinaus trat angesichts der sowjetischen Realität bei vielen Juden, ähnlich wie bei Ukrainern und Weißrussen, bald Ernüchterung ein. »Nach den ersten Tagen der Begeisterung kam die große Desillusionierung«, schreibt Pinchuk und zitiert einen jüdischen Augenzeugen: »›Brot, einen einfachen Laib Brot, oder etwas Butter zu ergattern wurde das Hauptanliegen der Menschen in den »befreiten Gebieten« der Westukraine und Weißrußlands.‹ Zweifellos«, schlußfolgert Pinchuk, »beeinflußten die ungenügende Versorgung mit Lebensmitteln und anderen Grundprodukten die Stimmung der jüdischen Gemeinde und ihre Haltung gegenüber dem Sowjetregime.«[60] Eine jüdische Zeitzeugin berichtete aus Lemberg, daß vielen Juden das kommunistische System nicht gefallen habe. Sie hätten sogar erklärt, daß sie lieber unter deutscher Besatzung leben und arbeiten würden, als auf schlecht bezahlten Verwaltungsstellen zu vegetieren.[61]

Zu den Opfern der sowjetischen Repressionen gehörte auch eine relativ große Gruppe von Juden: die jüdischen Flüchtlinge aus Westpolen, die sich geweigert hatten, die sowjetische Staatsbürgerschaft anzunehmen. Viele von ihnen wollten sogar zu ihren Familien zurück, das heißt ins deutsch besetzte Polen. Die Sowjets stuften diese Flüchtlinge daher als politisch unzuverlässig ein und verschleppten im Juni 1940 siebzig- bis achtzigtausend von ihnen nach Sibirien.[62] Einheimische Juden wurden in der Regel nicht deportiert, sofern sie nicht als »feindliche Elemente« galten.

Auf der anderen Seite gab es unter den ostpolnischen Juden relativ viele Gewinner, etwa die große Zahl jüdischer Kleinhändler, die nach einer kurzen Übergangsphase in den staatlichen Handelsunternehmen, Warenlagern und Genossenschaften, die nun den gesamten Warenverkehr abwickelten, Beschäftigung fanden.[63] Ähnlich erging es Tausenden von jüdischen Handwerkern, die Produktionsgenossenschaften beitraten. Pinchuk zufolge ging es der Masse der jüdischen Handwerker unter den Sowjets materiell besser als vor 1939. Die Arbeitsbedingungen wurden leichter, und die erdrückende Konkurrenz verschwand. Außerdem wuchs das soziale Ansehen der Handwerker. Da es in Ostpolen kaum Arbeiter gab, wurden beispielsweise Schuhmacher und Schneider als Helden der sozialistischen Arbeit geehrt.[64] Auch jüdische Ärzte, Apotheker, Ingenieure, Agronomen, Buchhalter, Lehrer und so weiter fanden schnell Beschäftigung in den expandierenden sowjetischen Institutionen, Wirtschaftsunternehmen sowie Bildungs- und Wohlfahrtseinrichtungen, sofern sie nicht als antisowjetische Elemente eingestuft wurden.[65]

Kommunisten jüdischer Herkunft, die in den ersten Wochen der sowjetischen Herrschaft eine so bedeutende Rolle gespielt hatten, wurden später mit eher untergeordneten Posten abgespeist, insbesondere dort, wo Ortskenntnisse notwendig oder direkte Kontakte mit der Bevölkerung wichtig waren. Sie wurden in Schulen, Fabriken und bei der Miliz beschäftigt, betätigten sich als NKWD-Informanten oder traten in sowjetischen Wahlkampagnen als Propagandisten auf.[66] Ein jüdischer Zeitzeuge meinte sogar: »Bei gesellschaftlichen und agitatorischen Aktivitäten überwog das jüdische Element.«[67] Für die Bevölkerung war diese prosowjetische Tätigkeit naturgemäß besonders sichtbar. Jan Karski, ein Kurier der polnischen Widerstandsbewegung, schilderte im Frühjahr 1940 die Lage der jüdischen Bevölkerung unter der sowjetischen Besatzung wie folgt:

> »Die Juden sind hier zu Hause; sie erleiden keine Demütigungen und Verfolgungen [wie im deutsch besetzten Polen]; sie genießen sogar gewisse Privilegien – nicht nur im politischen, sondern auch im wirtschaftlichen Bereich. Dies verdanken sie ihrer Geschicklichkeit und ihrer Fähigkeit, sich rasch an neue Verhältnisse anzupassen.
>
> Sie schließen sich verschiedenen politischen Organisationen an. Zum großen Teil bekleiden sie wichtige Posten im politisch-administrativen Bereich. Sie spielen eine große Rolle in den Gewerkschaften, an den Hochschulen und vor allem im Handel, auch im illegalen Handel (Wucher- und Schiebergeschäfte, Schmuggel, Devisen- und Alkoholhandel, andere dunkle Geschäfte und Kuppelei). Ihre Lage ist in vielen Fällen besser als vor dem Krieg, und zwar sowohl in wirtschaftlicher als auch in politischer Hinsicht.
>
> Dies betrifft vor allem die Schicht der Kleinhändler und Kleinhandwerker, Arbeiter und Halbintellektuellen. Wohlhabende und Gebildete (Hauseigentümer, Eigentü-

mer von größeren Betrieben und Geschäften, Anwälte, Ärzte, Ingenieure und so weiter) unterliegen grundsätzlich den gleichen Beschränkungen und Repressionen sowie der gleichen gesellschaftlichen Ausgrenzung, wie Angehörige anderer Nationalitäten sie im sowjetischen System üblicherweise zu erleiden haben.«[68]

Zu den Gewinnern gehörte vor allem die jüdische Jugend, deren Lage vor 1939 besonders hoffnungslos gewesen war. Viele junge Juden begeisterten sich für die sowjetischen Idee der Gleichberechtigung, die in Wirklichkeit die Diskriminierung und Verfolgung der bisherigen Eliten bedeutete. Die Sowjetisierung eröffnete ihnen ungeahnte Chancen, und sie waren bereit, sie zu ergreifen. Für junge Juden gab es auf einmal viele Arbeitsplätze in den expandierenden sowjetischen Institutionen und Einrichtungen. Auch Schulen und Universitäten standen ihnen offen. Ein jüdischer Zeitzeuge berichtet: »Die Gelegenheit, an Oberschulen und Universitäten zu lernen, war für die jüdische Jugend der attraktivste Vorteil. Sie strömten in Massen in die Lehranstalten. Jetzt, unter sowjetischer Herrschaft, konnten Juden ihren Bildungshunger stillen und Fächer studieren, die ihnen bisher versperrt gewesen waren.«[69]

An der Universität von Lemberg waren während der sowjetischen Besatzung 85 Prozent der Studenten Juden, drei Prozent Polen und zwölf Prozent Ukrainer. Vor 1939 waren 70 Prozent der Studenten Polen und je 15 Prozent Ukrainer und Juden gewesen.[70] Junge Juden strömten in großer Zahl in die Städte, um Ausbildung und Arbeit zu finden. Sie waren voller Enthusiasmus für das neue Regime und wollten ein neues Leben aufbauen. Die besten und aktivsten von ihnen traten dem Komsomol bei, und viele engagierten sich in der kommunistischen Partei.[71]

All dies führte dazu, daß die Juden im sowjetisch besetzten

Polen selbstbewußter wurden. Die Eltern waren stolz auf ihre Töchter und Söhne, die jetzt etwas darstellten. Der Antisemitismus war verboten; antisemitische Äußerungen wurden offiziell als genauso schädlich wie »konterrevolutionäre Aktivitäten« angesehen und als »Verbrechen gegen das sowjetische System« geahndet.[72] Jüdische Milizionäre gingen Streife und jagten kriminelle und politische Verbrecher: »In der Miliz fand man sogar auf Kommandoposten viele Juden, die begeistert daran arbeiteten, das neue Regime zu stärken.«[73] Viele »systemfeindliche« Polen, Weißrussen, Ukrainer und Juden bekamen diese »Begeisterung« zu spüren. Die Situation wurde noch dadurch verschärft, daß vielfach Halbintellektuelle, Jugendliche und kriminelle Elemente in Machtpositionen gelangten und ihre Stellung mißbrauchten, um alte Rechnungen zu begleichen oder sich zu bereichern oder beides.

Zum ersten Mal waren die Juden in ihrer Mehrheit in Ostpolen nicht unterprivilegiert, sondern formal gleichgestellt. In den Augen vieler Nichtjuden erschienen sie sogar als privilegiert. Dies resultierte aber keineswegs aus einer gezielten philosemitischen Politik der sowjetischen Machthaber, sondern war in den einzigartigen ethnischen Verhältnissen in diesen Gebieten und in der allgemeinen Zielsetzung der sowjetischen Politik begründet. Denn die Sowjets zögerten nicht, Juden zu verfolgen, zu foltern und zu ermorden, wenn sie als »Feinde des sowjetischen Systems« galten. Der sowjetische Terror richtete sich grundsätzlich nicht gegen ein bestimmtes Volk, sondern gegen politische beziehungsweise »Klassenfeinde«. Im sowjetisch besetzten Ostpolen wurden aber besonders viele Polen in diese Kategorie eingestuft. Wenn man andererseits geeignete, kollaborationswillige Ukrainer, Polen oder Weißrussen fand, wurden sie genauso eingestellt wie geeignete, kollaborationswillige Juden.

Trotzdem erschienen die Juden in den Augen der nichtjüdischen Bevölkerung als Nutznießer des neuen Systems und Helfershelfer der Sowjets und sogar als Täter.

Selbstverständlich beteiligten sich nicht alle Juden und nicht nur Juden an diesen Verbrechen. Viele von ihnen waren von diesen Verbrechen genauso betroffen wie Polen und Ukrainer, und die meisten Juden hatten mit ihnen nichts zu tun. Unbestreitbar aber ist, daß relativ viele Milizangehörige, NKWD-Informanten und Denunzianten, die sich aktiv und zumeist freiwillig an den sowjetischen Verbrechen beteiligten, jüdischer Herkunft waren. Tomasz Gross vertritt dennoch die Ansicht, Juden seien im sowjetischen Besatzungsapparat im besetzten Ostpolen nicht überrepräsentiert gewesen. Polen und Ukrainer seien in dieser Hinsicht einer kollektiven Täuschung erlegen. Als Beleg dafür betrachtet Gross die Tatsache, daß in den »gewählten Volksorganen« Juden unterrepräsentiert waren, was aufgrund einer ethnischen Quotenregelung tatsächlich der Fall war.[74]

Viele jüdische Zeitzeugen und die wenigen westlichen Historiker, die sich mit der sowjetischen Besatzung Ostpolens befassen, gehen selten auf das Ausmaß der sowjetischen Verbrechen ein. Gleichzeitig neigen sie dazu, die sowjetische Verfolgung von Juden hervorzuheben und das brutale Vorgehen gegen Polen und Ukrainer herunterzuspielen oder gar zu verschweigen. Exemplarisch hierfür ist die Darstellung der sowjetischen Okkupation der Stadt Wilna im Herbst 1939. Nach kurzem, erbittertem Kampf, an dem sich auch polnische Freiwillige beteiligten, hatte die Rote Armee die Stadt am 19. September 1939 erobert, um sie gut einen Monat später, am 28. Oktober, an Litauen abzutreten. Einige Tage nach der Eroberung der Stadt begann die systematische Verfolgung »konterrevolutionärer Elemente«. Innerhalb weniger Tagen wurden Hunderte von Menschen verhaftet, überwiegend Polen, vereinzelt aber auch Juden, »weiße« Russen und Weißrussen. Die meisten von ihnen wurden von den Sowjets vor ihrem Abzug aus Wilna in die UdSSR verschleppt und später liquidiert. Angesichts dessen erschienen den Polen die von den Sowjets begangenen wilden Plünderungen als das kleinere Übel.[75]

Über diese Ereignisse berichten viele jüdische Augenzeugen nach 1945 anders. So entwirft einer von ihnen ein geradezu idyllisches Bild der Entwaffnung der polnischen Truppen in Wilna: »Sie [die sowjetischen Soldaten] entwaffneten sie auf derart freundliche Art und Weise, daß die besiegten Soldaten trotz ihrer Trauer lächelten.«[76] Polnische Augenzeugen wissen dagegen von einem polnischen Offizier zu berichten, der als lebender Schutzschild an einen sowjetischen Panzer gefesselt wurde. Auf diese Weise versuchten die sowjetischen »Befreier«, die Kapitulation zu erzwingen. Ein ähnlicher Vorfall ereignete sich in Grodno, wo Rotarmisten einen dreizehnjährigen Jungen an einen Panzer banden.[77] Darüber hinaus begingen die Sowjets im September und Oktober 1939 unzählige Morde an kriegsgefangenen polnischen Soldaten, Polizisten und Freiwilligen, insbesondere dann, wenn es zu verlustreichen Kämpfen mit polnischen Truppen gekommen war.[78] In Wilna verloren sie im Kampf mehrere Panzer und viele Soldaten, was das Bild von der »freundlichen« Entwaffnung der polnischen Soldaten ins Reich der Phantasie verweist.

Zudem beteiligten sich auch jüdische Einwohner der Stadt an der Entwaffnung der polnischen Soldaten. Ein jüdischer Zeitzeuge erklärte 1942: »Zum Anwachsen des polnischen Antisemitismus trug auch die Tatsache bei, daß nach dem sowjetischen Einmarsch Juden polnische Soldaten entwaffneten. Sie taten dies auf häßliche Art und Weise und mit großer Genugtuung. Ein Jude konnte beispielsweise auf einen Soldaten zugehen, um ihm die Waffe wegzunehmen und ihm anschließend ins Gesicht zu spucken.«[79]

Dov Levin schreibt in seinem Aufsatz über die Ereignisse

in Wilna im September und Oktober 1939: »Gleichzeitig mit den Schritten, die das Regime unternahm, um die Ordnung aufrechtzuerhalten und die Sicherheit seiner Truppen zu gewährleisten, begannen Teile der sowjetischen Geheimpolizei in Wilna tätig zu werden und verschärften die Spannungen zwischen den antisowjetischen Elementen und der jüdischen Bevölkerung.«[80] Warum das Vorgehen der Sowjets die Spannungen zwischen »antisowjetischen Elementen« und Juden verschärfte, erläutert Levin nicht. In Wirklichkeit handelte es sich nämlich um polnisch-jüdische Spannungen, denn jene »antisowjetischen Elemente« waren, was der Autor unerwähnt läßt, vor allem Polen.

Möglicherweise verschärften sich die Spannungen, weil »Teile der sowjetischen Geheimpolizei« bei der Verfolgung »antisowjetischer Elemente« auf Informationen aus der einheimischen Bevölkerung angewiesen waren. Als besonders »hilfreich« erwiesen sich dabei revolutionäre Komitees und Angehörige der »Volksmiliz«. Diese in Wilna »Arbeitergarde« genannte Truppe bestand nach Angaben von Levin zu mindestens achtzig Prozent aus Juden.[81] In einem sowjetischen Bericht vom 10. Oktober 1939 heißt es: »Unter den Mitgliedern der Arbeitergarde herrscht gehobene Stimmung; sie führen jede Anweisung gern und mit Enthusiasmus aus.«[82]

Über die Haltung jüdischer Kommunisten in Wilna gegenüber »antisowjetischen Elementen« berichtet der bereits zitierte jüdische Augenzeuge: »Die jüdischen Kommunisten spielten mit den patriotischen Gefühlen der Polen. Sie denunzierten Polen wegen anstößiger Gespräche, zeigten freiwillig polnische Offiziere und höhere Beamten an, arbeiteten mit dem NKWD zusammen und nahmen an Verhaftungen teil.«[83] Die Nachricht, daß Wilna an Litauen abgetreten werden solle, habe bei der jüdischen Bevölkerung Besorgnis ausgelöst, heißt es in einem sowjetischen Bericht: »Die jüdische Bevölkerung ist besorgt darüber, daß wir [die Sowjets] Wilna an Litauen übergeben. Viele von ihnen sagen, daß es mit der Ankunft der litauischen Truppen zu Pogromen kommt, weil mit den Litauern auch Polen kommen, die nach Litauen geflüchtet sind.«[84] Anders reagierten dagegen die »antisowjetischen Elemente« auf die Nachricht: »Das konterrevolutionäre Element äußert seine Zufriedenheit darüber, daß Wilna an Litauen übergeben wird, und bereitet sich darauf vor, mit denjenigen abzurechnen, die den Einheiten der Roten Armee geholfen und sie unterstützt haben.«[85]

Don Levin widmet den sowjetischen Repressionen in seinem dreißig Seiten langen Aufsatz ganze elf Zeilen, in denen er vor allem über Opfer jüdischer Herkunft spricht. Daß die überwältigende Mehrheit der Opfer Polen waren, erwähnt er nicht.[86] Beim Abzug der Sowjets flüchteten über dreitausend Juden aus Wilna, vor allem »linke und prosowjetische Kreise«, darunter viele Angehörige der »Arbeitergarde«.[87] Diese Zahl vermittelt eine vage Vorstellung davon, wie groß die Zahl der Juden war, die mit den Sowjets zusammenarbeiteten. Unmittelbar nach dem Abzug der Sowjets aus Wilna kam es zu antijüdischen Ausschreitungen.[88]

Tatsache ist, daß im sowjetischen Staats-, Verwaltungs- und Wirtschaftsapparat sowie in verschiedenen anderen Institutionen und Einrichtungen relativ viele Juden tätig waren. Polen, Ukrainer und Weißrussen waren daher überzeugt, daß die Juden unter den Sowjets eine bevorzugte Stellung eingenommen hatten. Pinchuk resümiert: »In den Augen vieler war es eine jüdische Regierung. Diese Ansicht war besonders bei den Polen weit verbreitet.«[89] Kritische jüdische Zeitzeugen sehen es ähnlich. Einer von ihnen schildert die Verhältnisse in Wilna wie folgt:

> »Die Bolschewiken verhielten sich gegenüber den Juden im allgemeinen wohlwollend. Sie vertrauten ihnen vollkommen und waren sich ihrer Sympathie und Gefolg-

> schaft sicher. Aus diesem Grund besetzten sie alle leitenden und verantwortungsvollen Posten mit Juden, während sie die Polen, die diese bisher bekleidet hatten, von ihnen entfernten.«[90]

Eine anonyme jüdische Augenzeugin aus Grodno berichtet, daß die Sowjets in den Behörden vorwiegend Juden eingestellt hätten und diese überall in Führungspositionen aufgerückt seien. Das habe bei den Polen eine feindselige Einstellung gegenüber den Juden hervorgerufen.[91] Die Situation in Lemberg schildert ein jüdischer Berichterstatter so:

> »Die polnische Bevölkerung verhielt sich nach dem Einmarsch der Sowjets den Juden gegenüber im allgemeinen ablehnend. Dies vor allem deswegen, weil Juden zum großen Teil Posten besetzten, die früher Polen bekleidet hatten. In Ämtern und Behörden gab es viele jüdische Angestellte. Warenlager, Handelshäuser und Fabriken wurden ebenfalls meistens von Juden geleitet.«[92]

Eine andere jüdische Zeitzeugin berichtet: »Sowohl in den eingegliederten Gebieten als auch in der alten UdSSR drängten die Juden in die Intelligenzschicht und besetzten höhere und bessere Positionen.«[93] Ein weiterer jüdischer Augenzeuge führte im Jahr 1942 aus: »Das Verhältnis der anderen Nationalitäten gegenüber den Juden war immer in gewissem Grad angespannt, was ausschließlich dadurch verursacht war, daß sich Juden in Führungspositionen drängten.«[94] Die starke jüdische Präsenz in den sowjetischen Machtorganen im ehemaligen Ostpolen fiel auch den wenigen Ausländern auf, die diese Gebiete besuchen konnten. Der britische Konsul im rumänischen Galataj schrieb beispielsweise: »Juden erhielten eine Vorzugsbehandlung und bekamen Verwaltungsposten.«[95]

Das Anwachsen antijüdischer und antisowjetischer Stimmungen und die Festigung des Stereotyps der Judeo-Kommune

Das Verhalten vieler Juden, ihre vergleichsweise starke Präsenz im sowjetischen Staatsapparat und der sowjetische Terror belasteten das Verhältnis zwischen Juden und Nichtjuden im sowjetisch besetzten Polen. Der offene Antisemitismus verschwand zwar und wurde durch offenen »Antipolonismus« ersetzt. Antisemitische Gefühle ließen sich aber nicht per Gesetz verbieten. Im Gegenteil, sie verstärkten sich, obwohl es strafbar war, sie zu artikulieren. In einem Bericht der polnischen Widerstandsbewegung aus Stryj heißt es: »Die gesamte polnische Bevölkerung hat eine antijüdische Haltung angenommen, weil die Juden mit den Bolschewiken kooperieren und gegenüber den Nichtjuden feindlich eingestellt sind ... Die Menschen hassen die Juden einfach.«[96] Ähnliches wird aus anderen Städten überliefert.[97] In einem Bericht an die Londoner Exilregierung vom 8. Dezember 1939 heißt es:

> »Die Juden drangsalieren die Polen schrecklich und verfolgen alles, was mit dem Polentum zu tun hat. ... Alle Polen, die unter sowjetischer Besatzung leben, von Greisen über Frauen bis zu Kindern, werden bei der erstbesten Gelegenheit schreckliche Rache nehmen, wie es sich noch kein Antisemit jemals erträumt hat.«[98]

Im Frühjahr 1940 schilderte Jan Karski in seinem oben bereits zitierten Bericht an die polnische Exilregierung die antijüdische Stimmung im sowjetisch besetzten Polen:

»Letztlich haben die Juden in ihrer Masse eine Situation geschaffen, in der sie von den Polen als Handlanger der Bolschewiken angesehen werden. Und die Polen – das läßt sich mit Bestimmtheit sagen – warten nur auf den Augenblick, in dem sie mit den Juden abrechnen können. Im Grunde sind alle Polen verbittert und enttäuscht über die Haltung der Juden. Die überwältigende Mehrheit (vor allem die Jugend) wartet ungeduldig auf die Gelegenheit, es ihnen ›mit Blut heimzuzahlen‹.«[99]

Józef Anczarski notierte am 29. Juni 1941, wenige Tage vor dem deutschen Einmarsch in Dobropol:

»Wenn die Deutschen zu uns kommen, kann es für die Juden gefährlich werden, um so mehr, als viele Juden eng mit den Kommunisten und dem NKWD zusammengearbeitet haben. Die durch die bolschewistischen Verbrecher verfolgte Bevölkerung hat ihnen viel vorzuwerfen. Die Juden befinden sich tatsächlich in einer gefährlichen Lage.«[100]

Diese latente Vergeltungsstimmung nahmen auch die Juden wahr. So berichtet ein jüdischer Überlebender aus Stolpce: »Der Antisemitismus war zwar illegal, aber die Bevölkerung identifizierte die Juden mit dem Regime, und jedes Verbrechen wurde ihnen angelastet. Sie haben geschworen, sich zu gegebener Zeit zu rächen.«[101] Eine anonyme jüdische Augenzeugin aus Białystok führte im Sommer 1941 aus: »Wir hatten nicht nur vor den Deutschen Angst, sondern fürchteten uns auch vor der Rache der Polen.«[102] Ein anderer jüdischer Zeitzeuge berichtete, daß die Ukrainer bereits im Frühjahr 1941 das Abschlachten von »Lachen« (Polen), Juden und »Moskalen« (Russen) angekündigt hätten.[103] Anczarski bestätigt dies. Im Juli 1941 notierte er, die Ukrainer hätten vor dem deutsch-sowjetischen Krieg oft gesungen: »*Smert', smert' Lacham, Smert' zydiwsko-moskowskoiji komuni.*«[104] (Tod, Tod den Polen, Tod der jüdisch-moskowitischen Kommune.) Carl Horowitz, der 1939 bis 1941 in Lemberg lebte, schildert die Einstellung der Nichtjuden gegenüber den Juden wie folgt:

> »Die Ukrainer und Polen haßten die Juden jetzt leidenschaftlich. Sie konnten sie zwar nicht offen angreifen: Der Antisemitismus war unter der kommunistischen Herrschaft offiziell verboten. Aber man konnte den Haß auf die Juden spüren.
>
> Wenn niemand in der Nähe war, der sie bei der Polizei denunzieren konnte, sagten sie: ›Die kommunistischen Juden haben alles, und wir haben nichts. Gebt uns achtundvierzig Stunden freie Hand, und ihr werdet sehen, was wir mit diesen hassenswerten Juden machen werden.‹«[105]

Im Juni 1941 herrschte auf dem Gebiet des ehemaligen Ostpolen eine brisante antijüdische und antisowjetische Stimmung. Die antisowjetischen Gefühle waren die Konsequenz des sowjetischen Terrors. Die antijüdischen Emotionen dagegen resultierten aus dem traditionellen Antisemitismus, dem Verhalten, das nicht wenige Juden gegenüber Nichtjuden an den Tag legten, und dem Umstand, daß viele Nichtjuden die Juden mit der sowjetischen Herrschaft identifizierten. »Bei Polen, Ukrainern und Weißrussen«, stellt Pinchuk fest, »herrschte die Meinung vor, daß die Juden unter dem sowjetischen Regime eine bevorzugte Stellung einnahmen. ... Die Ukrainer neigten sogar noch stärker als die Polen dazu, den kommunistischen Staat als ›jüdischen Staat‹ zu brandmarken, ›der von einer jüdischen Regierung regiert wird und in dem Juden die Schlüsselstellungen einnehmen‹.«[106]

Auch zahlreiche jüdische Zeitgenossen bestätigten die privilegierte Stellung der Juden und wiesen darauf hin, daß sich nicht wenige Juden gegenüber Nichtjuden schlecht verhalten hätten. Dies habe die antijüdischen Emotionen angefacht. Ein junger Jude, der Anfang 1940 aus Warschau nach Wilna flüchtete, um im Herbst 1941 nach Warschau zurückzukehren, charakterisierte das polnisch-jüdische Verhältnis in Wilna während der sowjetischen Besatzung so:

> »Unter der bolschewistischen Besatzung nahmen bei den Polen die antisemitischen Gefühle stark zu. Dafür waren die Juden im wesentlichen selbst verantwortlich, denn sie nahmen die Gelegenheit wahr, um die Polen bei jedem Anlaß auszulachen und zu schreien: ›Das ist nicht mehr euer Polen! Eure Zeit ist vorbei!‹, und ähnliches. Oft denunzierten Juden Polen, weil diese sie angeblich als ›jüdische Fratzen‹ beschimpft hatten. Die Folge war, daß die Polen verhaftet und nach Sibirien deportiert wurden. ...
>
> Eine Woche vor dem deutsch-sowjetischen Krieg führten die sowjetischen Machthaber in Wilna und Umgebung Massenverhaftungen durch und deportierten etwa fünfzigtausend Polen und Litauer. Auch bei dieser Aktion spielten jüdische Komsomolzen eine wichtige Rolle, indem sie den Bolschewiken zeigten, wer deportiert werden soll. Deswegen steigerte sich der Haß der Polen gegenüber den Juden erheblich. ... In Wilna agierte auch die illegale Polnische Patriotische Organisation, die am 11. November 1940 [dem Tag der Unabhängigkeit] Flugblätter mit Slogans wie ›Weg mit der Judeo-Kommune‹ und ›Tod den jüdischen Knechten‹ verbreitete.«[107]

Eine Jüdin, die während der sowjetischen Besatzung in Grodno gelebt hatte, berichtete im Oktober 1941, daß sich unter der sowjetischen Besatzung bei den Polen ein Haß auf die Juden entwickelte, der »viel, viel stärker als vor dem

Krieg« war. »Die Polen«, fuhr sie fort, »mußten ihre Haßgefühle jedoch unterdrücken. Es muß betont werden, daß die Juden diesen Haß weitgehend selbst verursachten, denn nach dem Einmarsch der sowjetischen Truppen verhielten sie sich gegenüber den Polen geringschätzig und erniedrigten sie oft.«[108]

Die Ressentiments gegenüber den Polen gingen so weit, daß man sie in jüdischen Geschäften nicht mehr bedienen wollte. Dieselbe Jüdin erzählte: »In Grodno kam es oft vor, daß sich zum Beispiel jüdische Händlerinnen weigerten, Polinnen Gemüse zu verkaufen. Sie sagten: ›Du, Polin, verschwinde, ich will dich hier nicht sehen.‹«[109] Das war keine Ausnahme. In einem sowjetischen Lagebericht heißt es: »In der Wahlversammlung des Wahlkreises 10, Białystok, ist Malewska, eine Polin, aufgetreten und hat gesagt: ›Gegenwärtig verkauft man Polen in jüdischen Geschäften nichts mehr.‹« Einige der im Saal anwesenden Polen hätten dies bestätigt.[110] Dieses Verhalten war möglicherweise eine Reaktion auf die Boykottierung der jüdischen Geschäfte durch Polen in den dreißiger Jahren. Über die polnisch-jüdischen Beziehungen in Lemberg berichtet eine anonyme Jüdin:

> »Was die Juden betrifft, so rechneten sie oft mit den Polen ab, vielfach auf scheußliche Art und Weise. … Dies führte dazu, daß die Polen ein starkes Rachebedürfnis empfanden, um so mehr, als sie sich nicht einmal verbal abreagieren konnten, denn schon für das Schimpfwort ›du räudiger Jude‹ drohte eine Gefängnisstrafe von fünf Jahren ›wegen Anstachelung des Nationalhasses‹.«[111]

Im Ringelblum-Archiv befinden sich zahlreiche kritische jüdische Aussagen über das Verhalten von Juden während der sowjetischen Besatzung.[112] Bezeichnenderweise werden solche kritischen Berichte nach 1945 selten. Je größer der zeitliche Abstand, desto weniger selbstkritische Äußerungen finden sich. Mit Kritik an Nichtjuden wird dagegen nicht gespart. Das läßt sich vielleicht damit erklären, daß der Holocaust für die Überlebenden eine so einmalige und schreckliche Erfahrung war, daß er alles zuvor geschehene Negative überdeckte. Hinzu kommt, daß es immer schwierig ist, das eigene Verhalten selbstkritisch zu beurteilen. Vor diesem Hintergrund ist es nachvollziehbar, daß viele jüdische Überlebende dazu neigen, die Zeit vor dem Holocaust zu idealisieren. Dies müssen Historiker bei der Auswertung der Augenzeugenberichte einkalkulieren, denn sonst entwerfen sie ungewollt ein verzerrtes Bild der Verhältnisse in den sowjetisch besetzten Gebieten Polens.

Die meisten Nichtjuden assoziierten die sowjetische Herrschaft mit Terror, Verbrechen, Massendeportationen, Morden und last but not least einer rapiden Verschlechterung des Lebensstandards. Diese Erfahrungen machten sie entweder zum ersten Mal oder in bis dahin unbekanntem Ausmaß. Gleichzeitig registrierten sie den sozialen Aufstieg relativ vieler Juden im sowjetischen System, das für die meisten von ihnen Verfolgung, Elend und Unglück bedeutete. Dies rief bei vielen Nichtjuden Mißtrauen, Argwohn, Neid und wachsende Ressentiments gegenüber der jüdischen Bevölkerung hervor. Viele sehnten sich nach Vergeltung für tatsächlich und imaginär erlittenes Unrecht, für sowjetische Unterdrükkung und Verfolgung. Je stärker und grausamer der sowjetische Terror war, je mehr Opfer zu beklagen waren, desto stärker war das Rachebedürfnis. Man haßte alle Vertreter des sowjetischen Terror- und Staatsapparats, einschließlich der tatsächlichen und vermeintlichen einheimischen Helfershelfer.

Sicher gab es auch in der ukrainischen und polnischen Bevölkerung nicht wenige Kollaborateure, aber die Mehrheit der Ukrainer war ebenso wie die allermeisten Polen antisowjetisch eingestellt. In beiden Volksgruppen wurden diejenigen, die mit den Sowjets zusammenarbeiteten, als Verräter und Kollaborateure angesehen, die nicht mehr dem eigenen Volk angehörten. Doch der Haß richtete sich gegen einzelne Kollaborateure. Kaum ein Ukrainer oder Pole lastete den Verrat eines einzelnen Ukrainers oder Polen dem ukrainischen oder polnischen Volk als Gesamtheit an. Gegenüber dem eigenen Volk (Wir-Gruppe) wurde differenziert. Dagegen zögerte kaum jemand, das provozierende Verhalten und brutale Vorgehen von Milizionären sowie die Aktivitäten von Komsomolzen und KP-Mitgliedern, sofern diese jüdischer Herkunft waren, pauschal dem jüdischen Volk anzulasten. Das gleiche galt für die Tätigkeit der sowjetischen Juden im Apparat der Besatzer; auch ihre Verbrechen, die sie als sowjetische Funktionäre begingen, lastete man den Juden als Gesamtheit an.

Dieses Wahrnehmungsmuster, das man als »assoziatives Lernen« bezeichnen kann, ist keineswegs ungewöhnlich und nicht nur bei Polen oder Ukrainern anzutreffen. Vielmehr ist er die Grundlage aller Vorurteile: In der Regel beurteilt man die eigene (Wir-)Gruppe differenziert und bewertet das Fehlverhalten von Gruppenangehörigen als nicht repräsentativ. Darüber hinaus ist man eher bereit, negatives Verhalten zu erklären oder gar zu rechtfertigen. Andererseits neigen viele dazu, fremde Gruppen pauschal zu beurteilen und das verwerfliche Verhalten einzelner oder mehrerer der ganzen Gruppe, denen diese Personen angehören, anzulasten und diese damit zu identifizieren.

Nach diesem Muster entstehen wohl die meisten Vorurteile, denn es ist ein allgemeines anthropologisches Phänomen. So kämen wahrscheinlich nur wenige Juden auf den Gedanken, das ganze jüdische Volk für die Verbrechen verantwortlich zu machen, die von Leo Trotzki oder Jakub Bermann (einem der Hauptverantwortlichen für die kommunistischen

Verbrechen in Polen nach 1945) begangen wurden. Dagegen zögern nur wenige, den Polen in bezug auf den Holocaust Untätigkeit oder gar Verrat an den Juden vorzuwerfen, ohne sich auf die komplizierte Besatzungsgeschichte Polens einzulassen. Man geht sogar so weit zu behaupten, der Holocaust hätte nur in Polen stattfinden können, weil die Polen antisemitisch gewesen seien und die Nazis auf ihre Hilfe hätten zählen können. Diese Ansicht wird beispielsweise von Publizisten wie Claude Lanzmann, dem Regisseur des Films *Schoah,* verbreitet.[113]

Die Verschärfung der nationalen und sozialen Gegensätze

Die einundzwanzig Monate währende sowjetische Herrschaft im ehemaligen Ostpolen führte weder zur Verbrüderung, Solidarisierung und Gleichberechtigung der dort lebenden Nationalitäten noch zum Abbau der bestehenden ethnischen und sozialen Konflikte, obwohl dies angeblich die Ziele der sowjetischen Nationalitätenpolitik in Ostpolen waren. Im Gegenteil, die schon vor dem September 1939 vorhandenen komplexen ethnischen und sozialen Spannungen wurden verschärft und radikalisiert. Außerdem entstanden neue Konfliktherde, die wesentlich brisanter waren als die alten. Dies war das Ergebnis einer sowjetischen Politik, die darin bestand, die vorgefundenen Spannungen und Konflikte auszunutzen, um das Land so schnell wie möglich zu sowjetisieren. Im September 1939 verteilte man beispielsweise an die »Arbeiter und Bauern der Westukraine« gerichtete Flugblätter, in denen es hieß: »Mit Waffen, Sensen, Mistgabeln und Äxten schlagt eure ewigen Feinde – die polnischen Herren, die euer Land in eine rechtlose Kolonie verwandelt haben.«[114]

Diese Politik kam besonders in den ersten Monaten einem kollektiven Rachebedürfnis entgegen. Dabei vermengten sich ethnisch bedingte Rachemotive (Haß auf die Polen als der herrschenden Volksgruppe) mit sozialen (Unterprivilegierte, meistens Nichtpolen, gegen Privilegierte, meistens Polen). Dies verlieh dem von den Sowjets angestoßenen Prozeß zusätzliche Dynamik. Im sowjetisch besetzten Polen herrschten Rache, Denunziantentum und Schadenfreude, allesamt niedere Instinkte, die von den sowjetischen Machthabern gefördert wurden und die ohnehin belasteten zwischenmenschlichen und ethnischen Beziehungen weiter zerrütteten. Für die Sowjets war es leicht, die einzelnen Nationalitäten gegeneinander auszuspielen und so die bestehenden gegenseitigen Vorurteile und Haßgefühle zu funktionalisieren und zu radikalisieren. Ein polnischer Bauer aus der Gegend um Dobropol, der vom NKWD zu Zuträgerdiensten gezwungen wurde, tröstete sich damit, daß er nur Ukrainer denunzierte. Seinem Pfarrer beichtete er: »Vorgestern habe ich eine Versammlung von Ukrainern belauscht, in der sie von einer unabhängigen Ukraine sprachen. Ich habe sie alle denunziert. Die Polen nicht, nur die Ukrainer. Trotzdem habe ich Gewissensbisse.«[115]

Die sowjetische Politik des Gegeneinanderausspielens führte zwangsläufig zur Eskalation der bestehenden Spannungen. Dies veranschaulicht Józef Anczarskis Tagebucheintrag vom 12. Mai 1941:

> »Seit einiger Zeit dringen [die Sowjets] nachts in ukrainische Häuser ein und nehmen mit, wen sie wollen. Die Polen rühren sich nicht; sie sind zufrieden. Jetzt sollen die Ukrainer das Brot schmecken, mit dem sie die Polen gefüttert haben. Viele Polen wurden ja aufgrund ukrainischer Anschuldigungen deportiert. Die Ukrainer sollen das Gefängnisbrot kosten, das sie den Polen zubereitet haben. Jeder weiß, daß in vielen Gefängnissen Polen leiden, die von Ukrainern beschuldigt wurden.«[116]

Exemplarisch ist die Reaktion der armen Landbevölkerung auf die Folgen des Umtauschs des polnischen in sowjetisches Geld, der in der Praxis die Konfiszierung der Ersparnisse der ehemaligen polnischen Bürger bedeutete.[117] Einem sowjetischen Bericht zufolge standen die Bauern dieser Maßnahme ablehnend gegenüber. Weiter heißt es in dem Bericht:

> »Knechte sowie arme und mittelgroße Bauern beurteilten diese Maßnahme aber korrekt als gegen die Bourgeoisie und die Kulaken gerichtet. Häufig war von ihnen zu hören: ›Ich habe fünfzehn oder fünfzig Zloty verloren, aber der (hier fiel der Name eines Kulaken oder Händlers) ist einen ganzen Sack Geld losgeworden.‹ Die Stimmung verbesserte sich insbesondere dann, wenn diejenigen, die große Summe verloren hatten, ... sich einer nach dem anderen erhängten, erschossen und so weiter. Solche Fälle gab es nicht wenige.«[118]

Eine jüdische Zeitzeugin beschrieb die angespannte Lage unter dem sowjetischen Regime mit den Worten: »Die ethnischen Beziehungen in der Ukraine kann man kurz als gegenseitigen verbissenen Haß beschreiben: Ukrainer haßten Polen und Juden, Polen haßten Ukrainer und Juden, Juden haßten Polen und Ukrainer.«[119] Aber auch die Beziehungen zwischen Polen und Weißrussen verschlechterten sich.[120] In eine besonders prekäre Lage geriet dabei aufgrund der starken antisowjetischen und antijüdischen Stimmung die jüdische Bevölkerung, da der traditionelle Antisemitismus mit der durch den Haß auf das verbrecherische Sowjetregime ausgelösten Judenfeindschaft verschmolz. Auf diese Weise entstand ein höchst explosives Gemisch, in dem meines Erachtens jedoch die während der sowjetischen Herrschaft entstandenen antijüdischen Gefühle überwogen. Der traditionelle, in wirtschaftlicher Konkurrenz sowie religiösen und kulturellen Unterschieden wurzelnde Antisemitismus spielte zwar auch eine wichtige, aber eher untergeordnete Rolle. Jedenfalls erreichte der Antisemitismus im ehemaligen Ostpolen neue, bis dahin unbekannte Ausmaße.

Viele Nichtjuden warteten sehnlichst auf die Gelegenheit, mit den Sowjets und ihren tatsächlichen und vermeintlichen Helfershelfern abzurechnen. Die sowjetischen Massaker an Gefängnisinsassen und an der Zivilbevölkerung vor dem Abzug der Roten Armee, auf die unten näher eingegangen wird, fachten diese Rachegefühle weiter an. Sie wirkten wie das sprichwörtliche Öl, das man ins Feuer gießt. Ostpolen glich in diesen Tagen einem Hexenkessel, in dem sich Emotionen und Leidenschaften auf unvorstellbare Weise erhitzten, um sich nach dem Abzug der Sowjets auf gewaltsame Weise zu entladen.

Gefängnisse und Arrestlokale des NKWD im ehemaligen Ostpolen

In Vorkriegspolen unterstand das Gefängniswesen dem Justizministerium, in der Sowjetunion dem Innenministerium, genauer gesagt, dem NKWD. Das gleiche System führten die sowjetischen Machthaber in den eroberten Gebieten ein. Daher ist es notwendig, Aufbau und Strukturen des NKWD-Apparats im ehemaligen Ostpolen genauer zu betrachten.

Das von der Roten Armee besetzte polnische Territorium wurde nach einem »Referendum« am 1./2. November 1939 offiziell der Sowjetunion einverleibt. An die neuen Verhältnisse paßte sich am schnellsten der kommunistische Gewaltapparat an. Immerhin bestand seine Hauptaufgabe darin, das Gebiet von »feindlichen« Elementen zu säubern, welche die Sowjetisierung stören könnten. Bereits am 2. November 1939 erteilte der Volkskommissar des Innern und Chef der Geheimpolizei, Lawrenti Berija, den Befehl zum Aufbau des NKWD-Apparats in Weißrußland. Danach sollten NKWD-Behörden für die Bezirke Białystok, Nowogródek, Pińsk und Wilejka mit Dienststellen in den Kreisen und Städten (insgesamt dreißig, jeweils sechs bis neun in den einzelnen Bezirken) geschaffen werden. In den neuen Ämtern waren 1172 NKWD-Mitarbeiter beschäftigt, die vor und nach dem 2. November in diese Gebiete abkommandiert worden waren. Das Innenressort und damit den NKWD-Apparat in Weißrußland leitete Lawrenti Fomitsch Kanawa.[1]

In der Westukraine wurden nach einem Befehl vom 6. November 1939 NKWD-Bezirksämter in Lemberg, Łuck, Stanisławów und Tarnopol eingerichtet, denen 56 Kreisämter (jeweils zehn bis sechzehn in den einzelnen Bezirken) unterstanden. Das Personal umfaßte 986 Personen, die nach dem 17. September 1939 in die Westukraine versetzt worden waren. Im Dezember 1939 wurden zwei weitere NKWD-Bezirke eingerichtet, Drohobycz mit zehn und Rowno mit fünf Kreisämtern. Nach der Annexion Litauens wurden auch dort NKWD-Strukturen mit der Zentrale in Kowno und zweiundzwanzig Regionalstellen aufgebaut. Insgesamt waren nach offiziellen sowjetischen Angaben im NKWD-Apparat in den ehemaligen ostpolnischen Gebieten 2758 abkommandierte »Fachkräfte« aus der UdSSR beschäftigt.[2]

Die Organisationsstruktur des NKWD in den eroberten Gebieten entsprach der in der alten UdSSR und war strikt zentralistisch. In der Folgezeit drang der NKWD in alle Bereiche des öffentlichen Lebens ein und trug entscheidend dazu bei, das totalitäre System in den annektierten Gebieten zu etablieren, indem er erfolgreich den Widerstand gegen die kommunistische Ordnung bekämpfte. Wegen der relativ geringen Zahl der »Fachkräfte« und der Größenordnung der zu bewältigenden (Terror-)Aufgaben war der NKWD jedoch auf die Zusammenarbeit mit anderen Institutionen, vor allem mit der Miliz und der Kommunistischen Partei, angewiesen.

Parallel zu den Befehlen zum Aufbau der NKWD-Organisation in den besetzten Gebieten hatte Berija angeordnet, territoriale Milizen und Bahn-Milizen zu bilden und sie mit Führungskräften zu besetzen. Die »Volksmiliz« wurde den jeweiligen regionalen NKWD-Büros unterstellt und somit fest in den NKWD-Strukturen verankert, während die Bahn-Miliz der Bahnverwaltung unterstellt wurde. Als Milizoffiziere wurden zunächst in den Westen abkommandierte

Funktionäre herangezogen. Bald begann man jedoch, in eigens errichteten Miliz-Schulen in Lemberg und Stanisławów Führungskräfte für die mittlere Ebene heranzubilden.

Bei der Bildung der Volksmiliz griff man auf die bereits existierenden Arbeitergarden und Dorfmilizen zurück, die während der sowjetischen Invasion auf Ostpolen angeblich »spontan« entstanden waren. In der Praxis hatten örtliche Kommunisten, sowjetische Agenten und NKWD-Vertreter den Anstoß gegeben. Die Milizen wurden rasch der neuen Besatzungsmacht unterstellt. Nominell sorgten die Arbeitergarden und Dorfmilizen während der sowjetischen Invasion für »Ordnung«. Sie übten in ihren Gebieten eine nahezu unumschränkte Macht aus, entwaffneten polnische Polizisten, gingen Streife und bewachten wichtige Gebäude. Ferner beteiligten sie sich unter anderem an der Konfiszierung von Großgrundbesitz, der Enteignung polnischer Siedler und »Kulaken« und der Ermordung wichtiger polnischer Persönlichkeiten sowie am Kampf gegen »Spekulation und Sabotage«.[3]

In die Reihen der Miliz traten viele Juden, Ukrainer, Weißrussen, aber auch polnische Kommunisten ein. In sozialer Hinsicht stellte die Miliz eine eigenartige Mischung dar, wie aus den polnischen Quellen hervorgeht. So befanden sich unter ihren Angehörigen sowohl engagierte Kommunisten als auch Pöbel und Kriminelle, denen der Krieg überraschend die Freiheit gebracht hatte und die nun auf Rache an den einstigen polnischen »Verfolgern« sannen. In nationaler Hinsicht dominierten in den Reihen der Miliz einheimische Juden (in den Städten) sowie Ukrainer und Weißrussen (auf dem Lande). Sie alle nutzten das »revolutionäre Chaos«, ihre fast unbeschränkte Macht und die unbestimmten Kompetenzen, um zu plündern, zu rauben, zu morden und persönliche Rechnungen zu begleichen.[4]

Nach der ersten Besatzungsphase wurden die am meisten

kompromittierten Angehörigen aus der Miliz entlassen und durch »Fachkräfte« aus dem Osten ersetzt. Einheimische Milizionäre, die über gute Ortskenntnisse verfügten, spielten aber weiter eine Schlüsselrolle bei der Verfolgung von Personen, die dem neuen System gefährlich sein konnten, sowie beim Ausbau eines Netzes von Spitzeln und Provokateuren.[5] Ohne einheimische Mitarbeiter wäre der sowjetische Terrorapparat »blind« gewesen und hätte nicht gezielt zuschlagen können.

Auch die Gefängnisse in Ostpolen wurden in den ersten Tagen der sowjetischen Invasion in der Regel zunächst von der örtlichen Miliz besetzt, bevor das Militär sie übernahm. Ende September wurden die Gefängnisse dann dem NKWD unterstellt, der sie mit neuem Personal besetzte und in das sowjetische Repressionssystem einbezog. Einschließlich der Dependancen gab es zu diesem Zeitpunkt hundertfünfundvierzig Gefängnisse und Arrestlokale in Ostpolen.

Die sowjetischen Gefängnisse wurden von einer zentralen NKWD-Gefängnisbehörde mit Sitz in Moskau verwaltet. Ihr Chef war in den Jahren 1939 bis 1941 Sergej Nikiforowitsch Kruglow, einer der Stellvertreter Berijas. Nach einer Verfügung vom 5. April 1941 war die Zentrale wie folgt gegliedert: Abteilung I (Bewachung, Dienstordnung und Organisation), Abteilung II (wirtschaftliche und sanitäre Angelegenheiten), Operationsabteilung (Informantennetz und Untersuchungen), politische Abteilung, Personalabteilung und Sekretariat. Die Gefängnisverwaltungen in den Sowjetrepubliken und Bezirken waren ebenso aufgebaut. Insgesamt gab es im Juni 1941 auf dem Gebiet des ehemaligen Ostpolen 46 allgemeine Gefängnisse, die für maximal 18 562 Gefangene vorgesehen waren.[6] Die Zahl der Arrestlokale ist nicht bekannt; sie befanden sich jedoch in jeder Ortschaft, in der Miliz oder NKWD stationiert waren; ihre Zahl geht also in die Hunderte.

Die meisten Insassen der sowjetischen Gefängnisse waren politische Häftlinge, das heißt echte oder angebliche Gegner des kommunistischen Systems. Um herauszufinden, wer zu dieser Gruppe gehörte, waren Zeit und vor allem Ortskenntnisse erforderlich. Die erste Phase der sowjetischen Besatzung Ostpolens zeichnete sich daher durch viele Hausdurchsuchungen aus, die von NKWD und Miliz gemeinsam durchgeführt wurden. Man suchte insbesondere nach Waffen und untergetauchten Personen. Darüber hinaus sollten die Betroffenen eingeschüchtert und ihr Besitzstand festgestellt werden. Von ihrer Allmacht und Straflosigkeit überzeugte »Ordnungskräfte« mißhandelten ihre Opfer, raubten sie aus, zerstörten oder plünderten unter dem Vorwand der Beschlagnahme ihr Eigentum. Die Durchsuchungen endeten in der Regel mit Verhaftungen.[7]

Diese Verhaftungen geschahen zunächst noch nicht systematisch, obwohl ihre Zahl erheblich war. Sie trafen »konterrevolutionäre Elemente«, das heißt Personen, die vor dem September 1939 in der Staats- und Kommunalverwaltung, in politischen, gesellschaftlichen und kulturellen Organisationen oder in der Wirtschaft wichtige Posten bekleidet hatten. Es handelte sich um Polizisten, höhere Bankangestellte, Richter, Staatsanwälte, Beamte, Abgeordnete, Senatoren, Unternehmer, Landbesitzer, Mitglieder von politischen Parteien, Angehörige des Militärs (insbesondere Offiziere), Gefängniswärter, Kaufleute, Forstbeamte und Siedler. Die Verhaftungen waren vornehmlich gegen »Klassenfeinde« gerichtet, obwohl auch Mitglieder von sozialistischen Parteien (PPS, Bund) sowie einige Kommunisten festgenommen wurden.[8] Da die meisten dieser »Klassenfeinde« Polen waren, trafen die Repressionen die polnische Bevölkerung am schmerzlichsten. Anders gesagt, der sowjetische Terror wies insbesondere in der ersten Besatzungsphase starke antipolnische Züge auf, obwohl alle ethnischen und sozialen Gruppen von den Verhaftungen betroffen waren.

Die Listen der Opfer wurden mit Hilfe örtlicher Informanten zusammengestellt. Bei diesen Helfern handelte es sich um Angehörige von Revolutionskomitees und Volksmilizen sowie um Personen, die sich einfach nur rächen wollten. Außerdem wurden Dokumente ausgewertet, die man in Archiven, in Institutionen und bei Privatpersonen fand.[9]

Im Lauf der Zeit erweiterte der NKWD den Kreis der Verhafteten. Es wurden diejenigen festgenommen, die sich weigerten, den sowjetischen Paß und damit die sowjetische Staatsbürgerschaft anzunehmen, die »Schwarzmarktgeschäfte« betrieben, keine Steuern zahlten oder die Arbeitsnormen nicht erfüllten (»Sabotage«). Viele wurden im Zuge der Kollektivhaftung und aufgrund falscher Denunziationen festgenommen. Eine relativ große Gruppe machten Personen aus, die beim illegalen Grenzübertritt ertappt wurden. Dies waren Menschen, die zu ihren Familien wollten, Freiwillige, die über die UdSSR in den Westen gehen wollten, um in die polnische Exilarmee einzutreten, oder Schmuggler.[10]

Dem NKWD gelang es relativ schnell, ein engmaschiges Spitzelnetz aufzubauen und in die polnische antisowjetische Widerstandsbewegung einzudringen. Auf diese Weise erhielt der NKWD Informationen über Struktur, Personalstand, Kontakte, Bewaffnung und Aktivitäten der Widerstandsbewegung, die es den Sowjets ermöglichten, diese »konterrevolutionären Organisationen« aufzuspüren und auszuheben. So wurden in der Zeit vom Oktober 1939 bis Juli 1940 in den westlichen Bezirken der BSSR 3131 Mitglieder der Widerstandsbewegung verhaftet, von denen 90 Prozent (2904) Polen waren. Im selben Zeitraum nahm der NKWD weitere 5584 Personen fest, die Mitglieder von »konterrevolutionären Parteien und Organisationen« waren (PPS, Bund, Nationalpartei und andere). Besonders kurz vor und nach »Wahlen«, an wichtigen sowjetischen Feiertagen und während großer Deportationen nahm die Zahl der Verhaftungen deutlich zu.[11]

Haftbedingungen

Ob die Festgenommenen in ein Arrestlokal oder ein Gefängnis gebracht wurden, hing vom Ort und vom Grund der Verhaftung ab. Die Arrestlokale befanden sich in den Milizwachen und NKWD-Stellen der kleineren Städte. Dort wurden die Gefangenen jedoch nur vorübergehend untergebracht, bis man sie in ein Untersuchungsgefängnis überführte. Der Aufenthalt im Gefängnis war in den meisten Fällen ebenfalls begrenzt, da das sowjetische Strafsystem keine langen Gefängnisstrafen vorsah: Längere Freiheitsstrafen wurden in Arbeitslagern verbüßt. Daher war die Fluktuation in den Gefängnissen sehr groß.

Gefängnisangestellte unterzogen die neuen Häftlinge einer entwürdigenden Leibesvisitation, wobei alle persönlichen Gegenstände, Geld und Personaldokumente abgegeben werden mußten. Diese Leibesvisitationen, die nicht selten sadistische Züge annahmen, wurden auch nach der Einweisung häufig wiederholt, meistens nachts, um die Häftlinge zu drangsalieren. Nach diesem Einstand wurden die Häftlinge in der Regel kahlgeschoren, gebadet, ärztlich untersucht und anschließend in eine Zelle geführt. Die Haftbedingungen spotteten jeder Beschreibung.

Der Gefängnisalltag begann für gewöhnliche Häftlinge um sechs Uhr mit dem Wecken. Danach machten sie sauber und gingen gemeinsam (alle Zelleninsassen) auf die Toilette und in den Waschraum. Nach dem Frühstück fand der Appell statt, dem ein kurzer Spaziergang mit Redeverbot folgte.

Den Rest des Tages verbrachten die Häftlinge in den Zellen. Unterbrochen wurde die Monotonie des Tagesablaufs nur vom Mittag- und Abendessen, von gelegentlichen Streitereien unter den Häftlingen sowie von Zellendurchsuchungen und Verhören.[12]

Verhörmethoden

Zweck der Unterbringung im Gefängnis war die Vorbereitung der Anklageschrift. Die ersten Verhöre fanden kurz nach der Verhaftung statt. Die eigentliche »Untersuchung« begann aber erst, nachdem die »Beschuldigten«, wie die Gefangenen genannt wurden, in ein Gefängnis eingeliefert worden waren. Bei den Verhören wurden Methoden angewandt, die die sowjetische Justiz und der NKWD bisher an Sowjetbürgern erprobt hatten, mit anderen Worten, es wurde sowohl psychische als auch physische Folter ausgeübt.[13]

Die Dauer der Untersuchung hing von der Art des »Verbrechens«, von der Haltung des Beschuldigten und vom Untersuchungsbeamten ab. Ein Opfer schrieb dazu: »Die Untersuchung ist ein Theater; Beschuldigter und Untersuchungsrichter sind dabei bewußte Schauspieler. ... Die NKWD-Funktionäre verhafteten Abertausende von Menschen und leiteten Untersuchungen wegen zumeist imaginärer Straftaten ein. Sie gerieten dabei selbst durcheinander oder beschrieben Sachverhalte, die ausschließlich in ihrer Phantasie existierten.«[14]

Der ermittelnde NKWD-Beamte bemühte sich nicht, den objektiven »Tathergang« festzustellen, um die erhobenen Anklagen zu beweisen oder zu entkräften, sondern bedrängte den Beschuldigten so lange, bis dieser sich schuldig bekannte, Beweise für seine »Verbrechen« lieferte, »Komplizen« benannte und über andere Fälle von Illoyalität gegenüber dem sowjetischen Staat aussagte. Lag ein derartiges »Geständnis« vor, konnte die »Untersuchung« abgeschlossen und die »Anklageschrift« fertiggestellt werden. Die Nationalität des Beschuldigten spielte bei der Wahl der Verhörmethoden grundsätzlich keine Rolle.[15]

Jede Untersuchung verlief nach einer ausgefeilten Strategie. Es kam vor, daß sie mehrere Tage ohne Unterbrechung von mehreren Funktionären vorangetrieben wurde. Die Verhöre fanden meistens nachts statt. Anfangs führte man sie relativ anständig, das heißt ohne Drohungen und Schläge, warnte aber davor, daß es sinnlos sei, kein Schuldbekenntnis abzulegen; auf diese Weise würde der Beschuldigte seine Lage nur verschlechtern. Die Verhöre waren sehr ausführlich und verlangten den Opfern große psychische wie physische Widerstandskraft, strenge Selbstkontrolle und absolute Konzentration ab. Immerhin wurden sie von »Experten« geführt, die mit verschiedenen Methoden versuchten, ihre Opfer physisch und psychisch zu brechen, um ihnen ein Schuldbekenntnis abzupressen. Jede Frage konnte eine Falle sein; dann halfen keine logischen Erklärungen mehr.

Blieb der Beschuldigte standhaft, ging man zu psychischer Folter über. Man las belastende Aussagen falscher Zeugen vor, drohte damit, die Familie des Gefangenen zu verhaften, ihn selbst in ein Lager zu schicken oder erschießen zu lassen; man inszenierte Schreie von Gefolterten, sperrte den Beschuldigten in eine Todeszelle, täuschte Erschießungen vor und bestrafte ihn mit »Stand« *(stójka)*.[16] Außerdem versuchte man das Opfer zur Zusammenarbeit mit dem NKWD zu überreden, indem man ihm ein mildes Urteil oder sogar die Freilassung und eine gute Arbeitsstelle versprach. Nach und nach wurden die nächtlichen Verhöre intensiver und belastender. Man spottete über Vorkriegspolen, die Religion und ihre Symbole und beschimpfte die Gefangenen als Faschisten, Spione, Verräter der Arbeiterklasse und Volksfeinde.

Verfingen auch diese Methoden nicht, griffen die NKWD-Beamten zu körperlicher Gewalt.[17]

In dieser Phase war das Prügeln ein fester Bestandteil der Untersuchung. Daran beteiligten sich sowohl die bisherigen Ermittlungsbeamten als auch eigens zu diesem Zweck hinzugezogene »Experten«. Das »dienstliche« Schlagen und Treten der wehrlosen und entkräfteten Opfer war beinah die Norm, wobei sich die Brutalität proportional zu deren Widerstand steigerte. Man wandte immer ausgefallenere Methoden an, um ein Geständnis mit dem vom NKWD gewünschten Inhalt zu erhalten. Die Opfer berichten davon, daß ihnen Barthaare herausgerissen und Stromschläge verabreicht wurden, daß sie mit Nadeln gestochen, mit Zigaretten verbrannt, mit der Kante eines dünnen Bretts aufs Schienbein geschlagen und mit Kabeln, Schlagstöcken oder Riemen geprügelt wurden. Ihre Finger wurden in Türen oder Schubladen eingeklemmt; sie wurden kopfüber aufgehängt; ihnen wurde Ammoniak mit Terpentin oder Petroleum in die Nase gespritzt; sie wurden gezwungen, ein Grab für sich zu schaufeln; und man legte ihnen eine Pistole an die Schläfe. Gleichzeitig wurden sie beschimpft, beleidigt und mit elektrischem Licht geblendet. Fiel der Gefolterte in Ohnmacht, begoß man ihn mit Wasser, um ihn zu Bewußtsein zu bringen, und setzte die »Untersuchung« fort.

Folgen dieser Verhörmethoden waren ausgeschlagene Zähne, gebrochene Rippen, innere Verletzungen, Verstümmelungen, physische und psychische Erschöpfung, Nervenzusammenbrüche und der Verlust jeglicher Hoffnung. Es kam auch vor, daß die Opfer zu Tode gefoltert wurden. Dies alles führte dazu, daß die Gefangenen sich, um ihr Leben zu retten, »schuldig« bekannten und ein »Geständnis« ablegten. Damit war die Untersuchung und mit ihr die Folter beendet. Die Beschuldigten unterschrieben die von den vernehmenden NKWD-Beamten verfaßten Protokolle so, wie sie ihnen vorgelegt wurden, und ergaben sich resigniert der sowjetischen »Justiz«. Manche der gefolterten Opfer glaubten naiverweise, sie könnten in der Gerichtsverhandlung alles richtigstellen.[18]

Der NKWD versuchte auch an Informationen zu kommen, indem er Spitzel und Provokateure unter den Häftlingen anwarb, die ihm »Beweise« liefern sollten, die in den Untersuchungen verwendet werden konnten. Die Denunzianten wurden mit zusätzlichen Brotrationen belohnt, oder man versprach ihnen ein milderes Urteil. Die Haftzeiten waren unterschiedlich; sie hingen von der Dauer der Untersuchung und somit von der Haltung des »Beschuldigten« und des ermittelnden Beamten ab. Viele Opfer saßen länger als ein Jahr im Gefängnis, ohne daß Anklage gegen sie erhoben wurde. In diesen Fällen halfen keine Proteste, um den Rechtsstatus des Gefangenen zu klären.[19]

Was warf man den Verhafteten vor? Eine Art Gummiparagraph war der Vorwurf der »konterrevolutionären Tätigkeit«. Dahinter verbarg sich eine Reihe von Taten, Verhaltensweisen und Äußerungen, die nach sowjetischem Recht strafbar waren. Danach galten folgende Tatbestände als Verbrechen: ein hoher beruflicher Posten sowie gesellschaftliches und politisches Engagement in Vorkriegspolen (»Tätigkeit zum Schaden der Arbeiterklasse und der Kommunistischen Partei«); eine bestimmte soziale Herkunft (»gesellschaftlich gefährliche Elemente«); die Teilnahme am polnisch-sowjetischen Krieg von 1920 (»Verrat an der internationalen Arbeiterklasse«); kritische Äußerungen über den Bolschewismus, Stalin und die UdSSR (»Schwächung des Glaubens an den Kommunismus«) sowie Aktivitäten im antisowjetischen Widerstand (»polnische Diversantenbanden«). Auch diejenigen, die beim illegalen Grenzübertritt festgenommen wurden, waren mit schwersten Vorwürfen konfrontiert, wie Spionage, Sabotage, Terrorismus und Mitgliedschaft in Untergrundorganisationen. Zahlreich waren darüber hinaus Verhaftungen wegen gewöhnlicher Verbrechen, Steuerhinterziehung und der Verletzung der Vorschriften über die Arbeitsdisziplin.[20]

Nach Abschluß der Untersuchung fertigte der ermittelnde Beamte die Anklageschrift an und übergab sie dem Gericht. Nur wenige wegen politischer Verbrechen Angeklagte hatten jedoch die Möglichkeit, sich vor Gericht zu äußern. Ihre Schuld und das Urteil standen schon vor der »Verhandlung« fest, die nur noch eine Farce darstellte. Die sowjetischen Gerichte gingen nämlich davon aus, daß ein Geständnis die Schuld des Angeklagten unzweifelhaft nachweise und für seine Verurteilung ausreiche. Manche Gerichtsverhandlungen gegen »Spekulanten«, »Betrüger« und »Kriminelle« wurden als Schauprozesse inszeniert, um eine erzieherische Wirkung zu erzielen.[21]

Die Angeklagten wurden sowohl durch Zivil- als auch durch Militärgerichte abgeurteilt. Die meisten Fälle wurden jedoch von sogenannten »Troikas« *(speztroiki)*[22] verhandelt, die befugt waren, Urteile außergerichtlich in Abwesenheit des Angeklagten zu fällen. Angesichts der Masse der »Strafsachen«, die von diesen Institutionen bearbeitet wurden, und der begrenzten Anzahl der Mitarbeiter, war es unmöglich, sich in jeden Fall einzuarbeiten. Bei Verhandlungen in Abwesenheit wurden weder Zeugen noch Angeklagte gehört. Ausschließlich der trockene Inhalt der zumeist frei erfundenen Anklageschriften entschied über das weitere Schicksal und das Leben von Tausenden von Menschen. Das Urteil wurde den Betroffenen im Gefängnisbüro vorgelesen. Ausgeführte oder versuchte Grenzverletzungen wurden in der Regel mit drei bis acht Jahren Freiheitsentzug bestraft, das heißt mit der Einweisung in ein Arbeitslager. In politischen Fällen wurden auch Todesurteile verhängt.[23]

Anzahl der Häftlinge

Im Dezember 1939 saßen insgesamt 186276 Menschen in sowjetischen Gefängnissen. Innerhalb des nächsten Jahres stieg diese Zahl um 133,4 Prozent auf 434871, und im Januar 1941 lag sie bereits bei 487739. Dieser enorme Zuwachs hing mit der Annexion Ostpolens, der baltischen Staaten und von Teilen Rumäniens sowie mit neuen Dekreten über die Arbeitsdisziplin zusammen. Nach diesen am 26. Juli 1940 erlassenen Dekreten wurden verspätetes Erscheinen zur Arbeit, eigenmächtiges Verlassen des Arbeitsplatzes, Nichterfüllung von Arbeitsnormen und schlechte Arbeitsqualität als Verbrechen geahndet.[24]

In den Gefängnissen der westlichen Bezirke von BSSR und USSR wurden nach NKWD-Angaben Anfang März 1940 insgesamt 18632 Personen festgehalten, darunter 10685 Polen (57,3 Prozent). Nach offizieller Lesart handelte es sich um Grenzverletzer (33 Prozent), Mitglieder von »konterrevolutionären« und »aufständischen« Organisationen und andere »konterrevolutionäre Elemente« (29 Prozent), ehemalige Geheimdienstagenten und Polizisten (28 Prozent), ehemalige Offiziere (6,5 Prozent), Gutsbesitzer, Fabrikanten und Beamte (2,5 Prozent) sowie »Spione« und »Diversanten« (2 Prozent).[25]

Die Gesamtzahl der polnischen Bürger, die zwischen September 1939 und Juni 1941 in den ehemaligen ostpolnischen Gebieten verhaftet wurden, läßt sich nur schätzen. Albin Głowacki geht von neunzig- bis hunderttausend Verhafteten und Verurteilten aus, von denen etwa sechzig Prozent Polen waren.[26]

Ein Charakteristikum aller sowjetischen Gefängnisse war ihre chronische Überbelegung. Der permanente Terror führte dazu, daß ununterbrochen neue Verhaftungen vorgenommen wurden und die Gefängnisse ständig überfüllt waren. In den Tabellen 2 bis 5 sind Kapazität und tatsächliche Belegung der Gefängnisse im ehemaligen Ostpolen im Jahr 1941 angegeben.[27]

Tabelle 2: Belegung der Gefängnisse in den westlichen Bezirken der BSSR (in Klammern die Belegung in Prozent der Kapazität)

	Kapazität	20. März 1941	1. Mai 1941	10. Juni 1941
Baranowicze	500	1406 (281)	1541 (302)	1076 (215)
Wołożyn	120	174 (145)	109 (91)	143 (119)
Lida	665	917 (138)	968 (146)	749 (113)
Nieśwież	64	135 (211)	145 (227)	130 (203)
Nowogrodek	250	218 (87)	166 (66)	199 (80)
Słonim	250	227 (91)	258 (103)	227 (91)
Stołpce	60	171 (292)	146 (243)	149 (248)
Białystok	1100	4191 (381)	2604 (237)	2194 (200)
Grodno	1100	2233 (203)	1949 (177)	1765 (160)
Wołkowysk	150	352 (235)	277 (185)	313 (209)
Łomża	1300	1965 (151)	2412 (186)	2128 (164)
Brześć	2680	3239 (121)	4090 (153)	3807 (142)
Kobryń	150	175 (117)	158 (105)	145 (97)
Prużany	150	215 (143)	145 (97)	172 (115)
Wilejka	350	1154 (330)	1226 (350)	1031 (295)
Oszmiana	180	268 (149)	240 (133)	266 (148)
Molodeczno	150	335 (223)	345 (230)	575 (383)
Głębokie	530	905 (171)	809 (153)	680 (128)
Pińsk	260	659 (254)	640 (246)	511 (197)
Drohiczyn	66	117 (177)	68 (103)	75 (114)
Stolin	80	121 (151)	113 (148)	95 (106)
Summe	10155	19181 (189)	18414 (181)	16420 (162)

Tabelle 3: Belegung der Gefängnisse in den westlichen Bezirken der USSR (in Klammern die Belegung in Prozent der Kapazität)

	Kapazität	20. März 1941	1. Mai 1941	10. Juni 1941
Drohobycz	137	416 (301)	400 (292)	400 (292)
Przemyśl	170	1022 (601)	911 (536)	856 (504)
Sambor	420	1158 (276)	1280 (305)	1310 (312)
Stryj	227	922 (406)	816 (360)	916 (404)
Lwów (Lemberg)	1500	4120 (275)	3639 (243)	3638 (243)
Lwów	270	1031 (382)	932 (345)	801 (297)
Lwów	300	734 (245)	672 (224)	706 (235)
Złoczów	350	522 (149)	800 (229)	625 (179)
Równe	247	631 (256)	701 (284)	659 (267)
Dubno	572	922 (161)	685 (120)	816 (143)
Równe	135	356 (264)	315 (233)	277 (205)
Ostróg	178	104 (58)	81 (46)	57 (32)
Stanisławów	472	2280 (483)	2576 (546)	2555 (541)
Kołomyja	206	423 (205)	417 (202)	357 (173)
Peczeniżyn	115	77 (67)	106 (92)	105 (91)
Tarnopol	446	1517 (340)	1664 (373)	1592 (357)
Czortków	275	1202 (437)	1400 (509)	1292 (470)
Brzeżany	160	290 (181)	333 (208)	351 (219)
Krzemienec	160	490 (306)	526 (329)	452 (283)
Łuck	640	2204 (344)	2082 (325)	2055 (321)
Włodzimierz Wol.	115	404 (351)	354 (308)	318 (277)
Kowel	237	812 (343)	862 (364)	836 (353)
Zusammen	7332	21638 (295)	21552 (294)	20974 (286)

Tabelle 4: Belegung der Gefängnisse im Gebiet Wilna (ehemals polnische Gebiete) (in Klammern die Belegung in Prozent der Kapazität)

	Kapazität	20. März 1941	1. Mai 1941	10. Juni 1941
Wilna	675	1377 (204)	1493 (221)	1748 (259)
Wilna	200	694 (347)	673 (337)	599 (300)
Święciany	200	158 (85)	124 (65)	106 (53)
Summe	1075	2229 (207)	2290 (213)	2453 (228)

Tabelle 5: Gesamtzahl der Gefängnisinsassen in den ehemaligen ostpolnischen Gebieten (in Klammern die Belegung in Prozent der Kapazität)

	Kapazität	20. März 1941	1. Mai 1941	10. Juni 1941
Zusammen	18562	43048 (232)	42256 (228)	39847 (215)

Um die überfüllten Gefängnisse zu entlasten und weitere Opfer unterbringen zu können, führten die Sowjets regelmäßig »Räumungsaktionen« durch, das heißt, verurteilte Insassen wurden entweder in kleineren Gruppen oder in groß angelegten Aktionen in Arbeitslager überführt. Die größte dieser Aktionen ordnete Berija am 1. Februar 1941 an. In ihrem Rahmen wurden hundertsiebzigtausend Frauen und Männer aus allen sowjetischen Gefängnissen in Arbeitslager und NKWD-Kolonien deportiert. In Arbeitslager wurden Personen überführt, die arbeitsfähig waren und noch mindestens sechs Monate abzusitzen hatten, während arbeitsfähige Personen mit Freiheitsstrafen bis zu sechs Monaten in NKWD-Kolonien kamen.[28] Die entlasteten Gefängnisse füllten sich aber schnell wieder, wie die Tabellen zeigen, denn der sowjetische Terror wütete weiter und suchte sich ständig neue Opfer.

Der 22. Juni 1941: Die Evakuierung der NKWD-Gefängnisse im ehemaligen Ostpolen

Anfang Juni 1941 waren im ehemaligen Ostpolen etwa vierzigtausend und in der ganzen Sowjetunion fast eine halbe Million Menschen in Gefängnissen inhaftiert, Arrestlokale nicht mitgerechnet. Die Haftbedingungen waren katastrophal. Doch die eigentliche Hölle begann erst nach dem 22. Juni 1941. An diesem Tag um drei Uhr früh überfiel NS-Deutschland seinen einstigen Komplizen beim Überfall auf Polen. Die deutschen Truppen rückten schnell vor, während die sowjetischen vor ihnen flohen. An der sowjetischen Front und im rückwärtigen Raum herrschten Chaos und Panik. Millionen von Soldaten und Zivilisten strebten ostwärts. Straßen und Bahnlinien waren verstopft und wurden unablässig von der deutschen Luftwaffe bombardiert.

Nach dem deutschen Überfall wurden auf Anweisung Moskaus die vorhandenen Evakuierungspläne in Kraft gesetzt. Sie sahen unter anderem vor, fast sämtliche Gefängnisinsassen aus den bedrohten Gebieten ins Landesinnere zu verlegen.[1] Nach offiziellen Angaben waren davon in den westlichen Bezirken der BSSR 16 357, in den westlichen Gebieten der USSR 23 236 und in der Litauischen Sowjetrepublik etwa 5900 Häftlinge betroffen. Für diese breitangelegte Aktion wurden 1537 Eisenbahnwaggons benötigt, die von den jeweiligen Bahndirektionen bereitgestellt werden sollten.[2]

Das Tempo des deutschen Vormarschs und das Chaos auf sowjetischer Seite vereitelten jedoch die Umsetzung der Evakuierungspläne. Bereits am ersten Kriegstag besetzten deutsche Truppen Gefängnisse in unmittelbarer Grenznähe und befreiten ihre Insassen. In Brest, zum Beispiel, das am 22. Juni um fünf Uhr früh von deutschen Truppen eingenommen wurde, hatten die Sowjets nicht einmal mehr die Zeit, das Gefängnispersonal zu evakuieren. Nach der Besetzung jagten die Deutschen zusammen mit den von ihnen befreiten Gefangenen die Gefängnisangestellten und erschossen sie auf offener Straße.[3]

Der Direktor des Gefängnisses in Łomża, Barkiewicz, berichtete seinen Vorgesetzten, am 22. Juni um zwölf Uhr mittags hätten deutsche Truppen die Stadt besetzt. Die Gefangenen zu evakuieren, sei keine Zeit mehr gewesen. Er habe lediglich ehemalige Soldaten und Häftlinge, die nach dem Dekret vom 26. Juni 1940[4] wegen des Verlassens des Arbeitsplatzes verurteilt worden waren, freigelassen. Die übrigen Gefangenen habe er in die Zellen einsperren lassen, wonach er das Gefängnis verlassen habe, da die deutschen Truppen bereits in die Stadt eingerückt seien. Barkiewicz klagte in seinem Bericht wiederholt darüber, daß er keine Anweisungen erhalten habe, wie er sich verhalten sollte.[5]

Am Morgen des 22. Juni wurde das Gefängnis in Grodno von einer Bombe getroffen, die in dem Gebäude, in dem sich die Einzelzellen befanden, sämtliche Türen zerstörte. Die Häftlinge gerieten in Panik und versuchten sich zu befreien, woraufhin der Gefängnisdirektor alle Gefangenen ins Hauptgebäude verlegen ließ und die Bewachung verstärkte. Am Nachmittag fiel eine zweite Bombe auf das Gefängnis, die das Hauptgebäude traf und viele Häftlinge das Leben kostete. In der Nacht schlug eine dritte Bombe ein, die das zweite Gebäude und die Gefängnismauer teilweise zerstörte. Die Gefangenen nutzten das Chaos zum Ausbruch, ohne daß die Wachen sie aufhalten konnten. Da der Gefängnisdirektor keine Anweisungen erhalten hatte, befahl er seinen Mitarbeitern, das Gefängnis zu verlassen und aus der Stadt zu fliehen.[6]

Auch in anderen Städten in unmittelbarer Grenznähe verließen die Verwaltungen und Wachen fluchtartig die Gefängnisse, ohne die Häftlinge zu evakuieren, so in Białystok, Baranowicze, Kobryn, Prużany, Słonim, Wołkowysk und Lida. In Nowogrodek ließ der Gefängnisdirektor die Häftlinge zum Bahnhof führen und in Eisenbahnwaggons verladen. Dabei wurden die Wachen jedoch von der einheimischen Bevölkerung angegriffen und die Gefangenen befreit. In Nieśwież hatte Gefängnisdirektor Aruslanow eine Kolonne mit hundertzwanzig Gefangenen formiert, die er zum Bahnhof in Horodziej marschieren ließ. Unterwegs griffen deutsche Flugzeuge die Kolonne an, und die Gefangenen liefen in dem entstandenen Chaos auseinander. Den Aufsehern gelang es später nicht mehr, sie wieder zusammenzutreiben. In Oszmiana zeigte die Gefängnisverwaltung mehr Initiative. Der Politoffizier Klimijenko und sein Stellvertreter Awdijejew erschossen nach eigenen Angaben dreißig Gefangene, bevor sie zusammen mit dem übrigen Personal aus der Stadt flohen.[7]

Insgesamt kamen in den ersten Tagen des Krieges mindestens dreizehntausend Gefängnisinsassen frei.[8] Nach sowjetischer Lesart handelte sich dabei zumeist um »Klassenfeinde« und »konterrevolutionäre Elemente«.

Aber nicht nur die schnell vorrückenden deutschen Truppen machten eine Evakuierung vielfach unmöglich. Auch die Bereitstellung von Eisenbahnwaggons erwies sich als äußerst schwierig und oft genug als unmöglich. In einem Bericht über den Verlauf der Evakuierung in der USSR vom 12. Juli 1941 heißt es: »Das Haupthindernis bei der Evakuierung von Gefängnisinsassen war der Mangel an Waggons.«[9] Daher mußten Kolonnen zusammengestellt werden, die dann in Gewaltmärschen auf Umwegen – die Hauptstraßen waren verstopft – nach Osten getrieben wurden. Sie waren häufig das Ziel deutscher Luftangriffe, die viele Häftlinge zur Flucht nutzten.[10] Es kam auch vor, daß die Kolonnen von den deutschen Truppen eingeholt wurden, wie beispielsweise jene, die aus Przemyśl nach Osten unterwegs gewesen waren.[11]

Chaos und deutscher Vormarsch zwangen die kommunistischen Machthaber zum Handeln, damit nicht noch mehr »konterrevolutionäre« und andere für die Sowjetunion »gefährliche Elemente« von den Deutschen befreit wurden. Am 24. Juni verschickte Berija ein Geheimtelegramm an die regionalen NKGB-Vertretungen, in dem er den Befehl erteilte, alle Gefängnisinsassen zu erschießen, die wegen »konterrevolutionärer Aktivitäten«, »Wirtschaftssabotage«, »Diversion« und »antisowjetischer Tätigkeit« verurteilt waren oder gegen die wegen dieser Verbrechen »ermittelt« wurde.[12] Dieser Befehl setzte einen der abscheulichsten Massenmorde des Zweiten Weltkriegs in Gang. Es war allerdings nicht die erste »Maßnahme« dieser Art in der Geschichte der sowjetischen Verbrechen. Schon mehr als zwanzig Jahren zuvor hatten rote Truppen im Bürgerkrieg ähnliche Massenmorde begangen. So waren in Charkow am 8. und 9. Juni 1919, zwei Tage vor dem Einmarsch der weißen Truppen, Hunderte von Geiseln erschossen worden, und in Kiew hatten die Roten zwischen dem 22. und dem 28. August 1919, kurz vor der Einnahme der Stadt durch die Weißen, tausendachthundert Menschen massakriert.[13] Der Befehl zum Mord an den Gefängnisinsassen entsprach der Logik der sowjetischen Kommunisten, der zufolge wirkliche oder vermeintliche Feinde physisch zu vernichten waren.

Massenmorde an Gefängnisinsassen: Ausführung und Ausmass

In fast jedem größeren Ort, jeder Stadt und unzähligen Dörfern verübten die Sowjets im Sommer 1941 vor ihrem Abzug gräßliche Verbrechen. Sie alle anzuführen würde den Rahmen der vorliegenden Untersuchung sprengen. Deshalb werde ich mich weitgehend auf die Darstellung der Massenerschießungen von Gefängnisinsassen im ehemaligen Ostpolen beschränken.

Lemberg

Zum schlimmsten Massaker kam es in den drei großen Gefängnissen von Lemberg, die in der Łącki-, der Zamartynowska- und der Kazimierzowska-Straße lagen. Letzteres, das sogenannte Brygitki, war das größte Gefängnis Lembergs. Daneben gab es in der Stadt noch drei weitere Gefängnisse, die erst nach dem Einmarsch der Sowjets im Herbst 1939 eingerichtet worden waren. Sie befanden sich im ehemaligen Sitz des Appellationsgerichts in der Batory-Straße, in den Gerichtsgebäuden in der Sądowa-Straße und im ehemaligen Polizeipräsidium in der Jachowicz-Straße.[1] Allerdings sind diese Gefängnisse in den zugänglichen NKWD-Dokumenten nicht als gesonderte Einrichtungen aufgeführt. Daher ist anzunehmen, daß es sich um Dependancen der drei großen Gefängnisse handelte.

Lemberg lag rund achtzig Kilometer von der deutsch-sowjetischen Grenze entfernt und wurde von Kriegsbeginn an durch die deutsche Luftwaffe bombardiert. Der erste Luftangriff fand am 22. Juni um fünf Uhr morgens statt. Die Straßen der Stadt waren von nach Osten flüchtenden Einheiten der Roten Armee und sowjetischen Einwohnern, die zwischen 1939 und 1941 zugezogen waren, verstopft. Als erste »evakuierten« sich die Angehörigen von NKWD und Miliz.[2]

Angriffe ukrainischer Aufständischer machten das Chaos perfekt. Am 24. Juni kam es im Stadtzentrum zu einer Schießerei. Ukrainische Aufständische versuchten, die Stadt zu erobern und die Gefängnisse zu besetzen, allerdings ohne Erfolg, denn die sowjetischen Truppen gewannen schnell die Kontrolle über die Stadt zurück. Sie durchsuchten Häuser, schossen auf jeden in ihren Augen verdächtigen Zivilisten, der sich auf den Straßen oder in den Fenstern blicken ließ, und warfen Handgranaten in die Keller. Mutmaßliche Aufständische, aber auch viele Unbeteiligte wurden getötet oder verwundet, und eine große Zahl vermeintlicher Diversanten kam in Haft. Wie viele es waren, ist unbekannt, da die Zeit nicht mehr reichte, um sie zu registrieren.[3]

In den ersten Kriegsstunden wurden in den Gefängnissen die Wachen verstärkt.[4] Am 23. Juni befahl die NKWD-Gefängnisverwaltung in Moskau, 4591 Häftlinge aus Lemberg mit der Bahn ins Landesinnere abzutransportieren.[5] Doch das war nicht mehr möglich. Am 24. Juni um zwanzig Uhr meldete der Chef des 233. Regiments der NKWD-Schutztruppen seinem Vorgesetzten: »Es wurde beschlossen, alle Gefangenen aus den Gefängnissen [in Lemberg] zu evakuieren. Das Fehlen von Waggons behindert die Durchführung dieser Maßnahme.«[6] Es gelang lediglich, einen Transport mit 527 Gefangenen zusammenzustellen, der am 23. Juni in Begleitung von 33 Wachen die Stadt verließ.[7]

Das 233. Regiment der NKWD-Schutztruppen hatte den

Auftrag, die Gefängnisse zu räumen und die »revolutionäre Ordnung« in Lemberg wiederherzustellen. Diesen Befehl auszuführen war aber wegen des heillosen Durcheinanders zunächst nicht möglich. So erhielt das Regiment am 23. und 24. Juni vom Chef des NKWD in Lemberg mehrmals den Befehl, abzurücken. Doch jedesmal, wenn das Regiment dabei war, die Stadt zu verlassen, wurde ihm befohlen, wieder umzukehren. Auch das NKWD-Regiment, das die Gefängnisse bewachte, wurde am 24. Juni angewiesen, die Stadt zu verlassen. Ähnliche Zustände herrschten bei der Verwaltung der Gefängnisse, deren Mitarbeiter in Panik gerieten und zusammen mit dem Wachpersonal aus der Stadt flüchteten.[8] Vor der Flucht brachten sie es aber noch zuwege, Hunderte von Gefangenen zu erschießen. Die Erschießungen begannen bereits am 22. Juni.[9]

Manche Häftlinge sahen ihre Bewacher fliehen und versuchten, sich zu befreien, so im Brygitki. Dies gelang aber nur wenigen. In einem NKWD-Bericht ist von zweihundertzwanzig entflohenen Häftlingen die Rede, hauptsächlich Kriminellen. Zufrieden stellt der Bericht fest: »Die konterrevolutionären Elemente haben es nicht geschafft zu fliehen.« Die zurückkehrenden NKWD-Soldaten hätten die ausbrechenden Häftlinge mit Maschinengewehrfeuer wieder in die Zellen getrieben. Dabei seien dreizehn Häftlinge getötet und sechs verwundet worden. Schließlich sei »im Gefängnis die Ordnung wiederhergestellt« worden.[10]

Dieses Chaos hielt in den Lemberger Gefängnissen bis zum 25. Juni an. In dem einschlägigen NKWD-Bericht vom 26. Juni 1941 heißt es: »Der frühere Beschluß, 5000 Häftlinge aus den Gefängnissen der Oblast Lemberg zu evakuieren, wurde geändert, nachdem am 25. Juni stellvertretende Volkskommissare für innere Angelegenheiten und Staatssicherheit der Ukrainischen Sowjetrepublik in Lemberg eingetroffen waren. Ein Teil der wegen illegalen Grenzübertritts

Inhaftierten – bis zu 200 Personen – ist zu evakuieren. Kriminelle sind freizulassen.«[11]

Was mit den übrigen Gefangenen, also der großen Mehrheit, geschehen sollte, ist dem Bericht nicht zu entnehmen. Es sei aber an Berijas Befehl vom 24. Juni erinnert, »konterrevolutionäre Elemente« zu erschießen, statt sie, wie ursprünglich geplant, zu evakuieren. Man darf also annehmen, daß die stellvertretenden Volkskommissare mit ebendiesem Befehl nach Lemberg kamen.[12] Dafür spricht auch, daß ausgerechnet an diesem Tag die systematische Liquidierung der Häftlinge in den Lemberger Gefängnissen begann. Sie wurde bis zum Abzug der Sowjets aus der Stadt am 28. Juni fortgesetzt.

Der Ablauf dieses Massakers ist auf der Grundlage der heute zugänglichen NKWD-Akten nicht zu rekonstruieren. Es sind nur Kurzmeldungen überliefert, die indirekt auf dieses Verbrechen verweisen. So heißt es in einer Meldung vom 27. Juni: »In Lemberg wurden am 25. und 26. Juni alle Gefängnisse geräumt. Aus dem Gefängnis des Volkskommissariats des Innern wurden 200 Häftlinge über Kiew ins Landesinnere evakuiert.«[13] Sicher ist aber, daß die »Räumung« der Gefängnisse – im Klartext: die Ermordung der Gefangenen – bis zum 28. Juni andauerte. In einem anderen Bericht ist von 2464 Häftlingen die Rede, die aus den Lemberger Gefängnissen »nach der ersten Kategorie abgegangen« seien, das heißt ermordet wurden.[14] Diese exakt anmutende Zahl ist aber offenkundig das Ergebnis der üblichen sowjetischen Berichterstattung, der es vor allem darum ging, bei den Vorgesetzten den Eindruck präzisen und planmäßigen Handelns zu erwecken. Diese Art von Berichterstattung wich jedoch in den meisten Fällen stark von der Realität ab.[15]

Anhand polnischer und ukrainischer Augenzeugenberichte lassen sich die Ereignisse in den Lemberger Gefängnissen zwischen dem 22. und dem 29. Juni jedoch einigermaßen rekonstruieren. Zygmunt Cybulski etwa wurde am 20. Juni 1941 verhaftet und am 23. ins Brygitki eingeliefert. Am frühen Morgen des 24. Juni, als die Wachen das Gefängnis verlassen hatten, versuchte er, wie viele seiner Leidensgenossen, sich zu befreien. Die ersten Häftlinge hatten bereits die Zellentüren aufgebrochen. Cybulski berichtet:

> »Ich wollte auf den Hof gehen, schaute aber, wie durch eine Vorahnung gewarnt, erst vorsichtig aus der Tür. In diesem Augenblick schoß ein Soldat aus dem Hof auf mich. Die Kugel pfiff an meiner Nase vorbei und schlug in die Wand ein. Ich floh in die zweite Etage. Das Militär [NKWD-Truppen] beherrschte das Gefängnis; die Soldaten waren bereits im Innenhof. Die Gefangenen kehrten in die Zellen zurück. Ich ging in eine Zelle in der zweiten Etage. Im ganzen Gebäude wurde geschossen. Ich setzte mich an die Wand und wartete. Der NKWD war zurück! Dann kam ein Offizier mit einer Pistole in der Hand in Begleitung von drei Soldaten mit Gewehren. Sie schrien: ›Hinlegen!‹ Wir legten uns hin, und sie gingen weg. …
>
> [Einige Zeit später wurde Cybulski mit zwei anderen Gefangenen in eine andere Zelle verlegt.] Wir gingen zur Zelle Nr. 54 in der zweiten Etage im zweiten Block. Der Offizier machte die Tür auf und stieß den Bauern, der vor mir ging, in die Zelle. Dann schlug er ihm mit der Pistole auf den Hinterkopf. Ich bekam einen Tritt in den Rücken und in die Seite und einen Fausthieb aufs linke Ohr. Nachdem der Offizier auch den dritten von uns zusammengeschlagen hatte, machte er die Tür zu. Danach steckte er die Pistole durchs Guckloch und schoß. Die Kugel prallte von der Wand ab und verletzte einen Häftling an der Augenbraue. In der sehr großen Zelle, die früher die Gefängnissynagoge gewesen war, drängten sich viele Menschen. … Es herrschte absolute Stille.

Nach einiger Zeit kamen NKWD-Männer herein. Sie nahmen dreißig Personen mit, mich eingeschlossen, und führten uns in die Nachbarzelle Nr. 53. Auch hier war es voll. Es gab keine Tür, da sie ein paar Stunden zuvor von den Häftlingen zerstört worden war. ... Eine Stunde später führten NKWD-Männer einige Personen weg, auch mich. Wir kehrten in Zelle Nr. 54, die ehemalige Synagoge, zurück.

Nach etwa zwei Stunden, in denen bei allen die Angst wuchs, kamen einige NKWD-Männer ... Sie befahlen uns, uns in Fünferreihen an der Wand aufzustellen, und gingen weg. Kurz darauf kamen sie zurück und zählten uns ab. Wir waren hundertsiebzig. Sie gingen wieder weg. Eine Stunde später kamen sie wieder und verteilten weiße bedruckte Zettel von Postkartengröße, die wir ausfüllen sollten: Vorname, Nachname, Vorname des Vaters, Geburtsdatum, Datum der Verhaftung und Paragraph, nach dem man angeklagt war.

Wir beratschlagten uns mit Ingenieur Adam K. und einigen anderen und kamen zu dem Schluß, daß der NKWD bei der Flucht die Akten mitgenommen und bei der Rückkehr ins Gefängnis nicht wieder zurückgebracht hatte oder daß Häftlinge bei der mißlungenen Befreiung die Akten zerstört hatten. ... Ich sagte Ingenieur K., wir dürften nicht die richtigen Namen angeben. Er hatte Angst und meinte, daß man ihn hier kenne und sein Foto habe. Ich faßte einen Entschluß: Sollten sie mich suchen; egal, ob sie meinen echten oder falschen Namen ausrufen würden, ich würde mich nicht melden. Mir ging auch durch den Kopf, daß sie Massenexekutionen in den Zellen durchführen könnten. Doch ich bemühte mich, diesen Gedanken zu verdrängen.

Nachdem die NKWD-Männer die ausgefüllten Zettel eingesammelt hatten, entfernten sie sich. Gegen Nachmittag gaben sie uns Wasser und Brot; für alle reichte es aber nicht.

Am Nachmittag stellten sie in der Zellentür einen Tisch auf, an dem ein NKWD-Offizier Platz nahm. Jeder mußte herantreten und wiederholen, was er auf den Zettel geschrieben hatte. Der Offizier fragte mich, warum ich in Haft sei und welchen Paragraph ich hätte. Ich antwortete, daß ich am 22. Juni (und nicht am 20. Juni, an dem ich tatsächlich verhaftet worden war) auf der Straße festgenommen worden sei. Was mir vorgeworfen werde? Das wisse ich nicht, denn ich sei noch nicht vernommen worden. Der Offizier schrieb: ›Festgenommen‹, und befahl mir, vom Tisch wegzugehen. Andere, die schon lange einsaßen, schwere Paragraphen hatten und bereits mehrmals vernommen worden waren, gaben leichtere Paragraphen an. ...

Gegen achtzehn Uhr erfolgte der erste Aufruf. Sie nahmen vierzig Gefangene mit. Nachdem sie die Namen aufgerufen und diejenigen, die sich meldeten, überprüft hatten, befahlen sie ihnen, ihre Sachen zu packen. Jeder, der schon länger einsaß, hatte eine Decke, einen Sack und einige kleine Gegenstände, die ihm Familienangehörige ins Gefängnis gebracht hatten. Die Aufgerufenen warteten. Dies dauerte bis zwanzig Uhr.

Gegen 21.30 Uhr fielen zwei Pistolenschüsse vom Dach über uns. Dann hörte man von der gegenüberliegenden Seite des Gefängnisses ein Maschinengewehr. Eine heftige Schießerei begann. Handgranaten detonierten. Aus den Innenhöfen des Gefängnisses und der Umgebung war ein schrecklicher Krach zu hören. Es fiel uns schwer, die Situation zu überblicken. Wir vermuteten, daß man mit dem Maschinengewehr Häftlinge erschoß oder daß die Deutschen dabei waren, die Stadt zu erobern. ... Die Schießerei dauerte bis Mitternacht. ...

Mittwoch, 25. Juni. Am Morgen der zweite Aufruf. Sie

führten wieder etwa dreißig von uns ab. Wir hörten Bewegung in den Innenhöfen und hatten den Eindruck, daß die Abgeführten dort warten mußten. Wir hörten die Stimmen der Russen. Um zehn Uhr fielen wieder zwei Pistolenschüsse vom Dach, wieder hörte man das Maschinengewehr und die gleiche schreckliche Schießerei wie gestern.

Am Nachmittag der dritte Aufruf. Erneut wurden zwanzig Mann abgeführt, unter ihnen Ingenieur Adam K. Als er sich verabschiedete, war er blaß, aber er bewahrte die Fassung.

Die Deutschen bombardierten Lemberg. Eine der größeren Bomben schlug in der Karna-Straße in der Nähe des Gefängnisses ein. Die Explosion war so stark, daß wir glaubten, die äußere Zellenwand würde einstürzen.

Die Zeit verging, und wir warteten auf weitere Aufrufe. Jeder Schritt der Wachen im Korridor, jedes Öffnen des Gucklochs erhöhte die Spannung. Jeder fürchtete, abgeführt zu werden. Aber an diesem Tag wurde niemand mehr aus unserer Zelle geholt.

Nach zwanzig Uhr begann die Schießerei wieder … Es war klar, daß es keine Schlacht war, wie wir gestern nacht gedacht hatten. Sie erschossen die Unseren. Die Fenster unserer Zelle führten auf den zweiten Innenhof, in dem die Gefängniskapelle stand, und dort herrschte ständig reger Betrieb.

Die Nacht vom 25. auf den 26. Juni. Deutsche Angriffe auf die Stadt. Ich schlief ein, wachte aber wieder auf, weil ich hörte, wie eine ukrainische Bäuerin im Innenhof jammerte. Sie bettelte um ihr Leben. Um sich zu retten, rief sie, daß sie für Stalin gearbeitet habe und daß sie Kinder habe. Dann fiel ein Schuß, und sie verstummte. Das Tor zur Kapelle quietschte. Die Schritte der Soldaten entfernten sich von unserem Hof.

Donnerstag, 26. Juni. Wieder führten sie dreißig von

uns hinaus. ... Gegen Abend wurden etwa zwanzig Häftlinge aus anderen Zellen zu uns verlegt. Einer von ihnen erzählte, daß er ein Telefongespräch mitgehört habe, als er in der Zelle neben dem Verwaltungsbüro des Gefängnisses gewesen war, wo auch der Direktor amtierte. Jemand habe von dort mit jemandem aus der Stadt telefoniert und gesagt: ›Ja, alles was politisch und sonst wichtig ist, gibt es nicht mehr.‹ Und dann: ›Auch die übrigen erschießen? Gut.‹ Die Nachricht verbreitete sich schnell in der Zelle.

Die deutschen Angriffe hielten fast den ganzen Tag über an. ... In der Zelle herrschten Resignation und Apathie. Der Hunger zeigte Wirkung, von der inneren Anspannung ganz zu schweigen. Gegen zwanzig Uhr öffnete sich das Guckloch. Davor stand ein NKWD-Mann und sprach uns auf polnisch an! Bisher hatte er immer bolschewistisch [russisch] gesprochen. Er sagte, daß wir still bleiben und in der Nähe der Fenster nicht rauchen sollten, weil die Deutschen schießen würden. Er fragte, ob wir Wasser brauchten. Nachdem er es gebracht hatte, machte er das Guckloch zu und nagelte es fest. Um drei Uhr früh wurde die Stadt bombardiert.

Freitag, 27. Juni. Um zehn Uhr wurden mehrere Personen aufgerufen. Wir waren noch fünfzig Mann in der Zelle. Es war der letzte Aufruf bis zur Flucht der NKWD-Männer. Wenig später brachten sie Wasser, und am Nachmittag nagelten sie das Guckloch zu. ... Bisher hatten sie das nur für die Nacht gemacht. Unsere Anspannung wuchs weiter. Einige fürchteten, die Russen würden das Gefängnis mit uns darin niederbrennen.

In der Nacht hörten wir reges Treiben auf dem Hof. Irgend jemand stellte sich auf; dann hörten wir gleichmäßige Militärschritte wie von einer größeren Abteilung. Wie sich später herausstellte, waren es die NKWD-Soldaten, die abmarschierten.

> Samstag, 28. Juni. Im Gefängnis herrschte absolute Stille. ... Gegen elf Uhr begann sich auf den Höfen etwas zu bewegen. Man hörte, daß in anderen Gefängnisflügeln Türen zerstört wurden, und aus den Höfen klangen Rufe von Frauen und Männern herauf.«[16]

Die am Leben gebliebenen Häftlinge befreiten sich mit Hilfe von Einwohnern der Stadt, die ins Gefängnis geeilt waren, um nach Angehörigen zu suchen. Auch Zygmunt Cybulski wurde befreit.[17] Die abziehenden Sowjets setzten das Gefängnis Brygitki tatsächlich in Brand, um die Spuren ihrer Verbrechen zu beseitigen. Was Cybulski nicht wußte, war, daß die NKWD-Männer die Häftlinge nicht nur in größeren Gruppen auf den Höfen, sondern auch einzeln oder in kleinen Gruppen in den Kellern umgebracht hatten. Die Leichen hatte man einfach in den Kellern und Höfen liegengelassen.[18]

Wie hoch die Zahl der Opfer im Brygitki war, ist nicht mehr zu ermitteln. Sicher ist aber, daß Ende Juni dort etwa viertausend Menschen inhaftiert waren. Nach NKWD-Angaben waren im größten Gefängnis von Lemberg, also dem Brygitki, 1366 Gefangene in den Zellen zurückgelassen worden. Augenzeugen sprechen dagegen von etwa hundert Männern und einigen Dutzend Frauen, die noch in den Zellen waren. Hinzu kommen einige hundert Häftlinge, denen am 24. Juni die Flucht gelungen war, sowie diejenigen, die von den Sowjets freigelassen oder evakuiert worden waren.[19] Insgesamt wurde wohl mindestens die Hälfte der Insassen (also etwa zweitausend Menschen) liquidiert.

In den übrigen Lemberger Gefängnissen spielten sich in diesen Tagen ähnliche Szenen wie im Brygitki ab. Im Gefängnis in der Zamarstynowska-Straße, wo etwa tausend Menschen festgehalten wurden, rief man die Häftlinge aus den Zellen heraus, führte sie auf den Innenhof und erschoß sie dort. Dabei ließ man Motoren laufen, um die Schüsse und die Schreie der Opfer zu übertönen. Am 29. Juni, nach dem Abzug der Sowjets, fanden Einwohner der Stadt, die nach Angehörigen suchten, im Gefängnis Leichenberge vor. Das Massaker sollen nur fünf Frauen und 64 Männer überlebt haben. Nach NKWD-Angaben waren im Gefängnis Nr. 2 insgesamt 66 Gefangene zurückgelassen worden.[20]

Im Gefängnis in der Łącki-Straße waren ebenfalls etwa tausend Personen inhaftiert, die fast alle bis zum 28. Juni liquidiert wurden; nur wenige überlebten. Die Täter holten ihre Opfer aus den Zellen, führten sie in die Keller und brachten sie dort um. Besonders intensiv töteten sie am 27. und 28. Juni. Am 29. Juni, als die Sowjets bereits geflüchtet waren, gingen Einwohner von Lemberg ins Gefängnis und befreiten die wenigen Häftlinge, die das Massaker überlebt hatten. Einige von ihnen hatten sich gerettet, indem sie sich totgestellt hatten. In Kellern und anderen Gefängnisräumen sowie in einem Massengrab auf dem Hof entdeckte man Leichenberge.[21]

Im Gefängnis in der Jachowicz-Straße holten die Täter politische Häftlinge in Abständen von fünf Minuten aus den Zellen, führten sie in die Keller und liquidierten sie dort mit Genickschüssen. Die Toten trug man auf einer Bahre zu einem im Innenhof ausgehobenen Massengrab, das anschließend notdürftig mit Sand abgedeckt wurde. Wie hoch die Zahl der Opfer war, konnte nicht ermittelt werden. Die Leichen wurden wegen Seuchengefahr erst im Januar 1942 exhumiert.[22]

Der Ablauf sah also in Lemberg für gewöhnlich so aus, daß die Täter die Häftlinge zunächst einzeln oder in kleinen Gruppen aus den Zellen riefen und in die Keller führten, wo sie mit einem Genickschuß oder mit einem »schweren Gegenstand« (viele Opfer hatten zertrümmerte Schädel) getötet wurden. Andere brachte man einzeln oder in Gruppen auf die Gefängnishöfe und tötete sie dort durch Genickschuß oder massakrierte sie gruppenweise mit Maschinengewehren und Handgranaten. Einen Teil der Gefangenen liquidierte man auch außerhalb der Gefängnisse, und zum Schluß, als die deutschen Truppen dicht vor der Stadt standen, schossen die Täter mit Maschinengewehren in die überfüllten Zellen oder warfen Handgranaten hinein.[23] Die NKWD-Männer verfielen dabei offenbar in einen Rausch und wateten buchstäblich in Blut.[24]

Die Leichen der Opfer wurden in auf dem Gefängnisgelände ausgehobene Gruben geworfen oder blieben in den Kellern, die teilweise zugemauert wurden, in den Zellen und Innenhöfen liegen. Einige vergrub man auch außerhalb der Gefängnisse, wie zum Beispiel auf dem Gelände des Bodnar-Gartens.[25] Die genaue Zahl der Opfer in Lemberg ist nicht mehr zu ermitteln. In sowjetischen Quellen ist von 2464 Getöteten die Rede, aber diese Zahl ist höchstwahrscheinlich zu niedrig.[26] In einem zeitgenössischen deutschen Bericht wurde die Zahl der Ermordeten auf 3500 geschätzt.[27] Die Opfer waren Ukrainer, Polen und Juden. Es waren vor allem junge Männer, obwohl sich auch viele Frauen und sogar Jugendliche unter den Opfern befanden.[28]

Nach dem Abzug der sowjetischen und dem Einmarsch der deutschen Truppen am 29. Juni eilten die Einwohner der Stadt in die Gefängnisse, die einen, um nach Angehörigen, Freunden und Bekannten zu suchen, die anderen aus Neugier. Alle wußten, daß sich dort in den letzten Tagen Schreckliches abgespielt hatte. Man hatte fortdauernd Schüsse und laufende Motoren gehört, welche die Schüsse und die Schreie der Opfer übertönen sollten. Den Augenzeugen bot sich ein grausiger Anblick: In den Kellern waren Leichen aufgeschichtet, die teilweise nur noch eine breiige Masse waren. Im Brygitki waren die Leichen in vier bis fünf Schichten übereinander im Keller gestapelt.[29]

Im Hof des Gefängnisses in der Łącki-Straße fand man zwei Massengräber, die freigelegt wurden. Die Leichen wurden herausgehoben und in Reihen auf den Boden gelegt, um den Angehörigen die Identifizierung zu ermöglichen. Dies war aber nur in Einzelfällen möglich, denn die Toten waren entsetzlich verstümmelt. Viele Opfer wiesen Folterspuren auf. Einige Leichen wurden durch Ärzte eingehend untersucht. In einem deutschen Bericht über die Ergebnisse dieser Untersuchung heißt es:

> »Im allgemeinen wiesen sämtliche Opfer schwere und mehrfache Verletzungen mittels stumpfer Werkzeuge auf. Die Frauen waren vielfach geschändet, Brüste waren abgeschnitten. Auch männliche Geschlechtsteile waren das Ziel bolschewistischer Perversität. Aus den krampfhaft verzogenen Gesichtern der Toten, den herabgerissenen Kleidern, sowie den sonstigen Spuren ergibt sich, daß die Verhafteten Grauenvolles durchgemacht haben. Sie wurden sämtlich buchstäblich zu Tode geprügelt, auch zeigten sich nach Ansicht der Ärzte Beweise dafür, daß sie teilweise unter den Leichenbergen erstickt sind.«[30]

In zwei anderen Gefängnissen fand man Leichen, deren Arme rückwärts an die Fußgelenke gefesselt waren. Der deutsche Untersuchungsbericht wird von Aussagen polnischer Augenzeugen bestätigt, die vielfach noch drastischere Szenen schilderten.[31]

Łuck

Das Massaker in Lemberg war keine Ausnahme. Ähnliches ereignete sich in zahlreichen Städten und Ortschaften, die in den ersten Kriegswochen von den Deutschen erobert wurden. Im Gefängnis von Łuck waren am 10. Juni 1941 nach sowjetischen Angaben 2055 Gefangene inhaftiert, überwiegend Polen und Ukrainer.[32] Als die Stadt am 22. Juni bombardiert wurde, wurde das Gefängnis beschädigt, und in dem nachfolgenden Chaos versuchten viele Gefangene, sich zu befreien. Aber die Wachen trieben sie mit Maschinengewehrfeuer in die Zellen zurück, wobei viele Häftlinge ums Leben kamen. Am 23. Juni befahlen die Wachen den Gefangenen, die Zellen mit ihrem persönlichen Gepäck zu verlassen, so als sollten sie freigelassen werden. Die ukrainischen Gefangenen mußten sich auf einem Hof, die polnischen auf einem anderen versammeln. Nachdem sich die ukrainischen Häftlinge in Reihen aufgestellt hatten, bauten die Wachen Maschinengewehre vor ihnen auf und eröffneten das Feuer. Außerdem warfen sie Handgranaten in die Menge. Als die meisten Ukrainer tot waren, begannen die NKWD-Männer auf die Polen zu schießen. Ein Überlebender dieses Gemetzels berichtete Jahre später: »Das Blut floß in Strömen, und Leichenteile flogen durch die Luft.«[33]

Nach rund einer Stunde stellten die NKWD-Mannschaften das Feuer ein und befahlen den Überlebenden, sich ins Gefängnisgebäude zu begeben. Verletzte wurden mit Pistolenschüssen getötet. Auf dem »ukrainischen« Hof überlebten etwa ein Dutzend Gefangene, auf dem »polnischen« zwischen fünfzig und siebzig. Am nächsten Tag mußten die Überlebenden die Leichen vergraben. Kleidungsstücke, Gepäck und Leichenteile wurden auf einen Haufen geworfen, mit Benzin übergossen und verbrannt. Anschließend trieb man die Überlebenden wieder in die Zellen.[34]

Das war aber nicht das Ende des Horrors. Wie sich Mieczysław Ogrodowczyk erinnert, erschienen die Täter bald wieder und forderten die Überlebenden auf, die Zellen zu verlassen:

»Halb betrunken fuchtelten sie mit ihren Pistolen herum und brüllten: ›Bystrej, bystrej‹ [schneller, schneller]. Ich begriff, daß sie einige am Leben ließen, damit sie die Leichen beseitigten. Nach getaner Arbeit sollten auch wir getötet werden. Jetzt ist das Ende gekommen ... Leere, Hoffnungslosigkeit, Todesangst. Ich bin wie gelähmt. In wenigen Minuten bin ich nicht mehr da. Das ist das Ende unsres Lebens. Warum? Wir versuchen das Aufstehen und Hinausgehen hinauszuzögern. Das kann aber nicht ewig dauern. Wir haben Angst vor dem Erschießen! Plötzlich hören wir von draußen, wo gestern die Ukrainer hingemetzelt worden waren, Schüsse aus automatischen Waffen. Dort ist der Haupteingang. Die Schießerei ist heftig und anhaltend, aber sie hört sich anders an als die, die wir gestern überlebten. Der NKWD-Mann, der in der Zellentür steht, ... läuft weg. Wir sind verdutzt. Wir leben auf und suchen nach einer Erklärung. ... Zwei meiner Kameraden heben mich zum Fenster hoch, ich klammere mich an die Fenstergitter, ... ziehe mich hoch, um zu sehen, was los ist. Ich schreie: ›Die Deutschen!‹ Meine Kameraden lassen mich los, und ich stürze auf den Boden. Ich stehe auf, versuche zu sprechen, aber ich kann nicht. Tränen treten mir in die Augen. Endlich schreie ich durch die Tränen: ›Wir leben!!!‹ Die Überlebenden stürzen aus dem Gefängnis auf den ›ukrainischen‹ Hof, wo sich die Deutschen befinden. Wir sind wahnsinnig vor Freude. Sie ist so groß, daß wir ›Heil Hitler!‹ brüllen. Nach dieser Begrüßung warnen uns die Deutschen davor, das Gefängnis zu verlassen oder zu fliehen; sonst müßten sie schießen. ... Die Gefangenen zeigen den Deutschen einen sowjetischen Staatsanwalt, der sich unter ihnen befindet. Er habe viele Menschen auf dem Gewissen, erklären sie. Die Deutschen befehlen ihm, vor die Gruppe zu treten. Ein großer Mann tritt hervor, und ein deutscher Soldat drückt ihm seinen

Feldspaten in die Hand; er soll graben. Die Sache ist klar, und ich habe genug und gehe weg. In zwanzig Minuten hat der sowjetische Staatsanwalt alle jene eingeholt, die der NKWD gestern ins Jenseits befördert hat. ... Die Nacht verbrachten wir in freudiger Stimmung: Wir lebten. Wären die Deutschen zwanzig Minuten oder eine halbe Stunde später gekommen, wären wir alle tot gewesen. ... Am nächsten Tag bin ich freigelassen worden. Vor dem Gefängnis begegne ich Deutschen mit einer Filmkamera, die von einem LKW herab eifrig filmen. Als sie mich, der ich wie ein armer Lazarus aussehe, erblicken, richten sie die Kamera auf mich. Ich schäme mich meines Aussehens und wende mich ab. Da lachen die Deutschen. Sie haben recht, warum schäme ich mich? Daß ich dem Tod im letzten Augenblick entgangen bin?«[35]

1944 kämpfte Mieczysław Ogrodowczyk beim Warschauer Aufstand mit. Er ist vor drei Jahren verstorben. Wie seine Frau erzählt, haben ihn die Ereignisse in Łuck nie losgelassen.[36]

Das Massaker in Łuck wurde auch in einem NKWD-Sonderbericht vom 28. Juni 1941 festgehalten. Es ist interessant, wie sich dieselben Ereignisse aus der Sicht der Täter darstellen:

»Am 22. Juni des Jahres gegen 14 Uhr wurde das Gefängnis Nr. 1 in Łuck durch feindliche Flugzeuge bombardiert; es fielen 11 Bomben. ... Dabei wurden der Aufseher Didyk, der Leiter der Wirtschaftsabteilung Bondarenko und seine Frau getötet. Zwei Männer wurden verletzt: die Aufseher Razko und Markiza. Nach dem Luftangriff revoltierten die etwa 2000 Gefangenen; sie brachen die Türen der Zellen, des Gefängnisses und des Lagers auf, in dem Äxte, Rasiermesser und ähnliche scharfe Gegenstände aufbewahrt wurden. Ausgerüstet mit diesen Gegenständen versuchten sie, durch eine Bresche in der Gefängnismauer zu fliehen; ein Teil von ihnen versuchte auch, durch das Verwaltungsgebäude [das durch Bomben zerstört worden war] zu entkommen. Die Häftlinge wurden jedoch durch eine Unterabteilung der [NKWD-]Schutztruppen aufgehalten und darauf hingewiesen, daß sie bei einem Fluchtversuch erschossen werden würden. Trotzdem versuchten einige zu entkommen; dabei wurden sie erschossen. Bis um 9 Uhr am 23. Juni 1941 hielten sich die Gefangenen auf dem Innenhof auf, dann wurden sie ins Gefängnis getrieben. Nach dem Aufstand wurden die Urteile von 73 Häftlingen, die zum Tode verurteilt waren, vollstreckt. Am 23. Juni 1941 um 12 Uhr befahl der Gefängnisleiter Stan, alle Gefangenen erneut auf den Innenhof zu führen. Von den Gefangenen wurden 14 Personen, die nach dem Gesetz des Präsidiums des Obersten Sowjets der UdSSR vom 26. Juni 1940 inhaftiert worden waren, 30 Kriminelle und 40 Minderjährige ausgesondert. Die Minderjährigen wurden zurück in die Zellen geführt und die übrigen 44 freigelassen.

Nachdem die 84 Häftlinge ausgesondert worden waren, wurden die 2000 übriggebliebenen Gefangenen auf dem Innenhof erschossen, und zwar durch den Leiter der 2. Abteilung des UNKGB Gontscharow, den Funktionär des UNKGB Dworkin, den Leiter der Gefängnisabteilung des UNKWD Stan und andere Angehörige von NKGB und NKWD. Alle Dokumente und persönlichen Dinge der Gefangenen wurden verbrannt.«[37]

Der Bericht vermittelt zwar Namen von Tätern, aber nicht die Dramatik des Geschehens. Diese spiegelt sich eher in den Erinnerungen der Opfer wider. Auffallend ist auch, daß das Massaker in Łuck bereits am 23. Juni stattgefunden hat, einen Tag bevor Berija den Befehl gab, »konterrevolutionäre Elemente« zu liquidieren. Man kann also annehmen, daß dieses Verbrechen auf Initiative der NKWD-Stelle in Łuck stattfand.

Dubno

Im Gefängnis von Dubno befanden sich am Vorabend des Krieges etwa sechshundert Gefangene, vor allem Polen und Ukrainer. Als die deutschen Truppen bereits in der Nähe der Stadt standen, begann der NKWD in der Nacht vom 23. auf den 24. Juni die Häftlinge zu liquidieren. Die NKWD-Männer gingen von Zelle zu Zelle und schossen mit automatischen Waffen durch die Gucklöcher; manchmal warfen sie auch Handgranaten in die Zellen. Gaben die Opfer noch Lebenszeichen von sich, öffneten die Täter die Tür und erschossen sie mit der Pistole oder erstachen sie mit dem Bajonett. Einige männliche Gefangene überlebten jedoch, weil sich die Täter offenbar nicht trauten, Zellen mit besonders vielen männlichen Häftlingen zu betreten.[38]

Ähnlich gingen die Täter im Frauentrakt vor. Hier betraten sie auch die Zellen, um die Todesschüsse aus nächster Nähe abzugeben. Nur wenige Frauen haben das Massaker überlebt,[39] wie die junge Ukrainerin Walentyna Lepieszkiewicz, die heute Petrenko heißt. Sie berichtet:

> »Nicht einmal eine Stunde, nachdem wir das Zeichen zum Schlafen erhalten hatten, hörten wir unten eine Schießerei. Unsere Zelle war die dritte auf der rechten Seite im ersten Stock. ... Man hörte Schüsse und schreckliche Schreie. Es war schwierig festzustellen, was das bedeutete. Wurde auf dem Innenhof oder irgendwo hinter der Mauer geschossen? Aber plötzlich begriff ich alles: Man erschoß die Ge-

fangenen. ... Vielleicht bekam ich deswegen keine Angst und sagte den übrigen Frauen, daß draußen geschossen würde; wir sollten uns still verhalten, weil man auch uns holen könnte. ... Alle zogen sich an; fünf von uns begannen zu beten. Ich und meine beiden Freundinnen Stefa und Teresa rauchten eine Zigarette nach der anderen, während wir uns ruhig unterhielten, um keine Panik auszulösen. Unterdessen kamen die Schüsse und die schrecklichen Schreie immer näher. ...

Plötzlich hörten wir Schritte auf unserem Stockwerk. ... Erste Zelle: Schreie und Schießerei, ... zweite Zelle ... Nun waren wir an der Reihe. Seit Beginn der Tragödie waren vielleicht eineinhalb Stunden vergangen. Die Tür wurde geöffnet, und ein Wärter, den wir kannten, betrat unsere Zelle. Hinter ihm sahen wir viele Tschekisten [NKWD-Männer] mit Gewehren in der Tür. ›In die Ecke!‹ schrie der Anführer. ›Schneller!‹ Er entsicherte sein Gewehr. Ich stand regungslos da, während die anderen Frauen, statt nach hinten zu rücken, instinktiv in meine Richtung drängten. Plötzlich krachte es fürchterlich. Ola [eine Zellengenossin] fiel auf mich, und ich stürzte unter ihrem Gewicht auf den Boden. Das waren die ersten Schüsse, die nächsten folgten. ... Die Frauen brachen zusammen, ohne zu schreien oder zu klagen. Plötzlich spürte ich einen starken Schmerz im Bein, und es brannte, als würde mein ganzer Körper in Flammen stehen. Trotzdem bewegte ich mich nicht. Nach einer Weile hörten sie auf, schlossen die Tür ab und gingen weg. Als ich hörte, daß sich die Schritte entfernten, versuchte ich wie in Trance aufzustehen, aber ich fiel wieder hin. Die rechte Hand und das rechte Bein waren wie gelähmt. Ich hatte jedoch keine Zeit, darüber nachzudenken. Auf allen vieren kroch ich zu meinen Leidensgenossinnen und rief: ›Wer noch lebt, soll ein Zeichen geben!‹ Eine Weile blieb es totenstill, dann erhoben sich

Nadzieja Orlowska und Floryna. Nadzieja war nur leicht am Bein und am Bauch verletzt; sie war so entsetzt, daß sie kein Wort herausbrachte. Florynas rechte Hand war zerfetzt und hing nur noch an der Haut. Sie, die Kommunistin, stürzte wie wahnsinnig zur Tür und schrie: ›Wen wollt ihr erschießen? Mich? Ich habe für euch gearbeitet!‹ – und so fort. Ich brachte sie zum Schweigen, indem ich ihr sagte, daß sie zurückkommen und uns endgültig erledigen könnten.

Die übrigen Frauen waren tot. Die Oma lag mit dem Gesicht nach unten. ... Neben ihr lagen Stefa K. mit zertrümmertem Kopf, Teresa mit zerrissener Brust und die anderen Frauen. ... Ich hatte überlebt, weil mich Ola mit ihrem Körper zudeckte.

Unterdessen dauerte der Schrecken an. ... Nachdem die Tschekisten in unserem Stockwerk das Abschlachten beendet hatten, gingen sie ins zweite. Jetzt hörten wir die Schreie und die Schießerei über uns. Aber auch zu uns kamen sie noch einmal. Jemand trat an unsere Tür, machte das Fenster auf und fragte: ›Wer lebt, soll sich melden!‹ Dann fuhr er fort: ›Siehst du, wie man die Elenden getötet hat!‹ Wir waren gezwungen, reglos dazuliegen, obwohl die Wunden schrecklich schmerzten.«[40]

Walentyna Petrenko überlebte schwer verletzt. Insgesamt wurden im Gefängnis von Dubno etwa fünfhundertfünfzig Menschen liquidiert. Unter den Opfern sollen sich auch mehrere polnische Frauen mit kleinen Kindern und sogar Säuglingen befunden haben, die beim illegalen Grenzübertritt festgenommen worden waren.[41] Die Täter hatten keine Zeit, ihre Mordspuren zu beseitigen, so daß sich den Einwohnern der Stadt und den deutschen Soldaten grauenvolle Bilder boten.[42] Ein deutscher Soldat schrieb an seine Kameraden in der Heimat: »Wie Ihr durchs Radio gehört habt, haben die Banden im Dubnoer GPU-Gefängnis viehisch gehaust. Ich bin dort gewesen und werde es später berichten, wenn ich mal zu Hause bin. Worte kann man für so etwas nicht finden. Berge von ukrainischen Frauen und Kindern lagen dort.«[43]

Sambor, Dobromil, Oszmiana

Im Gefängnis in Sambor befanden sich am 22. Juni 1941 etwa sechs- bis siebenhundert Häftlinge (Polen, Ukrainer und Juden). Von diesem Tag an wurden jeweils fünf bis zehn Häftlinge aus den Zellen herausgerufen und zu dem Gebäude geführt, in dem das Kriegsgericht tagte. Anschließend wurden die zum Tode Verurteilten in den Kellern des Gefängnisses erschossen. Dies ging so bis zum 26. Juni. An diesem Tag begann die »Evakuierung«. Eine Gruppe von etwa fünfzig Häftlingen wurde auf den Innenhof des Gefängnisses gebracht, worauf die NKWD-Männer von den Wachtürmen und vom ersten Stockwerk aus mit Maschinengewehren das Feuer eröffneten und Handgranaten warfen. Einige Häftlinge, die nicht getroffen waren, liefen ins Gefängnisgebäude zurück und alarmierten die übrigen Gefangenen, die die Schießerei zunächst nicht hatten einordnen können. Jetzt begannen sie die Türen aufzubrechen, während die NKWD-Männer durch die Gefängnisfenster und auf fliehende Häftlinge feuerten. Das Gefängnis zu betreten wagten sie nicht. Nach Zeugenaussagen dauerte die Schießerei etwa drei Stunden. Danach stiegen die Täter in bereitstehende Wagen und flüchteten, weil die deutschen Truppen näher rückten. Diesen Augenblick nutzten die Gefangenen, um das Gefängnis zu verlassen und sich in der Stadt zu verstecken.[44]

Außer den Leichen auf dem Hof fand man später in den Gefängniskellern drei Räume, die bis zur Decke mit relativ frischen Leichen gefüllt waren, sowie drei zugemauerte Räume mit bereits stark verwesten Leichen. Anfang August 1941 entdeckte man am Dnjestrufer ein Massengrab mit 116 Leichen. Nach Ermittlungen der Hauptkommission zur Untersuchung der Verbrechen am polnischen Volk wurden in Sambor insgesamt etwa 600 Personen ermordet.[45]

In Dobromil, einer etwa zehn Kilometer von der damaligen deutsch-sowjetischen Grenze entfernten Kleinstadt mit siebentausend Einwohnern (Polen, Juden und Ukrainer) befand sich nur ein Arrestlokal für sechzig bis siebzig Gefangene. Nach dem 22. Juni 1941 schnellte die Zahl der Häftlinge aber in die Höhe. So wurden viele Personen eingeliefert, die wegen angeblicher Spionage und Diversion zugunsten Deutschlands festgenommen worden waren. Ferner brachten LKWs am 23. Juni etwa siebzig Häftlinge aus Przemyśl nach Dobromil, und zwei oder drei Tage später traf eine ebenfalls aus Przemyśl kommende Kolonne mit etwa dreihundertfünfzig bis fünfhundert Gefangenen ein. Außerdem brachte man eine unbekannte Zahl von Häftlingen aus dem Arrestlokal in Mościsk, einer Ortschaft in der Nähe von Przemyśl, nach Dobromil. Mit anderen Worten, die Hafträume in Dobromil platzten aus allen Nähten.[46]

Zwei oder drei Tage nach Kriegsausbruch begann die Liquidierung der Gefangenen. Nach übereinstimmenden Zeugenaussagen hörte man in den ersten Tagen nichts, was auf diese Tötungen hingewiesen hätte. Sicher ist, daß die Täter einen Teil ihrer Opfer vor Ort liquidierten, indem sie sie einzeln in einen Holzschuppen führten und dort mit einem »schweren Gegenstand« (Hammer oder Gewehrkolben) erschlugen oder mit dem Bajonett erstachen. Manche Opfer hatten zertrümmerte Schädel, andere wiesen Stichwunden auf. Die Leichen wurden mit einem LKW zu einer etwa zwei Kilometer vor der Stadt gelegenen Salzgrube gebracht und in einen stillgelegten Schacht geworfen.[47] Die meisten Opfer dürften die Sowjets aber außerhalb ermordet haben, denn mit der beschriebenen Methode konnte in den wenigen zur Verfügung stehenden Tage nur eine begrenzte Zahl von Menschen liquidiert worden sein. Aber die Zahl der Opfer ging in die Hunderte.

In der Schlußphase, in der Nacht vom 26. auf den 27. Juni, als die Zeit knapp wurde, ging man dazu über, die Opfer zu erschießen. Die Gefangenen wurden auf den Innenhof geführt, mit einem Genickschuß getötet und in eine zuvor ausgehobene Grube geworfen. Wer sich weigerte, die Zelle zu verlassen, wurde an Ort und Stelle niedergestreckt. Die Sowjets flüchteten in solcher Eile, daß sie es nicht mehr schafften, das Massengrab zuzuschaufeln. Das Massaker überlebten nur wenige Gefangene. Einer von ihnen lebt noch heute mit einer Kugel im Kopf.[48]

Nach dem Einmarsch der Deutschen fand man in dem stillgelegten Schacht der Salzgrube in Lacko und in einem Massengrab neben dem Schacht etwa 700 sowie auf dem Gelände und in den Zellen des Gefängnisses bis zu 100 Leichen. Die Opfer waren Polen, Ukrainer und Juden.[49]

Äußerst dramatisch verlief die Liquidierung des Gefängnisses in Oszmiana im heutigen Weißrußland. Dort hielten die Sowjets am 10. Juni 1941 insgesamt 266 Gefangene (Polen und Weißrussen) fest.[50] Die Verhaftungen dauerten jedoch bis zum Kriegsausbruch an. Am 23. Juni wurden alle Gefangenen auf dem Innenhof versammelt, wo man sie fast den ganzen Tag warten ließ, während man ihre Namen und ihre Nationalität prüfte. Einige Polen, die sich als Weißrussen ausgaben, wurden ausgesondert und freigelassen. Die übrigen Polen wurden ins Gefängnisgebäude zurückgebracht.[51]

Bald darauf riefen die Aufseher einzelne Gefangene namentlich auf und führten sie einzeln oder zu zweit ab. Sie wiesen die Aufgerufenen an, ihre Sachen mitzunehmen, um so ihre Freilassung oder Verlegung in ein anderes Gefängnis vorzutäuschen. Die in den Zellen zurückgebliebenen Häftlinge begriffen jedoch schnell, daß die Abgeführten erschossen wurden, da sie das dumpfe Echo der Schüsse hörten. Die Opfer wurden im an das Gefängnis angrenzenden ehemaligen Landratsgebäude getötet, wo sich die NKWD-Stelle befand. Sie wurden zunächst gefesselt und manche auch geknebelt, damit sie keinen Widerstand leisten konnten, und dann in einen Keller gebracht, wo mehrere NKWD-Männer warteten. Einer der Aufgerufenen, Łopuszewski, ein polnischer Brauereiarbeiter, versuchte sich zu wehren. Auf dem Korridor schlug er einen NKWD-Mann, der ihn fesseln wollte. Daraufhin wurde er zur Mordstätte geschleift und brutal massakriert; als seine Leiche gefunden wurde, waren seine Gliedmaßen gebrochen und die Augen ausgestochen.[52]

Die Erschießungen dauerten bis zum Morgengrauen. Unterdessen versammelten sich Einwohner der Stadt, unter ihnen Angehörige der Häftlinge, vor dem Gefängnis, weil sie um das Schicksal der Gefangenen fürchteten. Einer der Versammelten rief den Wachen geistesgegenwärtig zu, die Deutschen seien dabei, in die Stadt einzumarschieren. Dies löste unter den NKWD-Männern eine Panik aus. Sie flüchteten aus dem Gefängnis, und die Häftlinge, die es beobachtet hatten, begannen die Türen aufzubrechen, wobei ihnen die ins Gefängnis strömenden Einwohner der Stadt halfen. Zu ihrem Glück verließen die befreiten Häftlinge unverzüglich das Gefängnis, denn kurz danach kam der örtliche NKWD-Chef mit einigen Männern zurück. Als sie das Gefängnis leer vorfanden, machten sie wieder kehrt und flohen aus der Stadt, um erst drei Jahre später zurückzukehren.[53]

Nach der Flucht der NKWD-Männer fanden Einwohner der Stadt in den Kellern des Landratsamts die Leichen ermordeter Gefangener. Manche wiesen Stich- und Schnittwunden auf, einige hatten zerschmetterte Schädel, die meisten aber Schußwunden. Fünf Opfer sollen das Massaker schwer verletzt überlebt haben. Insgesamt hat man nach Angaben der Bezirkskommission in Łódź im Keller 52 Leichen und fünf Schwerverletzte gefunden.[54] In einem NKWD-Bericht werden die Ereignisse in Oszmiana wie folgt geschildert:

> »Während der Bombardierung von Oszmiana griffen der Politoffizier des Gefängnisses in Oszmiana, Klimijenko, und sein Stellvertreter Awdijejew willkürlich dreißig Gefangene, die wegen konterrevolutionärer Verbrechen angeklagt waren, aus den Zellen heraus und erschossen sie in den Kellern des Gefängnisses, ohne die Leichen zu begraben. Die übrigen Gefangenen ließen sie in den Zellen zurück, als sie mit dem gesamten Personal das Gefängnis verließen.
>
> Am nächsten Tag erfuhren die Einwohner von Oszmiana von der Exekution der Gefangenen und begaben sich zum Gefängnis, um unter den Toten nach Angehörigen zu suchen.«[55]

Daß die Täter ihren Vorgesetzten nur dreißig getötete Gefangene gemeldet hatten, war möglicherweise darin begründet, daß sie ihr »Vergehen« geringer erscheinen lassen wollten. Tatsächlich bemängelten die Vorgesetzten die willkürliche Art der Erschießung und vor allem die Tatsache, daß die Leichen nicht bestattet worden waren. Es kann aber auch sein, daß die von polnischen Augenzeugen genannte Zahl der Opfer zu hoch gegriffen ist.

Tarnopol, Złoczów, Czortków, Drohobycz und andere

In weiter von der Grenze entfernten Städten, wie Tarnopol, Złoczów, Czortków oder Drohobycz, hatten die Täter mehr Zeit, um ihre »Arbeit« zu vollenden. Im Gefängnis von Drohobycz fand man nach der Flucht der Sowjets nur vier Überlebende. Bis zu 200 Leichen lagen im Keller. Im Innenhof entdeckte man ein mit einem Kohlenhaufen getarntes Massengrab mit ebenfalls rund 200 Leichen. Einige Tage später fand man auf dem jüdischen Friedhof ein weiteres Massengrab mit etwa 300 Toten. Unter den Opfern waren auch drei Angehörige der deutschen Luftwaffe.[56] Später wurden in den umliegenden Wäldern und in einem stillgelegten Schacht weitere Massengräber entdeckt. Ein Massengrab wurde erst 1990 gefunden. Es enthielt die Überreste von etwa 500 Menschen, deren Tod dem NKWD zugeschrieben wird. Die Zahl der Opfer erhöhte sich damit auf rund 1200.[57]

Ähnliches ereignete sich in Czortków. Im dortigen Gefängnis saßen Anfang Juni etwa 1300 Gefangene ein. Als die Einwohner der Stadt nach der Flucht der Sowjets ins Gefängnis eilten, um nach Angehörigen zu suchen, war es jedoch scheinbar leer. Doch dann fand man im Keller die ersten Leichen. Auch im Innenhof entdeckte man Massengräber, die mit frischen Blumenrabatten getarnt waren. Nach NKWD-Angaben wurden in Czortków 890 Häftlinge liquidiert, 64 freigelassen (Kriminelle) und die restlichen evakuiert. Zeugen sprechen von einigen hundert Opfern.[58]

Nachdem die Sowjets Złoczów fluchtartig verlassen hatten, liefen die Einwohner zur Sobieski-Zitadelle, wo sich das NKWD-Gefängnis befand, um nach Angehörigen zu suchen. In den letzten Tagen vor der Flucht der Sowjets waren laute Motorengeräusche von LKWs oder Traktoren, aber auch Schüsse und Schreie zu hören gewesen. Im Gefängnis befanden sich keine Häftlinge mehr. Aber man entdeckte bald im

Innenhof und in einem zum Gefängniskomplex gehörenden Obstgarten mehrere notdürftig mit Rasen getarnte Massengräber. Die Zahl der Opfer belief sich auf etwa 650 bis 700. Die Leichen waren zum Teil verstümmelt.[59]

Im Gefängnis von Tarnopol befanden sich am 22. Juni 1941 1790 Häftlinge. Ende Juni führte das NKWD eine Kolonne von etwa 1200 Häftlingen aus der Stadt; was aus ihnen wurde, ist bis heute unbekannt. Am Abend des 2. Juli flüchteten die letzten sowjetischen Soldaten aus Tarnopol, und am frühen Morgen des nächsten Tages brachen Einwohner der Stadt das Gefängnis auf, um nach Angehörigen zu suchen. Im Keller fanden sie ein Massengrab und einen Raum voller Leichen, und im Innenhof entdeckten sie ein mit Rasen abgedecktes Massengrab. Viele Leichen waren verstümmelt oder befanden sich in einem weit fortgeschrittenen Verwesungsstadium. Unter den Leichen im Keller fand man auch deutsche Soldaten, die übel zugerichtet waren.[60] Nach NKWD-Angaben wurden in Tarnopol 574 Gefangene getötet; die übrigen seien evakuiert worden. Augenzeugen sprechen von bis zu tausend Opfern.[61]

Darüber hinaus wurden in diesen Tagen Häftlinge nachweislich in folgenden Orten im ehemaligen Ostpolen liquidiert: Augustów, Białystok, Bóbrka, Brzeżany, Busk, Ciechanowiec, Głębokie, Grodno, Gródek Jagielloński, Horodenka, Jaworów, Kamionka Strumiłowa, Kolomea, Kowel, Krzemienec, Nadwórna, Oleszyce, Ostróg, Ottynia, Pasieczna, Pińsk, Rudki und Komarno, Rowno, Sądowa Wisznia, Sarny, Stryj, Slonim, Stanisławów, Stara Wilejka, Szczerce, Wilna, Włodzimierz Wołyński, Wołkowysk, Wołożyn, Zaleszczyki, Żółkiew und Żydaczów. Die Zahl der Opfer variiert zwischen weniger als einem Dutzend und mehreren hundert.[62]

Aber nicht nur in Gefängnissen fanden Mordaktionen an Häftlingen statt. Tausende von Gefangenen kamen auf sogenannten Todesmärschen ums Leben, besonders viele auf dem Gebiet des heutigen Weißrußland. In den ersten Kriegstagen stellte man in zahlreichen Gefängnissen Marschkolonnen zusammen, die nach Osten geschickt wurden. Zuvor erschoß man diejenigen, die als besonders gefährlich galten. Das Schicksal der Gefangenen, die auf diese Weise evakuiert wurden, war unterschiedlich. Einige Kolonnen erreichten nach Gewaltmärschen und unter schweren Verlusten ihre Zielorte im Osten. Viele Häftlinge wurden »auf der Flucht erschossen«. In der Regel exekutierte man jeden, der nicht weiter marschieren konnte. Viele Häftlinge wurden durch deutsche Bomben getötet, manche konnten das bei Luftangriffen entstehende Chaos aber auch zur Flucht nutzen.

Tausende von Menschen verloren auf den Todesmärschen ihr Leben. In Wołożyn im heutigen Weißrußland stellten die Aufseher des dortigen Gefängnisses in der Nacht vom 24. auf den 25. Juni eine Marschkolonne mit etwa hundert politischen Häftlingen zusammen, die in Richtung Minsk aufbrach. Die Kriminellen hatte man zuvor freigelassen. Unterdessen hatten aber die deutschen Truppen Minsk besetzt. Die Wachen führten die Kolonne daraufhin auf eine Waldlichtung und befahlen den Häftlingen, sich hinzusetzen, stellten am Waldrand Maschinengewehre auf und eröffneten das Feuer. Ein Teil der Gefangenen versuchte zu fliehen, aber nur zwölf von ihnen konnten sich retten.[63]

Nicht minder tragisch war das Schicksal der Häftlinge aus dem Gefängnis von Głębokie. Ein sowjetischer Staatsanwalt, der sich offenbar Reste von Rechtsbewußtsein bewahrt hatte, berichtete seinem Vorgesetzten am 5. Juli 1941:

»Ich habe gestern, am 4. Juli, den ehemaligen Leiter des Gefängnisses in Głębokie, den Genossen Feldwebel der Staatssicherheit Prijomyschew, verhaften lassen, um ihn vors Standgericht zu stellen. Prijomyschew führte am 24. Juni eine Kolonne von 916 Häftlingen aus dem Gefängnis von Głębokie, die bereits verurteilt waren oder gegen die eine Untersuchung lief, nach Witebsk. Unterwegs erschoß der Gefängnisleiter Prijomyschew zunächst 55 Personen. Dann befahl er den Aufsehern, deren Zahl sich auf 67 belief, nach einem feindlichen Luftangriff in der Nähe des Städtchens Ulla, die übrigen Gefangenen zu erschießen. An dieser rechtswidrigen Exekution beteiligte sich Prijomyschew persönlich mit der Pistole in der Hand. Sein Handeln rechtfertigt er damit, daß die Häftlinge angeblich zu fliehen versuchten und ausriefen: ›Es lebe Hitler!‹ ...

Die Angelegenheit wird morgen dem Standgericht übergeben. Prijomyschew ist selbstverständlich nach Paragraph 180 zu erschießen. Ich bitte um Ihr Einverständnis.

Nach Prijomyschews Angaben wurden 714 Gefangene erschossen. Auf der Grundlage der Personalakten haben wir festgestellt, daß unter den erschossenen Häftlingen 500 waren, gegen die noch eine Untersuchung im Gang war. Trotzdem wurden sie ohne ersichtlichen Grund rechtswidrig erschossen.«[64]

Die Häftlinge, die angeblich »Es lebe Hitler!« gerufen hatten und dann massakriert wurden, waren Polen gewesen. Gegen Prijomyschew wurde tatsächlich ein Gerichtsverfahren eingeleitet. Der Sekretär der KP der BSSR, Pantalemon Ponomarenko, hielt sein Vorgehen jedoch für gerechtfertigt und ließ das Verfahren einstellen. Prijomyschew wurde am selben Tag freigelassen, an dem die Deutschen in Witebsk einmarschierten.[65]

Zwei polnische Überlebende des Massakers wissen nichts von den angeblichen »Es lebe Hitler!«-Rufen. Bemerkenswert ist der Bericht von Michał Bogowicz:

> »Als wir am 24. Juli in Ulla ankamen, erlebten wir eine böse Überraschung. Denn die Einwohner der Stadt waren uns gegenüber sehr aggressiv. Sie schrien uns an und beschimpften uns als polnische Schweine und Banditen. Ich habe auch vereinzelte Rufe gehört, die unsere Wachen aufforderten, uns nicht weiterzuführen, sondern auf der Stelle hinzurichten.«[66]

Als die Kolonne die Stadt verlassen hatte, wurde sie von deutschen Flugzeugen angegriffen. Danach metzelten die Sowjets die Gefangenen nieder.[67] Es scheint, als hätten die durch die Zurufe der Einwohner von Ulla aufgehetzten NKWD-Täter das Massaker als »Vergeltung« für den deutschen Luftangriff begangen. Prijomyschews Behauptung, die Polen hätten »Es lebe Hitler!« gerufen, scheint eine Schutzbehauptung gewesen zu sein, mit der er den Mord vor seinen Vorgesetzten zu rechtfertigen versuchte.

In Minsk begann der NKWD die beiden Gefängnisse in der Nacht vom 22. auf den 23. Juni zu evakuieren. Zuvor wurde jedoch eine unbekannte Zahl von Häftlingen ermordet, indem man sie zwang, Gift einzunehmen. Wer sich weigerte, wurde in der Zelle erschossen. Die übrigen Gefangenen formierte man zu Marschkolonnen von zwei- bis dreihundert Häftlingen, mit denen man in Richtung Mohilew marschierte. In einem Wald hinter der Stadt wurden die Kolonnen angehalten. Dort zog man Gefangene aus der gesamten Region Minsk zusammen. Nach Zeugenaussagen sollen es etwa zwanzigtausend Häftlinge gewesen sein. Diese Zahl ist aber wahrscheinlich zu hoch gegriffen; andere Angaben liegen jedoch nicht vor. Die Häftlinge wurden dann nach und nach in einzelnen Kolonnen zur sechzig Kilometer östlich von Minsk gelegenen Stadt Ihuman geführt.[68]

Schon der Marsch war die Hölle. Es gab kaum Wasser und Verpflegung, dafür aber reichlich Kolbenschläge. Die Wachen (NKWD-Soldaten, Milizionäre, Grenzschutzsoldaten, Gefängniswärter) erschossen oder erstachen jeden, der nicht weitermarschieren konnte, zu fliehen versuchte (nach Auffassung der Aufseher), sich mit seinen Leidensgenossen unterhielt oder sich zu stark für die deutschen Flugzeuge interessierte. Ständig wurden aus den Kolonnen Häftlinge herausgeholt und umgebracht.[69] Janusz Prawdzic-Szlaski, ein Mitglied der polnischen Widerstandsbewegung, wurde zu dieser Zeit mit seinen Kameraden im Gefängnis in Minsk festgehalten. Er schildert die dortigen Ereignisse wie folgt:

> »Am 23. Juni trafen zwei Bomben das Gefängnis, wobei einige Dutzend Häftlinge ums Leben kamen. Am Abend des 24. Juni bekamen wir mit, daß man Häftlinge ermordete. Wir hörten Zellentüren aufkrachen, Jammern, Scharren und ab und zu einen Schuß. Später erfuhren wir, daß man die Gefangenen zwang, Gift zu schlucken. ... Die Schritte, das Krachen der Türen und das Jammern näherten sich unserer Zelle. Jeder von uns wußte, daß das Ende nahte. ... Im letzten Augenblick fand einer der stärksten Luftangriffe auf Minsk statt, und das Morden wurde eingestellt. Nach dem Luftangriff wurden die Türen geöffnet, und man befahl uns, die Zellen zu verlassen. Man trieb uns zunächst auf den Innenhof und dann unter starker Bewachung durch das brennende Minsk. Unsere Gruppe zählte etwa zweihundert Personen. Nachdem wir die Stadt verlassen hatten, hielt man uns etwa fünf Kilometer außerhalb der Stadt im Wald an. Dort zog man Häftlinge aus der Region Minsk zusammen. Die Gesamtzahl belief sich auf etwa zwanzigtausend. Unsere Gruppe, die offensicht-

lich als besonders gefährlich galt, hielt man abseits. ... Ich begriff, daß es schlecht war, bei dieser Gruppe zu bleiben. ... Mir und meinen Kameraden gelang es unbemerkt, in andere Gruppen zu wechseln. Meine Vorahnung erwies sich als richtig, denn die Gruppe wurde im Wald erschossen, nachdem die übrigen weitergetrieben worden waren. ... Die Kolonne, der ich und meine Kameraden uns anschlossen, bestand aus etwa dreitausend Menschen und war sehr unterschiedlich zusammengesetzt. Es gab sowohl Greise als auch zwölfjährige Kinder beiderlei Geschlechts. Ich fragte ein zwölfjähriges Mädchen, das neben mir marschierte, warum sie verhaftet worden sei. Sie antwortete ernst und voller Verwunderung: ›Wegen Konterrevolution und Spionage‹; sie stammte aus Nieśwież. Man hetzte uns vorwärts. Wer nicht mehr laufen konnte, ob Greis, Kind, Frau oder Mann, wurde ermordet. ... Unterwegs holten die NKWD-Männer Leute, die sie zuvor ausgesucht hatten, aus den Reihen heraus, führten sie zur Seite und erschossen sie. Gerastet wurde nur kurz, und wir erhielten nichts zu essen. Die Hitze war wie im September 1939, und wir litten schrecklichen Durst. ...

Wir kamen in die Stadt Ihuman und wurden auf den Innenhof des Gefängnisses geführt. Dieses Ziel erreichten etwa zweitausend Häftlinge, die übrigen waren unterwegs erschossen worden. Erst hier erhielten wir nach vier Tagen jeder hundert Gramm Brot. Während der Rast kamen NKWD-Männer zu uns und riefen Namen auf, darunter auch meinen. ... Zwei Naive meldeten sich. Sie wurden sofort abgeführt und ermordet. Am Abend griffen deutsche Flugzeuge an. Nach dem Luftangriff begann man uns in Gruppen aufzuteilen, und zwar nach den Paragraphen, aufgrund deren wir verhaftet worden waren. Die einen gingen nach links, die anderen nach rechts. Ich kam mit meinen Kameraden zur ersten Gruppe, die etwa siebenhundert Personen zählte. Man brachte uns nachts unter starker Bewachung aus dem Gefängnis und führte uns nach Osten. Nach etwa drei bis vier Kilometern erreichten wir einen Wald. Plötzlich hörten wir Schüsse von hinten. Es stellte sich heraus, daß die Wachen auf die letzten Reihen der Kolonne zu schießen begonnen hatten. Erschossene wurden auf die Seite geschafft. Wir gingen schneller. Daraufhin eröffneten die Wachen das Feuer von beiden Seiten. Wir warfen uns auf den Boden. ... Nach einer Weile befahlen uns die Wachen: ›Lauft in den Wald, sonst schießen wir.‹ Ich lag neben Witold Daszkiewicz [ein Angehöriger der polnischen Widerstandsbewegung] auf der Straße. ... Als er nach dem Befehl laufen wollte, hielt ich ihn zurück. Die meisten erhoben sich, worauf unsere Bewacher das Feuer eröffneten und Handgranaten warfen. Die Schüsse übertönten die Schreie und das Jammern der Opfer. Wir krochen in den Straßengraben, wo wir während der schlimmsten Schießerei blieben. Dann krochen wir langsam zum Wald und flüchteten. ... Im Übergangslager zeigten uns die Deutschen Bilder von erschossenen Häftlingen, die in unseren Kolonnen gewesen waren.«[70]

Die anderen Kolonnen, die in diesen Tagen von Minsk nach Osten aufbrachen, ereilte mit wenigen Ausnahmen das gleiche Schicksal. Auf dem Marsch erreichte die Kolonnenführer der Befehl, die Häftlinge zu liquidieren. Danach spielten sich makabre Szenen ab. In einem Fall befahl man den Häftlingen zu fliehen, während die Wachmannschaften von zwei Seiten mit Maschinengewehren zu schießen begannen. Wer danach noch lebte, wurde mit Pistolenschüssen getötet. Anschließend fuhren die Mörder mit schweren LKWs über die Leichen, um sicher zu sein, daß alle tot waren. Nur einer soll dieses Massaker überlebt haben.[71]

In einem anderen Fall ereignete sich etwas Ungewöhnliches. Als der Führer einer Kolonne den Mordbefehl erhielt, zerriß er ihn, zog die Pistole und erschoß sich selbst. Die verwirrten Wachmänner liefen genauso wie die Häftlinge auseinander. Die übrigen Kolonnenführer hatten offenbar keine Skrupel, auf wehrlose Menschen zu schießen. Nach den Ermittlungen der Hauptkommission zur Untersuchung der Verbrechen am polnischen Volk kamen Ende Juni 1941 nur 2200 Gefangene in Ihuman an. Die übrigen waren überwiegend unterwegs ermordet worden; nur wenigen war es gelungen zu fliehen. Von den 2200 wurden noch einmal etwa 1000 Häftlinge (nach Angaben von Prawdzic-Szlaski etwa 700) ausgesondert und ermordet. Geht man davon aus, daß in Minsk 20 000 Häftlinge den Marsch angetreten hatten, dann wurden etwa 18 000 Menschen ermordet. Diese Zahlen nennt auch die Bezirkskommission Łódź, die sich ausschließlich auf Zeugenaussagen stützt, die nach heutigem Forschungsstand nicht zu verifizieren sind.[72] Sicher ist aber, daß die Zahl der Opfer in die Tausende geht.

Das Ausmaß des Massenmords

Wie viele Häftlinge im ehemaligen Ostpolen in diesen Tagen insgesamt ermordet wurden, läßt sich heute nicht mehr ermitteln. Auch eine Schätzung ist ein schwieriges Unterfangen, weil die Angaben der Zeitzeugen voneinander abweichen oder überhöht sind und es nicht immer möglich ist, sie anhand zeitgenössischer Dokumente nachzuprüfen. Es gibt nicht einmal zuverlässige Angaben über die Zahl der Gefängnisinsassen in diesen Tagen. Aus den heute zugänglichen NKWD-Dokumenten geht zwar hervor, daß am Tag des Kriegsausbruchs im ehemaligen Ostpolen 36 389 Personen in Gefängnissen festgehalten wurden. Diese Zahl ist aber nicht vollständig.[73]

Die genau erscheinenden Angaben in den NKWD-Berichten sollten den Vorgesetzten den Eindruck vermitteln, der Berichterstatter sei kompetent und arbeite gewissenhaft und zuverlässig, auch wenn dies nicht der Fall war. Darüber hinaus waren Tausende von Menschen in Arrestlokalen inhaftiert, die in den NKWD-Statistiken, die sich auf die Gefängnisse beschränken, nicht auftauchen. Außerdem verhafteten die Sowjets unmittelbar vor und nach dem Kriegsausbruch in den ehemaligen ostpolnischen Gebieten Tausende von tatsächlichen und angeblichen Feinden des sowjetischen Systems. In Gefängnissen und Arrestlokalen, beispielsweise in Berezwecz, Borysław, Oszmiana, Busk, Stryj, Drohobycz, Sambor, Dobromil, Złoczów und Lemberg, wurden Tausende von Menschen eingesperrt, die nicht mehr registriert wurden, weil dafür keine Zeit mehr war.[74]

Samuel Tennenbaum aus Złoczów notierte am 22. Juni 1941: »Jemand brachte das Gerücht auf, der NKWD treibe prominente Bürger zusammen, vor allem Ukrainer, aber auch Polen und Juden, und bringe sie ins Zamek [das NKWD-Gefängnis in Złoczów].« Am nächsten Tag schrieb er:

> »Es wird berichtet, ... daß das Gerücht über die Verhaftungen der Wahrheit entspreche. Man durchsuche Tür für Tür die Häuser. Wilek Hessel ist vorbeigekommen, um mich davor zu warnen, zu Hause zu bleiben oder in die Fabrik zu gehen. Die Fünfte Kolonne sei wieder bei der Arbeit, sagte er. Der NKWD nehme alle prominenten Ukrainer fest, die noch in Zloczow seien. (Die meisten sind längst zu den Deutschen übergelaufen.) Unschuldige Menschen verfingen sich in dem Schleppnetz, darunter Dr. Wanio, ein Rechtsanwalt und ehemaliger Minister in der kurzlebigen ukrainischen Regierung von 1939.«[75]

Ähnlich gingen die Sowjets überall vor.[76] Der NKWD-Oberst

Koschtschijenko von der Hauptverwaltung des Gefängniswesens, der Ende Juni 1941 den Auftrag erhielt, die Evakuierung der NKWD-Gefängnisse in der Westukraine zu koordinieren, meldete seinem Vorgesetzten:

> »Für eine Reihe von Gefängnissen in der westlichen Ukraine gibt es keine Informationen darüber, wie viele Häftlinge am Evakuierungstag dort inhaftiert waren. ... In den Berichten über die Evakuierung registrierte man auch Fakten wie den folgenden: In einem Gefängnis befanden sich am 20. Juni 1200 Personen. Vom 23. bis 25. Juni evakuierte man aber 1700 Personen. Woher diese 500 Personen kamen, weiß niemand.«[77]

Ähnliche Zustände herrschten offenbar in den Gefängnissen in der BSSR, etwa in dem von Głębokie. Nach dem 22. Juni war von 678 zu evakuierenden Gefangenen die Rede. Die Gesamtzahl der ermordeten und tatsächlich evakuierten Häftlinge war jedoch wesentlich höher. Nach NKWD-Angaben erreichten am 20. Juli 1941 261 Gefangene das Evakuierungsziel Kasan. Gefängnisdirektor Prijomyschew hatte mit seinen Mitarbeitern am 28. Juni 714 und vor dem 28. Juni als Vergeltung für die Flucht eines Gefangenen 27 Häftlinge niedergemetzelt. Somit erhöht sich die Gesamtzahl der »evakuierten« Gefangenen auf 1002. Hinzu kommen noch einige Dutzend, wenn nicht Hunderte von Häftlingen, die vor der Evakuierung im Gefängnis liquidiert wurden, in den NKWD-Quellen aber nicht verzeichnet sind.[78]

Daher ist davon auszugehen, daß am 22. Juni 1941 in den Gefängnissen im ehemaligen Ostpolen tatsächlich weit mehr als 40 000 Häftlinge festgehalten wurden. Zählt man noch die nach Tausenden zählenden Insassen der Arrestlokale hinzu, dürfte die Gesamtzahl von 50 000 Häftlingen nicht zu hoch gegriffen sein. Das Schicksal von 36 389 Häftlingen läßt sich anhand der heute zugänglichen NKWD-Quellen belegen: 9689 wurden getötet und 16340 ins Landesinnere evakuiert. Die übrigen 10360 sind entweder freigelassen worden (die Mehrheit), geflüchtet oder bei deutschen Luftangriffen umgekommen. Diesen Zahlen liegen allerdings die unzuverlässigen und unvollständigen NKWD-Angaben zugrunde. So gab es für 28 von insgesamt 58 Gefängnissen in den ehemaligen ostpolnischen Gebieten keine Informationen über das Schicksal der Häftlinge. In den meisten dieser Gefängnisse wurden aber nach übereinstimmenden Zeugenaussagen Häftlinge ermordet.[79] Zudem blieben die Gefangenen in den Arrestlokalen, wie erwähnt, in den NKWD-Statistiken unberücksichtigt. Allein im Arrestlokal von Dobromil wurden aber etwa achthundert Menschen ermordet, die in den genannten Zahlen nicht enthalten sind.

Der polnische Historiker Krzysztof Popiński hat versucht, eine Bilanz der Massenmorde an Gefängnisinsassen im früheren Ostpolen zu ziehen. Auf der Grundlage von Zeugenaussagen schätzt er die Zahl der Getöteten auf 20000 bis 24000. Er hebt hervor, daß die Aussagen der Zeitzeugen von zeitgenössischen Berichten deutscher Stellen bestätigt würden.[80] Doch er hat bei seinen Berechnungen ebenso wie der NKWD die Arrestlokale ignoriert, und da Minsk nicht in Vorkriegspolen lag, hat er auch die Opfer der Todesmärsche von Minsk nach Ihuman nicht berücksichtigt. Viele der auf den Märschen Ermordeten stammten aber aus dem ehemaligen Ostpolen und waren nur nach Minsk verlegt worden, weil sich dort das Zentralgefängnis der BSSR befand.[81]

Vor diesem Hintergrund ist jede Schätzung riskant. Meiner Ansicht nach muß man zu den von Popiński genannten 20000 bis 24000 Opfern die umgebrachten Insassen der Arrestlokale und einen Teil der Opfer der Todesmärsche hinzuzählen, so daß allein für das ehemalige Ostpolen eine Zahl von 20000 bis 30000 ermordeten Häftlingen realistisch ist.

Übrige Gebiete

Wie viele Gefängnisinsassen in den baltischen Staaten, in Bessarabien, in den östlichen Teilen Weißrußlands und der Ukraine ermordet wurden, ist nicht Gegenstand der vorliegenden Arbeit. Bisher liegt keine Untersuchung vor, die ausführlich auf diese Problematik einginge. Es handelt sich aber mit großer Wahrscheinlichkeit um Zehntausende von Opfern. Denn das Geheimtelegramm Berijas vom 24. Juli 1941 galt mit Sicherheit für alle »bedrohten« Gefängnisse.

Am 4. Juli 1941, als die meisten Gefängnisse im ehemaligen Ostpolen bereits »evakuiert« waren, wandte sich der stellvertretende Volkskommissar für Innere Angelegenheiten der UdSSR, Wassili Tschernyschow, mit folgendem Schreiben an Berija:

> »Den weiteren Abtransport von Gefängnisinsassen aus den Frontgebieten ... halte ich für nicht zweckmäßig, weil die Gefängnisse im Landesinnern überfüllt sind [es folgen die durchgestrichenen Worte: ›und wegen Schwierigkeiten mit Eisenbahnwaggons‹].
>
> Die Chefs von UNKGB und UNKWD sind zu bevollmächtigen, diese Frage in jedem einzelnen Fall im Einvernehmen mit den örtlichen Militärstellen wie folgt entscheiden zu lassen:
>
> 1. Es sind nur diejenigen Gefangenen zu evakuieren, gegen die eine Untersuchung im Gang ist, sofern diese notwendig ist, um Terror-, Sabotage- und Spionageorganisationen sowie andere feindliche Agenturen aufzudecken.
>
> 2. Frauen mit Kindern, Schwangere und Minderjährige sind freizulassen, außer Diversanten, Spionen, Banditen und anderen Elementen, die besonders gefährlich sind.
>
> 3. Folgende Gefangene sind zu Verteidigungsarbeiten heranzuziehen und im Evakuierungsfall freizulassen: Ver-

urteilte nach den Dekreten des Präsidiums des Obersten Sowjets der UdSSR vom 26. Juni, 10. August und 28. Dezember 1940 sowie vom 9. April 1941[82]; Personen, die wegen krimineller, dienstlicher und geringfügiger Straftaten verurteilt sind oder gegen die deswegen ermittelt wird und die keine Gefahr für die Gesellschaft darstellen.

4. Gegen alle anderen (auch Fahnenflüchtige) ist das höchste Strafmaß zu verhängen: Tod durch Erschießen.

Wir bitten um Ihre Anweisung.«[83]

Berijas Antwort auf dieses Schreiben liegt nicht vor. Ein Dekret des Präsidiums des Obersten Sowjets vom 12. Juli 1941 läßt aber darauf schließen, daß der Vorschlag von der Führung der UdSSR angenommen wurde, denn nach diesem Erlaß sollten alle in den Punkten 1 bis 3 des oben zitierten Dokuments aufgezählten Häftlinge entlassen werden.[84] Zudem stimmen beide Dokumente zum Teil wörtlich überein. Der einzige Unterschied besteht darin, daß im Dekret vom 12. Juli nichts über das Schicksal der übrigen Gefangenen gesagt wird. Da Punkt 4 des Schreibens vom 4. Juli in der Praxis jedoch breite Anwendung fand, ist anzunehmen, daß der Vorschlag, die übrigen Häftlinge zu erschießen, abgesegnet und als Befehl weitergeleitet worden war. Dafür spricht auch, daß der NKWD im internen Schriftverkehr die Ermordung der Gefängnisinsassen mit dem Terminus technicus »Abgang nach der ersten Kategorie« kaschierte. Dieser Euphemismus entstammte offenbar einem entsprechenden Befehl, der eine Liste mit den einzelnen Kategorien der Gefangenen und Anweisungen darüber, wie sie zu behandeln waren, enthielt. Die erste Kategorie war zu liquidieren.

Victor Kravchenko, ein ehemaliger Volkskommissar der UdSSR, der in den vierziger Jahren in den Westen übergelaufen ist, schreibt in seinem Buch *Ich wählte die Freiheit* über die Hinrichtungen von Gefängnisinsassen:

»Einige von uns ... kannten Fälle, wo die Gefangenen massenweise getötet wurden, als es unmöglich war, sie noch zu evakuieren. Dies geschah in Minsk, Smolensk, Kiew, Charkow, in meiner Heimatstadt Dnjepropetrowsk und in Zaporosche. An einen dieser Fälle erinnere ich mich noch bis in die kleinsten Einzelheiten. In der kleinen Kabardino-Balkar-Sowjetrepublik – einer der ›autonomen Republiken‹ –, im Kaukasus, gab es in der Nähe der Stadt Naltschik ein Molybdänkombinat der NKVD, das mit Zwangsarbeitern betrieben wurde. Als die Rote Armee sich aus diesem Gebiet zurückzog, konnten mehrere hundert Gefangene aus technischen Transportgründen nicht rechtzeitig evakuiert werden. Der Direktor des Kombinats ließ auf Befehl des Kommissars der Kabardino-Balkar-NKVD, Genossen Anochow, die Unglücklichen bis zum letzten Mann mit Maschinengewehrfeuer niederschießen.«[85]

Auf ähnliche Weise liquidierten die Sowjets im Sommer 1941 Häftlinge unter anderem in Wilna, Kowno, Schaulen, Riga, Reval, Tallin, Tartu, Sluzk, Minsk, Ihuman, Smolensk, Rowno, Kiew, Rostow, Odessa, Poltawa, Charkow, Dnjepropetrowsk, Kischinjow, Saporoschje, Winniza und Stalinow. Ein Teil der Gefangenen aus Berdytschow wurde in Kolonnen evakuiert; die übrigen versuchte man bei lebendigem Leib zu verbrennen. Die meisten konnten sich jedoch aus dem brennenden Gefängnis befreien. In einem Arbeitslager in Prawienischkach in Litauen ermordeten Soldaten der Roten Armee fünfhundert Häftlinge und deren litauische Wachen. Im Lager in Rumschischke in der Nähe von Kowno massakrierten Rotarmisten von Panzerwagen aus etwa dreihundert Häftlinge. Anschließend versuchten die Täter, die Leichen mit Dynamit zu zerfetzen, was ihnen jedoch nicht gelang.[86]

Wie erwähnt, liquidierten die Sowjets nicht nur Gefängnisinsassen, sondern auch die Häftlinge zahlreicher Arbeitslager, die ebenfalls geräumt werden mußten. Wie viele Arrestlokale und Lager auf diese Weise »evakuiert« wurden, läßt sich im Rahmen der vorliegenden Untersuchung nicht einmal schätzungsweise eruieren. Aber von den 484 Gefängnissen, die es vor dem 22. Juni 1941 in der Sowjetunion gab, mußten bis zum Januar 1942 insgesamt 209 geräumt werden,[87] und für sie alle galten dieselben Richtlinien wie für die Haftanstalten in den westlichen Oblasten der USSR und BSSR.

Andere sowjetische Verbrechen im Sommer 1941

Die Massenmorde an Gefängnisinsassen waren zwar die aufsehenerregendsten, aber nicht die einzigen sowjetischen Verbrechen im Sommer 1941. Auf der Flucht begingen Rotarmisten auch viele Untaten an nicht inhaftierten Polen und Ukrainern. Hier einige Beispiele: Am 24. Juni setzten sowjetische Soldaten im Dorf Sobieski in der Region Białystok Häuser in Brand und feuerten auf die flüchtenden Bewohner. Dutzende Menschen wurden getötet oder schwer verwundet. Am 27. Juni zogen sowjetische Einheiten durch das Dorf Nowosiółki am Rand des Białowieżawaldes. Sie wurden wahrscheinlich von einem deutschen Spähtrupp beschossen. Die Sowjets suchten die Schuldigen aber unter den Einwohnern und erschossen vierzehn junge Männer. Beim Abzug zündeten sie fast alle Häuser an. In Brzeżany in der Westukraine warfen sowjetische Soldaten Handgranaten in die Keller der Häuser und nahmen Geiseln aus der Zivilbevölkerung (darunter auch Frauen und Kinder), die sie später umbrachten.[1]

In Chyrow in der Nähe von Przemyśl ermordeten die fliehenden sowjetischen Grenztruppen auf offener Straße den polnischen Priester Jan Wolski, der einen Kranken besuchen wollte. Ebenfalls in Chyrow schoß eine sowjetische Reiterabteilung auf Menschen, die ein sowjetisches Warenlager plünderten, weil sie glaubten, die Sowjets wären schon endgültig abgezogen. Dabei kam eine unbekannte Zahl von

Menschen ums Leben, deren Leichen die Sowjets in einen Teich warfen.[2]

Anfang Juli 1941 töteten sowjetische Soldaten in der Nähe von Kozowa im Bezirk Brzeżany den polnischen Pfarrer Józef Szady, der nach einem Luftangriff Verletzten zu Hilfe geeilt war und Sterbenden das letzte Sakrament erteilte. Die Sowjets hielten ihn für einen Spion und erstachen ihn auf bestialische Weise mit dem Bajonett.[3]

In Dublany, einem Dorf in der Nähe von Sambor, erschossen Rotarmisten vor der Dorfkirche fünfzehn Männer, darunter einige Halbwüchsige aus dem Dorf, die sie zuvor auf der Dorfstraße aufgriffen hatten. Vor der Schule töteten sie den dreiunddreißigjährigen katholischen Priester Piotr Szczupiela mit sechs Pistolenschüssen und warfen ihn in eine Kalkgrube, die sie mit Erde zuschütteten.[4] Bei Rozanka, einem Dorf in der Nähe der Stadt Mosty im Westen des heutigen Weißrußland, erschossen sowjetische Soldaten am 27. Juni 1941 sechs polnische Zivilisten und fünf deutsche Soldaten, die sie zuvor gefangengenommen hatten.[5]

Bevor die Sowjets aus Czortków flüchteten, hatten sie in der Stadt geplündert und Frauen vergewaltigt. Dort ermordeten NKWD-Männer auch acht Dominikaner und katholische Geistliche.[6] Ähnliche Vorfälle ereigneten sich in vielen Dörfern, Städten und Ortschaften der ehemaligen ostpolnischen Gebiete, wo die fliehenden Sowjets zahlreiche Verbrechen an unbeteiligten Zivilisten begingen, weil sie sich durch echte und vermeintliche Angriffe sowie durch ihrer Meinung nach herausforderndes Verhalten der Zivilbevölkerung provoziert fühlten.[7]

Nach sowjetischen Angaben befanden sich am 22. Juni 1941 30 000 bis 40 000 polnische Kriegsgefangene vom September 1939 in sowjetischem Gewahrsam. 14 135 von ihnen, Soldaten und Unteroffiziere, wurden auf Baustellen auf dem Gebiet der heutigen Westukraine eingesetzt; sie waren in rund fünfzig Lagern untergebracht. Gefangene, die in Steinbrüchen und bei Waldarbeiten beschäftigt waren, waren in festen Lagern untergebracht, während für diejenigen, die Straßen und Militärflugplätze bauten, Übergangslager eingerichtet wurden.[8]

Nach dem 22. Juni 1941 wurden alle diese Lager ins Landesinnere evakuiert, indem man die Insassen in Kolonnen zu den Bahnstationen von Lemberg, Tarnopol, Woloczysk und Kamieniec Podolski führte, von wo sie mit der Bahn nach Starobielsk geschafft wurden. Manchmal mußten sie auch zu Fuß nach Osten marschieren. Eine der Kolonnen legte in dreiundzwanzig Tagen etwa neunhundert Kilometer von Tarnopol nach Złotonosz zurück. Vor dem Durchmarsch der Kolonnen vertrieben die Wachen die Zivilbevölkerung von der Straße, um jeden Kontakt mit den Kriegsgefangenen zu verhindern. Gefangene, die nicht mehr laufen konnten, wurden getötet. Ähnlich verlief die Evakuierung von Olszanica nach Woloczysk und von Jaryczow nach Brody. Bei der Evakuierung des Lagers in Sknilow tötete der NKWD zweihundert von zweitausend Gefangenen. In Zborów wurden auf Befehl von NKWD-Major Scherschun sechs bis neun Gefangene, die einen Fluchtversuch unternommen hatten, auf grausame Weise getötet. Die größte Tragödie spielte sich bei der Räumung des Lagers in Lemberg ab, bei der nach NKWD-Angaben 1834 Kriegsgefangene ums Leben kamen.[9]

Viele Kriegsgefangene wurden bei deutschen Luftangriffen getötet. So starben in der Nähe von Skwiry 46 Gefangene, während fast 200 verwundet wurden. Insgesamt wurden bei der Evakuierung der Lager in der westlichen Ukraine etwa 2500 polnische Kriegsgefangene getötet. Angaben für die übrigen Gebiete liegen nicht vor. Insgesamt ist das Schicksal von über 10 000 polnischen Kriegsgefangenen, die sich am 22. Juni 1941 in sowjetischen Händen befanden, bis heute nicht geklärt.[10]

Zu den Verbrechen an polnischen Kriegsgefangenen kamen die an deutschen Soldaten hinzu, die in den ersten Wochen des deutsch-sowjetischen Krieges in sowjetische Gefangenschaft gerieten. Darauf wird noch einzugehen sein.

Der Abzug der sowjetischen Truppen und die Aufdeckung der Massenmorde

Die Zahl der Menschen, die im Sommer 1941 sowjetischen Verbrechen zum Opfer fielen, geht in die Zehntausende. Im Vergleich mit anderen Verbrechen des Kommunismus und den Untaten des Nationalsozialismus ist die Opferzahl relativ klein. Für unsere Problemstellung entscheidend ist aber erstens, daß die Verbrechen faktisch in jeder Stadt, jeder größeren Ortschaft und in unzähligen Dörfern im ehemaligen Ostpolen und in den übrigen westlichen Gebieten der UdSSR begangen wurden. Zweitens ist anzumerken, daß sie in Gebieten begangen wurden, die kurz darauf von der Wehrmacht besetzt wurden, so daß die deutschen Truppen direkt mit ihnen konfrontiert waren. Im folgenden soll versucht werden, die Umstände, unter denen die Verbrechen aufgedeckt wurden, und die Reaktion der Einheimischen sowie der deutschen Soldaten auf die Leichenfunde zu rekonstruieren.

Die Beseitigung der Spuren

Wie oben geschildert, waren die Sowjets in der Regel in großer Eile, als sie ihre Verbrechen an Gefängnisinsassen und anderen im ehemaligen Ostpolen begingen. Mancherorts gerieten sie regelrecht in Panik. Vielfach ergriffen sie die Flucht, ohne ihr »Werk« zu vollenden, so in Oszmiana und Sambor. Erst recht fehlte ihnen die Zeit, die bereits Ermordeten zu verscharren. Besonders Gefängnisse, die sich nahe der deutsch-sowjetischen Grenze befanden, waren in Gefahr, von deutschen Truppen überrollt zu werden. Es kam sogar vor, daß die Täter von einrückenden deutschen Soldaten buchstäblich beim Morden ertappt wurden, wie beispielsweise in Łuck, wo die Deutschen noch einige der NKWD-Täter ergriffen und erschossen haben sollen.[1]

Durch diese Eile sahen sich die sowjetischen Täter vielfach gezwungen, ihre Opfer gruppenweise mit Maschinengewehren und Handgranaten zu massakrieren, statt sie einzeln mit einem Genickschuß zu töten, wie sie es üblicherweise taten. Auf diese Weise gingen sie in Lemberg, Łuck, Dubno, Sambor und auf den Todesmärschen vor. Dementsprechend waren die Leichen zum Teil furchtbar zugerichtet, denn Handgranaten und Maschinengewehrgarben hatten viele Opfer regelrecht in Stücke gerissen. Mieczysław Ogrodowczyk, der das Massaker in Łuck überlebt hatte, berichtete später:

> »Sie [die NKWD-Männer] treiben uns aus den Zellen auf den Innenhof, um Gruben auszuheben und den Hof von Leichen, Koffern, persönlichen Habseligkeiten, Kleidungsstücken und abgerissenen Leichenteilen zu säubern. ... Ich sammle zerfetzte Kleidungstücke, leere Koffer, Schuhe, abgerissene Hände, Arme und Beine sowie andere Leichenteile auf. Dies alles wird auf einen Haufen geworfen, mit Benzin übergossen und angezündet. Der Geruch des brennenden Menschenfleischs ist entsetzlich.«[2]

Ein anderer Überlebender aus Łuck schildert die Mordstätte einen Tag nach dem Massaker, nachdem die Leichen auf dem Gelände des Gefängnisses vergraben worden waren:

»Die Stellen, wo die meisten Menschen getötet worden waren und wo die Wände im unteren Bereich mit Blut und Gehirnresten bespritzt waren, wurden mit dickflüssigem gelöschtem Kalk begossen. Das alles, Blut und Kalk, war ausgetrocknet, weil der Tag heiß war. Es breitete sich ein übler Geruch nach Blut und Kalk aus, der schwer zu beschreiben ist. Auf dem großen Innenhof fanden wir ein regelrechtes Schlachtfeld vor. Dort hatte man nicht nur mit Maschinengewehren geschossen, sondern auch Handgranaten geworfen. Auf dem mit Kalk bestreuten Boden sah man Granateneinschläge, die nicht besonders tief waren. ... Unter Blut und Kalk befanden sich noch kleine Reste menschlicher Körper, meistens abgerissene Finger und Schädelsplitter.«[3]

Die Täter bemühten sich also, die Spuren ihrer Verbrechen – die Leichen – zu beseitigen. In den weiter von der Grenze entfernten Gefängnissen hatten sie mehr Zeit dafür. Dort warfen sie die Opfer in Massengräber auf dem Gefängnisgelände – in Kellern, Innenhöfen, Obstgärten (Złoczów) –, die sie notdürftig zu tarnen versuchten, beispielsweise mit Rasen. In Dobromil und Drohobycz »bestatteten« die Sowjets einen Teil der Leichen in stillgelegten Bergwerksschächten außerhalb der Gefängnisse. In Drohobycz verscharrte man einige Opfer auf dem jüdischen Friedhof und in Gruben in den umliegenden Wäldern. Auch in Stryj, Brzeżany und Sambor vergrub man einen Teil der Opfer außerhalb der Gefängnisse.[4]

Vielfach ließen die Täter ihre Opfer jedoch zurück, ohne sie bestattet zu haben. In Dubno waren sämtliche Leichen in den Gefängniszellen liegengeblieben. Die NKWD-Angehörigen hatten keine Zeit gehabt, sie zu beseitigen, da die deutschen Truppen bereits die Stadt besetzten. Wie schwer es den sowjetischen Tätern fiel, die Leichen ihrer Opfer zu beseitigen, läßt sich in den geheimen NKWD-Berichten nachlesen. In einem wurde festgestellt, daß in Sambor achtzig unbestattete Leichen zurückgeblieben seien, weil sich die örtliche NKGB-Stelle geweigert habe, bei ihrer Beseitigung zu helfen. Im selben Bericht wird auch die »Evakuierung« des Gefängnisses in Brzeżany geschildert:

> »Im Gefängnis von Brzeżany befanden sich am 28. Juni des Jahres [1941] 376 Gefangene. 174 Personen gingen nach der ersten Kategorie ab. Die Leichen wurden auf dem Gelände der Militäreinheit (in der alten Zitadelle) vergraben. 20 Leichen ... blieben jedoch in den Gefängniskellern zurück. Sie konnten nicht mehr abtransportiert werden, weil sich der Chef der örtlichen NKGB-Stelle, Maximow, kategorisch weigerte, Wagen zur Verfügung zu stellen, um die Leichen fortzuschaffen.
>
> Außerdem wurden die Wagen bombardiert, die gerade 40 Leichen zur Grabstätte fuhren. Die Leichen blieben auf den Wagen liegen. In der Nacht zum 30. Juni des Jahres kehrten der Leiter des Gefängnisses und fünf Aufseher zu den liegengebliebenen Wagen zurück, um die Leichen zu vergraben. Aber es gelang ihnen nur, sie von den Wagen zu werfen, da der nächste Luftangriff begann.«[5]

In Gefängnissen mit mehreren hundert oder sogar einigen tausend zu liquidierenden Gefangenen waren die logistischen Probleme entsprechend größer. Daher zogen es die Täter vor, ihre Opfer auf dem Gelände des jeweiligen Gefängnisses zu vergraben. Oft mauerten sie Kellerräume zu, die sie zuvor mit Leichen gefüllt hatten. Tausende von Opfern, die auf den Todesmärschen hingemetzelt worden waren, ließen sie an Ort und Stelle von der einheimischen Bevölkerung in Massengräbern verscharren. Diese Maßnahmen waren jedoch unzureichend, um die Spuren der Massenmorde gründlich zu beseitigen. Insbesondere in den in der Nähe der deutsch-sowjetischen Grenze gelegenen Gefängnissen, wie in Sambor, Łuck, Lemberg und Dubno, blieben viele Leichen unbestattet oder wurden nur notdürftig begraben.

Die Aufdeckung der Massenmorde

Die NKWD-Truppen, die die Gefängnisse »räumten«, waren nicht selten die letzten sowjetischen Einheiten, die aus dem betreffenden Ort vor den anrückenden Deutschen flohen. Trotz der Angst, die NKWD-Männer könnten zurückkommen, eilten viele Einwohner umgehend zu den Gefängnissen, um nach Angehörigen zu suchen. Daher wurden die ermordeten Gefangenen nach dem Abzug der Sowjets schnell gefunden.[6] Im folgenden werden die Umstände geschildert, unter denen die sowjetischen Massenmorde an Gefängnisinsassen aufgedeckt wurden.

Lemberg

Nach dem 22. Juni 1941 beobachteten polnische und ukrainische Einwohner der Stadt mit Genugtuung den chaotischen Rückzug der Roten Armee und die panische Flucht der sowjetischen Beamten und Funktionäre mit ihren Familien. Die Stimmung änderte sich nach ein paar Tagen, denn aus den Gefängnissen waren Schüsse zu hören, und es ging das Gerücht um, dort würden Gefangene erschossen.[7] Den Zugang zu den Gefängnissen sperrte die sowjetische Miliz ab.[8] In der Nacht von Freitag auf Samstag (27./28. Juli) verließen die letzten NKWD-Truppen die Stadt. Am Samstag kam es in der Stadt zu Straßenschlachten und Plünderungen, und es wurde Rache geübt.[9] Gleichzeitig eilten die Lemberger in Scharen zu den Gefängnissen, um nach Angehörigen zu suchen. Doch sie trafen nur wenige Überlebende an, die sie befreien konnten. Ansonsten fanden sie überall Leichenberge vor. Die Nachricht darüber verbreitete sich in Windeseile in der Stadt, und Tausende von Menschen strömten in die Gefängnisse.[10]

Als die Deutschen in Lemberg einmarschierten, erfuhren sie sofort von dem Massaker. Der Kommandeur des Bataillons 800, das Lemberg am frühen Morgen des 29. Juni besetzt hatte, meldete am 1. Juli 1941: »05.00–05.30 ... 3 Gefängnisse, Gefangene fast alle ermordet, einige, darunter 2 bei Radymno gefangene deutsche Soldaten, konnten aus dem Gefängnis der GPU befreit werden. Die Gefängnisse standen teilweise in Flammen. Militärhospital, wo drei im Bett ermordete deutsche Kriegsgefangene vorgefunden wurden.«[11]

Als der deutsche Stabsarzt Dr. Georg Saeltzer am 29. Juni 1941 in Lemberg eintraf, erfuhr er, daß in den Gefängnissen »eine Menge frisch erschossener Gefängnisinsassen läge. Die Bevölkerung behauptet, daß noch einzelne Gefängnisinsassen zwischen den Toten lebend liegen würden.«[12] Dr. Saeltzer erhielt am selben Tag den Auftrag, die Gefängnisse zu inspizieren. Hier sein Bericht:

> »Ich begab mich sofort mit zwei Mann der Feldpolizei zum brennenden Gefängnis Brigitti [sic!]. Da traf ich einen jungen Ukrainer, etwa 24 Jahre alt, der mich durch das Gefängnis führte. ... Die Bevölkerung, die durch den Eingang nachdrängte, bat wehklagend und jammernd, nach ihren Angehörigen sehen zu dürfen. ... Wir entdeckten gleich am Eingang in den vier ersten Kellern eine Unmenge Leichen, die in der obersten Schicht verhältnismäßig frisch waren, während die untersten Schichten schon stark in Verwesung übergingen. Im vierten Keller waren die Leichen durch eine geringe Sandschicht notdürftig überdeckt. Im ersten Gefängnishof lagen noch mehrere mit Blut befleckte russische Krankentragen. Auf einer Krankentrage

lag eine durch Genickschuß getötete männliche Person.... Es herrschte überall ein starker Verwesungs- und Brandgeruch. Auf meine Veranlassung wurde mit der Ausräumung der Keller sofort begonnen, und es wurden im Laufe der folgenden drei Tage 423 Leichen auf den Hof zur Schau gebracht. Unter den Leichen befanden sich Knaben im Alter von 10, 12 und 14 Jahren etwa, weiterhin junge Frauen von 18, 20, 22 Jahren, außerdem Greise und ältere Frauen. Die meisten Leichen zeigten das typische Bild, das durch Erschießung durch Kopf-Nackenschuß entsteht, das heißt dick aufgetriebener Schädel, schwarze Farbe, hervorgetriebene Augen und weitgeöffneter Mund.

Von da fuhr ich zum Gefängnis der früheren GPU, wo ebenfalls eine ungeheure Menschenmenge auf Einlaß wartete, um zu den Angehörigen zu kommen, die in den letzten Wochen dort eingesperrt wurden.... Beim Aufbrechen der Tür in die unteren Gefängnisräume wurden vier Leichen am Eingang der Treppe, darunter eine junge Frau im Alter von etwa 20 Jahren, gefunden, die zuallerletzt scheinbar erschossen wurden. Im ersten großen Zimmer lagen die Leichen bis zur Hälfte der Höhe des Zimmers, die Gefängniszellen waren alle geöffnet und waren leer, bis auf die vier letzten Zellen, wo die Leichen scheinbar nicht mehr rechtzeitig herausgeschleppt werden konnten. Auf dem Hof zeigten zwei Erdhügel Spuren von herausreichenden Leichenteilen. Auch da wurde sofort mit dem Bergen der Leichen begonnen und im größten Hof des Gefängnisses zur Schau breitgelegt. ... Es wurden bei der Bergung der Leichen vier deutsche Flieger geborgen. Es wurden im ganzen 156 Leichen geborgen und etwa 30 von der Zivilbevölkerung erkannt und von den Familienangehörigen beerdigt. Eine dritte Grube war bereits ausgehoben, war aber nicht mehr mit Leichen angefüllt worden, da die Russen dazu offensichtlich keine Zeit mehr hatten. Bei den geborgenen Leichen zeigte sich bei einer Frau, daß die rechte Brust abgeschnitten war. Bei einem Mann fehlte das Geschlechtsteil. Bei verschiedenen Männern waren die Finger oder Arme gebrochen, teilweise zerquetscht. Die sehr geringen Kleidungsstücke, die die Frauen anhatten, und die Spuren am Körper zeigten, mit welcher Brutalität die Leute behandelt wurden bis zum Genickschuß. …

Von da wurde ich zum Militärgefängnis im Norden der Stadt gerufen. Beim Betreten der Keller war ein derartiger Verwesungsgeruch und lief derartig das Blut unter den Leichenbergen hervor, daß wir uns alle einer polnischen Gasmaske bedienen mußten, um in den Kellern die nötigen Erhebungen anstellen zu können. Die Mädchen, Frauen und Männer lagen schichtweise übereinandergeworfen bis an die Decke des Kellers … Der dritte und vierte Keller waren nur dreiviertel voll. Es wurden über 460 Leichen aus diesem Keller geborgen. Von den Leichen zeigten viele Spuren gröbster Mißhandlungen und Verstümmelungen an Armen und Beinen und Fesselungen.

Die Bergung der restlichen Leichen wurde eingestellt auf Befehl des Kommandanten, da infolge der Hitze die Verwesung derartig stark war, daß ein Wiedererkennen der sehr schlecht gekleideten Leichen unmöglich war. Sämtliche Leichen wurden in einem Massengrab auf dem ukrainischen katholischen Friedhof der Stadt beerdigt. Die Keller wurden mit Chlorkalk bestreut und dann zugemauert.«[13]

Dieser um Sachlichkeit bemühte Bericht des deutschen Arztes stimmt mit Aussagen von polnischen und ukrainischen Augenzeugen überein und kann daher nicht als Greuelpropaganda abgetan werden.[14] Um die Leichen zu bergen, wurden von der schnell formierten ukrainischen Miliz Lemberger Juden zusammengetrieben, die diese gräßliche Arbeit verrichten mußten.[15]

In den Lemberger Gefängnissen spielten sich in diesen Tagen erschütternde Szenen ab. Verzweifelte Mütter, Väter, Ehefrauen, Geschwister und Freunde versuchten einzelne Opfer zu identifizieren. Jüdische Männer, die dazu gezwungen wurden, bargen die Leichen aus Kellern und Massengräbern, wuschen sie und legten sie in Reihen aus, um eine Identifizierung zu ermöglichen. Angehörige und Schaulustige gingen zwischen den Leichen entlang und versuchten, die Opfer wiederzuerkennen. Doch das war schwierig, weil die meisten entstellte Gesichter hatten. Über den Mordstätten lag ein starker Leichengeruch, so daß man Taschentücher vor die Nase halten mußte. Sowohl die Angehörigen der Opfer als auch die Neugierigen empfanden Entsetzen, Verzweiflung, Trauer und Haß auf die sowjetischen Mörder.[16] Der spätere CSU-Politiker Franz Josef Strauß war als deutscher Soldat Augenzeuge dieser Ereignisse:

> »Als wir dazustoßen, werden gerade die ersten Leichen herausgeholt – bis zur Unkenntlichkeit verbranntes menschliches Fleisch. Die Toten werden auf dem Hof in Reihen gelegt, die Angehörigen werden hereingelassen, um ihre Angehörigen zu identifizieren. Die Szenen sind unbeschreiblich. Immer wieder tritt aus den Wolken eines bestialischen Gestanks eine Polin, eine Ukrainerin auf mich zu, packt mich, weint und schreit, zeigt Fotografien von Mann oder Sohn. Auf einmal sehe ich, wie neben mir Leutnant Wenck umfällt, ein tapferer und kriegserfahrener Offizier.«[17]

Viele Leichen wiesen Folterspuren auf. Dr. Brachetka, ein Tierarzt, der am 30. Juli 1941 als deutscher Soldat in Lemberg eintraf, besichtigte die dortigen Gefängnisse und gab anschließend folgendes zu Protokoll:

»Wir betraten das Gefängnis [in der Łącki-Straße] durch einen mit einem hohen Bretterzaun abgegrenzten Hof. In diesem Hof lagen 4 Leichen männlichen und weiblichen Geschlechts. In einem Raum des Gefängnisses lagen etwa 60 männliche und weibliche Leichen aufeinandergeschichtet. Die weiblichen Leichen waren zum Großteil fast völlig unbekleidet. Sie wiesen Verletzungen an Bäuchen und Geschlechtsteilen, blutig unterlaufene Brüste und Hieb- und Stichspuren auf. Einzelnen sowohl weiblichen als auch männlichen Leichen waren die Finger zerquetscht, und die Haut an den Armen anscheinend künstlich abgezogen. ... Einzelne Leichen lagen in vollkommen unphysiologischer Haltung (Ober- und Unterschenkel geknickt, Ellenbogen nach vorne). Anscheinend waren ihnen die Knochen gebrochen und die Gelenke ausgedreht worden.«[18]

Auch dieser Bericht wird von polnischen Augenzeugen bestätigt; man kann also davon ausgehen, daß die deutschen Soldaten sowie polnische, ukrainische und jüdische Einwohner von Lemberg diese Bilder tatsächlich gesehen haben.[19] Eine polnische Augenzeugin schrieb fünfzig Jahre später: »Der Anblick der Leichen war entsetzlich, und es hing ein gräßlicher Verwesungsgeruch in der Luft. Die Verzweiflung derjenigen, die unter den Leichen ihre Angehörige wiedererkannten, war unbeschreiblich. ... Es war ein Schock für mich. Fotos davon habe ich aufbewahrt. Vielleicht werden auch diese Verbrechen irgendwann aufgedeckt.«[20]

Dobromil

In Dobromil ermordeten die Sowjets etwa achthundert Gefangene. Einen großen Teil der Ermordeten »bestatteten« sie, wie oben erwähnt, in einem stillgelegten Schacht der Salzgrube in Lacko. Der Ukrainer Demeter Dwulit, der am 25. Juni 1941 in Dobromil verhaftet worden war, überlebte das Massaker. Er erhielt einen Streifschuß und wurde in eine auf dem Gefängnisgelände ausgehobene Grube geworfen. Später berichtete er:

»Auf mich wurde noch eine Reihe Ermordeter geworfen. Ich hörte das Brechen der Knochen. ... Gegen ein Uhr [in der Nacht vom 26. auf den 27. Juni 1941] merkte ich, daß im Gefängnis Ruhe eingetreten war. Ich kroch aus der Grube, in der einige der anderen Opfer noch wimmerten und klagten, und verbarg mich bis gegen 3.30 Uhr in einer Ecke des Gefängnishofs. Dann stellte ich fest, daß sich offenbar niemand mehr im Gefängnis aufhielt (ich hatte auch Autos wegfahren gehört). Ich habe noch im Treppenhaus des Gefängnisses viele Leichen liegen gesehen, bin dann ungehindert durch ein offenes Tor auf die Straße gekommen und zu ... Dr. Kuschmir gegangen, der in der Grube noch sechs lebende Opfer gefunden hat, von denen aber zwei alsbald verstarben.«[21]

Der von Dwulit erwähnte ukrainische Arzt aus Dobromil, Dr. med. Roman Kuschmir, sagte am 17. Juli 1941 folgendes aus:

»Am 27. 6. 41, nachdem die Russen die Stadt verlassen hatten, war ich im hiesigen Gefängnis. Dessen Treppen waren dick mit geronnenem Blut befleckt, die Wände mit Blut bespritzt. In einer Zelle fand ich 16 Männerleichen, in 2 anderen Zellen je 2 Leichen von Frauen. Sie wiesen sämtlich Genickschüsse auf. Im Hofe und seiner Umgebung fand ich reichlich 40 Leichen. Ein Teil von ihnen zeigte Genickschüsse, anderen waren der Schädel zerschlagen, Rippen, Arme und Beine gebrochen. 6 hiesige Einwohner habe ich identifizieren können, 3 Ukrainer, 2 Polen und eine Jüdin. Von dieser war bekannt, daß sie im Dienste der GPU gestanden hat.«[22]

Die meisten Opfer in Dobromil fand man jedoch in dem erwähnten stillgelegten Schacht. Viele Einwohner beobachteten, daß vor dem sowjetischen Abzug sowjetische Lastwagen nachts zur Salzgrube in Lacko fuhren. Die Lastwagen waren verdeckt und das Gelände um die Salzgrube durch Militär abgesperrt. Ein ukrainischer Augenzeuge berichtet:

> »Am 28. 6. 41 bin ich nach Dobromil zurückgekehrt und am gleichen Tage auf Salzgrube gewesen. Dort befindet sich ein stillgelegter Schacht, der nach Aussage eines dort beschäftigten Ingenieurs 35–40 m tief und etwa 2,5 m breit und lang ist. Dieser Schacht war bis oben an mit Leichen gefüllt. Von diesen ist in meiner Gegenwart eine große Zahl, wohl 47, herausgeschafft worden, um die im Schacht verbliebenen Leichen hinreichend mit Erde bedecken zu können. Nach meiner Schätzung sind mindestens 600 im Schacht verblieben. Neben dem Schacht, der nicht alle Toten hatte fassen können, befand sich eine frisch ausgeworfene Grube mit 94 Leichen, die nur dünn mit Erde bedeckt waren und deshalb von uns bestattet worden sind. Die Toten zeigten nur zum Teil Schußwunden. Soweit solche festzustellen waren, handelte es sich um Genickschüsse, in der Hauptsache stellte man Stichverletzungen fest, die offenbar von Bajonettstichen herrührten. Auch viele Verstümmelungen konnte man beobachten, bloßgelegte Knochen usw.«[23]

Diese zeitgenössischen ukrainischen Aussagen, die von Wehrmachtsermittlern festgehalten wurden, stimmen trotz des zeitlichen Abstands im wesentlichen mit polnischen Berichten überein, die nach 1990 gegenüber den Staatsanwälten der Hauptkommission zur Untersuchung der Verbrechen am polnischen Volk gemacht wurden.[24]

Dubno

Im Gefängnis von Dubno metzelte der NKWD etwa fünfhundertfünfzig Gefangene nieder. Nur wenige überlebten. Als die Deutschen in die Stadt einmarschierten, erfuhren sie von den Einwohnern von dem Massaker. Ein deutscher Offizier, Leutnant Graf Magnis, fuhr zum Gefängnis. Er berichtete:

> »Es bot sich folgender Anblick dar: In dem mehrstöckigen Gefängnisgebäude war jede Zelle besetzt gewesen, teilweise mit 6 oder auch mehr Personen. Männer allen Alters, ältere Frauen, junge Mädchen. Die Insassen waren sämtlich erschossen. Die Leichen türmten sich buchstäblich in widerlichsten Verzerrungen übereinander. Bei vielen Frauen konnte man durch die Stellung, in der sich die Leichen befanden, eindeutig feststellen, daß sie im letzten Augenblick vergewaltigt worden waren.«[25]

Dieser Bericht ist fast identisch mit Aussagen polnischer Augenzeugen, die fünfzig Jahre später aufgenommen wurden.[26]

Żółkiew

In Żółkiew ermordeten die Sowjets mindestens neunundzwanzig Personen. Der pensionierte ukrainische Lehrer Basilius Zariwnyj schilderte am 7. Juli 1941 die Aufdeckung dieses Verbrechen:

> »Als am 29. 6. die Deutschen Żółkiew besetzt hatten, suchten wir nach den Vermißten im Schloß [wo sich das NKWD-Gefängnis befand]. Hierbei halfen uns die Gefangenen, die sich in der Nacht von Samstag auf Sonntag selbst befreit hatten. Wir entdeckten im Hof des Gefängnisses, unter Brettern, frisch umgegrabenes Erdreich an zwei Stellen. Wir gruben nach und entdeckten, daß an beiden Stellen Leichen lagen. Ich war im Auftrage eines

deutschen Offiziers anwesend, um die Getöteten zu agnoszieren. Im ganzen wurden 29 Leichen ausgegraben. ... Bei den meisten Leichen war das Gesicht unkenntlich. Ich führe dies teilweise auf die Beschmutzung durch die Erde, vor allem aber auch auf Verletzungen zurück. Bei einigen Leichen fehlten z. B. die Augen. Bei der Mehrzahl der Getöteten fehlte die Schädeldecke, und das Gehirn war ausgetreten. Ich habe an keiner Leiche eine Schußverletzung bemerkt.«[27]

Sambor

In Sambor konnten die NKWD-Täter ihre »Arbeit« nicht beenden, weil die Gefangenen während der »Maßnahme« die Türen aufbrachen und die Zellen verließen. Danach wagten es die Täter nicht mehr, das Gefängnis zu betreten, um die übrigen Häftlinge zu ermorden. Da die deutschen Truppen bereits in der Nähe waren, flüchteten sie aus der Stadt. Der Augenzeuge Adam R. erinnert sich, daß er am 26. Juni 1941 eine Schießerei in der Stadt hörte. Später erfuhr er von seinem Nachbarn, daß politische Gefangene freigelassen werden sollten, und eilte mit ihm zum Gefängnis. Unterwegs sahen sie Wagen mit NKWD-Soldaten, die mit hohem Tempo in Richtung Drohobycz fuhren:

»Als wir das Tor des Gefängnisses erreichten, bot sich uns ein entsetzlicher Anblick. Neben dem zerstörten Tor lagen Leichen, die von Handgranaten zerfetzt waren. Auf dem Hof war es dasselbe. Zusammen mit anderen, die ebenfalls ins Gefängnis geeilt waren, begannen wir die einzelnen Räume abzusuchen. Was wir zu sehen bekamen, war grausig. ... In den Kellern fanden wir Leichenberge, über die Würmer krochen. Der Gestank war unerträglich. Dieser Gestank und der Schock, unter dem ich stand, zwangen mich, das Gefängnis zu verlassen. Ich trank einen

Wodka, stopfte mir eine Pfeife mit Machorka und begab mich dann noch einmal ins Gefängnis. ... Dort suchten viele Einwohner der Stadt nach Angehörigen. Frauen mit Taschentüchern vor der Nase beugten sich über die Leichen und versuchten ihre Nächsten zu identifizieren.«[28]

Szczerce

Auch in der Kleinstadt Szczerce waren Gefangene ermordet worden. Nach dem Einmarsch der Deutschen begann man nach ihnen zu suchen. Bald stellte sich heraus, daß die Leichen in einer Scheune vergraben waren. Aus dem Massengrab quoll Blut hervor. Die Ermordeten waren entsetzlich verstümmelt. Die Ukrainer veranlaßten die Deutschen, einheimische Juden aufzugreifen, die dann mit bloßen Händen die Leichen bergen und waschen mußten. Insgesamt hatten die Sowjets in Szczerce etwa dreißig Ukrainer und Polen ermordet.[29]

Tarnopol

Die sowjetischen Truppen verließen Tarnopol am 2. Juli 1941. Am nächsten Tag eilten die Einwohner der Stadt zum Gefängnis, brachen das Tor auf und drangen aufs Gefängnisgelände vor. R. Ostrowski, ein ukrainischer Arzt, war einer der ersten, die das Gefängnis betraten:

»Dem Gestank folgend, der überall herrschte, gingen wir in den Keller. Dort war es total dunkel. Wegen des Sauerstoffmangels und des starken Geruchs fiel das Atmen schwer. Wir zündeten keine Streichhölzer an, weil wir Angst hatten, eine Explosion zu verursachen. Wir öffneten alle Türen, zerschlugen die Fensterscheiben und brachen mit Eisenstangen die hölzernen Fensterläden auf. Eine Stunde später, als die Luft ein bißchen besser war, begannen wir die Kellerräume zu durchzusuchen. Das Erdreich war dort weich. Es glänzte und gluckste; aufsteigende kleine und größere Luftblasen verursachten vielsagende Geräusche. Unmittelbar unter der Oberfläche befand sich etwas in intensiver Verwesung. Wir stocherten mit einem Stock im Erdreich. Dreißig Zentimeter unter der Oberfläche entdeckten wir die Überreste von Menschen. Im Keller waren viele Leichen, die unter einer dünnen Erdschicht vergraben waren.«[30]

Kurz darauf fand man auf dem Innenhof des Gefängnisses ein notdürftig mit Rasen getarntes Massengrab und im Keller einen zugemauerten Raum voller Leichen. Die im Gefängnis gefundenen Leichen waren zum Teil verstümmelt.[31]

Złoczów

Nach der Flucht der Sowjets begaben sich viele Einwohner der Stadt zur Zitadelle, wo das NKWD-Gefängnis untergebracht war. Das Gefängnis war leer. Man wußte jedoch, daß die Sowjets in den letzten Tagen Gefangene erschossen hatten. Die Massengräber mit den Leichen waren jedoch sorgfältig getarnt worden. Also fingen die Menschen an, das Gefängnisgelände mit langen Sonden abzusuchen. Auf diese Weise fanden sie mehrere Massengräber, zwei im Innenhof, die übrigen (mindestes zwei) im zum Gefängniskomplex gehörenden Obstgarten.

Man begann die Gräber freizulegen und informierte die deutschen Truppen, die inzwischen die Stadt besetzt hatten, von den Funden. Daraufhin ließen die Deutschen von jungen Ukrainern jüdische Einwohner der Stadt aufgreifen und ins Gefängnis bringen, wo sie die Massengräber freilegen mußten. Sowohl im Obstgarten als auch im Innenhof waren die Leichen relativ flach vergraben, aber sorgfältig mit Rasen getarnt worden.[32] Die polnische Augenzeugin Katarzyna D. erinnert sich:

»Man begann die Leichen zu bergen, die flach – einen halben bis einen Meter tief – begraben waren. Es kamen immer mehr Leute dazu, die einen aus Neugier, die anderen, um nach Angehörigen zu suchen. Alle weinten und klagten. Die Leichen wurden geborgen, gewaschen und in Reihen nebeneinandergelegt. Manche Opfer wurden von Angehörigen identifiziert und mit Erlaubnis der Deutschen mitgenommen. Ich sah wenigstens drei Massengräber, aus denen Leichen geborgen wurden. In jeder Grube befanden sich mehrere Dutzend Leichen. Ich habe gesehen, daß manche Opfer die typischen Stichwunden sowjetischer Bajonette aufwiesen.[33] Sie befanden sich meistens auf Rücken, Brust, Armen und Hinterbacken. Allerdings hatte nur ein kleiner Teil der Opfer Stichwunden. Die meisten wiesen Schußwunden auf, und zwar an Kopf, Hals und Brust. ... An manchen Leichen sah man Folterspuren. In der dritten Grube sah ich auch zwei weibliche Leichen mit abgeschnittenen Brüsten. Es hieß, sie seien Nonnen gewesen. ... In einer anderen Grube befanden sich Leichen, deren Gesichter zertrümmert waren und denen man Zähne ausgeschlagen und Gliedmaßen gebrochen hatte. ... Ein Teil der Leichen war frisch, die anderen waren aufgedunsen und schwarz angelaufen.«[34]

Borysław

In den Kellern des Gefängnisses von Borysław ermordeten NKWD-Männer mehrere Dutzend Menschen, vor allem Ukrainer, aber auch Polen. Nach dem Einmarsch der deutschen Truppen wurden jüdische Männer zusammengetrieben und gezwungen, die Leichen zu exhumieren. Ein jüdischer Augenzeuge schildert die Szene:

»Man führte uns zum NKWD-Gebäude. Dort befanden sich bereits um die dreihundert Juden. Man befahl uns,

Leichen aus den Kellern zu bergen und auszulegen. Es waren ganze Leichenberge. Einen Teil der Leichen mußten wir waschen. ... Die Leichen waren nicht vergraben, sondern nur dünn (etwa fünf bis zehn Zentimeter) mit Erde bedeckt. Alle waren frisch. Es handelte sich um Leichen von Personen, die vor einer Woche oder zehn Tagen verhaftet worden waren. Darunter waren auch Kozlowski und seine Schwester. Die Schwester, die etwa sechzehn Jahre alt war, hatte herausgerissene Brustwarzen und ein verbranntes Gesicht. ... Kozlowski selbst fehlte ein Auge; das zweite war angeschwollen. Sein Mund war mit Draht zugenäht. Seine Hände waren verbrannt und zerquetscht. ... Insgesamt lagen dort mehrere Dutzend Leichen.«[35]

Zusammenfassend läßt sich feststellen, daß die Massaker an Gefängnisinsassen relativ schnell aufgedeckt wurden, häufig noch bevor die deutschen Truppen den betreffenden Ort besetzten. In vielen Gefängnissen fand man nach dem Abzug der Sowjets in Innenhöfen, Kellern und Zellen Leichen vor, da die Täter keine Zeit mehr gehabt hatten, sie zu beseitigen. In Orten, die erst in der zweiten Kriegswoche von deutschen Truppen erobert wurden oder wo nur wenige »Feinde des Kommunismus« zu liquidieren gewesen waren, hatten die Täter in der Regel mehr Zeit gehabt, die Leichen der Opfer zu beseitigen. Sie vergruben sie sowohl in Kellern und Innenhöfen der Gefängnisse als auch außerhalb. Anschließend wurden die Massengräber getarnt.

Die Angehörigen von Verhafteten, die sich nach dem Abzug der Sowjets in die Gefängnisse begaben, fanden in der Regel keine Gefangenen mehr vor und begannen daraufhin, auf dem Gefängnisgelände nach Massengräbern zu suchen, die zumeist schnell entdeckt wurden. Waren die Leichen außerhalb der Gefängnisse vergraben worden, war man auf Hinweise von Zeugen angewiesen. In Dobromil beispielsweise hatten mehrere Menschen beobachtet, wohin die Sowjets die Leichen brachten. In Sambor fand man erst Anfang August 1941 am Dnjestrufer zufällig ein Massengrab mit hundertsechzehn Leichen.[36] Auch in Drohobycz wurden die Massengräber erst nach und nach entdeckt.[37] Es ist anzunehmen, daß zahlreiche Massengräber unentdeckt blieben.

Die Leichen, die man nach dem Abzug der Sowjets fand, waren oft auf grausige Weise zugerichtet. Ein Teil von ihnen war frisch; die meisten lagen jedoch schon mehrere Tage in den Massengräbern oder Kellern. Als sie entdeckt wurden, waren sie zum Teil bereits stark verwest, schwarz angelaufen und unheimlich aufgedunsen, und ihre Gesichter waren bis zur Unkenntlichkeit entstellt. Es war heiß, und überall herrschte ein starker Leichengeruch. Über die Leichen krochen Würmer, und Schwärme von Fliegen kreisten über ihnen.[38] Ein litauischer Überlebender des Todesmarschs von Minsk nach Ihuman suchte am 1. Juli 1941 bei Ihuman nach seinen ermordeten Kameraden: »Weiter im Wald fand ich ein paar Leichen, die man aber nicht identifizieren konnte, weil sie stark aufgedunsen waren. Aus Augen, Ohren und Mündern floß rote Flüssigkeit. Die Kleider rissen auf den gedunsenen Körpern auseinander, und über den Leichen summten Tausende von Fliegen.«[39]

Hinzu kamen grauenhafte Verstümmelungen, über die Augenzeugen übereinstimmend berichten. Die Liste der Verstümmelungen reicht von zertrümmerten Schädeln, zerquetschten Händen, Stichwunden, gebrochenen Gliedmaßen mit offenen Wunden über Spuren von Folterungen und bei Frauen von Vergewaltigungen bis zu Prellungen, aufgeschlitzten Bäuchen und in die Schädel der Opfer getriebenen Nägeln. Manche Leichen wurden wahrscheinlich auch von Ratten angefressen.[40] In diesem Zusammenhang drängt sich die Frage auf, ob es sich bei den Berichten über Verstümmelungen nicht um Legenden oder NS-Propaganda handelt. Ich vermute, daß die Zeugen die von ihnen beschriebenen Szenen tatsächlich gesehen haben. Einiges deutetet aber daraufhin, daß die ermordeten NKWD-Opfer zum Teil erst nachträglich (nach dem Abzug der Sowjets) verstümmelt wurden. Auf diese Frage wird weiter unten eingegangen. Entscheidend ist jedenfalls, daß viele Polen, Ukrainer, Juden und deutsche Soldaten die derart zugerichteten Leichen tatsächlich sahen und daß sie ihren Zustand für das Werk der Sowjets hielten.

Die Exhumierung und feierliche Bestattung der Opfer

Nach der Entdeckung der Massengräber wurden sie freigelegt und die Opfer exhumiert. In der Regel wurden jüdische Männer, aber auch jüdische Frauen (zum Beispiel in Złoczów)[41] aus dem betreffenden Ort oder der Umgebung dazu gezwungen.[42] Meistens wurden sie von der schnell gebildeten ukrainischen Miliz zusammengetrieben. Es kam auch vor, daß zusammen mit den Juden gefangengenommene sowjetische Soldaten die Leichen bergen mußten, so in Tarnopol und Złoczów.[43] Auch Angehörige der Ermordeten beteiligten sich an der Bergung der Leichen, wie etwa im Złoczówer Obstgarten.[44]

Die zur Exhumierung gezwungenen Juden legten die Opfer auf größeren Plätzen, oft in den Gefängnishöfen, in Reihen auf den Boden. Danach wurden sie gewaschen. Da die meisten Leichen schon stark verwest waren, wurden sie häufig mit Chlorkalk oder Karbol desinfiziert.[45] So blieben sie oft mehrere Tage liegen, um Angehörigen die Identifizierung zu ermöglichen, wie etwa in Złoczów, wo Maria Rogowska gemeinsam mit ihrer Mutter unter den exhumierten Leichen nach ihrem Vater suchte. Sie erinnert sich: »Die Leichen der Opfer waren vier Tage in der Zitadelle zur Schau gestellt ...

In den letzten Tagen war der Verwesungsprozeß bereits so weit fortgeschritten, daß es schwierig war, an die Leichen heranzugehen. Trotzdem suchten die verzweifelten Menschen weiterhin mit Holzstücken in dieser makabren Masse von verwesenden Leichen nach ihren ermordeten Angehörigen.«[46]

Nicht immer war es jedoch möglich, die Exhumierung vorzunehmen. In Lemberg wurde Anfang Juli 1941 nur ein Teil der Leichen geborgen. Dann stellte der Stadtkommandant, wie erwähnt, die Exhumierung ein, da »die Verwesung derartig stark war, daß ein Wiedererkennen der ... Leichen unmöglich war«. Die bereits exhumierten Leichen wurden auf dem Stadtfriedhof feierlich beigesetzt. In den Kellern, in denen man die übrigen Leichen liegengelassen hatte, wurde Chlorkalk verstreut; dann wurden sie zugemauert.[47] Im Winter 1942 wurde ein Teil der bis dahin nicht geborgenen Opfer exhumiert.[48] Władysława Rudzka erinnert sich: »Ein Teil der Opfer wurde im Juli 1941 nicht exhumiert. Das tat man erst im Januar oder Februar 1942. Im Gefängnis in der Zamarstynowska-Straße wurden Leichen, eigentlich menschliche Überreste, geborgen und auf LKWs zum Stadtfriedhof transportiert, um sie in einem Massengrab zu bestatten. Diese menschlichen Überreste waren grau, es war ein entsetzlicher Anblick.«[49]

Ähnlich war es in Złoczów. Bei der Exhumierung im Obstgarten fand man dicht an der Gefängnismauer weitere Massengräber, die jedoch auf Anweisung deutscher Stellen mit Chlorkalk bestreut und wieder zugeschüttet wurden, weil die Leichen schon zu stark verwest waren. Es handelte sich wahrscheinlich um Opfer, die noch vor der »Evakuierung« ermordet worden waren.[50] Ähnlich ging man in Sambor vor, als Anfang August 1941 am Dnjestrufer ein weiteres Massengrab mit ermordeten Gefangenen gefunden wurde.[51]

In Dobromil hatten die Sowjets, wie oben geschildert,

Hunderte von Opfern in einen Schacht der Salzgrube in Lakko geworfen, und nach dem Einmarsch der Deutschen hatte man jüdische Einwohner der Stadt gezwungen, die Leichen zu bergen. Władysława Madej hat die Exhumierungsarbeiten beobachtet:

> »Die ersten Leichenschichten zu bergen war einfach. Aber je tiefer man kam, desto schwieriger wurde es, da die unteren Schichten vom Salzwasser unterspült waren. Die Juden erhielten etwa drei Meter lange Feuerhaken. Sie benutzten nun die Feuerhacken, um die Leichen aus dem Schacht zu bergen, wobei diese allerdings oft in Stücke zerfielen. Dann legten sie die Leichen in Reihen neben dem Schacht aus. ... Es wurde immer schwieriger, die Leichen zu bergen. Die Juden knieten am Schachtrand und beugten sich über ihn. Dabei wurden sie geschlagen. Manchmal stießen Deutsche, die die Arbeiten beaufsichtigten, einen von den Juden mit einem Tritt in den Schacht. Schließlich stellte man die Bergungsarbeiten ein. Man hob neben dem Schacht ein großes Massengrab aus, in dem man die exhumierten Leichen begrub. ... Den Schacht schüttete man mit Erde zu ... Bei der Bergung machten die Deutschen Fotos, die dann auch in der regionalen Zeitung veröffentlicht wurden.«[52]

Laut Frau Madej hatten deutsche Soldaten, die an deutschen Uniformen erkennbar gewesen seien, die Exhumierung beaufsichtigt. Sie hat die Exhumierung allerdings aus einer Entfernung von zwei- bis dreihundert Metern beobachtet, und im Gegensatz zu ihrer Aussage deutet einiges darauf hin, daß die Exhumierung von ukrainischen Milizionären beaufsichtigt wurde. Nach Angaben von Edward Szul waren die Aufseher zum Teil in Zivil und mit Armbinden gekennzeichnet; einige trugen jedoch deutsche Uniformen. Die Aufseher in

Zivil und mit Armbinden hatten keine Waffen, während die Uniformierten mit langen Karabinern bewaffnet waren, wie sie die polnische Armee vor 1939 verwendet hatte.[53] Edward Szul war damals vierzehn Jahre alt und interessierte sich für Waffen; später war er selbst Soldat. Zudem hat er die Exhumierung aus nächster Nähe beobachtet, und es ist so gut wie ausgeschlossen, daß deutsche Soldaten 1941 mit polnischen Gewehren aus der Kriegsbeute von 1939 bewaffnet waren. Aber einheimische Milizen und Hilfstruppen wurden mit Beutewaffen ausgerüstet.

Die in Reihen ausgelegten Leichen zu identifizieren war nur in Einzelfällen möglich, da die Opfer in der Regel durch Verwesung und Verstümmelungen bis zur Unkenntlichkeit entstellt waren. Wenn einzelne Opfer erkannt wurden, dann an Merkmalen wie Zähnen und Zahnprothesen, an Kleidungstücken, außerordentlicher Körpergroße, noch zu erkennenden auffallenden Narben oder Bein- und Armprothesen. Manchmal kam es zu dramatischen Zwischenfällen, wenn zwei Familien in der gleichen Leiche einen Angehörigen zu erkennen glaubten. Die Deutschen erlaubten es den Angehörigen, die identifizierten Opfer mitzunehmen und individuell zu bestatten.[54] Alle anderen Opfer, die geborgen, aber nicht identifiziert werden konnten, setzte man in feierlichen Massenbegräbnissen bei. Włodzimierz Dobromilski, der damals in Sambor wohnte, erinnert sich:

> »Ein paar Tage später [nach der Aufdeckung des Massakers] fand in Sambor ein Begräbnis der ermordeten Gefangenen statt. Das war eine große Demonstration. Ein langer Trauerzug bewegte sich durch die Straßen zum Stadtfriedhof. Die Kirchenglocken läuteten nach zweijährigem Schweigen wieder. ... In Einzelsärgen fuhr man diejenigen Opfer, die von Angehörigen identifiziert worden waren. Die meisten Leichen befanden sich aber zu mehreren und

namenlos in großen Kisten. ... Auf dem Friedhof spielte ein Bahnorchester. Die Totenmesse wurde von allen örtlichen Geistlichen gemeinsam zelebriert. In der dichtgedrängten Menschenmenge hörte man lautes Weinen und Klagen.«[55]

In Kamionka Strumiłowa ermordeten die Sowjets vor ihrer Flucht zweiunddreißig Häftlinge. Das Massaker wurde am 2. Juli 1941 entdeckt, zwei Tage später fand die feierliche Beisetzung der Opfer statt. Der polnische Augenzeuge Zenon D. erinnert sich:

»Die Bestattungszeremonie begann um elf Uhr. Der Trauerzug setzte sich vom Gefängnis aus in Bewegung. ... Särge mit Ermordeten, die identifiziert worden waren, wurden von Familienangehörigen und Bekannten getragen. Die Särge mit den übrigen Opfern trugen andere Teilnehmer des Begräbnisses. ... An der Spitze des Trauerzuges ging ein deutsches Militärorchester, dann kamen die Geistlichen.... Der Zug marschierte durch die ganze Stadt zum Friedhof. Dort war eine große Grube ausgehoben worden. Man erzählte sich, Juden hätten sie nachts auf deutsche Anweisung graben müssen. Auf dem Friedhof spielte das Orchester den Trauermarsch von Chopin. Die Geistlichen zelebrierten die Totenmesse. Zum Schluß wurden die Särge nebeneinander in die Grube gelegt. Alle weinten und klagten. Ein deutscher Offizier in einer eleganten Uniform trat an den Rand der Grube und hielt in hervorragendem Polnisch eine Rede. Ich kann mich noch erinnern, daß er sagte: ›Einwohner von Kamionka! Dies ist ein Werk der Judeo-Kommune. Hier liegen eure Söhne, Väter und Ehemänner.‹ Uniformierte deutsche Fotografen machten Fotos.«[56]

In Złoczów wurden die nicht identifizierten Opfer zum Stadtfriedhof transportiert, dort noch einmal zwischen den Gräbern ausgelegt und dann feierlich in einem Massengrab bestattet. An der Zeremonie nahmen Tausende von Menschen teil.[57] Ähnliche Feierlichkeiten fanden praktisch in jeder Ortschaft und jeder Stadt im ehemaligen Ostpolen statt, wo in diesen Tagen Menschen von den Sowjets ermordet worden waren.[58]

Antijüdische und antisowjetische Pogrome nach der Aufdeckung der sowjetischen Massenmorde

Nach dem Abzug der sowjetischen Truppen kam es in zahlreichen Städten und Ortschaften des ehemaligen Ostpolen zu Pogromen. Der polnische Historiker Andrzej Żbikowski hat ermittelt, daß nach der Flucht der Sowjets in mindestens einunddreißig Städten und zahlreichen Dörfern im ehemaligen Ostpolen Pogrome ausbrachen, bei denen es zahlreiche Tote gab. Darüber hinaus kam es in mindestens zwanzig Ortschaften zu Gewaltausbrüchen, bei denen Juden schikaniert, ausgeraubt und geschlagen wurden, ohne daß Todesopfer zu beklagen waren.[1] Diese Zahlen müssen aber mit Sicherheit nach oben korrigiert werden. So fehlen in Żbikowskis Auflistung beispielsweise Wołożyn, Szczerce, Łuck, Kamionka Strumiłowa, Dobromil, Dobropol, Kosowa, Chomiakowka und Romaszowka (Bezirk Czortków), Biały Kamień bei Złoczów, Olesko, Grzymałów, Skałat und Biała, Rossochacz, Skorodynce, Połowce, Sosułowka, Tydrów, Majdan bei Czortków, Jedwabne, Wizna und Radziłów, wo ebenfalls Ausschreitungen stattfanden und Morde an Juden verübt wurden.[2] Wie hoch die Dunkelziffer ist, läßt sich im Rahmen dieser Arbeit nicht ermitteln.

An diesen Ausschreitungen beteiligten sich Ukrainer, aber auch Polen, Weißrussen, Litauer und Deutsche. Żbikowski stellt fest, daß diese massenhaften Gewaltausbrüche teils durch den traditionellen Antisemitismus, teils durch das Verhalten mancher Juden während der sowjetischen Besatzung bedingt gewesen seien. Sie seien also auch als Vergeltung der nichtjüdischen Bevölkerung für »real und imaginär erlittenes Unrecht« zu verstehen.[3] Diese Aussage ist ein bemerkenswerter Fortschritt, denn in der älteren Holocaustforschung führte man die Pogrome ausschließlich auf das planmäßige Vorgehen der deutschen Einsatzgruppen zurück, welche die nichtjüdische Bevölkerung gegen die Juden aufgehetzt hätten. Einen Zusammenhang zwischen Pogromen und sowjetischen Verbrechen, die, wenn überhaupt, nur am Rande erwähnt wurden, sah man nicht. Als Beispiel sei Raul Hilberg zitiert:

> »Zum Thema Pogrome sind die drei folgenden Beobachtungen hinzuzufügen. Erstens fanden wirklich spontane, ohne jede Einflußnahme von seiten der Einsatzgruppen ausbrechende Pogrome nicht statt; sämtliche Gewaltausbrüche waren von den Einsatzgruppen entweder organisiert oder angestiftet worden. Zweitens ereigneten sich alle Pogrome innerhalb kürzester Frist nach Ankunft der Tötungskommandos; sie gewannen keinerlei Eigendynamik; eine Neuauflage war nicht möglich, sobald sich die Situation einmal beruhigt hatte. Drittens ereigneten sich die meisten der bezeugten Pogrome in den Puffergebieten, wo eine unterschwellige Feindseligkeit gegen die Juden offensichtlich am größten war und wo das Gespenst einer sowjetischen Rückkehr die geringste Furcht einflößte, da die kommunistische Regierung dort erst vor kaum zwei Jahren die Macht übernommen hatte.«[4]

Ähnlich wie Hilberg beurteilen andere Holocaustforscher diese Ereignisse.[5] In seinen Ausführungen über Entstehung und Verlauf der Pogrome geht Hilberg nur einmal auf die sowjetischen Morde vom Juni und Juli 1941 ein, als er erwähnt, daß in »Kremenez« [sic!] die ukrainische Bevölkerung hundertdreißig Juden mit Keulen erschlagen habe, nachdem die grausame Ermordung von hundert bis hundertfünfzig Ukrainern entdeckt worden sei.[6]

Dieter Pohl relativiert in seiner neuesten Studie die Rolle der Einsatzgruppen bei der Anstiftung von Pogromen, betont aber: »Von einigen Dörfern abgesehen, können die Pogrome nicht als spontane Ausschreitungen interpretiert werden. Vielmehr waren sie von Anfang an durch die Sicherheitspolizei, eventuell auch durch die Abwehr geplant.«[7] Thomas Sandkühler kam bei der Untersuchung des Holocaust in Galizien zu einem anderen Ergebnis. Danach habe es »in der Regel keiner besonderen Initiative von Sicherheitspolizei und Sicherheitsdienst (SD) zur Auslösung von Pogromen« bedurft. Die sowjetischen Massenmorde an Gefängnisinsassen hätten »bei einer schon zuvor manifesten Pogromstimmung wie der sprichwörtliche Funken im Pulverfaß« gewirkt, »schienen sie doch das Feindbild des ›jüdischen Bolschewismus‹ und seiner ›asiatischen Kampfmethoden‹ unmittelbar zu bestätigen«.[8]

Auch Żbikowski hebt hervor, daß im sowjetisch besetzten Polen bereits vor dem 22. Juni 1941 eine starke antijüdische Stimmung geherrscht habe. Er unterschätzt meines Erachtens aber die Bedeutung der vor dem Abzug der Roten Armee begangenen sowjetischen Verbrechen. Dies ist auf die Quellen zurückzuführen, die er für seine Untersuchung herangezogen hat. Er stützt sich auf Berichte jüdischer Überlebender, die unmittelbar nach Kriegsende aufgenommen wurden und im Archiv des ZIH in Warschau aufbewahrt werden. In diesen Berichten werden die sowjetischen Verbrechen entweder ausgespart, unterbelichtet oder als gerechtfertigtes Vorgehen gegen »verräterische Ukrainer« interpretiert.[9]

Nach meinen Erkenntnissen hingen die meisten Pogrome, zumindest in der Westukraine, dagegen eng mit dem sowjetischen Terror zusammen, insbesondere mit den Massenmorden an Gefängnisinsassen. Darüber hinaus richteten sich die Ausschreitungen nicht nur gegen Juden, sondern auch gegen diejenigen, die in irgendeiner Form mit den sowjetischen Besatzern zusammengearbeitet hatten. Diese Menschen waren in den Augen der einheimischen Bevölkerung für den sowjetischen Terror und die sowjetischen Verbrechen mitverantwortlich. Es handelte sich dabei um Parteimitglieder, Komsomolzen, Milizangehörige, Aktivisten verschiedener Couleur, Angehörige des sowjetischen Staatsapparats, Denunzianten und NKWD-Zuträger, sowjetische Offiziere und Soldaten.

Der Verlauf der Pogrome

Eine lückenlose Untersuchung und Rekonstruktion aller Pogrome, die in den ersten Wochen des deutsch-sowjetischen Krieges stattfanden, ist angesichts der schlechten Quellenlage wahrscheinlich nicht mehr möglich. Darüber hinaus würde der Versuch dazu den Rahmen dieser Arbeit sprengen. Dennoch soll der Verlauf der Pogrome in der heutigen Westukraine hier teilweise rekonstruiert werden.

Lemberg

Anscheinend kam es in Lemberg bereits am 26. Juni 1941, als die Stadt noch in sowjetischer Hand war, zu ersten Ausschreitungen gegen Juden und Kommunisten.[10] Die ersten Wehrmachtseinheiten, die in Lemberg einmarschierten, meldeten am 30. Juni 1941: »Unter der Bevölkerung herrscht über die Schandtaten der Bolschewisten rasende Verbitterung, die sich gegenüber den in der Stadt lebenden Juden, die mit den Bolschewisten stets zusammengearbeitet hatten, Luft macht.«[11]

Nach dem Abzug der Sowjets und der Aufdeckung ihrer Verbrechen reagierten viele ukrainische, aber auch polnische Einwohner ihre Wut und ihren Haß an Juden ab. Von der ukrainischen Miliz und deutschen Soldaten wurden Juden aus der ganzen Stadt zu den Gefängnissen getrieben, wo sie die ermordeten Gefangenen bergen sollten. Dabei eskalierte der Pogrom. Auf den Straßen kam es zu blutigen Ausschreitungen und Lynchjustiz. Der Pöbel nutzte die Gelegenheit, um jüdische Wohnungen und Häuser zu plündern. Juden wurden geschlagen, getreten und getötet. Die Zahl der jüdischen Opfer ging in die Hunderte. Eine polnische Augenzeugin erinnerte sich Jahre später:

»Es war Nachmittag, als ich eine Gruppe von Menschen sah, die in Richtung des Gefängnisses in der Łącki-Straße geschafft wurde. Es waren Juden beiderlei Geschlechts, die von deutschen Soldaten und ukrainischen Milizionären mit blaugelben Armbinden eskortiert wurden. Von Geschrei und Tumult begleitet, bewegte sich die Menschenmenge zum Tor des Gefängnisses. Die Juden wurden angerempelt und beschimpft; ihre Kleider waren zerrissen. Die Menge war wütend wegen der Ereignisse in den Gefängnissen. ... Daher die Lynchjustiz auf den Straßen. Diejenigen, die sich näher am Tor des Gefängnisses befanden, verlangten, die Juden sollten auf den Knien durchs Tor rutschen. Die Juden mußten die Leichen bergen und in Reihen auslegen.«[12]

Professor Allerhand, ein jüdischer Augenzeuge, notierte kurz nach dem Pogrom:

»Am 1. Juli 1941 sah ich aus meiner Wohnung in der Jagiellońska 20 und 22, wie Ukrainer mit Stöcken und Peitschen Juden schlugen. Daß es Ukrainer waren,

Wie überall in den von der Sowjetunion besetzten Gebieten begrüßt die Bevölkerung die einrückenden deutschen Truppen (hier im polnisch-litauischen Grenzgebiet).

Die Lemberger Bevölkerung feiert die deutschen Truppen als Befreier.

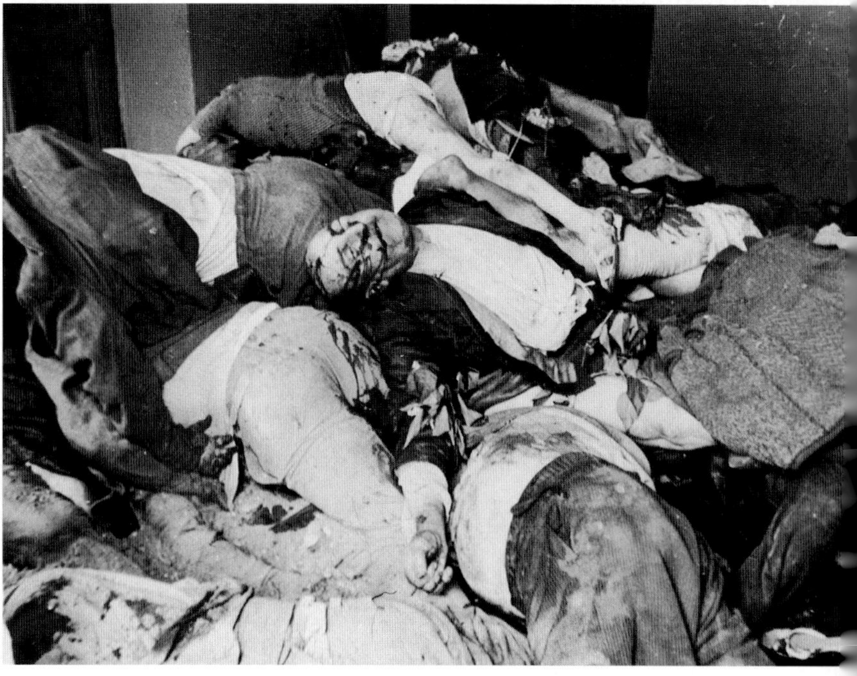

Bei der Identifizierung von NKWD-Opfern in Lemberg spielen sich unter den Augen von Wehrmachtsangehörigen ergreifende Szenen ab.

Links: NKWD-Opfer im Innenhof des Lemberger Gefängnisses Brygitki, Anfang Juli 1941. (Die obere Aufnahme wird im Katalog der Wanderausstellung »Vernichtungskrieg. Verbrechen der Wehrmacht 1941–1944« fälschlich als Wehrmachtsverbrechen in Kralijewo/Serbien im Oktober 1941 gekennzeichnet.)

nks und oben: Identifizierung von NKWD-Opfern durch Angehörige in
·mberg, Anfang Juli 1941.

.itauer Juden werden von der Wehrmacht zur Zwangsarbeit herangezogen, :nde Juni 1941.

inks oben: Abtransport von NKWD-Opfern aus dem Gefängnis Brygitki in emberg.

inks unten: Im Hof des Lemberger Gefängnisses in der Łącki-Straße werden ıden von Wehrmachtsangehörigen zum Waschen der Leichen von NKWD-)pfern getrieben.

Exhumierung von NKWD-Opfern in Sambor (Ukraine), Juli 1941.

NKWD-Opfer im Innenhof des Gefängnisses von Sambor.

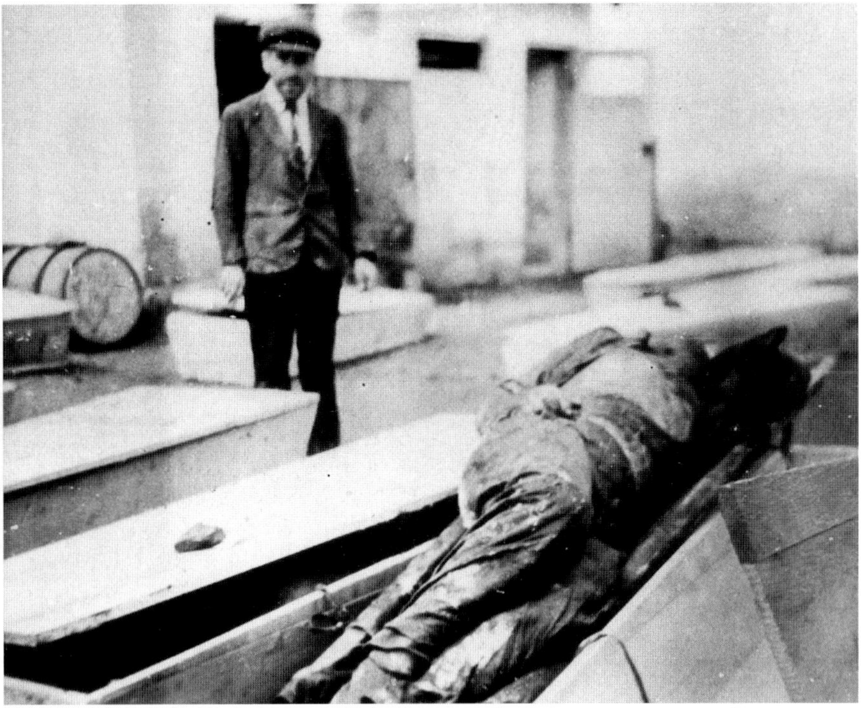

Einsargung von NKWD-Opfern in Sambor, Juli 1941.

Exhumierte NKWD-Opfer im Obstgarten der Zitadelle von Złoczów (Ukraine), Juli 1941. (Im Katalog der Wanderausstellung »Vernichtungskrieg. Verbrechen der Wehrmacht 1941–1944« fälschlich als Wehrmachtsverbrechen gekennzeichnet.)

Exhumierte NKWD-Opfer im Innenhof der Zitadelle von Złoczów.

Exhumierte NKWD-Opfer im Innenhof der Zitadelle von Złoczów. (Im Katalog der Wanderausstellung »Vernichtungskrieg. Verbrechen der Wehrmacht 1941–1944« fälschlich als »tote Kriegsgefangene« gekennzeichnet.)

Juden aus Złoczów werden gezwungen, im Laufschritt die NKWD-Opfer aus dem Innenhof der Zitadelle zu bergen.

ı Borysław werden Juden von der aufgebrachten Bevölkerung gezwungen, ːe exhumierten NKWD-Opfer zu waschen.

ːnks: Identifizierung exhumierter NKWD-Opfer in Borysław (heute westli- ıe Ukraine, früher Ostgalizien), Anfang Juli 1941. (Die untere Aufnahme ırd im Katalog der Wanderausstellung »Vernichtungskrieg. Verbrechen der 'ehrmacht 1941–1944« fälschlich als Wehrmachtsverbrechen gekennzeich- ·t.)

Das NKWD-Gefängnis von Czortków (heute westliche Ukraine, früher Ostgalizien).

In Czortków werden Juden von der ukrainischen Bevölkerung gezwungen, die NKWD-Opfer einzusargen und auf den Friedhof zu fahren.

Vom NKWD »evakuiertes« Arbeitslager im litauischen Rumschischke, Juli 941.

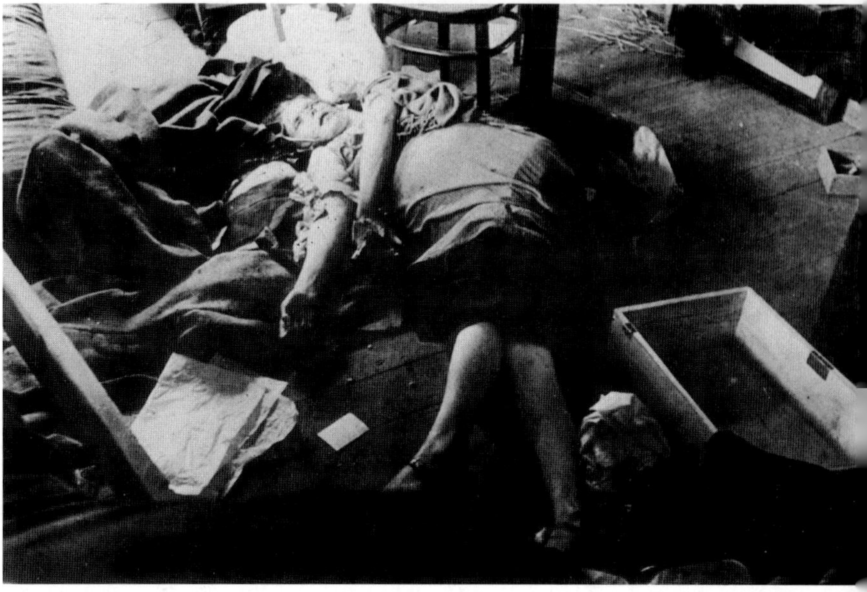

Ein weibliches NKWD-Opfer im litauischen Arbeitslager Rumschischke.

Bestattung der NKWD-Opfer aus Rumschischke.

schließe ich aus den blaugelben Armbinden am linken Arm und den Schimpfworten, mit denen sie die Juden belegten. Die Juden wurden auf Kopf, Rücken und Bauch geschlagen; fiel einer hin, trat man ihn mit Stiefeln. Viele Juden bluteten; wenn derjenige, der gefallen war, sich aufrichtete, schlug man ihn weiter und trieb ihn in Richtung der Kołłątaj-Straße, die zum Gefängnis Brygitki führte. Man schlug Männer und Frauen, Alte und Junge. Außer Personen mit blaugelben Armbinden beteiligte sich die Hausmeisterin des Hauses Jagiellońska 17 am Prügeln der Juden; sie verfolgte flüchtende Frauen. ... Rowdys schlugen nicht nur Juden, die sich auf der Straße befanden, sondern holten sie auch aus den Häusern. ... Der Pogrom dauerte mehrere Stunden; um drei Uhr nachmittags herrschte wieder Ruhe.«[13]

Ein polnischer Schlosser, der damals in Lemberg lebte, berichtet: »In der Stadt formierte man Juden in Viererreihen und befahl ihnen, russische Marschlieder zu singen und Hochrufe auf Stalin auszubringen.«[14] Auch eine ukrainische Augenzeugin aus Lemberg berichtet, daß sie am 2. Juli 1941 in der Keralnickastraße beobachtet habe, wie Ukrainer etwa hundert Männer mit erhobenen Händen abführten und sie zu rufen zwangen: »Wir wollen Stalin!«[15] Es handelte sich dabei vermutlich um Juden. Im Jahr 1993 sagte ein polnischer Augenzeuge aus:

»Am dritten Tag nach dem deutschen Einmarsch ging ich mit meiner Familie zur Bäckerei, um Brot zu kaufen. Dort erfuhr ich von den Morden an den Gefängnisinsassen in der Zamarstynowska-Straße. Ich ging dorthin und sah mit eigenen Augen die Menschenmenge. Aufgegriffene Juden bargen die ermordeten Gefangenen aus den Zellen und legten sie in Reihen auf den Gefängnishof. Es war ein entsetzlicher Anblick. Deutsche Offiziere standen daneben und machten Fotos. Ich sah, wie eine Bande von ukrainischen Halbwüchsigen in ein Haus gegenüber dem Gefängnis stürzte, in dem Juden wohnten. Dann hörte ich von oben einen Schrei, und aus dem zweiten Stock sprang eine junge Frau mit einem kleinen Mädchen auf dem Arm auf die Straße. Die Frau war tot, das Kind überlebte. Die ukrainische Bande führte eine Gruppe von Juden aus dem Haus und trieb sie mit Stockschlägen, ich weiß nicht, wohin.«[16]

Sambor

Auch in Sambor mußten Juden die Opfer des NKWD bergen. Es ist nicht ganz klar, ob sie dazu nur von ukrainischen Milizionären gezwungen wurden oder auch von deutschen Soldaten. Die meisten polnischen Zeugen sprechen jedoch von ukrainischen Milizionären.[17] Bei den Exhumierungsarbeiten kam es zu Exzessen. Die Juden wurden geschlagen, gedemütigt, mißhandelt und getötet. Włodzimierz Dobromilski, ein polnischer Augenzeuge, erzählte: »Es war heiß, und dazu kam der Leichengeruch. Die Juden klagten, daß sie Durst hätten. Ich erinnere mich, daß man sie unter Gelächter zwang, das Wasser zu trinken, mit dem sie zuvor die Leichen gewaschen hatten.«[18] Über Nacht – die Exhumierung dauerte mehrere Tage – sperrte man die Juden in den Keller ein, in dem sich die noch nicht exhumierten Leichen befanden, wie sich Grzegorz Małecki erinnert. Weiter berichtet er:

> »An der Gefängnismauer sah ich einen älteren Juden von etwa sechzig Jahren, der auf dem Boden lag. Er hielt sich mit beiden Händen den Bauch, blutete stark und krümmte sich vor Schmerzen. Neben ihm stand ein junger Ukrainer mit blaugelber Armbinde und einem Gewehr in der Hand. Er hatte auf den Juden geschossen. Ich fragte ihn: ›Warum

hast du das getan?‹ – ›Na, das ist doch der Vater von dem jüdischen Milizionär, der mit den Sowjets abgehauen ist!‹ antwortete er. An den Namen des jüdischen Milizionärs kann ich mich nicht mehr erinnern, aber ich kannte ihn genauso wie den Ukrainer.«[19]

Ein anderer Zeuge berichtet, daß die Wagen, auf denen die Särge mit den ermordeten Gefangenen zum Gefängnis transportiert wurden, von Juden gezogen worden seien, die dabei von ukrainischen Milizionären und deutschen Soldaten gepeitscht wurden.[20] An dem Pogrom sollen sich vor allem Ukrainer beteiligt haben. In einem Wehrmachtsbericht vom 3. Juli 1941 heißt es dazu knapp: »Ausschreitungen der Ukrainer gegen Juden in Sambor.«[21] Die Zahl der Pogromopfer wird in der Ereignismeldung vom 16. Juli 1941 mit fünfzig angegeben.[22]

Kolomea

Nach dem Einmarsch ungarischer Truppen kam es auch in Kolomea zu einem Pogrom, der nach zwei Tagen von ungarischen Einheiten beendet wurde. Die Ungarn gestatteten aber eine antisowjetische Demonstration. Dazu trieben die Ukrainer auf dem Marktplatz Juden zusammen, die das dort nach dem September 1939 errichtete Stalindenkmal abreißen mußten. Dasselbe wiederholte man im Stadtpark, wo Denkmäler von Stalin und Lenin zerstört wurden. An einem dieser Orte zwangen die Ukrainer einen der Juden, auf den leeren Sockel zu klettern, während die übrigen Juden laut zu rufen hatten: »Stalin, du bist ein Dummkopf!«[23]

Złoczów

Nach der Entdeckung der Massengräber in der Zitadelle informierten, laut polnischen Zeugenaussagen, »nichtjüdische Einwohner« von Złoczów »die Deutschen«, wahrscheinlich die Stadtkommandantur. Daraufhin griffen diese gemeinsam mit der ukrainischen Miliz Juden auf und trieben sie zum Schloß, wo sie die Massengräber freilegen und die Leichen bergen und bestatten mußten.[24] Bereits beim Aufgreifen der Juden kam es zu Exzessen. Der Pogrom dauerte mehrere Tage. Samuel Tennenbaum erinnert sich: »Gruppen ukrainischer Jugendlicher mit blaugelben Armbinden führten jüdische Männer zur Hauptstraße. Ich sah mehrere jüdische Männer blutend auf dem Pflaster liegen. ... Es waren nur jüdische Männer ausgesucht worden, die verhaftet und geschlagen wurden. In keiner der Gruppen sah ich eine Frau.«[25]

Andere Zeugen berichten dagegen, daß unter den zusammengetriebenen Juden auch Frauen waren.[26] Die Juden brachte man zur Zitadelle, wo man ihnen vor Augen führte, was die Sowjets angerichtet hatten, mit denen sie nach allgemeiner Meinung eng kooperiert hatten. Bereits der Weg zur Zitadelle war für die Opfer ein blutiger Spießrutenlauf, da die versammelte nichtjüdische Bevölkerung auf sie einschlug. Dabei gab es auch Todesopfer. So berichtet Witold Czerny, daß eine Lehrerin jüdischer Herkunft erschlagen worden sei.[27] Auch in der Zitadelle mißhandelte man die Juden. Nach polnischen Augenzeugenberichten wurden sie mit Steinen beworfen und mit Schlagstöcken und allem, was man gerade in der Hand hatte, geschlagen. »Das war eine große Rache!« erinnert sich ein Augenzeuge noch heute sichtlich erschüttert.[28]

Ähnlich schätzen Juden aus Złoczów die Pogrome ein. Tennenbaum schreibt: »Die Pogrome, die in den ersten beiden Tagen stattfanden, so sagten wir uns, mußten von den Ukrainern entfacht worden sein und bedeuteten eine Vergeltung für die vom NKWD verübten Greuel.«[29] Józef Anczarski, dessen Vater damals in Złoczów ermordet wurde, besuchte einen Monat nach den blutigen Ereignissen die Stadt, um sich nach dem Schicksal seiner Familie zu erkundigen. Er notierte am 2. August 1941:

> »Bestialische Morde, die an Hunderten von wehrlosen Gefangenen begangen worden waren, ... entfesselten einen wahnsinnigen Haß auf die Juden. Man schrieb auch dieses Verbrechen den Juden zu. Die örtliche Bevölkerung wußte, daß im Gefängnis von Złoczów Juden eine wichtige Rolle gespielt hatten. Und jetzt empfand keiner, der die entsetzliche Ernte dieses Verbrechens in der Zitadelle von Złoczów gesehen hatte, Mitleid mit ihnen. ... Es kam zu einem gewalttätigen Pogrom. Deutsche gingen gemeinsam mit Ukrainern gegen Juden vor. In Złoczów und Umgebung wurde erbarmungslos auf Juden eingeprügelt.«[30]

Zum Schluß wurde ein Teil der Juden, die bei der Exhumierung eingesetzt waren, am »Tatort« massakriert. Einige überlebten diese »Aktion«.[31] Einer von ihnen, Shlomo Wolkowicz, war von einem Ukrainer und einem SS-Mann zusammen mit seiner Tante und seiner Cousine aus dem Haus seines Onkels geholt und zur Zitadelle gebracht worden, wo er zusammen mit anderen jüdischen Männern die Leichen bergen mußte. Er erinnert sich:

> »Auch ich bekam den Befehl, in die Grube zu springen und zusammen mit anderen, meist älteren Leidensgenossen die Leichen aus der Grube zu holen. Alle Toten hatten einen Kopfschuß ... [Das Massengrab] war etwa zehn mal zehn Meter groß und anderthalb Meter tief. Je mehr Leichen wir heraushoben, desto tiefer standen wir.
>
> Meine Tante und Dora [die Cousine] mußten an der rechten Hauswand stehen und diesen gräßlichen Anblick erdulden, aber sie waren nicht gezwungen, bei der ›Rettung der Ehre der Toten‹ mitzumachen ... Es war ein

heißer Tag, und unter dem scharfen Geruch der Leichen wurden viele ohnmächtig, aber unseren Wächtern machte das nichts aus. Die SS-Leute standen um die Grube herum, und von Zeit zu Zeit befahlen sie jemandem – sie hatten es besonders auf Männer mit Bärten und Schläfenlocken abgesehen –, herauszukommen und sich vor ihnen auf die Knie zu werfen. Mit sadistischem Vergnügen schlugen sie dann auf ihr Opfer ein, bis es bewußtlos am Boden lag und sie es mit Fußtritten wieder in die Grube stießen. ... Einige wurden aus der Grube herausgeholt und mit unvorstellbarer Brutalität zu Tode geprügelt. Die Mörder ließen die Verwundeten langsam, unter Schmerzen und Qualen, ihren Verletzungen erliegen. Das ging den ganzen Tag so. ...

Inzwischen kamen immer noch Juden an, und es war schon kein Platz mehr für alle. Das Gedränge in der Grube war so groß, daß es schwierig wurde, die wenigen Leichen, die noch unten lagen, zu bergen. Außerdem waren sie schon so verwest, daß die Haut sich von den Knochen löste, wenn man versuchte, sie herauszuziehen. Die älteren Juden halfen mir, das zu ertragen, indem sie mir erklärten, das sei so nach vierzehn Tagen ...

Es war Abend geworden. Den Deutschen und den Ukrainern war anzumerken, daß sie etwas vorbereiteten. Ich sah, wie die SS an den beiden freien Seiten der Grube Aufstellung nahm. Die ukrainischen Freiwilligen hatten damals noch keine Waffen, aber die SS besaß Maschinengewehre, die sie jetzt auf Zweifüße stellte. Uns war klar, daß unser Ende gekommen war.

Eine unbändige Angst überfiel die Menschen. Sie wußten nicht, wie sie sich vor dem sicheren Tod retten sollten, und Panik brach aus. Die Schreie und Gebete der Hilflosen höre ich heute noch. ... Die Spannung war unerträglich. Wir wollten nur, daß alles vorüber sei. Plötzlich gab ein

Deutscher den Befehl ›Feuer!‹, und die Schüsse knallten los, lange, ununterbrochene Salven.

Die Kugeln trafen die Menschen um mich herum, die noch vor wenigen Sekunden im Gebet standen. ... Als das Schießen anfing, bückte ich mich instinktiv, und wie ein Taschenmesser klappte ich meinen Oberkörper nach unten. Ich erinnere mich nicht mehr, woran ich in diesen Sekunden dachte, wenn ich überhaupt dachte. Noch einmal hörte ich einen Befehl in deutscher Sprache, und das Feuer hielt an. Ich hob meinen Kopf und sah um mich herum Leichen, viele von Schüssen zerrissen, und Verwundete, die vor Schmerzen stöhnten und schrien.

Ich konnte hören, wie plötzlich jemand den Befehl gab, die Frauen am Rand der Grube freizulassen. Es war, wie sich später herausstellte, ein hoher Wehrmachtsoffizier, der zufällig in die Festung gekommen war und den Beginn des Massenmordes sah. Ich bin sicher, daß nur durch sein Einschreiten die meisten Frauen und kleinen Kinder gerettet wurden. ...

Von weitem sah ich die Tante und Dora, die langsam vorwärts gingen ..., unsere Blicke trafen sich. Sie drückten aber keine Hoffnung mehr aus, es war ein Abschied für immer.

Wir schauten noch einmal zueinander hin, ich winkte mit der Hand, als wieder der Befehl ›Feuer!‹ erschallte. Die Kugeln durchschnitten die Luft und schlugen auf die Lebenden und die Toten ein, Menschen schrien in Entsetzen. Als ich ›Feuer!‹ hörte, hatte ich mich sofort wieder zusammengeklappt, den Kopf zwischen die Beine. Schon nach einigen Sekunden spürte ich einen Schlag auf den Rücken. Es war der Körper eines erschossenen Mannes, der auf mich gefallen war und dessen Gewicht mich in den blutigen Schlamm drückte. Sekunden später spürte ich weitere Stöße auf meinem Rücken. Bald begrub mich ein ganzer

Berg ermordeter Juden. Das Maschinengewehrfeuer dauerte mit kurzen Unterbrechungen an, und ich überlegte, was ich machen sollte. Ich war sicher, irgendwo verwundet zu sein, aber weitere Kugeln würden mich nicht mehr treffen, da ich unter den Leichen begraben lag. Nach Ende ihrer ›Arbeit‹ würden die Mörder das Massengrab sicher mit Erde zuschütten.

Voller Verzweiflung beschloß ich, aus dem Leichenhaufen nach oben zu kriechen, um endlich die erlösende Kugel zu erhalten, die meinem Leben ein Ende setzen würde. Ich strengte alle meine Muskeln und meinen Willen an, um mich zu befreien, aber es gelang mir nicht. Ich fiel in Ohnmacht.

Als ich wieder zu mir kam, hörte ich immer noch Schüsse und die Schreie der Verwundeten. Ein erneuter Versuch, mich aufzurichten, war vergebens. Erschöpft spürte ich, wie meine Lebensgeister schwanden. Ich konnte mich kaum bewegen und lag immer noch auf der linken Seite, die Knie an das Kinn gezogen, und hatte nur einen Wunsch – sterben.

Plötzlich kam ein schweres Gewitter auf, so daß die Erde bebte, und ein heftiger Regen begann. Es regnete in Strömen. ... Das Feuer wurde eingestellt, und die Stimmen entfernten sich. Mir war klar, daß die Mörder im Gebäude Zuflucht vor dem Regen gesucht hatten. ...

Ich versuchte, mit der rechten Hand ein Loch zwischen leblosen Körpern, die über mir lagen, zu bohren, um das Regenwasser durchsickern zu lassen. Es gelang mir. Ich drehte den Kopf ein wenig und fing mit der Zunge die Regentropfen auf. Ich konnte meinen Durst etwas stillen und fühlte mich besser. Soweit ich feststellen konnte, war es inzwischen dunkel geworden. Das Gewitter war vorüber. ...

Ich versuchte, den Rest meines Kopfes zu befreien. Endlich war ich oben. Ich lag erschöpft auf den Leichen. ... Ich fand einen Spaten, den ich schützend vor meinen Kopf hielt, und machte mir mit der anderen Hand den Weg frei. Als ich in die Richtung des Wäldchens zu kriechen begann, bemerkte ich in meiner Nähe weitere Gestalten, die sich bewegten und in die gleiche Richtung krochen.

Ich erreichte als erster den Abhang, warf den Spaten weg und rutschte auf dem nassen Gras hinunter.«[32]

Es gibt keine zuverlässigen Zahlen der beim Pogrom in Złoczów ermordeten Juden, aber es waren mit Sicherheit mehrere hundert. Die Zahl von über dreitausend Pogromopfern ist jedoch mit Sicherheit zu hoch gegriffen.[33] In der Ereignismeldung Nr. 24 wird die Zahl der in Złoczów liquidierten Juden mit 300 bis 500 angegeben.[34] Auf jeden Fall waren die Ausmaße des Pogroms ungeheuerlich. Tennenbaum schreibt dazu:

»Langsam wurde das Ausmaß des Gemetzels sichtbar. Es gab kaum eine [jüdische] Familie in Zloczow, die nicht einen Angehörigen verloren hatte. In manchen Familien waren alle Männer getötet worden. Die Ukrainer, die der SS halfen, die Opfer zusammenzutreiben und zum Zamek zu bringen, trafen eine furchtbare Auslese. Die meisten jüdischen Rechtsanwälte, Ärzte, Apotheker und Ingenieure waren dem Massaker zum Opfer gefallen. Die Intelligenz war buchstäblich ausgerottet worden.«[35]

Dobromil

Nach der Entdeckung des Massakers an den Gefängnisinsassen in Dobromil zwangen die Deutschen (nach polnischen Angaben) Juden dazu, die Leichen zu bergen, in Särge zu legen und zum Friedhof zu transportieren. Wie ein Augenzeuge berichtet, mußten die Juden den Wagen mit den Särgen ziehen, wobei sie von einem auf dem Wagen stehenden Deutschen mit der Peitsche angetrieben wurden.[36] Zumindest ein

Teil der Juden, die bei der Exhumierung eingesetzt worden waren, wurden in den inzwischen geleerten Massengräbern von Deutschen massakriert.[37] In der Ereignismeldung Nr. 24 vom 16. Juli 1941 heißt es, in Dobromil seien von Angehörigen der Einsatzgruppe C als »Vergeltungsmaßnahme« 132 Juden erschossen worden.[38]

Auch zu den Exhumierungsarbeiten im Salzbergwerk in Lacko wurden Juden herangezogen. Edward Szul sah, wie Zivilisten mit blaugelben Armbinden mit dicken Stöcken auf die Juden einschlugen. Einem von ihnen wurde der Bart angezündet, und da er sich nicht rühren durfte, verbrannte sein ganzes Gesicht. Als ein Jude beim Transport der Leichen entkräftet zu Boden sank, wurde er auf der Stelle von einem Uniformierten erschossen.[39] Wie viele Juden bei den Exhumierungen, dem Pogrom und der anschließenden »Vergeltungsaktion« der Einsatzgruppe in Dobromil insgesamt ermordet wurden, ist nicht genau bekannt.[40] In der Ereignismeldung Nr. 24 vom 16. Juli 1941 heißt es lediglich, daß von der ukrainischen Bevölkerung die Synagoge von Dobromil angezündet worden sei, was die aktive Beteiligung der einheimischen Bevölkerung an den antijüdischen Ausschreitungen bestätigt.[41]

Borysław

Nach der Entdeckung der ermordeten Gefangenen in Borysław zwang man auch hier Juden, sie zu bergen. Auf dem Platz, wo die Leichen ausgelegt wurden, versammelten sich Hunderte von Menschen. Die Opfer waren vor allem ukrainische Jugendliche, die nach dem 22. Juni 1941 verhaftet worden waren. Nach einem polnischen Augenzeugenbericht gab ein deutscher General der aufgebrachten Menge für vierundzwanzig Stunden freie Hand für ihre Rache. Daraufhin sei es zu einem Blutbad unter Kommunisten gekommen, unter denen auch viele Juden gewesen seien.[42] Jüdische Augenzeugen aus Borysław berichten dagegen, daß es sich ausschließlich um einen Pogrom gegen Juden gehandelt habe.[43] Der polnische Augenzeuge schildert die Ereignisse wie folgt:

»Das war eine Vergeltung der Einwohner ... für den grausamen Tod ihrer Kinder und Familienangehörigen. ... Das Gelände des ehemaligen NKWD war der Ort, wo man die Kommunisten [nach jüdischen Zeugenaussagen Juden] hinführte. Vom Eingangstor in Nordrichtung bildete man entlang der Straße ein Spalier. In den Reihen auf beiden Seiten standen auch Frauen und sogar Jugendliche, die jünger als ich waren [der Augenzeuge war damals siebzehn Jahre alt]. Jeder von ihnen hatte einen langen Gegenstand in der Hand, einen Knüppel, einen Spazierstock, eine Axt oder ein Metallrohr. Aus der Stadtmitte führte man nackte Männer heran, auf die man mit Stöcken einschlug. Das wogende Menschenspalier schluckte seine Opfer und trieb sie zum Zielort, wobei mit aller Kraft auf sie eingeprügelt wurde.«[44]

Ins Haus der Familie von Irene Horowitz, einer jüdischen Überlebenden aus Borysław, stürmten an diesem Tag zwei junge Männer und verschleppten ihren Vater zum NKWD-Gebäude. Der Vater hatte unter den Sowjets als Buchhalter in der Stadtverwaltung gearbeitet. Irene Horowitz folgte ihm in der Hoffnung, ihn freizubekommen, zum NKWD-Gebäude. Sie erinnert sich:

»Ich ... begann über den Hof zum Tor des NKWD-Gebäudes zu gehen. Dorthin hatten die Einwohner der Stadt die beim Pogrom gefangenen Juden geschleppt. ... Vor dem Tor hatte sich eine Menschenmenge versammelt. ... Ich hatte nur ein Ziel: hineinzukommen und meinen Vater zu finden. Plötzlich war die Angst von mir abgefallen. Ich ging durchs Tor, an dem viele Deutsche standen. ... Ich befand mich in der Mitte des riesigen Hofs. Überall lagen Leichen herum. Sie waren schrecklich entstellt, und ihre Gesichter waren nicht zu erkennen. Es roch nach altem Blut und verwesendem Fleisch.

Neben den Leichen standen jüdische Männer mit feuchten Tüchern in den Händen. Sie beugten sich über die Leichen, um das Blut abzuwaschen. ... Eifrig wuschen sie die verwesten Leichen. Nur ihre Augen wirkten wahnsinnig – wahnsinnig vor Angst.

Dann sah ich ihn. Mein ... Vater kniete neben einer Leiche. Bis zur Hüfte war er nackt, da er sein Hemd in Stücke gerissen hatte, die er benutzte, um die Leiche neben ihm zu waschen. ...

Inzwischen war die Stadt zu einem einzigen Jagdgrund geworden. Banden von Einheimischen waren die Jäger und Juden das Wild. Sie wurden aus ihren Wohnungen gezerrt, auf den Straßen geschlagen, gejagt, wenn sie zu fliehen versuchten, und in niederträchtigster Weise verhöhnt. Als zum Beispiel einige orthodoxe Juden zum NKWD-Hof gebracht wurden, mußten sie auf der Straße tanzen und alle möglichen Kunststücke ausführen. ... Viele wurden zu Tode geprügelt.«[45]

Der Pogrom dauerte bis zum späten Abend und wurde wegen der Polizeistunde unterbrochen. Das NKWD-Gelände wurde abgesperrt und von deutschen Soldaten bewacht. Am nächsten Tag ging der Pogrom weiter. Irene Horowitz erzählt:

»Als es hell wurde, begann sich die Straße mit der gleichen Meute zu füllen wie am Tag zuvor. Wieder sah ich, wie jüdische Männer von Ukrainern oder Polen durch das Tor gezerrt wurden. Einige von ihnen waren auf brutale Weise zusammengeschlagen worden. Blut rann über ihre Gesichter. Manche konnten sich kaum auf den Beinen halten.

Weinende Frauen, wahrscheinlich Ehefrauen und Mütter, folgten den Männern. Man hätte nicht sagen können, wie alt sie waren – sie sahen alle gleich aus. Mir wurde klar, daß der Pogrom weiterging.

Was wir aus unserem Fenster beobachteten, geschah in der ganzen Stadt. Bauern aus umliegenden Dörfern schlossen sich den Menschen aus Borysław an und plünderten mit ihnen zusammen die Häuser von Juden, versetzten die Frauen in Angst und Schrecken und töteten die Männer ohne jede Gnade. Sie benutzten Bleirohre, Äxte, Hämmer und alles, was sie sonst in die Hände bekamen, um ihrem unmäßigen Haß auf die Juden Luft zu machen.«[46]

Am Nachmittag des zweiten Tages wurde der Pogrom von den Deutschen gestoppt. Der Vater von Irene Horowitz hatte den Pogrom überlebt und kehrte nach Hause zurück:

»Und dann sah ich meinen Vater. Er schwankte leicht. … Sein Oberkörper war voller Blutflecken, und um seinen Kopf war ein blutiges Tuch geschlungen. Wir liefen ihm entgegen zur Tür und lachten und weinten alle zusammen. Er war zu Hause! Wir berührten ihn, umarmten ihn und küßten ihn. Ein schrecklicher Leichengeruch ging von ihm aus, aber das störte uns nicht.«[47]

Es gibt keine zuverlässigen Angaben über die Zahl der bei diesem Pogrom ermordeten Juden. Irene Horowitz spricht von über zweihundertfünfzig Opfern.[48]

Brzeżany

In Brzeżany erschlugen ukrainische Milizionäre alle Juden, die bei der Exhumierung ermordeter Ukrainer eingesetzt worden waren. Leon Majblum, ein jüdischer Überlebender, erinnert sich:

»Juden mußten die Leichen von Ukrainern vergraben, die von den abrückenden sowjetischen Truppen erschossen worden waren. Das waren Verräter, die auf sowjetische Truppen geschossen hatten. Nachdem die Juden die Leichen vergraben hatten, wurden sie von ukrainischen Polizisten überwältigt und ermordet. Sie erschlugen die jüdischen Arbeiter auf grausame Weise mit Spaten.«[49]

Krzemienec

Laut Ereignismeldung Nr. 18 ermordeten die Sowjets in Krzemienec etwa 100 bis 150 Personen. Als man einige der Leichen ohne Haut fand, kam das Gerücht auf, die Sowjets hätten die Opfer in einen Kessel mit kochendem Wasser geworfen. Die ukrainische Bevölkerung ergriff daraufhin etwa 130 Juden und erschlug sie mit Keulen.[50]

Drohobycz

Nach der Aufdeckung des Massenmords in Drohobycz ergriffen Deutsche und Ukrainer Juden und zwangen sie, die Leichen zu bergen. Eine polnische Augenzeugin sagte 1990 aus:

»Nachdem die Juden die Leichen geborgen hatten, sah ich, daß sie nicht erschossen, sondern mit Schlägen auf den Kopf getötet worden waren. Ich habe zertrümmerte Schädel gesehen. ... Die Ukrainer bewachten die Juden bei der Bergung der Leichen und schlugen sie derart, daß einige von ihnen ums Leben kamen.«[51]

Zu ähnlichen blutigen Ausschreitungen an Juden kam es in diesen Tagen in zahlreichen Ortschaften der ehemaligen ostpolnischen Gebiete. Besonders intensiv und zahlreich waren sie in der Westukraine, wo die meisten NKWD-Opfer zu beklagen waren. An den Pogromen beteiligten sich vor allem

Ukrainer, aber auch Polen, Weißrussen und Litauer sowie deutsche Soldaten.[52]

Die Pogrome entwickelten eine Eigendynamik; es wurde geplündert, geschlagen und gemordet. Viele hätten noch größere Ausmaße angenommen, wenn die deutschen Besatzungsbehörden sie nicht gestoppt hätten. In Lemberg erhielt der Stadtkommandant Oberst Wintergerst den Befehl, »Ausschreitungen jeder Art« zu verhindern.[53] In Złoczów wurde der Pogrom nach zwei Tagen von »deutschen Soldaten« beendet.[54] Ähnliches wird aus Tarnopol, Borysław und Drohobycz berichtet.[55] Auch ungarische Truppen versuchten offensichtlich, in den von ihnen besetzten Gebieten Pogrome zu unterbinden.[56] Auf die Haltung der deutschen Truppen gegenüber den Ausschreitungen wird unten noch genauer eingegangen.

Der antisowjetische und antijüdische Hintergrund der Ausschreitungen

Nach 1945 aufgezeichnete Berichte jüdischer Augenzeugen über die blutigen Ereignisse vermitteln den Eindruck, als hätte es sich ausschließlich um Pogrome gegen Juden gehandelt, die wie aus heiterem Himmel über die jüdische Bevölkerung gekommen waren. Die Juden seien überrascht gewesen über die feindliche Haltung, die viele Nichtjuden ihnen gegenüber an den Tag legten. Sie hätten sich dieses Verhalten nicht erklären können.[57] Daß die Pogrome etwas mit der vorherigen sowjetischen Besatzung und dem sowjetischen Terror zu tun hatten, wird in diesen Berichten, wenn überhaupt, nur am Rande erwähnt.

Bei der Analyse der Pogrome läßt sich aber kaum übersehen, daß sie einen starken antisowjetischen Hintergrund hatten. Es ist kein Zufall, daß viele jüdische Opfer in den geleerten Massengräbern massakriert wurden, in denen zuvor die Opfer der sowjetischen Verbrechen begraben gewesen waren. Ferner finden sich in den einschlägigen Quellen zahlreiche Hinweise darauf, daß die Ausschreitungen auch gegen Nichtjuden gerichtet waren, die auf die eine oder andere Weise mit den sowjetischen Besatzern kollaboriert hatten. Józef Anczarski notierte beispielsweise am 18. Juli 1941:

> »In der vorletzten Nacht kam es in Dobropol zu antijüdischen Krawallen. Die ukrainische Miliz versuchte, einige Juden zu ergreifen, die unter den Bolschewiken verschiedene Posten bekleidet hatten. Die Juden sind aber geflüchtet; die Ukrainer haben niemanden ermordet.
>
> Die antijüdische Stimmung ist sehr stark. Vielleicht hat dazu auch beigetragen, daß Juden, den Ukrainern zufolge, ukrainische Flüchtlinge aus der sowjetischen Armee ermordet, sich den Bolschewiken angedient und so die Menschen unterdrückt haben. ...
>
> Nach den Juden kommen die Polen. ... Wie sie uns hassen! ... Sie warten mit den Polen aber noch ein bißchen. Zuerst sind die Juden dran. Aber auch Kolchosbauern; diejenigen, die Kolchosen organisierten, dieser Abschaum, der die armen Menschen peinigte, damit sie ›freiwillig‹ den Kolchosen beitraten. Viele von ihnen schlachtete man ohne Skrupel ab, manche erhängte man, andere prügelte man tot. Alle Rädelsführer der Kolchosen verschwanden aus den Dörfern. Diejenigen, denen es gelang, zu entkommen und sich irgendwo zu verstecken, können sich glücklich schätzen.«[58]

Ähnliches ereignete sich in Złoczów und Umgebung. Anczarski, der Anfang August 1941 seine Heimat besuchte, notierte:

»In manchen Ortschaften rechneten Ukrainer mit Ukrainern ab, die den Bolschewiken zu eifrig gedient und sich auch gegenüber den eigenen Landsleuten zuviel erlaubt hatten. Jetzt zahlte man ihnen heim, daß sie dem NKWD gedient hatten. Zu solch verbrecherischer Lynchjustiz kam es sehr oft. Sogar in meinem Dorf, Poczapy, wurde der Schuft Malaniuk [der Kolchosvorsitzende] von seiner Strafe ereilt. Er hatte neben anderen schuld daran, daß mein Bruder nach Sibirien deportiert worden ist. ... Man hat Malaniuk auf einem Acker grausam abgeschlachtet und entsetzlich verstümmelt.«[59]

In Wizna, siebzig Kilometer westlich von Białystok, prügelte eine aufgebrachte Menge (Polen) nach dem Abzug der Sowjets einen polnischen Kommunisten zu Tode, der mit den Sowjets kollaboriert hatte. Zuvor hatte man ihn gezwungen, getötete Juden zu küssen, denen man ebenfalls Kollaboration mit den Sowjets anlastete.[60]

Bezeichnend ist der Bericht von Rachel Kleiner, einer jüdischen Kommunistin aus Tarnopol. Zusammen mit etwa fünfzehn anderen Komsomolzen und Parteimitgliedern aus Tarnopol erhielt sie Ende Juni 1941 von einem höheren Offizier der Roten Armee den Auftrag, hinter der deutschen Front den antideutschen Widerstand zu organisieren. Auf dem Weg hinter die Front gelangte sie Anfang Juli 1941 nach Rawa Ruska, etwa siebzig Kilometer nordwestlich von Lemberg. Dort wohnte ihre Bekannte Roza, eine jüdische Komsomolzin. Rachel Kleiner entschloß sich, sie zu besuchen und um Unterkunft zu bitten:

»Ich finde ihr Haus. Ihre ganze Familie ist in panischer Angst wegen der Ereignisse und der Gefahr, der Roza als Komsomolzin ausgesetzt ist. Aber nicht nur Roza ist gefährdet. Ich erfahre, daß Juden nicht nur wegen ihrer Herkunft in einer ausgesprochen schwierigen Lage sind. Angesichts der tödlichen Gefahr sind sie von Anfang an isoliert, und zwar nicht nur wegen ihrer bereits erwähnten Herkunft, sondern auch deswegen, weil ein Teil der polnischen und ukrainischen Bevölkerung die jüdische Bevölkerung mit der sowjetischen Herrschaft identifiziert.«[61]

Weiter berichtet Kleiner, daß nach der Flucht der Sowjets in einem Dorf an der ehemaligen polnisch-sowjetischen Grenze nationalistische Ukrainer einen Kommunisten öffentlich zu Tode gequält hätten. Seinen Sohn, einen achtzehnjährigen Komsomolzen, hätten sie bei lebendigem Leib gehäutet. Beide waren Ukrainer.[62]

In Borysław wurden nicht nur Juden ermordet, sondern auch Kommunisten. Darunter sind nicht nur Parteimitglieder zu verstehen, denn von der antisowjetisch eingestellten Bevölkerung wurden alle, die mit den Sowjets zusammengearbeitet hatten, mit dem Begriff »Kommunist« apostrophiert. Der polnische Augenzeuge Alfred Jasiński meint, der Pogrom habe sich vor allem gegen Kommunisten gerichtet, ungeachtet ihrer Nationalität, und unter ihnen seien eben auch Juden gewesen.[63] Dagegen beharren jüdische Zeitzeugen, wie erwähnt, darauf, daß es sich um einen Pogrom ausschließlich gegen Juden gehandelt habe.

Irene Horowitz verweist nebenbei und scheinbar zusammenhangslos darauf, daß der Umstand, daß sie kein Komsomolmitglied gewesen war, ihr das Leben gerettet habe.[64] Erna Klinger, die ebenfalls aus Borysław stammt, schreibt in ihrem Bericht über den Pogrom nach dem Abzug der Sowjets: »Weil ich und mein Mann in der kommunistischen Arbeit engagiert waren, gingen wir mit unserem Kind nach Drohobycz.«[65] In Drohobycz kam es ebenso wie in Borysław zu einem Pogrom, aber dort wußte niemand von der kommunistischen Vergangenheit des Ehepaars.

Irene Horowitz' Schwester Anna schildert, wie sie und ihr Vater am ersten Tag des Pogroms in Borysław von zwei jungen Männern zum NKWD-Gebäude gebracht wurden: »Plötzlich öffnete sich die Tür, und zwei Jungen kamen herein, ergriffen meinen Vater und sagten: ›Du, Kommunist, geh und wasche die, die du ermordet hast.‹«[66] Der vormalige städtische Beamte mußte tatsächlich, wie oben erwähnt, die Leichen der Ermordeten waschen. Seine Tochter wurde bald nach Hause entlassen.

Ähnliches berichtet Carl Horowitz über die Ereignisse in Lemberg: »Als die Deutschen kamen, gingen sie mit einer Liste derjenigen, die getötet werden sollten, von Haus zu Haus. Ein Foto in einer kommunistischen Zeitung hätte meinen Tod bedeuten können. Glücklicherweise war ich nie dem kommunistischen Komsomol beigetreten. Mein Großvater hatte es mir streng verboten.«[67] Der Journalist und kommunistische Aktivist Wiktor Nagorski, der zwischen 1939 und 1941 in Lemberg für die Sowjets gearbeitet hatte, flüchtete Ende Juni 1941 mit seiner Frau und anderen Genossen nach Osten. In Tarnopol wurden sie von den deutschen Truppen eingeholt. Erst drei Monate später kamen er und seine Frau nach Lemberg zurück. Er schreibt: »Den Beginn und die schlimmste Zeit der Besatzung verbrachte ich mit meiner Frau Danka außerhalb Lembergs. Dies war die Zeit, in der eine ganze Reihe von Genossen denunziert und verhaftet wurde.»[68]

Weder Irene noch Carl Horowitz erklären den Zusammenhang zwischen der Mitgliedschaft im Komsomol und den Pogromen in Lemberg und Borysław, den es offensichtlich gab. Erhellend ist in dieser Hinsicht der Bericht von Alfred Jasiński, der über den Komsomol in Borysław schreibt:

> »Im Garten, der zum Sitz der Komsomolzen gehörte, ging es fröhlich zu. Man hörte Musik, die auf erbeuteten Instru-

menten gespielt wurde, und den Lärm von Sportspielen. Außerdem gab es dort Waren zu herabgesetzten Preisen. Es kursierte das Gerücht, die Komsomolzen seien verpflichtet, alles ihren Vorgesetzten zuzutragen, was das sowjetische Regime interessieren könnte. Sogar ihre Eltern hatten Angst vor ihnen. Man nannte sie *gnidy.*«[69]

Gnida (Plural *gnidy*) ist ein polnisches Schimpfwort, das wörtlich »Nisse« bedeutet und Menschen beschreibt, die ausgesprochen boshaft, verräterisch und gefährlich sind. Ähnlich negativ äußern sich andere polnische Augenzeugen über die Haltung der Komsomolzen.[70] Ein völlig anderes Bild zeichnet dagegen Irene Horowitz:

> »Man wurde nur in den Komsomol aufgenommen, wenn man moralisch und vom Bildungsstand her den Maßstäben genügte. Natürlich versuchte jeder, in diese Organisation zu kommen, da es gewisse Privilegien mit sich brachte. Dennoch bin ich nie beigetreten, obwohl ich geeignet gewesen wäre. Mein Vater verbot es mir. Damals konnte ich nicht ahnen, daß mir diese Tatsache schon in naher Zukunft das Leben retten würde.«[71]

Für Irene Horowitz' Schwager, Michael Dichter, der eine Führungsposition im sowjetischen Wirtschaftsapparat in Borysław innehatte, bedeutete die sowjetische Besatzung grundsätzlich etwas anderes als für viele Polen, Ukrainer und verfolgte Juden: »Michael arbeitete hart und hing mit ganzem Herzen an den neuen Idealen [des sowjetischen Kommunismus]. Seine Frau brachte ein Kind zur Welt, und alles verlief so gut, wie man es erwarten kann, wenn ringsum ein Krieg tobt. *In Polen war es relativ friedlich.*« [Hervorhebung B. M.][72]

Die Einschätzung der sowjetischen Besatzung Ostpolens als »relativ friedlich« erscheint, gelinde gesagt, paradox, wenn man an die nach Hunderttausenden zählenden Menschen denkt, die zwischen 1939 und 1941 von den Sowjets verhaftet, gefoltert, deportiert und ermordet wurden. Bei meinen ausgedehnten Recherchen habe ich keine einzige Aussage eines polnischen oder ukrainischen Zeitzeugen gefunden, in der die sowjetische Besatzung als »relativ friedlich« oder ähnlich beschrieben worden wäre – im Gegenteil. Man könnte viele Beispiele für die gegensätzliche Beurteilung des Sowjetregimes und seiner Institutionen durch polnische und ukrainische Zeugen einerseits und viele jüdische Zeugen andererseits anführen.

Hinweise auf den antisowjetischen Hintergrund der Ausschreitungen im Juli 1941 findet man auch für andere Ortschaften. Ein deutscher Soldat, der Anfang Juli in einer Kleinstadt an der Windau in Lettland stationiert war, schrieb in einem Feldpostbrief:

> »Gestern gab es hier einen interessanten Umzug. Sämtliche Juden der Stadt hatte man zusammengeholt und in einen ehemaligen Sitzungssaal der Bolschewisten geführt. Dort befanden sich überlebensgroße Portraits von Stalin usw., desgleichen große Gipsbüsten dieser Knaben und dergleichen sowjetische Symbole mehr. Die Juden mußten sich nun mit diesen Insignien beladen, und in langer Prozession ging es durch die Straßen der Stadt an der Windau, wo auf großer Wiese ein Scheiterhaufen errichtet wurde, der dann angezündet wurde. Dieses mußten natürlich auch die Juden besorgen.«[73]

Ähnliche Ausschreitungen gab es in Lemberg (Juden mußten sowjetische Lieder singen und Hochrufe auf Stalin ausbringen) und Kolomea (Juden mußten schreien: »Stalin, du Dummkopf!«, und Denkmäler von Stalin und Lenin abreißen). In Jedwabne, rund fünfzig Kilometer westlich von Białystok, wurden Anfang Juli 1941 junge Juden aufgegriffen und gezwungen, auf dem Marktplatz ein Lenindenkmal umzustürzen, es wie in einer Prozession um den Platz zu tragen und dabei sowjetische Lieder zu singen.[74] Anschließend wurden Juden aus Jedwabne von einer Gruppe einheimischer Polen in einer Scheune zusammengetrieben und bei lebendigem Leibe verbrannt. Die Zahl der Opfer ging in die Hunderte.[75] Baruch Milch, ein jüdischer Überlebender aus Tluste, südöstlich von Lemberg, schildert in seinen Aufzeichnungen unter dem Titel »Mein Testament« die Pogrome in der Stadt und ihrer Umgebung:

> »Die Ukrainer begannen sofort [nach der Flucht der Sowjets] zu zeigen, wozu sie fähig waren. In fast allen benachbarten Dörfern räumten sie auf und ermordeten fast alle dort lebenden Juden. So war es in allen Kreisen. Die Ukrainer machten sich auch über die Städte her. ... In unserer Gegend war es in dieser Hinsicht besser, da hier zunächst die ungarische, dann die deutsche Wehrmacht einmarschierte. Letztere tötete nur die Juden, die von Ukrainern als Kommunisten oder Beamte [des sowjetischen Staatsapparats] angezeigt wurden.«[76]

Im Archiv des ZIH in Warschau befinden sich viele Berichte jüdischer Augenzeugen, aus denen indirekt hervorgeht, daß die Ausschreitungen in den ersten Tagen nach der Flucht der Sowjets einen antisowjetischen Hintergrund hatten. Besonders deutlich kommt dies in den zeitgenössischen Berichten des Ringelblum-Archivs zum Ausdruck. Eine andere Frage ist, inwieweit der sowjetische Terror und die sowjetischen Verbrechen nur als Vorwand dienten, um die Juden zu verfolgen, wie viele jüdische Überlebende meinen.[77]

Die angeführten Belege deuten darauf hin, daß die Ausschreitungen sowohl gegen Juden als auch gegen Nichtjuden, denen man Kollaboration mit den Sowjets vorwarf, gerichtet waren. Die Pogrome waren stark von Rachegefühlen geprägt. Es kann zwar nicht ausgeschlossen werden, daß es auch ohne die sowjetischen Verbrechen zu Pogromen gekommen wäre. Aber meines Erachtens ist es unwahrscheinlich, daß sie ohne den sowjetischen Terror und die Massenmorde derart ausgeufert wären. Bezeichnend ist, daß sich junge Männer, darunter auch Halbwüchsige, die sich in der Regel leichter von Emotionen hinreißen lassen, besonders aktiv an den Ausschreitungen beteiligten. Wie viele Ukrainer, Polen, Litauer und Rumänen sich an den Pogromen beteiligten, ist heute nicht mehr zu ermitteln. Auf jeden Fall handelte es sich nur um einen Teil des jeweiligen Volkes. Diese Menschen hatten in diesen Tagen die Gelegenheit, ihre antisowjetischen und antijüdischen Emotionen, die sich nicht selten mit kriminellen Motiven vermengten, in Gewaltakten abzureagieren.

Die Pogrome eskalierten und entwickelten eine Eigendynamik. Oft begann es damit, daß man Juden zusammentrieb, um Opfer der Sowjets zu exhumieren. Dabei fingen die Nichtjuden an, die Juden zu beschimpfen und zu schlagen, um sie schließlich zu mißhandeln und auch zu Tode zu prügeln. Nicht selten wurden die bei Exhumierungen eingesetzten Juden nach getaner Arbeit erschossen oder mit Knüppeln erschlagen.

Trotz des unverkennbaren antisowjetischen Hintergrunds waren die Pogrome vor allem antijüdische Ausschreitungen, da ihnen überwiegend Juden zum Opfer fielen. Sehr oft, um nicht zu sagen meistens, diente der Vorwurf der Kollaboration mit den Sowjets als Vorwand, um mit allen Juden abzurechnen. Wenn der Sohn, der in der sowjetischen Miliz gedient hatte, geflohen war, hatte sein Vater dafür zu »bezahlen«, wie das Beispiel aus Sambor zeigt.

Die Reaktion der Deutschen

Eine wichtige Frage der vorliegenden Untersuchung ist, wie die deutsche Seite auf die Aufdeckung der sowjetischen Verbrechen reagierte. Im folgenden soll dargestellt werden, wie die offizielle NS-Propaganda die sowjetischen Verbrechen für ihre Zwecke instrumentalisierte und wie deutsche Soldaten, Wehrmachtsführung und Einsatzgruppen darauf ansprachen.

Die NS-Propaganda: Folgen und Grenzen der »Leichenbergpropaganda«

Aufrüttelnde Bilder sind eines der Hauptmittel im Propagandakrieg, dessen Ziel es ist, die Bevölkerung zu mobilisieren (Zustimmung für den Krieg) und zu emotionalisieren (Haß auf den Gegner). Insofern waren die sowjetischen Massaker im Sommer 1941 für die NS-Propaganda geradezu ein Geschenk. Anfang Juli 1941, als immer mehr Berichte über sowjetische Massenmorde in Berlin eintrafen, wurde Goebbels aktiv. Am 6. Juli 1941 schrieb er in sein Tagebuch:

> »Großen Propagandafeldzug gegen den Bolschewismus eingeleitet. Mit Presse, Rundfunk, Film und Propaganda. Tendenz: der Schleier fällt, Moskau ohne Maske. Dazu

das große Greuelmaterial aus Lemberg, wohin ich nun 20 Journalisten und Rundfunkmänner schicke. Dort sieht es ganz grauenhaft aus.«[1]

Auch in Berlin akkreditierte ausländische Journalisten aus neutralen Staaten wurden nach Lemberg eingeladen. Das Massaker in Lemberg diente als »Schulbeispiel«. Am 8. Juli 1941 notierte Goebbels: »Abends Wochenschau bearbeitet mit erschütternden Szenen der bolschewistischen Greueltaten in Lemberg. Ein Furioso! Der Führer ruft an: das sei die beste Wochenschau, die wir je gemacht hätten.«[2]

In diesen Tagen berichteten alle regionalen und überregionalen Zeitungen im Reich über die Verbrechen.[3] Im *Völkischen Beobachter* erschien beispielsweise am 6. Juli 1941 ein mit zahlreichen Fotos illustrierter Artikel unter der Überschrift: »Die Maske fällt. Der deutsche Soldat erlebt den bolschewistischen Weltbetrug. Der Massenmord von Lemberg – ein Beispiel des bolschewistischen Blutterrors.« Einen Tag später war in derselben Zeitung zu lesen: »1500 Ukrainer mit Maschinengewehren in Luck niedergemetzelt. Wieder ein neuer Massenmord der GPU entdeckt.« Am 8. Juli lautete die Schlagzeile: »Auch durch die ukrainischen Dörfer rast der bolschewistische Blutterror.«[4]

In Presse, Rundfunk und Wochenschauen berichtete man ausführlich über die Verbrechen. Die deutsche Bevölkerung wurde geradezu überflutet von erschütternden Bildern und Berichten von Leichenbergen. Auffallend bei dieser »Leichenbergpropaganda« ist, daß als Opfer ausschließlich Ukrainer, Balten und Volksdeutsche genannt wurden. Juden und Polen wurden nicht erwähnt, obwohl besonders letztere einen großen Teil der Ermordeten ausmachten. Aber Polen als Opfer darzustellen wäre aus Sicht der Nazis nicht besonders geschickt gewesen. Man wollte bei der deutschen Bevölkerung kein »falsches« Mitleid erwecken. Dies galt insbesondere für Juden, denen man ja eine Mitschuld an den Massakern anlastete. Juden als sowjetische Opfer zu nennen wäre damit unvereinbar und dementsprechend kontraproduktiv gewesen. Goebbels schrieb am 11. Juli 1941 in sein Tagebuch: »Ich lege Wert darauf, daß die Behandlung der Judenfrage nicht losgetrennt von der politischen Situation vor sich geht, sondern daß die Wirksamkeit des Judentums innerhalb der plutokratisch-bolschewistischen Front dargestellt wird.«[5]

Ebensowenig spielte in der NS-Propaganda die Tatsache eine Rolle, daß sich unter den Opfern auch kriegsgefangene deutsche Soldaten befanden. Man wollte vermeiden, daß sich die Angehörigen der im Osten eingesetzten Soldaten Sorgen um deren Schicksal machten und womöglich die Moral an der Heimatfront untergruben. Trotz dieser Zurückhaltung begann sich die deutsche Bevölkerung aufgrund der massiven Propaganda tatsächlich allmählich zu beunruhigen.

In einem SD-Bericht über die Stimmung im Reich vom 14. Juli 1941 heißt es: »Recht groß ist auf Grund dieser Berichterstattung die Sorge um die eigenen Soldaten.«[6] In einem anderen Bericht vom 7. August 1941 wurde festgestellt: »Die Aufnahmen von den Mordtaten der Bolschewisten sind diesmal nach mehreren Berichten als besonders grauenhaft empfunden worden. Es zeige sich besonders bei Frauen diesen Aufnahmen gegenüber nunmehr eine etwas verstärkte Ablehnung vor allem im Gedanken an die vermutlich ähnliche Behandlung deutscher Kriegsgefangener.«[7] Diese Vermutungen wurden durch Feldpostbriefe bestätigt. In einem SD-Bericht heißt es dazu: »Gerade die Feldpostbriefe mit grauenhaften Berichten über Ermordung und Verstümmelung der in Gefangenschaft geratenen Kameraden [haben] die Sorge um die Angehörigen vertieft.«[8]

Die Sorge der Angehörigen der Soldaten an der Ostfront

veranlaßte die NS-Propaganda zur Mäßigung. Goebbels schrieb am 10. Juli 1941 in sein Tagebuch: »Wir müssen diese Art der Propaganda deshalb etwas dosieren.«[9] Längst nicht alle Bilder und Berichte wurden daher für die Veröffentlichung freigegeben. Am 15. Juli 1941 wurden Goebbels Filmaufnahmen über die Massaker gezeigt, die »so ungefähr das Grauenerregendste« darstellten, das er jemals gesehen habe. Es sei ihm »unmöglich, diese Bilder für die Öffentlichkeit freizugeben; es würde eine Panik in den Kinotheatern entstehen«.[10] Am 3. Oktober 1941 sagte Hitler in einer großen Rede im Berliner Sportpalast in bezug auf die sowjetischen Verbrechen: »Wir können der Heimat gar nicht die Bilder bringen, die uns zur Verfügung stehen.«[11] Trotzdem war die »Leichenbergpropaganda« in Deutschland sehr erfolgreich, zumal sie durch Feldpostbriefe immer wieder bestätigt wurde.[12] Eine Frau schrieb am 21. Juli 1941 an ihren Sohn an der Ostfront:

> »In der Wochenschau bekamen wir einen Einblick in die brutalen Grausamkeiten, welche die Bolschewisten in Lemberg verübten. In Wirklichkeit solches zu sehen, muß ganz schrecklich sein, denn auf der Leinwand hat es einen schon sehr angegriffen. Solche Taten können nur von satanischen Menschen ausgeführt werden. Nun sind dies nicht die einzigen, wie viele Tausende armer Menschen hat dies Schicksal erreicht. Täglich hört man im Radio von neuen grausigen Entdeckungen. Es ist furchtbar, wer solchen Bestien in die Hände fällt.«[13]

Ähnlich schrieb Ludwig D. in einem Brief:

> »Bin ins Kino gegangen [am 20. Juli 1941] und habe mir die Wochenschau angesehen. Da habe ich Greueltaten der Unmenschen von Lemberg gesehen, ein Jammer und

Elend, wie die Menschen hingemordet worden sind. Haufenweise haben sie dagelegen, und die Angehörigen sind darum gelaufen und haben ihre Leute gesucht. Das war ein gräßlicher Anblick. Alles weinte im Kino.«[14]

Mittlerweile kursierte in der deutschen Bevölkerung sogar das Gerücht, die offizielle Propaganda veröffentliche nicht die ganze Wahrheit über das Grauen dieser Verbrechen. So schrieb eine Frau in einem Brief: »Frau Upe hat furchtbar interessant erzählt! Sie sagt, daß die Greuel noch viel schlimmer seien, als es bei uns in den Zeitungen steht!«[15] Auslöser dieses Gerüchts waren Feldpostbriefe von Soldaten, die mit den Verbrechen konfrontiert waren. So schrieb ein Soldat: »Was wir hier gesehen haben, kann keine Zeitung schildern. ... Glaube mir, auch die sensationellsten Zeitungsberichte sind nur ein Teil dessen, was hier geschieht.«[16] In Wien hing in Schaufenstern die Abschrift eines Feldpostbriefs aus, in dem es hieß:

»Tarnopol, 6. 7. 1941. Liebste Eltern! Soeben komme ich von der Aufbahrung unserer von den Russen gefangenen Kameraden der Luft- und Gebirgstruppen. Ich finde keine Worte, um so etwas zu schildern. Die Kameraden sind gefesselt, Ohren, Zungen, Nase und Geschlechtsteile sind abgeschnitten, so haben wir sie im Keller des Gerichtsgebäudes von Tarnopol gefunden, und außerdem haben wir 2000 Ukrainer und Volksdeutsche auch so zugerichtet gefunden. ... Ich bitte Euch, liebe Eltern, macht das bekannt, auch der Vater in der Ortsgruppe. Sollten Zweifel bestehen, wir bringen Fotos mit. Da gibt es keine Zweifel. Viele Grüße, Euer Sohn Franzl.«[17]

Die »Leichenbergpropaganda« rief bei vielen Deutschen Erschütterung und Angst um die an der Ostfront eingesetzten

Angehörigen hervor. Zugleich mobilisierte sie die deutsche Bevölkerung, und das war das erklärte Ziel dieser Kampagne. In einem SD-Bericht heißt es dazu, es gehe darum, daß »auch der letzte Volksgenosse durch dieses nüchterne Tatsachenmaterial von der Gefahr des jüdischen Bolschewismus überzeugt werde und den letzten Sinn des deutschen Kampfes handgreiflich vor Augen geführt bekomme«.[18] In einem SD-Bericht wurde angemerkt, aufgrund der Meldungen über die sowjetischen Massaker verbreite sich »bei vielen Volksgenossen die Empfindung von der Grausamkeit dieses Krieges und des Krieges überhaupt«.[19] Darüber hinaus weckte diese Propaganda das Verlangen nach Vergeltung. So heißt es in einem SD-Bericht vom 24. Juli 1941:

> »Die Greueltaten der GPU und der bolschewistischen Soldateska gegenüber der Zivilbevölkerung seien nachhaltig und lebhaft besprochen worden.... Mit lebhafter Zustimmung wurden die Bilder von der Inhaftierung der am Mordwerk beteiligten Juden aufgenommen und zum Ausdruck gebracht, daß mit diesen noch viel zu loyal umgegangen würde. Die Bildfolgen vom Zwangseinsatz der Juden zu Aufräumungsarbeiten seien überall mit großer Freude aufgenommen worden. Nach einer Meldung aus Lothringen hätten diese Szenen vielfach sogar bei der lothringischen Bevölkerung Zustimmung gefunden (Metz). Die Lynchjustiz der Rigaer Bevölkerung an ihren Peinigern werde mit aufmunternden Ausrufen begleitet.«[20]

Eine Woche später hieß es im SD-Bericht: »Von den Greueltaten der GPU in Lemberg sei man wieder aufs heftigste erschüttert worden.... Vereinzelt taucht die Frage auf, ob auch diese Untaten mit der nötigen Härte gesühnt werden.«[21] Luise G. aus Frankfurt-Ginnheim schilderte in einem Brief ihr Entsetzen über die sowjetischen Verbrechen und fuhr fort:

»Ich weiß nur nicht, warum die Regierung hier noch so tolerant mit den Juden umgeht! Alle sollten massiert werden an einem Orte, wo sie nicht schaden können.«[22] Mit einem Wort, die »Leichenbergpropaganda« förderte im Reich ein Klima, in dem ein hartes und grausames Vorgehen gegen echte (Parteifunktionäre und Politkommissare) und angebliche (die jüdische Bevölkerung als ganze) Träger des sowjetischen Kommunismus gerechtfertigt erschien.

Nach mehreren Wochen intensiver antisowjetischer und antijüdischer Propaganda, in der aufwühlende Bilder und Berichte von sowjetischen Massakern im Vordergrund standen, stellte sich heraus, daß ihre Wirkung nachließ. Am 7. August 1941 meldete der SD über die Wirkung der »Aufnahmen von den Mordtaten der Bolschewisten«, daß man »nun von diesen Aufnahmen genug habe, da ihre Wirkung unvergeßlich sei und nicht mehr überboten werden könne«. Dem stünden jedoch »noch mindestens ebensoviele, wenn nicht mehr Äußerungen gegenüber, wonach solche Aufnahmen immer wieder gebracht werden müssen«.[23] Vier Tage später berichtete der SD: »Die Aufnahmen der von der GPU Ermordeten ... hätten an Wirkung nachgelassen, wie aus allen Teilen des Reichsgebietes gemeldet wird, nachdem sie nun in jeder Wochenschau gezeigt worden seien.«[24]

Bereits am 21. August vermeldete der SD aber nicht nur die nachlassende Wirksamkeit der Greuelnachrichten, sondern auch Ablehnung: »Die Aufnahmen der GPU-Morde werden nunmehr immer stärker abgelehnt, wie aus dem ganzen Reichsgebiet berichtet wird, mit der Begründung, der nachhaltige Eindruck dieser Bildstreifen der bisherigen Wochenschauen könne nicht überboten werden.«[25] Diese Ablehnung zwang Goebbels, die »Leichenbergpropaganda« weitgehend einzustellen. Ab Ende August 1941 spielte das Thema in der NS-Propaganda keine große Rolle mehr. Die NS-Propagandisten hatten feststellen müssen, daß die Aufnahmefähigkeit der deutschen Bevölkerung für grausame Bilder an ihre Grenze gestoßen war.

Ähnlich wie im Reich instrumentalisierten die Nationalsozialisten die sowjetischen Verbrechen in den besetzten Gebieten, und zwar sowohl im Westen als auch im Osten, das heißt im Generalgouvernement, in der Ukraine, in Weißrußland und in den baltischen Staaten. Auch hier lief die Propaganda auf Hochtouren. Im Generalgouvernement waren in den ersten Monaten des deutsch-sowjetischen Krieges die sowjetischen Verbrechen das Hauptthema der NS-Propaganda. In den polnischen, ukrainischen und deutschen Zeitungen erschienen unzählige Artikel und Fotos mit teilweise sehr drastischen Szenen. In den Kinos zeigte man Filmberichte über die grausigen Funde. Man »informierte« die Bevölkerung mit Hilfe von Plakaten und Broschüren und verteilte Flugblätter in ukrainischer, polnischer und russischer Sprache.[26]

Die NS-Propaganda klagte das sowjetisch-kommunistische Regime an und stellte NS-Deutschland als Retter und Erlöser dar, der dem sowjetischen Unrecht ein Ende bereitet hatte. Ähnlich wie in Deutschland stilisierte man den Krieg gegen die Sowjetunion zum Kreuzzug gegen blutrünstige Bolschewiken. Im Generalgouvernement konnte allerdings nicht verheimlicht werden, daß unter den Opfern auch viele Polen waren. Andernfalls wäre der propagandistische Effekt bei den Polen gleich null gewesen. Daß auch Juden ermordet worden waren, verschwieg man jedoch. Statt dessen stellte man die Juden ausschließlich als Helfershelfer der Sowjets und Mitschuldige an den Massenmorden dar. In der polnischsprachigen Zeitung *Nowy Kurier Warszawski*, zum Beispiel, erschien am 9. Juli 1941 ein Artikel über die sowjetischen Verbrechen in Lemberg unter der dramatischen Überschrift: »Das Blut spritzte an die Decke. Bolschewiken folterten Polen und Ukrainer zu Tode, die von der Judeo-Kommune denunziert worden waren.«[27] Zudem benutzte die

NS-Propaganda die sowjetischen Massaker dazu, den Antisemitismus zu schüren und so die jüdische Bevölkerung noch mehr von der nichtjüdischen zu isolieren.

Die Wucht der Bilder und Nachrichten über die Massaker sowie die parallel laufende NS-Propaganda blieben nicht ohne Wirkung. So stellte Goebbels bereits am 11. Juli 1941 zufrieden fest: »Die starke propagandistische Herausstellung unseres Kampfes gegen den Bolschewismus im Zusammenhang mit der Judenfrage hat in den ganzen besetzten Gebieten besonders eindringlich gewirkt.«[28] Dies ist für das besetzte Polen auch durch andere Quellen belegt. In einem Lagebericht der polnischen Widerstandsbewegung für die Zeit vom 15. August bis 15. November 1941 heißt es: »Die Welle des Antisemitismus, die zuvor unter dem Einfluß der Nachrichten über das Verhalten von Juden unter der sowjetischen Besatzung angestiegen war, ist in jüngster Zeit aufgrund des grimmigen Schicksals, das dieses Volk zu erleiden hat, zurückgegangen.«[29] Emanuel Ringelblum bestätigt diese Beobachtung:

> »Zum Entstehen des feindlichen Verhältnisses zu den Juden trugen die Remigranten aus den östlichen Städten Polens, die von den Deutschen besetzt waren, bei. ... Laut Mitteilungen eines Augenzeugen erzählten die Repatrianten in den Zügen unglaubliche Geschichten über Grausamkeiten, welche Juden während der bolschewistischen Herrschaft an den Polen begangen *hatten*, und freuten sich, daß Hitler jetzt mit den Juden Ordnung machen und ihnen für alles heimzahlen werde.«[30]

Offenbar verstärkte die Mundpropaganda unter den Polen, ähnlich wie die Feldpostbriefe es im Reich taten, die Wirkung der antisowjetischen und antijüdischen NS-Propaganda.

Goebbels bemühte sich darüber hinaus, Informationen

über die sowjetischen Verbrechen an die internationale Öffentlichkeit zu bringen. Journalisten aus neutralen Staaten, wie der Schweiz, Portugal und Schweden, wurden nach Lemberg und in andere Orte eingeladen. In Stryj und Sambor wurden Mitarbeiter des Internationalen Roten Kreuzes als Beobachter zu den Exhumierungsarbeiten hinzugebeten.[31] Auf diese Weise erfuhr die internationale Öffentlichkeit von den Verbrechen.

Aufgrund der massiven Anschuldigungen waren die Sowjets gezwungen zu reagieren. Schließlich bemühten sie sich zu dieser Zeit um Verbündete und internationale Unterstützung im Kampf gegen NS-Deutschland. Nachrichten über Massaker waren dabei alles andere als hilfreich. Die Sowjets reagierten auf die Berichte ähnlich wie später im Fall Katyn, das heißt, sie drehten den Spieß um, indem sie den Deutschen ihrerseits vorwarfen, sie hätten diese Massenmorde begangen und wollten sie jetzt den Sowjets in die Schuhe schieben. Goebbels trug am 10. Juli 1941 in sein Tagebuch ein: »Das, was wir den Bolschewiken in den letzten Tagen an zum Himmel schreienden Greueltaten in Lemberg und Luck nachgewiesen haben, bringen sie nun einfach als deutsche Greueltaten, sozusagen mit umgekehrten Vorzeichen.«[32] Die potentiellen Verbündeten, hier vor allem die Briten, hatten die Wahl, der sowjetischen Propaganda zu glauben oder die Berichte zu ignorieren. Kein Wunder, daß das Thema im Westen bald in Vergessenheit geriet.

Paradoxerweise wirkt sich diese sowjetische Kampagne bis heute aus. So werden zahlreiche Aufnahmen, die sowjetische Verbrechen zeigen, noch heute in vielen Archiven und Büchern als Belege für NS-Verbrechen deklariert und veröffentlicht. Auf die Spitze trieben dies die Organisatoren der Wanderausstellung »Vernichtungskrieg. Verbrechen der Wehrmacht 1941–1944«, in der diese Aufnahmen sogar eine Schlüsselrolle spielten.[33]

Reaktionen deutscher Soldaten

Im Reich stützten Feldpostbriefe die Glaubwürdigkeit der Propaganda. Daher ist die Frage von Bedeutung, wie die deutschen Soldaten die sowjetischen Verbrechen wahrnahmen und auf sie reagierten. Sie waren schließlich unmittelbar mit ihnen konfrontiert, und nicht selten gehörten Kameraden von ihnen zu den Opfern.

Deutsche Soldaten als Augenzeugen

Grundlage für die folgenden Überlegungen sind zeitgenössische Aussagen, vor allem Feldpostbriefe deutscher Soldaten. Diese Quellengattung hat in den letzten Jahren besonderen Wert gewonnen, denn wegen ihrer Nähe zum Geschehen ermöglicht sie es, die damaligen Gefühle und Einstellungen relativ genau nachzuvollziehen.[34] Kurz, Feldpostbriefe können »behaupten, vergleichsweise direkt zu sprechen«, und lassen die Geschehnisse »von unten« nachbilden.[35]

Die Nachrichten über die sowjetischen Verbrechen verbreiteten sich blitzschnell in der Truppe. Manchmal waren deutsche Soldaten diejenigen, die sie entdeckten, wie zum Beispiel in Łuck. Die Wehrmachtsführung hatte gegen die Besichtigung der Mordstätten nichts einzuwenden. Im Gegenteil, der Anblick von Leichenbergen schürte bei den Soldaten den Haß auf die Sowjets und motivierte sie für den Kampf gegen die Sowjetunion. Auf die Nachricht über das Massaker in Lemberg wurden die 1. und 4. Gebirgsdivision angewiesen, »ihre Wort- und Bildberichter auf diese Greueltat anzusetzen«.[36] Der Führer des III. Bataillons der 1. Gebirgsdivision empfahl seinen Soldaten, sich die Gefängnisse in Lemberg anzusehen, »um die Notwendigkeit des Kampfes gegen die ›jüdisch-kommunistische Verbrecherbande‹ – die Rote Armee – zu erkennen«.[37] Tausende von deutschen Soldaten besuchten in diesen Wochen Gefängnisse und andere

Orte, an denen Massengräber entdeckt worden waren. Im ehemaligen Ostpolen gab es Hunderte solcher Stätten.

Meinrad von Ow rückte am 8. Juli 1941 mit seiner Einheit in Czortków in der heutigen Westukraine ein. Einen Tag später schrieb er seinem Vater:

> »Erst gestern wieder kamen wir um 5 Uhr früh in das große Gefängnis einer kleinen Stadt, wo wir Entsetzliches vorfanden. Überall lagen Ermordete, teils halbverscharrt, teils noch an der Wand der Erschießung, teils furchtbar verstümmelt. Größtenteils waren sie erst in den letzten Tagen umgebracht worden, viele aber auch schon vor dem Feldzug. Sie wurden dann von den Juden, die sie den Russen denunziert hatten, in Särge gelegt, und nachmittags bewegte sich ein großer Leichenzug durch die Stadt. Das ist aber kein Einzelfall, und wenn man es nicht mit eigenen Augen sähe, würde man es nicht glauben.«[38]

Von Ow war beim Anblick der Leichenberge schlecht geworden, und er hatte den Tatort sofort wieder verlassen. Am nächsten Tag machte er Fotos vom Begräbnis der NKWD-Opfer.[39] Ähnlich wie von Ow waren Tausende von deutschen Soldaten mit Leichenbergen konfrontiert. Viele (etwa zehn Prozent) besaßen einen eigenen Fotoapparat,[40] mit dem sie die grauenhaften Szenen fotografierten. Dies berichten übereinstimmend polnische, ukrainische, jüdische und nicht zuletzt deutsche Augenzeugen. Leontyna Terlecka aus Złoczów etwa war Fotografin. Ihr Bruder war Ende Juni 1941 zusammen mit rund siebenhundert anderen Häftlingen im NKWD-Gefängnis in der Zitadelle von Złoczów ermordet worden, und sie erhielt nun von einem deutschen Offizier den Auftrag, die freigelegten Massengräber und exhumierten Leichen zu fotografieren. Dabei sah sie Hunderte von deutschen Soldaten, welche die Mordstätte besuchten; viele von ihnen schossen Fotos.[41] Ähnliche Aussagen gibt es auch für andere Orte.[42]

Auf diese Art und Weise wurden die sowjetischen Verbrechen durch Abertausende von Fotos dokumentiert. Dies ist eine bemerkenswerte Ausnahme in der Geschichte der kommunistischen Verbrechen. Daher ist die folgende Feststellung von Stéphane Courtois falsch: »Die Sieger von Nürnberg konnten die Tausende von Leichen im Lager Bergen-Belsen nach Belieben fotografieren und filmen ... Nichts dergleichen für die kommunistische Welt, in der der Terror das bestgehütete Geheimnis war.«[43]

Abgesehen von den Fotos, schrieben deutsche Soldaten Tausende von Feldpostbriefen an Angehörige, Freunde und Arbeitskollegen in der Heimat, in denen sie diese Ereignisse schilderten. Viele der Briefe sind heute der Forschung zugänglich.[44] Aus ihnen und aus Nachkriegserinnerungen läßt sich rekonstruieren, wie die deutschen Soldaten auf die Verbrechen reagierten. Bruno Brehm beispielsweise schildert in einem autobiographischen Roman die Besichtigung der Zitadelle von Złoczów:

> »Auf der Straße vor Zloczow stießen sie auf weinende Frauen. Eine ganze Prozession schluchzender Frauen wankte aus einem Seitenweg auf die Chaussee. Der Wagen mußte abbremsen. Herbert fragte, was los sei. Die Frauen deuteten zu einem Gebäude auf einer Höhe rechts der Straße, das ehemals wohl ein Schloß und ... jetzt ein Gefängnis war. ... Herbert stieg aus und bat den Rittmeister, mitzukommen. Auf dem schmalen Fußweg kamen ihnen noch immer weinende Frauen in weißen Kopftüchern, aber auch städtisch gekleidete Frauen mit Hüten entgegen, alle mit Zeichen des Schreckens in den tränenfeuchten Gesichtern.
>
> Ein süßlicher, ekelerregender Geruch wehte ihm entge-

gen. Der ehemalige Wallgraben war aufgewühlt, und Männer hoben Tote aus der aufgeworfenen Erde, die, schon verwesend, den Gräbern gegenüber an den anderen Hang des Grabens gelehnt waren. Weiter! Weiter! Herbert drängte sich an weinenden Frauen und Kindern vorbei in den Hof des Gefängnisses. Schwaden grauenerregenden Geruches wehten ihm entgegen. Tausende von Fliegen summten über den acht oder zehn langen Reihen der Toten, die hier ausgelegt waren und zwischen denen gebeugte Frauen schlichen und unter den Toten ihre Männer und Söhne suchten. Eine alte weißhaarige Dame packte Herbert beim Arm: ›Mein Mann ist in der österreichischen Armee Stabsarzt gewesen. Dort drüben liegt er mit seinen beiden Söhnen! Sie haben, bevor sie abgezogen sind, die ganze ukrainische Intelligenz umgebracht – und fast alle verstümmelt!‹ Herbert wagte nicht hinzusehen, das Grauen schüttelte ihn, aber er mußte es wahrnehmen: Zwischen den gespreizten Beinen der Männer klafften große, rote Wunden. ›Dort unten‹, sagte jemand zu ihm, ›im Marodenzimmer [sic!] des Arrests, haben sie die Armen verstümmelt, und dann erst haben sie die Leute erschossen.‹ Herbert zitterte am ganzen Körper. Übelkeit schnürte den Hals zusammen. ›Komm, gehen wir, das kann kein Mensch ertragen! Diese verfluchten, diese verdammten Mörder!‹«[45]

Ähnlich wie Bruno Brehms Romanfigur dachten und empfanden viele deutsche Soldaten, die in diesen Tagen ähnliche Szenen erlebten. Der Gefreite Ferdinand B. schrieb am 3. Juli 1941: »Gestern zogen wir durch eine größere Stadt, an einem Gefängnis vorbei. Es stank schon von weitem unheimlich nach Leichen. … Drinnen lagen 8000 [sic!] tote gefangene Zivilisten, erschlagen, ermordet, keineswegs erschossen, ein Blutbad, das die Bolschewiken kurz vor ihrem Abzug anrichteten. In einer anderen Stadt ganz ähnliche Fälle, vielleicht noch grausamer.«[46] Ein anderer Soldat fragte sich: »Wenn schon ungezählte Tausende eigener Bewohner der Sowjets hingemordet werden, und Ukrainer, ein Volk ohne Schutz, bestialisch verstümmelt und getötet werden, was hätte man erst mit den Deutschen gemacht?«[47] Major Sch. berichtete über sowjetische Massenmorde in der Westukraine und stellte fest: »Bolschewiken sind Bestien. Wie sie die Gefangenen gemartert haben – zum Beispiel hier in diesem kleinen Nest – kann und will man nicht glauben. Vieh – restloses Vieh.«[48] Der Gefreite Alfred H. schrieb aus Wilna: »Da haben wir schreckliche Sachen gesehen, da standen einem manchmal die Haare zu Berg. Verstümmelte Menschen, die von den Russen gemartert worden sind. Das ist wirklich schrecklich, daß der Herrgott alles so zulassen kann.«[49]

Nicht wenige Soldaten empfanden Erleichterung, denn viele von ihnen – wahrscheinlich die meisten – glaubten, daß Deutschland mit dem Überfall auf die UdSSR einem Angriff der Roten Armee zuvorgekommen sei, wie die offizielle NS-Propaganda immer wieder behauptete.[50] Der »Präventivangriff«, so die Überlegung, habe das deutsche Volk vor den »blutrünstigen Horden« der Sowjets gerettet. Exemplarisch hierfür ist ein Brief von Hauptmann Dr. jur. Herbert Sch.: »Was Euch Frauen von diesen Horden passiert wäre, wenn sie nach Deutschland gekommen wären, ist entsetzlich. Sie kennen kein Erbarmen.«[51] Ein anderer Soldat schrieb: »Die Horden müssen vernichtet werden – denn die Heimat soll nicht jene Schrecken erleben, wie manche Menschen hier.«[52]

Folgerichtig war der Krieg gegen die Sowjetunion in den Augen vieler Soldaten nicht nur legitim, sondern für die Rettung Deutschlands absolut notwendig. Heinz B., zum Beispiel, schrieb: »Das deutsche Volk hat aber eine gewaltige Verpflichtung unserem Führer gegenüber, denn wenn diese

Bestien, die hier unsere Gegner sind, nach Deutschland gekommen wären, wäre ein Morden eingetreten, wie es die Welt noch nicht gesehen hatte.«[53] Ähnlich sah es ein anderer Soldat: »Kostet es auch Opfer, daß der Führer wieder rechtzeitig die Gefahr erkannte, die Auseinandersetzung mußte kommen. Deutschland, wo bliebst du sonst, wären diese bestialischen, hirnverkleisterten Horden in unsere Heimat eingedrungen?«[54] Der Gefreite Heinz Sch. schrieb: »Wenn diese Bestien zu uns gekommen wären, dann arme Heimat! Für diese tun wir unsere Pflicht wie auch Ihr sie 1914/15 getan habt.«[55] Der Gefreite Paul Sch. teilte seinen Angehörigen im Reich mit: »Daß Russen beabsichtigten, in Deutschland einzufallen, haben wir am besten nach Überschreiten der Grenze gesehen, es waren dort Unmengen von Panzern zusammengezogen, um nach Deutschland vorzustoßen. Wir dürfen froh sein, daß es ihnen nicht gelungen ist, es wäre furchtbar gewesen.«[56]

Darüber hinaus betrachteten sich viele Soldaten als Befreier der Völker vom kommunistischen Joch. Darin bestärkte sie die Reaktion breiter Teile der einheimischen Bevölkerung. Ukrainer, Polen, Weißrussen, Litauer waren froh und sogar glücklich, daß dem sowjetischen Terror ein Ende bereitet wurde. Józef Anczarski notierte am 23. Juni 1941: »Die Menschen sind betrunken vor Freude. Alle sind überzeugt, daß das Ende der Sowjetunion nah und unvermeidlich ist.... Die Polen freuen sich. Die sowjetischen Verbrecher haben viele von uns ermordet. ... Die Ukrainer fahren beinah aus der Haut vor Freude. Sie werden eine unabhängige und freie Ukraine haben. Sie sind von Glück und Freude überwältigt.«[57] So wie Polen und Ukrainer empfand vermutlich die Mehrheit der einheimischen Bevölkerung in den ehemaligen ostpolnischen Gebieten.

Eine Ausnahme bildeten die Juden, die etwa zehn Prozent der Gesamtbevölkerung ausmachten, sowie diejenigen, die mit den Sowjets zusammengearbeitet hatten. Sie fürchteten Repression und Verfolgung. Anczarski trug am 29. Juni 1941 in sein Tagebuch ein: »Ich habe heute mit einem Juden mittleren Alters gesprochen. Er ist völlig entsetzt. Seine Hände zittern. Hitler kommt. Er werde die Juden ermorden, für sie gebe es keine Rettung. Ich versuche ihn zu beruhigen. ... Im Inneren gebe ich meinem jüdischen Gesprächspartner recht. Wenn die Deutschen zu uns kommen, könnte es ihnen schlecht ergehen.«[58] Ein jüdischer Augenzeuge aus Lemberg notierte am 22. Juni 1941 über die Stimmung nach Kriegsausbruch: »Die Juden sind entsetzt. ... Bei den Polen ist die Stimmung unterschiedlich, aber es überwiegt die Schadenfreude gegenüber Juden, Bolschewiken und Russen.«[59]

Den deutschen Soldaten besonders dankbar waren die von ihnen geretteten Opfer des sowjetischen Terrors, wie der oben zitierte Bericht von Mieczysław Ogrodowczyk belegt, dem zufolge die Gefangenen in ihrem Freudentaumel sogar »Heil Hitler!« riefen. Joanna Stankiewicz-Januszczak wurde im Frühjahr 1940 in Lida verhaftet und saß im Juni 1941 im Gefängnis in Minsk. Sie schrieb in ihr Tagebuch:

> »Wir warten ungeduldig auf den Krieg und beten wie Mickiewicz: ›Um den Krieg der Völker bitten wir Dich, o Herr!‹ Abends brachten sie Vorhänge für die Fenster. Es gibt bereits Luftabwehrübungen. Es ist gut. Vielleicht wird es den ersehnten Krieg geben. ... 24. Juni, Dienstag. ... Wir haben gefrühstückt und Hurra!!! Wir hören das Sausen von Bomben und Schießen. Unser Tor ist zerstört, und Gordijenko [ein Aufseher] ist verletzt. Also, es ist der Krieg!!!«[60]

Anczarski, dessen Verhaftung im Juni 1941 unmittelbar bevorzustehen schien, trug am 21. Juni 1941 in sein Tagebuch ein: »Ich habe einen fatalen Tag gehabt. Ich sitze in der Falle.

… Bevor sie [NKWD-Angehörige] kommen, um mich zu holen, können noch einige Tage vergehen. Sie kommen aber bestimmt.« Einen Tag später schrieb er: »Der überraschende Angriff der Deutschen auf die Sowjetunion rettete mich vor dem Unglück. Ich kniete nieder und dankte Gott für die Errettung.«[61] Diese aus heutiger Sicht paradoxe Haltung drückte Grzegorz Małecki, ein Überlebender des Massakers an den Insassen des Gefängnisses von Sambor, im Sommer 1998 so aus: »Hitler hat mir das Leben gerettet. Ist das nicht verrückt?«[62]

Ist es da verwunderlich, daß sich viele deutsche Soldaten als Befreier und Retter der einheimischen Bevölkerung ansahen? Schließlich wurden sie auf Schritt und Tritt von der einheimischen Bevölkerung in dieser Meinung bestärkt. Der bereits zitierte Meinrad von Ow schrieb seinem Vater am 9. Juli 1941: »Die Bevölkerung – Polen und Ukrainer – sind sehr froh über unser Kommen, und unser Wagen ist meist mit Rosen geschmückt.«[63] Unteroffizier Heinz H. berichtete: »Wir haben in diesen Gebieten überall einen herzlichen Empfang, manchmal sogar Standarten mit Hakenkreuzen. Dazu fröhliche Gesichter, Menschen, die glücklich sind, dem bolschewistischen Joch und Terror entronnen zu sein!«[64] Ein anderer Soldat schrieb am 17. Juli 1941:

> »Du kannst Dir vorstellen, daß diese geplagten Menschen unsere Ankunft in der Mehrzahl begrüßten. Die Frauen kamen und brachten uns ihre letzte Milch. Viel mehr besaßen sie ja nicht. Und die Frage: Kommen die Bolschewiken zurück, bleibt ihr hier, vertreibt ihr die Machthaber (meistens Juden) noch weiter? Und wenn wir sagten: bis Moskau: ›Dobsche, Dobsche‹, gut, gut, mit der bezeichnenden Halsabschneiderbewegung.«[65]

Auch andere zeitgenössische Dokumente spiegeln diese positive Einstellung großer Teile der einheimischen Bevölkerung gegenüber den einrückenden deutschen Truppen wider. Der Befehlshaber der Sicherheitspolizei und des SD im Generalgouvernement meldete Ende Juni 1941, »daß die polnische Bevölkerung im russischen Interessengebiet überall große Befriedigung über den deutschen Einmarsch zeigt. In verschiedenen Dörfern wurden für die deutschen Truppen Triumphbogen errichtet.«[66] Ein jüdischer Augenzeuge aus Lemberg notierte, daß er am 30. Juni 1941 deutsche Soldaten mit Blumen gesehen habe.[67] Ähnliches berichteten andere jüdische Augenzeuge aus Lemberg insbesondere über die Einstellung der ukrainischen Bevölkerung.[68]

Dementsprechend selbstbewußt war das Auftreten der deutschen Soldaten. Sie fühlten sich als Befreier der einheimischen Bevölkerung vom sowjetischen Joch. Joanna Stankiewicz-Januszczak, die den Todesmarsch aus Minsk überlebt hatte, begegnete zusammen mit zwei Leidensgenossinnen auf ihrem Weg nach Hause deutschen Soldaten und schrieb in ihr Tagebuch:

> »1. Juli, Dienstag. ... Bereits in Piotrowicze treffen wir auf Deutsche. Sie sind sehr herzlich und treten als unsere Retter auf; sie machen ständig Fotos von uns und geben uns Lebensmittel, von denen wir bisher nicht einmal geträumt haben. Wir sind glücklich. Wala spricht mit ihnen, weil sie Deutsch kann ... Wir erreichen Opaczko und verbringen dort die Nacht vom 1. auf den 2. Juli 1941 in einer Schule. Die Deutschen sind nett. Sie unterhalten sich mit uns. Wir sagen ihnen, daß wir politische Gefangene sind, und erzählen ihnen alles, die ganze Hölle. ...
>
> 2. Juli, Mittwoch. Nach dem Treffen mit den Deutschen fühlten wir uns sicher, und wir waren nicht mehr hungrig.«[69]

Über fünfzig Jahre später versucht Frau Stankiewicz-Januszczak ihre damaligen Gefühle gegenüber den Deutschen zu erklären:

»Wir berauschten uns an der Freiheit und der Güte der Deutschen, die sich damals von den Deutschen unterschieden, die wir später kennengelernt haben. ... Die Deutschen behandelten uns wie Wohltäter ihre Schützlinge, und wir akzeptierten das; wir ließen ihnen gegenüber unseren ganzen Haß auf die Sowjets heraus. Damals haben wir vergessen, daß die Deutschen nicht nur den Krieg begonnen hatten, durch den wir die Freiheit erlangten, um die wir im Gefängnis gebetet hatten, sondern auch jenen Krieg, der uns ins Gefängnis gebracht hatte. ... Sicherlich befinden sich noch heute in Archiven Filme und Fotos, die sie damals von uns gemacht haben und auf denen sie als Retter des polnischen Volks im Osten auftreten, eines Volks, das unter der sowjetischen Besatzung zumindest vorübergehend vergaß, daß die Deutschen gemeinsam mit den Sowjets die Tragödie verursacht hatten, von der das polnische Volk heimgesucht wurde. Ich persönlich war so berauscht von der wiedergewonnenen Freiheit, daß ich überhaupt nicht mehr daran dachte, daß die Deutschen in den ersten Kriegstagen meinen Vater getötet hatten.«[70]

Ein polnischer Augenzeuge schildert die Exhumierung von NKWD-Opfern in Sambor:

»Zwischen den Leichen gingen deutsche Soldaten – noch umgeben vom Nimbus des Retters, des Befreiers von der schrecklichen sowjetischen Besatzung. Sie machten denen, die kamen, um ihre ermordeten Angehörigen zu identifizieren, keine Schwierigkeiten. Konnten sich die Deutschen einen besseren Propagandasieg vorstellen? Sie repräsentierten das zivilisierte Europa, und hier war der Beweis für die bolschewistische Barbarei.«[71]

Ein Soldat der SS-Division »Wiking« schrieb aus Lemberg: »Inzwischen sind aber schon sieben Kriegstage vergangen. Diese Tage benutzte das rote Mordgesindel zu unglaublichen Greueltaten an deutschfreundlichen Ukrainern und Polen. Man schlachtete alles ab. Viele Keller waren bis zum Rand mit Leichen angefüllt. Die noch überlebende Bevölkerung jubelte uns zu. Endlich war die Stunde der Befreiung nach zweijährigem Bolschewistenjoch gekommen.«[72]

Die Sowjets betrachteten die freundliche Begrüßung der deutschen Truppen durch große Teile der ukrainischen, polnischen, lettischen und litauischen Bevölkerung als Verrat, was kaum überraschen dürfte. Verwunderlich ist jedoch, daß noch heute viele westliche Historiker einen ähnlichen Standpunkt einnehmen, vermutlich, weil die Sowjets auf der »richtigen« Seite kämpften, das heißt mit den Guten (den Alliierten) gegen die Bösen (das Hitler-Regime). Daß dies erst seit dem 22. Juni 1941 zutraf, wird häufig ebenso übersehen wie der sowjetische Terror der Jahre 1939 bis 1941 in den ehemaligen ostpolnischen Gebieten, Bessarabien, Litauen oder Lettland. Selbst in Polen wird die Tatsache, daß im Sommer 1941 breite Kreise der polnischen Bevölkerung froh waren, von der sowjetischen Gewaltherrschaft befreit zu werden, immer noch fast verschämt verschwiegen. Man vergißt dabei, daß der NS-Terror in Polen seinen Höhepunkt in den Jahren 1942 bis 1944 erreichte. Zwischen 1939 und 1941 dagegen war der sowjetische Terror in Ostpolen mit dem NS-Terror im deutsch besetzten Polen vergleichbar. Ist es da verwunderlich, daß im Sommer 1941 viele Polen, die unter der sowjetischen Besatzung gelitten hatten, in den deutschen Besatzern anfangs das kleinere Übel sahen? Dies galt noch mehr für Ukrainer, Litauer und Letten, die hofften, die deutschen Truppen würden ihnen die Unabhängigkeit bringen.

Die deutschen Soldaten fühlten sich aber nicht nur als Retter und Befreier, sondern auch als Rächer. So wurde in Łuck, wie bereits erwähnt, ein sowjetischer Staatsanwalt, der sich unter den überlebenden Gefangenen befand, auf Veranlassung der deutschen Soldaten an Ort und Stelle getötet.[73] Joanna Stankiewicz-Januszczak schilderte am 4. Juli 1941 eine Begegnung mit deutschen Offizieren: »Die Stabsoffiziere sprechen französisch, endlich kann auch ich alles erzählen, was wir erlebt haben. Wir klagen sehr über die Sowjets. Sie versprechen, uns zu rächen. ... Im Stab haben wir erfahren, daß heute 30 000 sowjetische Soldaten gefangengenommen wurden. Politkommissare wurden erschossen.«[74]

Wie gezeigt, reagierten die deutschen Soldaten auf die Konfrontation mit den sowjetischen Verbrechen und ihren Opfern mit Entsetzen und Erschütterung, mit Erleichterung darüber, daß man den Sowjets zuvorgekommen war, sowie mit Haß und Verachtung gegenüber den tatsächlichen und vermeintlichen Verantwortlichen für die Verbrechen und mit dem Verlangen nach Vergeltung. Unter den damaligen Umständen trugen diese Empfindungen zweifellos zur Radikalisierung des Krieges gegen die Sowjetunion bei. Viele deutsche Soldaten kannten nun kein Mitleid mehr mit den echten und angeblichen Trägern des sowjetischen Systems und akzeptierten und befürworteten sogar ein hartes Vorgehen gegen sie. Heinz Haase, der als zwanzigjähriger Soldat die Exhumierung von NKWD-Opfern in Złoczów miterlebt hatte, wurde im November 1999 gefragt, wie er auf diesen Anblick reagiert habe. Er antworte: »Damals habe ich das Sowjetsystem hassen gelernt.«[75]

Die Behandlung deutscher Kriegsgefangener und die Aktivitäten von Heckenschützen

Verachtung und Haß auf tatsächliche und vermeintliche sowjetische Täter und das Verlangen nach Vergeltung, das viele deutsche Soldaten beim Anblick der Leichenberge in den Gefängnissen empfanden, wurden in diesen Tagen durch weitere Faktoren radikalisiert: durch die völkerrechtswidrige Behandlung kriegsgefangener deutscher Soldaten und durch Angriffe von Heckenschützen.

In den ersten Kriegsmonaten gerieten nicht nur Millionen sowjetischer Soldaten in deutsche Kriegsgefangenschaft, deren Massentod inzwischen relativ gut erforscht ist. Umgekehrt kamen auch deutsche Soldaten in sowjetische Gefangenschaft: abgeschossene deutsche Flieger, zu weit vorgerückte Spähtrupps oder kleinere Gruppen, die von versprengten Rotarmisten aus dem Hinterhalt angegriffen worden waren. Der russische Historiker Nikita Petrov schreibt: »Die gefangengenommenen Deutschen wurden [in den Jahren 1941–1943] zum großen Teil erschossen. Dafür gibt es eine Reihe von Zeugnissen.«[76] Es kam auch vor, daß kriegsgefangene Deutsche zusammen mit Gefängnisinsassen ermordet wurden, wie in Drohobycz, Tarnopol, Lemberg und Łuck.[77] Maria K., die im Dorf Dublany in der Nähe von Sambor lebte, schrieb am 23. Juli 1941 in ihr Tagebuch:

> »Am Sonntag [dem 28. Juni 1941] erlebten wir schreckliche Augenblicke. Flugzeuge flogen tief und schossen. Im Dorf erschien eine deutsche Patrouille. Sowjetische Soldaten erschossen zwei Deutsche und nahmen vier gefangen. Wie die Sowjets die deutschen Soldaten quälten, mit Gewehrkolben schlugen, mit Bajonetten auf sie einstachen und ihnen die Hände brachen, erzählten uns später zwei junge Männer, Kacper Krokosiński und Wojciech Szczepański. Die Russen nahmen die beiden fest, als sie von

unserem Haus in ihre Häuser zu gelangen versuchten. Sie nahmen die beiden dann zum Dorf Tatary mit. Nach einem Streit darüber, ob man sie erschießen sollte, ließ man sie schließlich frei. Die Deutschen nahmen die Bolschewiken weiter mit.«[78]

Ein polnischer Überlebender des Todesmarschs von Minsk nach Ihuman von Ende Juni 1941 sagte 1993 aus: »Neben uns marschierten mehrere deutsche Flieger. ... Ich habe gesehen, wie man sie jeweils zu zweit in den Wald abführte und erschoß.«[79] Über den bereits erwähnten Vorfall bei Rozanka vom 27. Juni 1941, bei dem fünf deutsche Soldaten und sechs polnische Zivilisten von Rotarmisten ermordet wurden, sagte ein Dorfbewohner, der Augenzeuge dieses Vorfalls geworden war, später aus:

> »Etwa fünfzehn Minuten verhörte man die deutschen Soldaten. Danach mußten drei oder vier von ihnen ins ... Kornfeld gehen. Dabei wurden diese vier sowie die polnischen Zivilisten von der Seite mit Gewehrschüssen aus nächster Nähe niedergestreckt. Die Leichen ließ man liegen. Sie sind später von Dorfeinwohnern bestattet worden. Ein deutscher Soldat, ich weiß nicht, ob es der Offizier war, blieb dort, wo jetzt die Grabstätte ist. Er wurde umringt und offenbar verhört. Hierbei wurde er gestoßen und mit Gewehrkolben geschlagen. Als er laut aufschrie, wurde der mit etwa zehn Schüssen aus nächster Nähe erschossen. Die Umstehenden ergriffen dann in der Nähe der Grabstätte liegende große Sand- und Kieselsteine und warfen sie nach ihm.«[80]

Die Zahl deutscher Kriegsgefangener, die in den ersten Kriegswochen getötet wurden, geht, vorsichtig geschätzt, in die Hunderte.[81] Im Vergleich zu den Zigtausenden von ermordeten Gefängnisinsassen erscheint diese Zahl relativ klein. Aber der Tod ihrer kriegsgefangenen Kameraden traf die deutschen Soldaten viel härter als der der Gefängnisinsassen. Hinzu kommt, daß die getöteten Kriegsgefangenen oft verstümmelt vorgefunden wurden, etwa mit ausgestochenen Augen und abgeschnittenen Geschlechtsteilen.[82] Dies belegen auch zahlreiche Fotos und Filmaufnahmen, die unter anderem im Filmarchiv des Bundesarchivs in Berlin aufbewahrt werden.

Die Tötung von Kriegsgefangenen war für Rotarmisten nichts Ungewöhnliches. Nach dem Überfall auf Polen im September 1939 kam es beispielsweise zu zahlreichen Ausschreitungen gegenüber gefangenen polnischen Soldaten, die jedoch nicht systematisch geplant und durchgeführt waren. Der Massenmord an polnischen Offizieren im Frühjahr 1940, der Fall Katyn, war dagegen ebenso wie die Ermordung von Gefängnisinsassen im Sommer 1941 ein planmäßig durchgeführtes Staatsverbrechen. Doch diese Verbrechen gingen auf das Konto der politischen Führung (Entscheidung) und des NKWD (Ausführung).

Auch in bezug auf die Tötung deutscher Kriegsgefangener in den ersten Wochen des deutsch-sowjetischen Krieges gibt es keine Hinweise darauf, daß es sich um eine planmäßige Aktion der Sowjets handelte. Im Gegenteil, die sowjetische Führung versuchte offenbar, die Exzesse zu unterbinden. Am 14. Juli 1941 erließ das Volkskommissariat für Verteidigung den Befehl Nr. 020:

> »Rotarmisten und Kommandeure nehmen im Kampf keine Soldaten und Offiziere gefangen. Es sind Fälle vorgekommen, in denen Gefangene erwürgt und erstochen wurden. Ein solches Verhalten gegenüber Gefangenen fügt der Roten Armee politischen Schaden zu; es erbittert die Soldaten der faschistischen Armee, verhindert den Prozeß ih-

rer Zersetzung und bietet dem Offizierskorps der faschistischen Armee einen Vorwand, die Soldaten über die ›Schrecken‹ der Gefangenschaft in der Roten Armee zu belügen und den Widerstand der Soldaten zu stärken.«[83]

Diesem Dokument läßt sich entnehmen, daß die Tötung deutscher Kriegsgefangener die Kriegführung radikalisierte, denn sie »erbittert[e] die Soldaten der faschistischen Armee«. Darüber hinaus ist der Erlaß ein Hinweis darauf, daß die Tötungen nicht von der Zentrale befohlen worden waren. Im Gegenteil, sie waren verboten.

Wie sind die Übergriffe dann zu erklären? Die Ursache dürfte in der sogenannten negativen Motivation zu suchen sein, welche die sowjetische Militärführung gegenüber den eigenen Soldaten anwandte. Wer kein überzeugter Kommunist war, ließ sich nicht so einfach von der Notwendigkeit überzeugen, daß er für die Sowjetunion, den Kommunismus und Genossen Stalin zu kämpfen und zu sterben hatte (positive Motivation). Viele Rotarmisten standen dem Sowjetsystem feindlich gegenüber, wie wohl die meisten eingezogenen Ukrainer, Polen, Tataren, Kosaken und so weiter. Um zu verhindern, daß diese Soldaten freiwillig in Gefangenschaft gingen oder überliefen, griff man zur negativen Motivation, das heißt, man verbreitete, die Deutschen würden keine Gefangenen machen und diejenigen, die in Gefangenschaft gerieten, würden erschossen und verstümmelt. Major Kononow, der Kommandeur des Schützenregiments 436, sagte in deutscher Gefangenschaft im August 1941 aus:

»Die Furcht vor Gefangennahme wird nach wie vor von oben genährt. Gerüchte über unmenschliche Behandlung werden offenbar planmäßig ausgestreut; so zuletzt die Nachricht, daß aus deutscher Gefangenschaft entwichene Rotarmisten beobachtet hätten, wie ein anderer durch zwei deutsche Panzer in Stücke gerissen worden sei. Die Gerüchte werden nicht mehr geglaubt.«[84]

Das Referat Ic des 20. Infanterieregiments berichtete am 30. Juni 1941 über die Vernehmung von Kriegsgefangenen: »Die Angst vor der Gefangennahme ist [bei den Rotarmisten] sehr groß. Ihnen wurde von ihren Führern gesagt, daß sie von den Deutschen mißhandelt und ›zerstückelt‹ würden.«[85] Die Abteilung Ic der 10. Infanteriedivision meldete am 19. Juli 1941: »Am 17. und 18. 7. 1941 wurden bei der Division eine Reihe von Überläufern vernommen ... Fast alle Überläufer stellten sich auf Grund gefundener Flugblätter, die ihnen gute Behandlung versprachen. ... Sämtliche Überläufer berichten, daß ihnen täglich die übelsten Greuelgeschichten über die Behandlung russ. Gefangener durch deutsche Soldaten erzählt werden.«[86]

In der Ereignismeldung Nr. 24 vom 16. Juli 1941 heißt es: »Nach Mitteilung zuverlässiger ukrainischer Kreise befinden sich im russischen Heere zahlreiche Ukrainer, die an sich sofort überlaufen würden. Da ihnen jedoch von den Russen immer wieder eingehämmert wird, sie würden im Falle einer Gefangennahme von den Deutschen sofort erschossen werden, würden sie aus Furcht hiervor von einer Flucht Abstand nehmen.«[87] Zahlreiche andere zeitgenössische Dokumente stimmen mit den angeführten Berichten überein.[88]

Vor diesem Hintergrund verwundert es nicht, daß viele derart »motivierte« Rotarmisten »Rache« an deutschen Soldaten nahmen, wenn sich eine Gelegenheit dazu bot. Dies rief bei den deutschen Soldaten wiederum den Wunsch nach Vergeltung hervor. Rolf N. schrieb am 24. Juli 1941 an seine Angehörigen im Reich: »Ihr könnt Euch keine Vorstellung machen, wie die Roten unsere Gefangenen oder verwundeten Kameraden behandeln, es kommt kaum einer mit dem Leben davon. Aber auch wir werden dann keine Rücksicht nehmen.«[89] Der Gefreite Fritz G. beschreibt die Gefangennahme und Tötung von Kameraden durch die Sowjets: »Einen ... Kradmelder der I. Abteilung haben sie ganz übel zugerichtet. Sehr wahrscheinlich ging es unserem Kameraden nicht besser. Deshalb ist es verständlich, daß wir jeden dieser vertierten Kerle abschießen, der uns in die Hände fällt und irgendwo verdächtig wird.«[90] Erhellend ist Goebbels' Tagebucheintrag vom 16. Juli 1941: »Wir bekommen Nachrichten über ungeheuerliche und unbeschreibliche Greueltaten, die seitens der Bolschewisten jetzt an unseren Gefangenen verübt werden. Briefe von der Front tun dar, daß infolgedessen bei unseren Soldaten eine derartige Wut herrscht, daß fast kein Pardon mehr gegeben ist.«[91] So schrieb Gotthard Heinrici, der Kommandierende General des XXXXIII. Armeekorps, das sich im Sommer 1941 im westlichen Weißrußland auf dem Vormarsch befand, am 6. Juli 1941 aus Kozov in Weißrußland an seine Frau: »Unser vor uns gestandener Russe ist nun vernichtet. Die Angelegenheit ist ungeheuer blutig gewesen. Teilweise wurde überhaupt kein Pardon mehr gegeben. Der Russe benahm sich viehisch gegen unsere Verwundeten. Nun schlugen u. schossen unsere Leute alles tot, was in brauner Uniform umherlief.«[92]

Ein weiterer wichtiger Faktor, der die Haltung vieler deutscher Soldaten gegenüber dem Kriegsgegner radikalisierte, waren die Aktivitäten von Heckenschützen. Es handelte sich dabei um nach heute noch gültigem Kriegsrecht illegale Kämpfer (kommunistische Aktivisten, Komsomolzen, versprengte Rotarmisten und andere), die aus Verstecken heraus deutsche Truppen beschossen. Diese Handlungen waren von den Sowjets von Anfang an planmäßig vorbereitet worden. Die Einsatzgruppe B meldete am 6. Juli 1941: »In Lemberg festgestellt, daß von Russen etwa 12 Agenten zurückgelassen mit dem Auftrag, an Brücken usw. Sabotageakte vorzunehmen. 2 Agenten, die Wehrmachtskabel durchschnitten, festgenommen.«[93] Solche Gruppen wurden auch in anderen Orten gebildet. Im Archiv des ZIH befindet sich der Bericht einer jüdischen Kommunistin aus Tarnopol, die zu einer solchen Gruppe gehört hatte. Sie berichtete nach 1945: »Einige Tage nach dem deutschen Überfall auf die UdSSR wurden mehrere Parteimitglieder und Komsomolzen zur Parteizentrale in Tarnopol beordert. Dort fand ein Gespräch mit einem höheren Offizier der Roten Armee statt. Es wurden zwei Diversionsgruppen aufgestellt, die im Rücken des Feindes operieren sollten.«[94]

Für die Auswirkungen der Aktivitäten der Heckenschützen auf Moral und Haltung der deutschen Soldaten seien einige Beispiele angeführt. So schrieb der Gefreite Ferdinand B., der einer Sanitätskompanie angehörte, am 3. Juli 1941:

> »Gefährlich ist das Heckenschützentum, dem gestern ein SS-Regiment-Kommandeur zum Opfer fiel. Der Mörder soll ein Jude gewesen sein. Du kannst Dir denken, daß so etwas nach Rache schreit, die aber durchgeführt wird. Manche Soldaten, die wir behandelten, hatten schon Verwundungen, die von Heckenschützen herrühren.«[95]

Unteroffizier Heinz H. schrieb am 5. Juli 1941: »Das einzige, worauf man achtgeben muß, sind die verfluchten Heckenschützen. ... Aber glaube mir, diese Herrschaften werden nicht mit sanften Händen angefaßt.«[96] Ein anderer Unteroffizier, Franz D., berichtete: »Aufpassen muß man, es gibt sehr viele Heckenschützen. Haben schon viele Kameraden ihr Leben einbüßen müssen.«[97] Am 4. Juli 1941 schrieb Gotthard Heinrici einen für seine Familie bestimmten Kriegsbericht: »Den russischen Soldaten ist von ihren Führern gesagt worden, sie würden alle von uns erschossen. Statt sich zu ergeben, schießen sie nun hinterrücks auf jeden Deutschen. Das fordert natürlich wieder unsererseits Gegenmaßnahmen heraus, die hart sind. So steigern sich beide Parteien gegenseitig empor, mit der Folge, daß Hekatomben von Menschenopfern gebracht werden.«[98] Auch offizielle deutsche Stellen klagten über die Heckenschützen. In der Londoner *Times* war am 25. Juli 1941 zu lesen:

»Offenbar sind die Deutschen weiterhin über die Hartnäckigkeit der russischen ›Partisanen‹ oder Guerillas hinter den deutschen Einheiten beunruhigt. ... Der beste Beweis für die Wirksamkeit der Guerillataktik dürfte die deutsche Klage sein, diese Art, für das eigene Land zu kämpfen, sei ›unfair‹; gestern noch hatten die deutschen Stellen sie geringschätzig abgetan. Ein weiterer Beweis sind die Berichte von russischer Seite über die rücksichtslosen, brutalen Methoden, mit denen die Deutschen sie auszuschalten versuchen.«

Ich hoffe hinreichend belegt zu haben, daß sowjetische Verbrechen, sei es an Gefängnisinsassen, sei es an deutschen Kriegsgefangenen, sowie Angriffe von Heckenschützen die Haltung der deutschen Soldaten nachhaltig beeinflußten und den Krieg direkt und zunehmend brutalisierten. Der Kommissarbefehl wurde in den Augen vieler Soldaten im nachhinein legitimiert. Immerhin hatte man schon vor dem Überfall auf die UdSSR den eigenen Bruch humanitärer Schutzbestimmungen für Gefangene damit gerechtfertigt, daß »mit einem Verhalten des Feindes nach den Grundsätzen der Menschlichkeit oder des Völkerrechts nicht zu rechnen« sei; vielmehr sei vor allem von den sowjetischen Kommissaren, den »Urhebern barbarisch asiatischer Kampfmethoden«, eine »haßerfüllte, grausame und unmenschliche Behandlung« der deutschen Kriegsgefangenen zu erwarten.[99] Die ersten Kriegswochen bestätigten aus deutscher Sicht diese Erwartung.

In diesem Zusammenhang stellt sich die Frage, warum die bisherige Forschung diese Faktoren (NKWD-Massaker an Gefängnisinsassen, Behandlung deutscher Kriegsgefangener) vernachlässigt beziehungsweise übergangen hat.[100] Hält man sie hinsichtlich der Brutalisierung des Krieges im Osten für nicht relevant, oder handelt es sich um eine Art von Selbstzensur (politische Korrektheit)? Zuweilen gewinnt man auch den Eindruck, daß manche Historiker geneigt sind, Verständnis für das Vorgehen der Sowjets aufzubringen. So erklärte Omar Bartov kürzlich in einem Interview: »Unter den Menschen, die [im Sommer 1941] vom NKWD erschossen wurden, waren ... vor allem aber ukrainische Nationalisten. Der NKWD sah in ihnen potentielle Kollaborateure, und das hat sich *später auch bestätigt* [Hervorhebung B. M.].«[101]

Diese Äußerung läßt sich als Versuch interpretieren, die sowjetischen Massaker zu rechtfertigen. Dazu ist zunächst anzumerken, daß »erschossene ukrainische Nationalisten« unmöglich später, das heißt nachdem sie erschossen worden waren, mit den Deutschen kollaboriert haben können. Darüber hinaus haben die Sowjets damals auch Polen, Balten, Juden und Rumänen ermordet. Am wichtigsten sind hier aber die reichlich vorhandenen Beweise dafür, daß viele Menschen erst durch den sowjetischen Terror gegen die Sowjets aufgebracht und zur Kollaboration mit den Deutschen veranlaßt wurden. Dafür spricht allein schon die Chronologie der Geschehnisse: Zuerst gab es den sowjetischen Terror und die Massaker und erst danach die Kollaboration mit den Deutschen, und nicht umgekehrt. Omar Bartov, der in dieser Hinsicht freilich keine Ausnahme ist, verwechselt Ursache und Wirkung.

Diese Frage eingehend zu erörtern ist aber nicht Aufgabe der vorliegenden Arbeit. Sicher ist jedoch, daß man die sowjetischen Verbrechen nicht übersehen konnte. Man stößt in vielen zeitgenössischen deutschen Dokumenten auf sie, die der Forschung seit Jahrzehnten zugänglich sind.

Die Haltung der deutschen Soldaten und der Wehrmachtsführung gegenüber der Judenverfolgung

In den letzten Jahren fand in Deutschland eine erbittert geführte Debatte über die Rolle der Wehrmacht im Zweiten Weltkrieg und ihre Beteiligung am Holocaust statt.[102] Im Kontext dieser Auseinandersetzung ist die Frage bedeutsam, inwieweit deutsche Soldaten an den antijüdischen Pogromen in den ersten Wochen des deutsch-sowjetischen Krieges teilnahmen und wie sich die Wehrmachtsführung in dieser Hinsicht verhielt.

Bevor diese Frage behandelt wird, muß jedoch ein wichtiger Aspekt thematisiert werden, der die Haltung der deutschen Soldaten gegenüber den Pogromen und der Judenverfolgung insgesamt nachhaltig beeinflußte, nämlich die Tatsache, daß wohl die meisten deutschen Soldaten das sowjetische System und dessen Terror mit den einheimischen Juden assoziierten. Viele Historiker, wie zum Beispiel Omar Bartov, führen diese Überzeugung auf die nationalsozialistische Indoktrination zurück, der die Deutschen seit Jahren ausgesetzt waren.[103] Dies ist meines Erachtens nur die halbe Wahrheit. Nach meiner Auffassung speiste sich diese Überzeugung aus zwei Hauptquellen, die sich gegenseitig bedingten. Einerseits handelte es sich tatsächlich um das Resultat der antijüdischen NS-Propaganda, die seit Jahren verbreitete, die Juden seien die Träger des sowjetischen Terrorsystems und des Kommunismus schlechthin. Diese Propaganda spielte eine wichtige Rolle und war eine unabdingbare Voraussetzung für das Entstehen dieses antijüdischen Axioms in Deutschland. Bis zum Überfall auf die UdSSR blieb dieses Axiom aber gewissermaßen abstrakt. In Deutschland gab es relativ wenige Juden, und noch weniger waren Kommunisten. Somit existierten für die überwältigende Mehrheit der Deutschen, so auch für die deutschen Soldaten, die jüdischen

Kommunisten nur in der NS-Propaganda. Diese Aussage gilt jedoch nur bis zum Sommer 1941.

Nach dem Überfall auf die UdSSR änderte sich dies. In den ehemaligen ostpolnischen Gebieten lebten im Vergleich zum Reich sehr viele Juden, und relativ viele von ihnen waren – zum Teil gezwungenermaßen – im sowjetischen Apparat tätig: in Verwaltung und Wirtschaft, aber auch in der Miliz, in der »Justiz« und nicht zuletzt im NKWD. Ihre Präsenz in diesen Organen erschien vielen Nichtjuden ungewöhnlich hoch, so daß sie das sowjetische System und dessen Terror mit der jüdischen Bevölkerung als Ganzer assoziierten. Die sowjetischen Massaker in den ersten Kriegswochen und die Umstände ihrer Aufdeckung fachten die antisowjetischen und antijüdischen Ressentiments bei vielen Nichtjuden weiter an. Nach dem Abzug der Sowjets reagierten sie den aufgestauten Haß ab, und es kam zu zahlreichen antijüdischen Pogromen und Übergriffen mit vielen Opfern. Diese Pogrome hatten zweifellos auch einen antisowjetischen Charakter.

Wehrmachtsführung und Soldaten kamen zwangsweise in Kontakt mit der einheimischen Bevölkerung, die sie vom sowjetischen Joch »befreit« hatten, und das hieß auch mit den einstigen Opfern der Sowjets, soweit sie überlebt hatten, und deren Angehörigen, denen es ein Bedürfnis war, von dem erfahrenen Leid zu berichten. Leutnant Graf Magnis schrieb am 28. Juni 1941: »Am 26. 6. 1941 wurde mir in Dubno von Einwohnern erzählt, daß im Gefängnis D[ubno]. von politischen Kommissaren alle Insassen erschossen worden seien.« Magnis hatte das Gefängnis besucht und schilderte, was er dort vorgefunden hatte. Seinen Bericht schloß er mit der Bemerkung: »Dabei legten die Leute besonderen Wert darauf, mir das Gefängnis zu zeigen, um uns Deutschen von der Barbarei des Sowjetsystems zu überzeugen.«[104]

Die Mitteilung der leidvollen Erfahrungen war vielfach

von Klagen über das Verhalten und die Rolle der Juden während der sowjetischen Besatzung begleitet. Man warf den Juden pauschal eine Mitschuld an den Massakern und am sowjetischen Terror vor. Darüber hinaus schilderte man sie als Mittäter und Nutznießer des sowjetischen Systems schlechthin. Viele empfanden wenig oder kein Mitleid mit ihnen. Joanna Stankiewicz-Januszczak notierte Anfang Juli 1941: »Die Juden sind jetzt in Not. Ihre Herrschaft ist zu Ende, und zwar schneller, als sie dachten, als sie uns [Polen] 1939 auslachten. … Jetzt treiben sie [die Deutschen] die Juden zur Arbeit. Es erfüllt mich mit Genugtuung, denn sie haben uns in letzter Zeit schwer zugesetzt.«[105]

Omelia Matla, die das Massaker in Lemberg überlebt hatte, schilderte die Behandlung der Häftlinge und den Verlauf des Massakers. Dabei sagte sie aus: »Überhaupt setzten sich die NKWD-Leute, die uns mit besonderer Grausamkeit behandelten, zum größten Teil aus Juden zusammen.«[106] Ein Überlebender aus Dubno, der ukrainische Priester Tschirwa, erzählte deutschen Ermittlern:

> »Durch die Luke in der Zellentür, … wurde der Lauf einer Maschinenpistole geschoben, und mehrere Feuerstöße wurden abgegeben. Sogleich warfen sich die Häftlinge an die Türwand an den Boden. Daraufhin wurde die Zellentür geöffnet und es erschienen ein Sowjetjude mit der Maschinenpistole sowie 2 Sowjetjüdinnen mit Nagan-Revolver (die Jüdin Bronstein und die Jüdin Geifler), die ein wildes Feuer auf die am Boden Liegenden eröffneten.«[107]

Bezeichnend ist der oben erwähnte Vorfall bei Rozanka, bei dem mehrere deutsche Soldaten und polnische Zivilisten von Rotarmisten als Geiseln genommen und erschossen wurden.[108] Im Kriegstagebuch der 5. Infanteriedivision findet sich folgender Bericht darüber:

»Nach Aussagen der Bewohner von Rozanka hat am 26. 6. früh in der Ortschaft ein Gefecht zwischen Deutschen und Russen stattgefunden, wonach die Deutschen in Rozanka eine Feldwache bezogen. Die Russen entwichen. Am 27. 6. früh sind von Norden her Russen in großer Zahl auf Fahrzeugen nach Rozanka eingerückt. Die deutschen Soldaten, die sich gegenüber der Übermacht zurückzogen, wurden von Juden verraten und von den Russen gefangengenommen. Weiter wurde von den Juden den Russen eine Anzahl Leute aus der polnischen Bevölkerung genannt, die als künftige Nationalistenführer gelten konnten. Die Juden hetzten gegen die deutschen Soldaten. Die gefangengenommenen deutschen Soldaten und die festgenommenen Dorfbewohner wurden dann unter der Baumgruppe am Nordeingang von Rozanka in schändlichster Weise geschunden, Arme und Beine gebrochen, Augen ausgestochen. Auf Verwundete wurde keine Rücksicht genommen. ... Es ist den Dorfbewohnern nicht bekannt, wo die Abteilung geblieben ist. Als kollektive Vergeltungsmaßnahme wurden auf meine Anordnung 50 an der Massakrierung der deutschen Soldaten verdächtige Juden erschossen.«[109]

Es ist nicht mehr zu ermitteln, ob die deutschen Soldaten und polnischen Zivilisten tatsächlich von Juden »verraten« wurden. Der Umstand, daß die Sowjets auch offensichtlich unbeteiligte Zivilisten verhafteten und ermordeten, deutet darauf hin, daß sie gezielte Informationen von Ortskundigen bekommen hatten. Für die Haltung der Deutschen war aber entscheidend, daß sie an diese Version des Geschehens glaubten und als Vergeltungsmaßnahme »verdächtige Juden« erschossen.

Es ist kaum verwunderlich, wenngleich moralisch verwerflich, daß Menschen, welche die sowjetische Besatzung und den sowjetischen Terror mit den Juden assoziierten, gegenüber den einrückenden deutschen Soldaten ihre antijüdischen Ressentiments äußerten. Nicht wenige Ukrainer, Litauer, Weißrussen und Polen beteiligten sich an Pogromen und Übergriffen auf Juden. Es ist auch kein Zufall, daß in der Regel Juden zur Exhumierung von sowjetischen Opfern gezwungen wurden. Diese Pogrome und Verfolgungen mußten vor den Deutschen gerechtfertigt werden, und dies tat man mit der pauschalen Behauptung, die Juden seien für den sowjetischen Terror mitverantwortlich.

Trotz der Sprachbarriere konnten sich die deutschen Soldaten durchaus mit der einheimischen Bevölkerung verständigen. In der deutschen Wehrmacht dienten viele Ukrainer, die zwischen 1939 und 1941 vor dem sowjetischen Terror ins Generalgouvernement geflüchtet waren, als Dolmetscher oder Fahrer,[110] und während nur relativ wenige nichtjüdische Einheimische Deutsch konnten, sprachen viele deutsche Soldaten beispielsweise Polnisch. In der Wehrmacht dienten viele Oberschlesier oder Ostpreußen, die oft zweisprachig waren. Auf polnisch konnte man sich aber nicht nur mit Polen, sondern auch mit Ukrainern und Weißrussen verständigen. So erfuhr Meinrad von Ow, der Anfang Juli 1941 mit seiner Einheit in Czortków stationiert war, von Kameraden, die sich mit Einheimischen verständigen konnten, daß Juden angeblich nationalistische Ukrainer bei den Sowjets denunziert hatten.[111]

Walter Jung aus Dienklar, der Anfang Juli 1941 mit seiner Einheit in Tarnopol einrückte, beobachtete, wie Zivilisten, darunter viele Frauen, Männer durch die Straßen von Tarnopol jagten. Auf seine Frage sagten ihm die Beteiligten, sie würden Juden zum NKWD-Gefängnis bringen. Die Juden, fügten sie hinzu, hätten Gegner des Sowjetsystems an die Besatzer verraten, die dann vom NKWD verhaftet und ermordet worden seien. Deren Leichen lägen nun in den Kellern des NKWD-Gefängnisses.[112]

Ähnliches berichtete auch Leutnant K.: »Wir haben die Rassenmorde in Lemberg, Zloczow erlebt, ich genauestens in Tarnopol und einigen anderen Orten – unbeschreiblich. Da ich fließend russisch spreche, habe ich ... genaueste Feststellungen getroffen: Führer aller dieser Verbrechen waren Juden.«[113] Ein anderer Soldat schrieb am 6. Juli 1941 aus Tarnopol an seine Eltern: »Die Ukrainer haben gesagt, daß die Juden alle die führenden Stellen hatten und ein richtiges Volksfest mit den Sowjets hatten bei der Hinrichtung der Deutschen und Ukrainer.«[114]

Der Ic-Offizier der 9. Panzerdivision, die am 2. Juli in Tarnopol einmarschiert war, berichtete am 3. Juli 1941, bei ihm gingen ständig Denunziationen gegen Juden ein.[115] In der Ereignismeldung Nr. 28 vom 20. Juli 1941 heißt es: »Nach dem Bericht eines Augenzeugen aus Tarnopol ist dort ein deutscher Fliegeroffizier von den russischen Milizsoldaten vor dem Einzug der deutschen Truppen durch die Stadt geführt und von einer großen Anzahl von Juden verfolgt, beschimpft und mißhandelt worden. Überhaupt ist man in der Bevölkerung der Auffassung, daß vorwiegend Juden für die überall verübten Greueltaten verantwortlich zu machen sind.«[116]

Polnische Zeugen und jüdische Überlebende bestätigen diese Berichte, so Czesław Blicharski: »Nachdem unter den ermordeten Gefängnisinsassen zwei Leichen von deutschen Fliegern gefunden worden waren, informierten Ukrainer die Deutschen davon, wobei sie Juden, die während der sowjetischen Besatzung mit den Sowjets zusammengearbeitet hatten, als die Schuldigen bezeichneten.«[117] Basar Zwi schilderte 1945 den Pogrom in Tarnopol: »Am frühen Morgen des 4. Juli [1941] begann der antijüdische Pogrom. Er begann damit, daß Professorin [der Name ist unleserlich] beim General der SS anzeigte, viele Ukrainer im Gefängnis seien von Juden ermordet worden.«[118] Eine jüdische Überlebende aus

Tarnopol berichtet, Ukrainer hätten die Deutschen um die Erlaubnis gebeten, wegen der Ermordung ukrainischer Gefängnisinsassen Rache an den Juden nehmen zu dürfen. Dies sei ihnen auch gestattet worden.[119]

Ähnliche Berichte gibt es für andere Orte. So heißt es beispielsweise in der Ereignismeldung Nr. 24 vom 16. Juli 1941 über das Massaker in Łuck: »Nach Aussagen von 19 Ukrainern, die das Gemetzel mit mehr oder weniger erheblichen Verletzungen überstanden hatten, waren an den Festnahmen und Erschießungen wiederum die Juden maßgeblich beteiligt.«[120] Die ersten Wehrmachtseinheiten in Lemberg meldeten: »Unter der Bevölkerung herrscht über die Schandtaten der Bolschewisten rasende Verbitterung, die sich gegenüber den in der Stadt lebenden Juden, die mit den Bolschewisten stets zusammengearbeitet hatten, Luft macht.«[121]

Die Abteilung Ic der 8. Infanteriedivision ermittelte im Fall der planmäßigen Zerstörung der Stadt Witebsk durch die abrückenden Sowjets. In ihrem Bericht vom 23. Juli 1941 heißt es dazu:

> »Die Vernehmung von neun Einwohnern von Witebsk ergibt folgendes Bild: ...
>
> 6.) Rolle der Juden: Die Juden sind als Führer der Komsomolzen in erster Linie verantwortlich für die planmäßige Zerstörung der Stadt Witebsk. Sie trifft nach den Aussagen die Hauptschuld an der Vernichtung der Wohnhäuser. Sie haben rücksichtslos Leben und Eigentum ihrer Mitbürger zerstört, während sie ihr eigenes Hab und Gut rechtzeitig in Sicherheit brachten. Sie haben sich darüber hinaus für ihre ›Arbeit‹ bezahlen lassen.«[122]

In den Augen vieler deutscher Soldaten bestätigten diese Berichte die antijüdische und antibolschewistische NS-Propaganda. Statt das nationalsozialistische Propagandabild der

Juden als Träger des Bolschewismus zu widerlegen, verfestigte die subjektiv wahrgenommene Realität das Vorurteil. Das abstrakte Propagandabild vom »jüdisch-bolschewistischen« Terror verschmolz mit der subjektiven Realität: Viele im Osten eingesetzte Deutsche sahen, was sie zu sehen erwarteten – in der Tat eine *selffulfilling prophecy.* Exemplarisch hierfür ist folgender Bericht:

> »Die Einsatzgruppen der Sicherheitspolizei und des SD fanden die *vermutete* dominierende Rolle des Judentums in der UdSSR in der Politik, Wirtschaft und Kultur eher noch übertroffen. ... Zunächst müssen wir uns bei Behandlung der Judenfrage mit den eigenen Beobachtungen und *den Mitteilungen bzw. Aussagen aus Kreisen der Bevölkerung* bescheiden [Hervorhebungen B. M.]. Die hierbei getroffenen Feststellungen über organisierte Machtbestrebungen des Judentums sind vielleicht so überzeugend, daß eine Erhärtung durch offizielles und nicht offizielles Sowjetzahlenmaterial, dessen Wert immerhin noch zweifelhaft wäre, sich erübrigt. Es ist bei dem vorhandenen Beweismaterial gar nicht mehr möglich, davon zu sprechen, daß das Judentum nicht planmäßig, sondern vielleicht nur infolge seiner eben rassisch bedingten größeren Gewandtheit und Skrupellosigkeit in die machtpolitisch günstigsten Positionen des Gemeinschaftslebens der Sowjetunion eingedrungen ist.«[123]

Bei diesen Anschuldigungen handelte es sich um ein Gemisch aus antijüdischen Vorurteilen, antisowjetischen Ressentiments, Rachewünschen und bewußt falschen Vorwürfen.

Die deutschen Soldaten und die Pogrome

Nach dem Einmarsch der Wehrmacht waren deutsche Soldaten Augenzeugen sowohl der Aufdeckung der sowjetischen Massaker als auch der vielerorts ausbrechenden Pogrome. Beides fand häufig am selben Ort statt und fiel zeitlich zusammen. Die Reaktion der deutschen Soldaten auf die Pogrome war unterschiedlich. Manche beteiligten sich an ihnen, viele schossen Fotos, und einige zeigten Verständnis; nicht wenige lehnten sie jedoch ab.

Es steht außer Frage, daß sich viele deutsche Soldaten an den Ausschreitungen beteiligten, insbesondere dann, wenn unter den Opfern der Sowjets auch Leichen von deutschen Soldaten gefunden worden waren. Der polnische Augenzeuge Michał H. berichtete über die Ereignisse in Tarnopol, daß die Deutschen der Exhumierung von ermordeten Gefängnisinsassen zunächst ruhig zugeschaut hätten. Nachdem unter den Opfern deutsche Soldaten entdeckt worden seien, hätten die Deutschen jedoch begonnen, die sowjetischen Kriegsgefangenen und Juden, die zur Exhumierung der Leichen gezwungen worden waren, zu schlagen.[124] Ein anderer Zeuge beobachtete, wie deutsche Soldaten mit Stöcken auf eine Gruppe von Juden einschlugen, die NKWD-Opfer zum Friedhof bringen mußte.[125]

Auch deutsche Quellen bestätigen die Beteiligung deutscher Soldaten an dem Pogrom in Tarnopol. In der Ereignismeldung Nr. 14 vom 6. Juli 1941 heißt es: »Am 5. 7. etwa 70 Juden von den Ukrainern zusammengetrieben und mit geballter Ladung erledigt, weitere 20 Juden auf der Straße durch Militär und Ukrainer erschlagen, als Reaktion auf die Ermordung dreier Soldaten, die gefesselt mit abgeschnittenen Zungen und ausgestochenen Augen im Gefängnis aufgefunden.«[126] Der bereits zitierte Soldat Franzl begann seinen Brief vom selben Tag mit den Worten: »Soeben komme ich von der Aufbahrung unserer von den Russen gefangenen Kameraden der Luft- und Gebirgstruppen.« Er berichtete, daß die ermordeten Kameraden mit zweitausend von den Sowjets ermordeten Ukrainern und Volksdeutschen im Gefängnis von Tarnopol gefunden worden seien. Dann fuhr er fort:

»Die Rache folgte sofort auf dem Fuße. Gestern waren wir mit der SS gnädig, denn jeder Jude, den wir erwischten, wurde sofort erschossen. Heute ist es anders, denn es wurden wieder 60 Kameraden verstümmelt gefunden. Jetzt müssen die Juden die Toten aus dem Keller herauftragen, schön hinlegen, und dann werden ihnen die Schandtaten gezeigt. Hierauf werden sie nach Besichtigung der Opfer erschlagen mit Knüppel und Spaten. Bis jetzt haben wir zirka 1000 Juden ins Jenseits befördert, aber das ist viel zu wenig für das, was die gemacht haben.«[127]

Bemerkenswert ist dabei die Aussage, daß weitere sechzig ermordete deutsche Soldaten unter den Opfern der Sowjets gefunden worden seien. Denn glaubt man dem Briefschreiber, dann eskalierte der Pogrom nach dieser »Information«, bei der es sich aber anscheinend um eine gezielte Desinformation nationalukrainischer Kreise handelte. Darauf deutet jedenfalls der folgende Bericht eines Artilleriekommandeurs vom 7. Juli 1941 hin, in dem zunächst festgestellt wird, daß bei den Leichenfunden in Tarnopol drei Angehörige des Heeres und sieben der Luftwaffe gefunden worden seien. Anschließend fährt der Offizier fort:

»Es besteht die Möglichkeit, daß sich unter den Ermordeten, mehr als 200 Ukrainern, noch weitere deutsche Soldaten befinden. *Ukrainer erzählen* [Hervorhebung B. M.], daß deutsche Soldaten in Zivilkleider oder russische Uniformen gesteckt worden seien, bevor man sie zu Tode quälte, so daß die Tatsache, daß der Tote Zivilkleider trug,

> nicht als sicherer Anhaltspunkt gelten kann, daß es nicht deutsche Soldaten waren. Da jedoch ein Teil der Leichen bereits stärker in Verwesung überging, waren weitere Feststellungen in irgendeiner Richtung unmöglich, sind auch nach diesseitiger Ansicht gänzlich ausgeschlossen.«[128]

Auch in der Ereignismeldung Nr. 24 vom 16. Juli 1941 findet sich ein Hinweis darauf: »*Nach Aussagen von Ukrainern* [Hervorhebung B. M.] wird die Zahl der von den Russen ermordeten deutschen Wehrmachtsangehörigen [in Tarnopol] noch höher veranschlagt.«[129] Es scheint also, daß in Tarnopol bestimmte, vermutlich nationalukrainische Kreise die antijüdische und antisowjetische Stimmung anheizten, indem sie überhöhte Zahlen von ermordeten deutschen Soldaten angaben. Darauf wird noch einzugehen sein.

Auch am Lemberger Judenpogrom in diesen Tagen beteiligten sich deutsche Soldaten. Felix Landau, Angehöriger eines Einsatzkommandos, schrieb am 5. Juli 1941 über die Ereignisse in Lemberg in sein Tagebuch:

> »Am Eingang der Zitadelle stehen Soldaten mit faustdikken Knüppeln und schlagen hin, wo sie treffen. Am Eingang drängen sich Juden heraus, daher liegen Reihen von Juden übereinander wie Schweine und wimmern sondergleichen, und immer wieder traben die hochkommenden Juden blutüberströmt davon. Wir bleiben noch stehen und sehen, wer das Kommando führt. ›Niemand‹. Irgend jemand hat die Juden freigelassen. Aus Wut und Haßgefühl werden nun die Juden getroffen. ... Anschließend erfahren wir von den dort stehenden Soldaten, daß sie eben Kameraden, und zwar Flieger, in einem Lazarett in Lemberg besucht hätten und gesehen haben, wie man diese bestialisch zugerichtet hatte. Man hatte ihnen von den

Fingern Nägel heruntergerissen, Ohren abgeschnitten und auch die Augen ausgestochen. *Das war der Grund ihrer Handlungsweise, durchaus verständlich* [Hervorhebung B. M.].«[130]

Laut einem Wehrmachtsbericht fand man nach dem Einmarsch der deutschen Truppen in Lemberg in einem Militärkrankenhaus tatsächlich drei ermordete deutsche Soldaten.[131] Ob sie verstümmelt waren, ist dem Bericht nicht zu entnehmen.

Nach der Ereignismeldung vom 16. Juli 1941 wurden in Łuck 1160 Juden zur »Vergeltung« erschossen, »nachdem am 2. 7. die Leichen von insgesamt 10 deutschen Wehrmachtsangehörigen aufgefunden worden waren«. An der Erschießung habe sich auch ein Zug der Infanterie beteiligt.[132] Offenbar war dessen Beteiligung eine »spontane«, das heißt keine von oben angeordnete Aktion. Darauf deuten Ermittlungsergebnisse der bundesdeutschen Justiz hin. In der Anklageschrift gegen Kuno Callsen heißt es, nach übereinstimmenden Aussagen hätten sich an den Judenerschießungen auf dem Burghof in Łuck freiwillig Wehrmachtsangehörige beteiligt. Sie hätten dabei auffallend helle Uniformen getragen. Hierbei handelte es sich um Drillichanzüge, was dafür spricht, daß die Soldaten nicht dienstlich an der Massenerschießung teilnahmen. Im selben Gerichtsverfahren sagte Alois K., im Krieg Sanitätsunteroffizier, aus, er habe beobachtet, wie ein Unteroffizier, der mit einem LKW vorbeifuhr, mitschoß, bis ein dazukommender Zahlmeister ihn »zusammenschiß«.[133]

Dieser »spontanen« Beteiligung an den Pogromen lag kein Befehl der Wehrmachtsführung zugrunde. Sie wurzelte vielmehr in dem Bedürfnis, die von Juden angeblich begangenen Verbrechen zu rächen. Exemplarisch hierfür ist der Brief eines Soldaten vom 7. Juli 1941:

»Die Juden sind es auch, die beim Begehen von Scheußlichkeiten an Ukrainern führend waren. Und mancher deutsche Soldat fiel der Hinterhältigkeit dieser Schmutzfinken zum Opfer. Wir Deutsche haben deshalb keinen Grund, mit diesen Kreaturen schonend umzugehen. Sie gelten augenblicklich nicht mal so viel wie ein Hund bei uns. Für uns Soldaten ist das selbstverständlich.«[134]

Die meisten Soldaten, die Augenzeugen der Pogrome waren, griffen jedoch nicht aktiv ins Geschehen ein. Sie blieben Zuschauer. Die Frage, was sie empfanden, ist schwer zu beantworten. Sicher ist jedoch, daß nicht wenige Soldaten die Pogrome und die Judenverfolgung insgesamt für gerechtfertigt hielten. Als Beispiel sei ein Brief von Georg B. angeführt, der über die Ereignisse in Bessarabien schrieb: »Hier wird auch die Judenfrage etwas anders als bei uns gelöst. Da treiben die Rumänen alle Juden zusammen und erschießen sie, ganz gleich, ob Mann, Frau oder Kinder, denn zuerst war es umgekehrt.«[135] Der bereits zitierte Leutnant K. schilderte sowjetische Verbrechen in Lemberg, Złoczów und vor allem in Tarnopol, an denen nach seinen Informationen Juden führend beteiligt gewesen seien, und fuhr fort: »Die Volkswut werde ich nie vergessen. Dort [in Tarnopol] haben wir noch die meisten erwischt – wir kamen zu schnell!«[136]

Aber nicht alle haben die Pogrome gebilligt. Es kam auch vor, daß sich deutsche Soldaten gegen antijüdische Übergriffe wandten. Als der Mob in einem der Lemberger Gefängnisse, dem in der Łącki-Straße, Juden mißhandelte, die zur Exhumierung von NKWD-Opfern gezwungen worden waren, versuchte ein deutscher Unteroffizier, sie zu schützen, während der auf den Dächern versammelte Mob ihren Tod verlangte. Die Mißhandlungen hörten erst auf, als ein deutscher Offizier intervenierte, wobei er empört ausrief: »Wir sind doch keine Bolschewiken.«[137] Ein anonymer Jude berichtet über die Judenverfolgung in Lemberg im Juli 1941:

> »Es kam nicht selten vor, daß Frontsoldaten Juden menschlich behandelten. Sie kauften ihnen Brot und sprachen freundlich mit ihnen. Ich habe selbst gesehen, daß ein deutscher Soldat Brot aus einem Laden holte und einer hungrigen jüdischen Mutter mit Kind gab. Das Verhalten der meisten Soldaten unterschied sich deutlich von dem der Offiziere und SS-Angehörigen.«[138]

Im Bericht des Kommandeurs des Bataillons 800 über die Einnahme von Lemberg heißt es:

> »Es setzten am 30. 6. 41 und 1. 7. verstärkt Gewaltaktionen gegen die Juden ein, die teilweise schlimmsten Pogromcharakter annahmen. Die eingesetzten Polizeikräfte erwiesen sich ihrer Aufgabe hierbei nicht gewachsen. Sie stachelten durch rohestes und abstoßendes Verhalten gegenüber Wehrlosen die Bevölkerung auf. Die eigene Truppe ist, wie die Meldungen der Kompanien beweisen, über die Roheitsakte und Quälereien empört. Sie hält ein unerbittliches Strafgericht an den Schuldigen am Massaker der Bolschewisten für unbedingt erforderlich, versteht jedoch nicht das Quälen und Erschießen wahllos zusammengetriebener Juden, darunter Frauen und Kinder.«[139]

Wie groß der Anteil der deutschen Soldaten war, die die Pogrome ablehnten und dagegen einschritten, läßt sich nicht mehr ermitteln, genausowenig wie der Anteil der Soldaten, die sich an den Pogromen beteiligten. Es ist jedoch anzunehmen, daß diese beiden gegensätzlichen Verhaltensweisen eher Randerscheinungen waren. Die Masse der Soldaten griff nicht ein, sondern blieb Zuschauer, wobei die meisten

Verständnis für die Pogrome gehabt haben dürften. Entscheidend für das Verhalten der meisten Soldaten war die Haltung der Wehrmachtsführung, die sich bemühte, die Ausschreitungen zu unterbinden.

Die Wehrmachtsführung und die Pogrome

Das vorrangige Ziel der Wehrmachtsführung in den besetzten Gebieten war es, diese so rasch wie möglich zu »befrieden«, um die Nachschublinien für die schnell vordringenden Fronttruppen zu sichern. Es sollte möglichst rasch Ruhe und Ordnung hergestellt werden, so wie die deutschen Besatzer sie verstanden. Dies oblag der Militärverwaltung und den Sicherungsdivisionen.

Eine der wichtigsten Aufgaben in den rückwärtigen Gebieten war die Jagd nach kommunistischen Aktivisten, echten und potentiellen Heckenschützen, Saboteuren und Partisanen, um die von ihnen ausgehende Gefahr auszuschalten oder wenigstens zu verringern. Dies war auch die ursprüngliche Aufgabe der Einsatzgruppen.[140] Aus Sicht der Wehrmacht war es daher wichtig, daß die Einsatzgruppen effektiv agierten, das heißt eine möglichst große Zahl von Heckenschützen, Saboteuren, Partisanen und deren Helfern ausschalteten. Somit war es im Interesse der Wehrmacht, die Einsatzgruppen bei ihrer Tätigkeit zu unterstützen.

Vor diesem Hintergrund ist der in der einschlägigen Literatur vielfach zitierte Vorschlag des Armee-Oberkommandos (AOK) 17 an die Einsatzgruppe C kaum verwunderlich: »AOK 17 hat angeregt, zunächst die in den neubesetzten Gebieten wohnhaften antijüdisch und antikommunistisch eingestellten Polen zu Selbstreinigungsaktionen zu benutzen.« Der Vorschlag wurde von Reinhard Heydrich, dem Chef der Sicherheitspolizei und des SD, aufgegriffen und als Befehl an die einzelnen Einsatzgruppen weitergeleitet.[141] Antikommunistische und antijüdische Gefühle der polnischen

Bevölkerung sollten für die eigenen Zwecke kanalisiert und instrumentalisiert werden, so wie die Sowjets zwei Jahre zuvor antipolnische und antikapitalistische Gefühle der nichtpolnischen – auch der jüdischen – Bevölkerung funktionalisiert hatten, um die polnische Führungselite zu vernichten.

Die Wehrmachtsführung war, wie gesagt, daran interessiert, daß die Jagd nach echten und potentiellen kommunistischen Aktivisten möglichst schnell, effizient und gezielt erfolgte. Nur so konnten das Land im Sinne der deutschen Besatzer befriedet und die Nachschublinien der Fronttruppen gesichert werden. Pogrome, bei denen wahllos Menschen zusammengetrieben, mißhandelt und getötet wurden, und Plünderungen brachten dagegen Unruhe und chaotische Zustände mit sich. Hinzu kamen nicht selten moralische Bedenken gegen die Verfolgung Unschuldiger, wie dem oben zitierten Bericht über den Pogrom in Lemberg zu entnehmen ist, und er war kein Einzelfall. Als der Befehlshaber des rückwärtigen Heeresgebietes Nord, General von Roques, von den Massenerschießungen von Juden in Kowno erfuhr, intervenierte er am 8. Juli 1941 beim Oberbefehlshaber der Heeresgruppe Nord, Generalfeldmarschall Ritter von Leeb. Dieser notierte an jenem Tag in sein Tagebuch: »General v. Roques, Befehlshaber des rückwärtigen Heeresgebietes, klagt über die massenhaften Erschießungen von Juden in Kowno (Tausende!) auf Veranlassung der deutschen Polizeibehörden durch litauische Schutzverbände. Wir haben auf diese Maßnahmen keinen Einfluß. Es bleibt nur übrig, daß man sich fernhält.«[142]

Dieser Eintrag ist ein Hinweis darauf, daß ein Befehl von oben gekommen war, der es der Heeresgruppe Nord verbot, Massenerschießungen von Juden in ihrem Operationsgebiet zu unterbinden. Dies wurde nach 1945 durch übereinstimmende Aussagen der einstigen Offiziere beziehungsweise Mitarbeiter des Feldmarschalls bestätigt. Danach hatte Hitler selbst durch Keitel mitteilen lassen: »Er verbiete dem Oberbefehlshaber, sich hier einzumischen.«[143] Es ist anzunehmen, daß die übrigen Heeresgruppen ähnliche Anweisungen erhielten.

Im Unterschied zu Massenerschießungen von Juden in Litauen griff die Wehrmacht bei antijüdischen Pogromen ein; so war es zumindest in der heutigen Westukraine. Der Kommandeur des XXXXIX. Armeekorps beispielsweise erließ am 30. Juni 1941 um 17.00 Uhr folgenden Befehl:

> »Die Sicherung der Großstadt LEMBERG gegen Plünderungen und Ausschreitungen aller Art sowie die Wiederherstellung geordneter Verhältnisse auf allen Gebieten ist noch nicht gewährleistet.
>
> Einsatz weiterer Kräfte ist erforderlich. Ich ermächtige den Kommandanten der Stadt LEMBERG, Oberst Wintergerst, Hilfskräfte in dem von ihm als notwendig bezeichneten Umfange (auch Transportraum und Nachrichteneinheiten) von der 71. J.D. [Jägerdivision] ... unmittelbar anzufordern. 71. J.D. wird hiermit angewiesen, den Anforderungen des Stadtkommandanten zu entsprechen.«[144]

Am nächsten Tag war der Pogrom noch im Gang. Erst am Nachmittag gelang es Oberst Wintergest, die Ausschreitungen weitgehend zu beenden.[145] In Złoczów beauftragte der Stadtkommandant am 3. Juli Oberst Dr. Korfes mit der »Wiederherstellung der Ordnung«. Der Pogrom ging jedoch weiter, und Korfes mußte ein zweites Mal, diesmal persönlich, eingreifen, um den Pogrom endgültig zu stoppen. Die verletzten Pogromopfer wurden durch deutsche Sanitäter verbunden und dann nach Hause entlassen.[146]

Ähnliches ereignete sich in anderen Städten der heutigen Westukraine. In Drohobycz verkündete der »maßgebende

Major«, das heißt der Stadtkommandant, Anfang Juli 1941, daß »die Juden unter dem Schutze der deutschen Wehrmacht stehen«.[147] Am frühen Morgen des 6. Juli wurden in Tarnopol Aufrufe angeschlagen, die das Morden verboten. Ruhe und Ordnung müßten wiederhergestellt werden; Zuwiderhandlungen würden durchs Kriegsgericht streng bestraft. Nach Aussage von Walter Jung hatte der kommandierende General des XIV. Panzerkorps, General von Wietersheim, diesen Aufruf erlassen.[148] Auch in Borysław stoppte die Wehrmacht den Pogrom unter Androhung der Todesstrafe.[149]

Die Wehrmachtsführung bemühte sich also, in den unter ihrer Kontrolle stehenden Gebieten Pogrome zu verhindern. Dies war jedoch nicht immer einfach, wie die Beispiele von Lemberg, wo zusätzliche Kräfte angefordert werden mußten, und Złoczów zeigen. In Borysław war die Pogromstimmung trotz der Androhung der Todesstrafe derart brisant, daß beim feierlichen Begräbnis der NKWD-Opfer vorbeugend deutsche Einheiten aufmarschierten, um weitere Übergriffe zu verhindern.[150]

Offensichtlich unter dem Eindruck der Pogrome übermittelte die 454. Sicherungsdivision ihren Ortskommandanturen folgende Weisung: »Lynchjustiz gegenüber Juden und andere Terrorakte sind mit allen Mitteln zu verhindern. Die Wehrmacht duldet nicht die Ablösung des einen [sowjetischen] Terrors durch einen anderen.«[151] Daher waren die Pogrome in den ehemaligen ostpolnischen Gebieten eher von kurzer Dauer, und sie fanden hauptsächlich in Gebieten statt, »die sich noch nicht fest im Griff militärischer Machtorgane befanden«, wie Raul Hilberg feststellt.[152] Auch Dieter Pohl konstatiert: »Wenn aber Pogrome [in der heutigen Westukraine] überhaupt verhindert oder eingedämmt wurden, dann durch die Armee.«[153]

Einsatzgruppen, sowjetische Verbrechen und Judenverfolgung

Im Rahmen der vorliegenden Untersuchung ist es nicht möglich, die Tätigkeit der Einsatzgruppen in den ersten Wochen des deutsch-sowjetischen Krieges genauer zu untersuchen. Dazu gibt es bereits eingehende Studien.[1] Hier soll lediglich die Frage angeschnitten werden, welchen Einfluß die sowjetischen Verbrechen auf die Tätigkeit der Einsatzgruppen hatten. Dieser Aspekt wurde in der bisherigen Forschung vernachlässigt.

Aufgabe der Einsatzgruppen im Krieg gegen die Sowjetunion in den rückwärtigen Gebieten war zum einen die »Vernichtung aktiv hervorgetretener Gegner«. Zum anderen waren als »vorbeugende Maßnahme solche Elemente auszumerzen, die auf Grund ihrer Gesinnung oder Vergangenheit bei dazu günstigen Umständen als Feinde aktiv hervortreten können«.[2] Mit einem Wort, die Einsatzgruppen sollten das Hinterland der Front von faktischen und potentiellen Saboteuren, Heckenschützen, Partisanen und anderen feindlichen Kräften »säubern«, das heißt, sie liquidieren.

In der Vergangenheit wurde eine wissenschaftliche Debatte über die Frage geführt, ab wann auch der Mord an sowjetischen Juden zu den Aufgaben der Einsatzgruppen gehörte: Wurde der »Judentötungsbefehl« (sowjetische Juden pauschal zu töten) bereits vor oder erst nach dem Überfall auf die UdSSR erteilt? Inzwischen scheint dieser Streit zugunsten der zweiten Variante entschieden zu sein.[3] So hat zuletzt Ralf Ogorreck überzeugend dargelegt, daß der »Judentötungsbefehl« nach und nicht vor dem Überfall auf die UdSSR erteilt wurde.[4]

Wenn man die Tätigkeit der Einsatzgruppen in den ersten Wochen des deutsch-sowjetischen Krieges untersucht, fällt auf, daß die einzelnen Kommandos meistens in den Orten eingesetzt wurden, in denen zuvor sowjetische Verbrechen begangen worden waren. Dies ist kaum verwunderlich, da es sich vor allem um größere Städte handelte, die zum einen für die Befriedung der besetzten Gebiete, ebenso wie vorher für die Sowjets, eine strategische Bedeutung besaßen. Zum anderen befanden sich dort die Gefängnisse, in denen die Sowjets vor dem Abzug ihre Verbrechen begangen hatten.

Bemerkenswert ist jedoch die Tatsache, daß einzelne Kommandos vielfach in Orten eingesetzt wurden, die eher eine geringe strategische Bedeutung für die Befriedung der besetzten Gebiete hatten. So kam beispielsweise das Einsatzkommando 6 der Einsatzgruppe C zum ersten Mal am 30. Juni 1941 in Dobromil zum Einsatz, wo es eine »Vergeltungsaktion« für das dort stattgefundene Massaker an Gefängnisinsassen durchführte. Dobromil lag zwar wenige Kilometer von der damaligen deutsch-sowjetischen Demarkationslinie entfernt, aber abseits der über Lemberg nach Kiew führenden Hauptroute. Was Dobromil von anderen ähnlichen Kleinstädten der Gegend unterschied, war der Umstand, daß die Sowjets dort vor ihrem Abzug mehrere hundert Gefängnisinsassen ermordet hatten. Einen Tag nach dem Einsatz in Dobromil zog das Kommando 6d nach Lemberg weiter, dann nach Złoczów, Tarnopol und Proskurow,[5] alles Orte, in denen zuvor sowjetische Massaker an Gefängnisinsassen stattgefunden hatten.

Ferner fällt auf, daß in den Berichten der Einsatzgruppen (Ereignismeldungen) aus den ersten Wochen des deutsch-sowjetischen Krieges viele Erschießungsaktionen expressis verbis als Vergeltungsaktionen für zuvor begangene »bolschewistische Greuel« bezeichnet werden. Einsatzkommando 4a der Einsatzgruppe C meldete beispielsweise aus Łuck: »2000 Erschießungen als Gegenmaßnahme für Ermordung von Ukrainern.«[6] Einsatzkommando 1b der Einsatzgruppe A teilte aus Rositten in Lettland mit: »Beim Einzug der deutschen Truppen wurden ungefähr 60 führende Letten vollkommen verstümmelt vorgefunden. Daraufhin wurden 80 Juden liquidiert.«[7] Und Einsatzgruppe C berichtete: »Am 5. 7. 41 wurden in Rudki als Vergeltung für die viehische Ermordung des ukrainischen Nationalistenführers Dr. Kirnyczny 15 Juden exekutiert.«[8]

Welches Ausmaß diese »Vergeltungsaktionen« annahmen, deutet der Tätigkeitsbericht der Einsatzgruppe C vom 13. Juli 1941 an: »Von der Sicherheitspolizei wurden etwa 7000 Juden zur Vergeltung für die unmenschlichen Greueltaten zusammengetrieben und erschossen.«[9] Diese Zahl enthält offensichtlich alle Juden, die von Angehörigen der Einsatzgruppe C unter dem Vorwand der »Vergeltung für bolschewistische Greuel« bis zum 13. Juli ermordet worden waren. Anzumerken ist, daß sich die Meldungen über »Vergeltungsaktionen für bolschewistische Greuel« von denen über die Erschießung von Komsomolzen, Plünderern, Politkommissaren, »bolschewistischen Agenten«, »jüdischen KP-Funktionären«, Heckenschützen, Saboteuren, NKWD-Zuträgern und anderen unterschieden. Eine weitere Kategorie waren Hinrichtungen – zumeist von männlichen Juden – zur Vergeltung von Sabotageakten oder Heckenschützenangriffen auf deutsche Soldaten. Die beiden zuletzt genannten Kategorien von Erschießungen fielen in den Rahmen des ursprünglichen Auftrags der Einsatzgruppen, die rückwärtigen Gebiete zu »befrieden«. Die Befehle dazu waren schon vor dem Angriff auf die UdSSR erteilt worden. Daß sie bereits die späteren »Vergeltungsaktionen für bolschewistische Greuel« berücksichtigten, ist mehr als unwahrscheinlich, zumal keine Dokumente und Hinweise vorhanden sind, die darauf hindeuten würden. Das ist kaum überraschend, wurden die »bolschewistischen Greuel« doch erst nach dem 22. Juni 1941 begangen und aufgedeckt. Folglich kann der »Vergeltungsbefehl« erst nach diesem Datum erteilt worden sein.

Dafür gibt es konkrete Hinweise, vor allem Nachkriegsaussagen von Kommandeuren einzelner Einsatzkommandos. Der ehemalige Leiter des zur Einsatzgruppe C gehörenden Einsatzkommandos 5, Erwin Schulz, sagte 1956 aus, die Zustände in Lemberg seien »so grauenhaft« gewesen, »daß es keine besondere Überraschung auslöste, als … von dem Brigadeführer Dr. [Otto] Rasch [Kommandeur der Einsatzgruppe C] eröffnet wurde, daß für die Ermordungen in Lemberg vom Führer Repressalien befohlen worden waren«.[10] Diese gesonderte Führeranweisung für Lemberg bestätigten auch der damalige Leiter des ebenfalls zur Einsatzgruppe C gehörenden Einsatzkommandos 6, Erhard Kroeger, und andere Angehörige der Kommandos. Ogorreck schreibt dazu: »Der außergewöhnliche Charakter dieser Aktion [in Lemberg], die Hitler von Berlin aus anordnete, zeigt sich auch daran, daß den überstellten Juden vor ihrer Hinrichtung eine Exekutionsformel vorgetragen wurde, wonach sie ›auf Befehl des Führers‹ aus Gründen der Vergeltung erschossen würden.«[11]

Diese Aussagen werden, wenn auch nur indirekt, von Tagebucheinträgen von Joseph Goebbels untermauert, der am 5. Juli 1941 notierte: »Die Russen begehen furchtbare Greueltaten. Sie werden dafür büßen müssen.« Am 9. Juli unterhielt sich der Propagandaminister mit Hitler, wobei dieser, wie oben bereits zitiert, erklärte, angesichts der sowjetischen Greuel werde »im Osten kein Pardon gegeben«.[12] Daher erscheint Kroegers Aussage von 1967 glaubhaft, er habe Anfang Juli 1941 von seinem Vorgesetzten Dr. Rasch die Mitteilung bekommen, daß »von Hitler ein Befehl an die zuständige Wehrmachtsstelle ergangen sei, wonach die ihm inzwischen gemeldeten Morde der Roten Armee in Lemberg durch größte Strenge bei Exekutionen aller auch nur entfernt Beteiligten gesühnt werden sollen«.[13]

Da die tatsächlichen Täter geflüchtet waren, mußten einheimische Juden für die sowjetischen Verbrechen mit ihrem Leben bezahlen, denn für Hitler und seinesgleichen war klar, daß die Juden an diesen Verbrechen zumindest mitschuldig waren. Dies bestätigten auch viele Berichte aus diesen Gebieten. So meldete Einsatzgruppe C: »Die Juden, die stellenweise neben ihrer wirtschaftlichen Vorherrschaft auch die amtlichen Stellen besetzt hielten und die gesamte bolschewistische Miliz stellten, waren an diesen [sowjetischen] Greueln stets beteiligt.«[14] Ähnlich der Bericht der Gruppe 711 der Geheimen Feldpolizei über die Massaker in Lemberg: »Fest steht, daß auch in Lemberg die Juden aufs Innigste mit den Bolschewiken paktiert und somit mindestens indirekt manches Opfer dem Henker ans Messer geliefert haben.«[15]

Im Gegensatz zur Wehrmachtsführung instrumentalisierten die Einsatzgruppen die aufgestauten Haßgefühle der Bevölkerung, um antijüdische Pogrome anzuzetteln. Der Kommandeur des Bataillons 800 meldete am 1. Juli 1941 aus Lemberg:

> »Die Metzeleien der Roten haben die Wut [der nichtjüdischen Bevölkerung in Lemberg] aufs Äußerste angefacht. Es setzten am 30. 6. 41 und 1. 7. verstärkt Gewaltaktionen gegen die Juden ein. Die eingesetzten Polizeikräfte erwiesen sich ihrer Aufgabe hierbei nicht gewachsen. Sie stachelten durch rohestes und abstoßendes Verhalten gegenüber Wehrlosen die Bevölkerung auf.«[16]

Dieses Aufstacheln durch die »eingesetzten Polizeikräfte« ist vermutlich auf ausdrückliche Anweisungen Reinhard Heydrichs geschehen, der den Einsatzgruppenchefs noch am 29. Juni 1941 eingeschärft hatte:

»Unter Bezug auf meine bereits am 17. VI. in Berlin gemachten Ausführungen bringe ich in Erinnerung:

1) den Selbstreinigungsbestrebungen antikommunistischer und antijüdischer Kreise in den neu zu besetzenden Gebieten ist kein Hindernis zu bereiten. Sie sind im Gegenteil, allerdings spurenlos auszulösen, zu intensivieren, wenn erforderlich in die richtigen Bahnen zu lenken, ohne daß sich dabei örtliche ›Selbstschutzkreise‹ später auf Anordnungen oder auf gegebene politische Zusicherungen berufen können.«[17]

Trotz der klaren Befehle, denen die einzelnen Kommandos sicherlich folgten, dürften »die Sicherheitspolizei-Einheiten nur an wenigen Orten [in der Westukraine] für die Pogrome alleinverantwortlich sein«, wie Dieter Pohl feststellt. So gibt es zwar konkrete Hinweise für ihre Beteiligung an Pogromen, etwa in Lemberg, Złoczów und Tarnopol, aber in vielen Orten trafen sie erst ein, als die Pogrome in Gang oder bereits vorüber waren; in manche Orte kamen sie auch überhaupt nicht.[18]

Die Konfrontation mit den sowjetischen Verbrechen beeinflußte mit Sicherheit die Haltung der Angehörigen der Einsatzgruppen. Der Anblick der von den Sowjets zurückgelassenen Leichenberge wirkte »motivierend«. Gewiß wußten alle Angehörigen der Einsatzgruppen bereits vor dem 22. Juni 1941, daß sie in den besetzten Gebieten Erschießungen durchführen würden. Doch die sowjetischen Verbrechen dürften die Erschießungsbefehle in ihren Augen im nachhinein legitimiert haben. Zudem »erleichterte« der

Anblick der Leichenberge vielen Angehörigen der Einsatzkommandos ihre Aufgabe, wehrlose Menschen zu erschießen.

Felix Landau, ein Angehöriger eines Einsatzkommandos, der Anfang Juli 1941 in Lemberg eingesetzt war, schrieb am 3. Juli 1941 in sein Tagebuch: »Es liegt mir wenig, wehrlose Menschen – wenn es auch nur Juden sind – zu erschießen. Lieber ist mir der ehrliche offene Kampf.« Am selben Tag notierte er aber auch: »Eben kehren wir zurück. 500 Juden standen zum Erschießen angetreten. Vorher besichtigten wir noch die ermordeten deutschen Flieger und Ukrainer. 800 Menschen wurden hier in Lemberg ermordet. Auch vor Kindern schreckten diese Lumpen nicht zurück.«[19] In diesem konkreten Fall gingen also Angehörige eines Einsatzkommandos, die fünfhundert Juden zu erschießen hatten, in ein Lemberger Gefängnis, um sich vor der »Aktion« ein Zeugnis für die »bolschewistisch-jüdische Barbarei« anzuschauen. Damit sollte offensichtlich die Ermordung der fünfhundert Juden gerechtfertigt werden. Bei dieser Erschießung handelte es sich vermutlich um die oben erwähnte, von Hitler persönlich angeordnete »Vergeltungsaktion«.

Die Instrumentalisierung der sowjetischen Verbrechen durch die ukrainische Unabhängigkeitsbewegung

Die NS-Propaganda instrumentalisierte die sowjetischen Verbrechen, um den Krieg gegen die UdSSR zu rechtfertigen sowie antibolschewistische und antijüdische Gefühle anzufachen. Die Bevölkerung im Reich und die Soldaten an der Front sollten mobilisiert und motiviert werden. Aber auch einheimische nationalistische Kreise versuchten, die sowjetischen Massaker für ihre Zwecke zu benutzen. In der vorliegenden Untersuchung kann diese Frage lediglich in bezug auf die ukrainische Nationalbewegung angeschnitten werden. Wie Rumänen, Litauer oder Letten damit umgingen, kann hier nicht besprochen werden; dies muß der künftigen Forschung überlassen bleiben.

Für die ukrainischen Nationalisten war die Schaffung einer unabhängigen Ukraine das oberste Ziel. In der Zwischenkriegszeit war die westliche Ukraine Schauplatz eines sich immer stärker zuspitzenden polnisch-ukrainischen Konflikts gewesen, der die ukrainische Nationalbewegung gestärkt und die antipolnischen Gefühle vertieft hatte.[1] Durch sowjetische Besatzung und sowjetischen Massenterror erhielt diese Radikalisierung einen weiteren Schub. In der Ereignismeldung Nr. 12 meldete Einsatzgruppe B: »Es besteht Übereinstimmung mit zuständigen Wehrmachtstellen darüber, daß Westukraine seit bolschewistischer Besetzung außerordentlich radikalisiert [ist].«[2]

In den ersten Monaten der sowjetischen Besatzung reagierten viele Ukrainer ihre antipolnischen Gefühle ab, indem sie den Sowjets halfen, »polnische Faschisten« und »Pany« zu verfolgen. Sie rechneten ab. Bald stellte sich jedoch heraus, daß die Sowjets nicht nur »polnische Faschisten« im Visier hatten, sondern alle »Feinde des Kommunismus«. Dazu zählten auch die nationalistisch eingestellten Ukrainer, denn die Errichtung einer unabhängigen, nichtkommunistischen Ukraine kam für die Sowjets nicht in Frage. Ferner stellten die meisten Ukrainer rasch fest, daß sowjetische »Freiheit« und sowjetische »Gerechtigkeit« weitaus schlimmer waren als die polnische Unterdrückung. An die Stelle wirtschaftlicher und politischer Diskriminierung sowie, im schlimmsten Fall, Gefängnis in Vorkriegspolen traten Mangel- und Mißwirtschaft, Kollektivierung und Massenterror (Deportationen und Erschießungen). Ab Ende 1940 wurden die Ukrainer zur Hauptzielgruppe des sowjetischen Terrors in der westlichen Ukraine, und Tausende von ihnen flohen ins deutsch besetzte Polen. Die meisten Opfer der Massaker an Gefängnisinsassen in der westlichen Ukraine waren Ukrainer, obwohl hierfür keine zuverlässigen Zahlen vorliegen.

Der sowjetische Terror der Jahre 1939 bis 1941 dauerte aber nicht lange genug, um die ukrainische Nationalbewegung in der westlichen Ukraine völlig auszuschalten und den Widerstandswillen zu brechen. Im Gegenteil, der Terror radikalisierte die ukrainische Nationalbewegung wie nie zuvor. Dem sowjetischen Massenterror wurde mit Gegenterror begegnet, und der ukrainische Widerstand formierte und festigte sich. Die Untergrundbewegung OUN, die schon seit den zwanziger Jahren für eine unabhängige Ukraine kämpfte, gewann neue Mitglieder, Sympathisanten und Märtyrer. Die ukrainischen Nationalisten setzten auf die deutsche Karte. Der deutsch-sowjetische Krieg, so hofften sie, würde die sowjetischen Gewaltherrscher vertreiben und ihnen die ersehnte Unabhängigkeit bringen.

Im Generalgouvernement wurden zwei ukrainische Wehrmachtseinheiten aufgestellt, die am 22. Juni 1941 mit den deutschen Truppen in die Ukraine einmarschierten. Darüber hinaus sind zahlreiche OUN-Aktionen im Hinterland während des deutschen Vormarsches nachweisbar. In Lemberg, Skole, Buczacz, Sambor, Podhajce und bei Monasterzysk gab es sogar Aufstandsversuche. Die Untergrundgruppen der OUN hatten den Befehl, sowjetische Truppen zu beschießen und Jagd auf versprengte Rotarmisten zu machen.[3] Józef Anczarski notierte am 4. Juli 1941: »In vielen Ortschaften gab es ukrainische Überfälle auf Abteilungen der Roten Armee. Ukrainer beschießen sowjetische Truppen, wo immer es möglich ist. Sie haben den zurückziehenden Roten bereits beträchtliche Verluste beigebracht.«[4]

Die ukrainischen Nationalisten hofften, für die aktive Teilnahme am Krieg gegen die UdSSR mit der staatlichen Unabhängigkeit belohnt zu werden. Diese Hoffnung erwies sich jedoch als trügerisch. Hitler führte den Krieg gegen die Sowjetunion nicht etwa, um die dort lebenden Völker vom kommunistischen Joch zu befreien, oder etwa, um einem sowjetischen Überfall zuvorzukommen; er wollte seine Vision von deutschem Lebensraum im Osten verwirklichen. Dabei kalkulierte er sogar mit ein, daß der kommunistische Terror es ihm erleichtern würde, sein Ziel zu erreichen, wie das in der Einleitung angeführte Zitat aus *Mein Kampf* belegt.[5]

Aber auch die ukrainischen Nationalisten versuchten den sowjetischen Terror in der westlichen Ukraine für ihre Zwecke zu funktionalisieren. Zunächst bemühten sie sich mit großem Erfolg, polnische Gegner mit Hilfe der Sowjets zu verfolgen und zu vernichten. Es ist nicht klar, ob diese Aktionen organisiert oder »spontan« waren. Später, als der polnische Widerstand zerschlagen war und die Polen für die

Sowjets keine größere Gefahr mehr darstellten, wurden die nationalistischen Ukrainer selbst zu Verfolgten. Die größten und schmerzlichsten Verluste erlitten sie kurz vor dem deutschen Überfall auf die UdSSR und in den ersten Tagen des Krieges, als Tausende von ihnen inhaftiert und ermordet wurden.

Die Ermordeten wurden zu Märtyrern des ukrainischen Freiheitskampfs; ihr Tod sollte die Gründung des ukrainischen Staates legitimieren. In Litauen war es ähnlich. In einer Ereignismeldung vom 2. Juli 1941 meldete Einsatzkommando 7a: »[Nationallitauische] Aktivisten erstreben Selbständigkeit ähnlich wie Slowakei. Berufen sich dabei auf die gebrachten Blutopfer.«[6] Ukrainische Nationalistenführer in Lemberg verfaßten Anfang Juli 1941 folgendes Telegramm an Hitler:

> »Die durch den siegreichen Vormarsch der deutschen Armeen vom bolschewistischen Terror befreite Stadt Lemberg entbietet dem Führer des großdeutschen Reiches ... dankbare Grüße ... Die von den Henkersknechten Moskaus unschuldig hingemordeten Einwohner der Stadt werden uns ewig an die Erfüllung unseres Gelöbnisses mahnen. Wir sind gewiß, daß über den Gräbern dieser Opfer und unter dem siegreichen Schwert der deutschen Armee das ukrainische Volk seine endgültige Freiheit erringen wird.«[7]

Die Hoffnung der ukrainischen Nationalisten, mit Hilfe der Deutschen eine unabhängige Ukraine errichten zu können, wurde schnell enttäuscht. NS-Deutschland konnte in Gebieten, die mittel- und langfristig deutsch besiedelt werden sollten, keinen unabhängigen Staat dulden.[8]

Damals galt wie heute (Kosovokrieg) das Prinzip: Je größer die Opferzahl, desto überzeugender das Märtyrer-Argument. Vor diesem Hintergrund ist es kaum verwunderlich, daß ukrainische Nationalisten die Zahl der Opfer der sowjetischen Massaker häufig übertrieben. Noch auffälliger ist der Versuch, alle Opfer der Sowjets als Ukrainer auszugeben. In der Westukraine waren zwar die meisten Opfer Ukrainer, aber sie waren nicht die einzigen. Auch viele Polen und Juden hatten ihr Leben lassen müssen. Zudem steht außer Zweifel, daß die Polen am meisten unter der sowjetischen Herrschaft von 1939 bis 1941 gelitten haben. Aber polnische und jüdische Opfer paßten nicht in die proukrainische Propaganda.

In dem bereits zitierten Bericht der Gruppe 711 der Geheimen Feldpolizei vom 7. Juli 1941 heißt es: »Als kurz nach dem Einrücken [in Lemberg] die Leichenfunde bekannt wurden, nahmen die Ukrainer diese Toten als Märtyrer und Kämpfer gegen den Bolschewismus ausschließlich für sich in Anspruch, die Bitte um sachliche Aufklärung des Tatbestandes oder gar ein Zweifel an dieser Auslegung wurde bereits als Beleidigung aufgefaßt.«[9] Ein jüdischer Augenzeuge schrieb am 4. Juli 1941 über die sowjetischen Massenmorde in Lemberg:

> »Unter den Opfern waren Juden, Polen, Ukrainer und Sowjets. Viele von ihnen saßen seit Monaten wegen Lappalien im Gefängnis, ohne verurteilt worden zu sein. In den letzten Junitagen wurden alle Gefängnisinsassen hingemetzelt, ohne daß sie zuvor nach der Schwere ihrer Vergehen selektiert worden wären. So wurden auch diejenigen ermordet, die wegen kleiner Diebstähle, Spekulation oder Rowdytum verhaftet worden waren.
>
> Die deutsche und ukrainische Propaganda stellte alle diese Opfer als Ukrainer dar. ... Es entstanden ukrainische Hekatomben, wobei die Zahl der ukrainischen Opfer die tatsächliche um das Zwei- oder sogar Dreifache überstieg.
>
> Die Begräbnisse dieser Opfer wurden zu gegen die Ju-

den gerichteten politischen Manifestationen, die mit Pogromen und Plünderungen im Judenviertel abgeschlossen wurden.«[10]

Auch in Dobromil machten Ukrainer aus dem Begräbnis der NKWD-Opfer eine nationalistische Demonstration und behaupteten, die meisten Opfer seien Ukrainer gewesen.[11] In anderen Ortschaften war es ähnlich.[12]

Aber nicht nur überhöhte Opferzahlen und die Behauptung, alle oder zumindest fast alle Opfer seien Ukrainer, spielten in der zugleich antibolschewistisch und antijüdisch ausgerichteten nationalistisch-ukrainischen Propaganda eine Rolle. Ein wichtiger Bestandteil dieser Propaganda waren auch erschütternde Schilderungen der Grausamkeiten, die bei den sowjetischen Massakern angeblich begangen worden waren. Ausführlich wurde über Verstümmelungen berichtet, welche die Sowjets ihren Opfern vor dem Tod zugefügt haben sollten. Auch die NS-Propaganda schlachtete diese Berichte aus.

Das Problem der Berichte über sowjetische Greuel

Polnische, ukrainische, jüdische und deutsche Augenzeugen berichten übereinstimmend, daß viele der exhumierten NKWD-Opfer verstümmelt gewesen seien. Dabei handelt es sich sowohl um zeitgenössische als auch um spätere Aussagen. Bei der Lektüre dieser Berichte ist man geneigt, sie als ukrainische oder nationalsozialistische Propaganda abzutun. Die Sowjets hatten damals kaum die Zeit, um ihr angebliches sadistisches Triebpotential an den Opfern abzureagieren. In Einzelfällen mag es so gewesen sein, aber die sadistischen Exzesse konnten kaum die Ausmaße angenommen haben, die von den Augenzeugen geschildert werden. In der Tat scheint es, als seien diese zum Teil sicherlich authentischen Darstellungen auf mehrere Faktoren zurückzuführen, die wenig mit der angeblichen besonderen Grausamkeit der Sowjets zu tun haben.

Zunächst ist festzuhalten, daß die Sowjets bei den Massakern tatsächlich zahlreiche Grausamkeiten begingen. In Oszmiana prügelten NKWD-Täter Opfer, die vor der Erschießung Widerstand leisteten, mit Gewehrkolben zu Tode. Sonst töteten sie mit Genickschuß. Nach ihrer Flucht stellte man fest, daß einige der Opfer zertrümmerte Schädel hatten und andere Stichverletzungen aufwiesen.[1] In Brzeżany entdeckte man in einem Keller ein Dutzend Leichen, die »außerordentlich starke Kopfverletzungen« hatten. »Die über die

Vorfälle eidlich vernommenen deutschen Wehrmachtsangehörigen hatten den Eindruck, daß die Leute in dem Keller zuerst in eine Ecke gedrängt und dort rücksichtslos zu Tode geprügelt wurden.«[2] In Lemberg wurden, wie oben erwähnt, zehn ermordete Gefängnisinsassen einer gerichtsärztlichen Untersuchung unterzogen, die bestätigte, daß die Opfer »buchstäblich zu Tode geprügelt« worden waren.[3]

Es gibt auch Hinweise, daß in einigen Fällen NKWD-Täter weibliche Opfer vor der Ermordung vergewaltigt haben. Ein Leutnant der Wehrmacht berichtet über seine Beobachtungen im Gefängnis in Dubno: »Die Leichen türmten sich buchstäblich in widerlichsten Verzerrungen übereinander. Bei vielen Frauen konnte man durch die Stellung, in der sich die Leichen befanden, eindeutig feststellen, daß sie im letzten Augenblick vergewaltigt worden waren.«[4] Ähnliches beobachtete man in Lemberg. »Die Frauen waren vielfach geschändet«, hieß es in einem Obduktionsbericht.[5] Diese Berichte darf man nicht von vornherein als Greuelpropaganda ausschließen. Es ist durchaus möglich, daß einige NKWD-Täter mit sadistischen Neigungen die Gelegenheit nutzten, um ihr Triebpotential abzureagieren. Es handelte sich aber eher um Einzelfälle.

Viele Verletzungen und Verstümmelungen sind dagegen auf die Umstände zurückzuführen, unter denen die Massaker stattfanden. Ein jüdischer Augenzeuge berichtet: »Der NKWD führte die Exekutionen [in Lemberg] im letzten Augenblick und unter fürchterlichen Bedingungen durch; man versetzte die Todesstöße mit Gewehrkolben, Verletzte blieben unter Leichenbergen liegen, Tote wurden nicht begraben usw.«[6] In einem deutschen Bericht über das Massaker in Lemberg heißt es: »Auch zeigten sich nach Ansicht der Ärzte Beweise dafür, daß [die Opfer] teilweise unter den Leichenbergen erstickt sind.«[7]

Bei den Erschießungen kam es zu zahlreichen Knochenbrüchen. Ein bereits zitierter ukrainischer Überlebender des Massakers in Dobromil hatte das Brechen von Knochen gehört, nachdem man ihn, obwohl er nur verletzt war, in ein Massengrab geworfen hatte.[8] Darüber hinaus schossen die NKWD-Täter vielfach mit Maschinengewehren in die Reihen angetretener Häftlinge und warfen Handgranaten, wobei viele Opfer furchtbar zugerichtet und zum Teil in Stücke gerissen wurden. Schon die Folgen der Genickschüsse, der üblichen Tötungsmethode des NKWD, waren grausig genug, wie der oben zitierte deutsche Militärarzt nach der Besichtigung der Lemberger Gefängnisse berichtete.[9]

Ein Teil der Verletzungen, die man als Beweise für sowjetische Grausamkeiten deutete, waren auch erst bei der Exhumierung oder als Folge des Verwesungsprozesses entstanden. Über die Exhumierung im Zamarstynow-Gefängnis in Lemberg schrieb ein polnischer Augenzeuge: »Juden bargen nackte, massakrierte Leichen, die mit Blut beschmiert und wahrscheinlich von Rattenbissen versehrt waren. Die Gesichter waren ohne Augen, entstellt und sahen fürchterlich aus.«[10] Viele Leichen waren infolge des Verwesungsprozesses aufgedunsen und schwarz verfärbt, die Hoden der Männer monströs, die Gesichter unheimlich verunstaltet, und aus den Ohren und Mündern quoll rote Flüssigkeit.[11]

In zahlreichen Berichten heißt es, die NKWD-Täter hätten ihre Opfer gehäutet. Davon wurden sogar Fotos gemacht. Auch Augenzeugen schwören, sie hätten gehäutete Opfer gesehen.[12] Diese Verletzungen wurden den Opfern allerdings nicht beim Foltern zugefügt, wie viele damals glaubten, sondern nachträglich bei der Bergung, wie Shlomo Wolkowicz erzählte, der mit anderen Leidensgenossen Anfang Juli 1941 in Zloczow gezwungen worden war, NKWD-Opfer zu bergen.[13] In einem Interview erklärte er, die Haut hätte sich wie Handschuhe von den Händen der Opfer abziehen lassen; daher hätte man die Leichen sehr vorsichtig anfassen müssen.[14]

Nicht alle Verletzungen und Verstümmelungen lassen sich jedoch so erklären. Wenn von ausgestochenen Augen, abgeschnittenen Genitalien oder aufgeschlitzten Bäuchen berichtet wird, dann handelte es sich vermutlich um vereinzelte Exzesse, die von Rotarmisten in höchster emotionaler Erregung begangen wurden, zumal die Opfer häufig in den ersten Kriegswochen gefangengenommene deutsche Soldaten waren. Der Mord an den Gefängnisinsassen war dagegen ein von oben angeordnetes und systematisch durchgeführtes Staatsverbrechen, bei dem für Exzesse in der Regel keine Zeit war. In der Tat deuten zahlreiche Hinweise darauf hin, daß NKWD-Opfer in vielen Fällen nachträglich verstümmelt wurden. Tadeusz Sobolewski, der das Massaker an den Insassen des Gefängnisses von Augustów überlebte, berichtet: »Ein zehnjähriger Junge wurde in meiner Zelle erschossen. Er lag in der Zelle, als ich sie verließ. Später wurde er fotografiert, wie er mit einem russischen Bajonett an die Wand genagelt war.«[15] Sobolewski vermutet, daß Deutsche dieses Bild für Propagandazwecke arrangiert hatten.

Aus Lemberg sind viele Berichte über angeblich besonders grausame Exzesse der Sowjets überliefert. So sagte ein polnischer Zeuge im Jahre 1991 aus, er habe in einem Raum des Łącki-Gefängnisses eine nackte Frau gesehen, die an einer Wand gekreuzigt worden sei. Neben ihr sei ein Mann an die Wand genagelt gewesen, der bis auf einen Kragen, wie ihn katholische Priester trügen, nackt gewesen sei. Beiden sei der Bauch aufgeschlitzt worden. Die Frau sei schwanger gewesen, und ihr Fötus sei entfernt und in den Bauch des Priesters gestopft worden.[16] Diesen Bericht würden wahrscheinlich viele als abstruse Greuelpropaganda einstufen. Er wird aber von anderen zeitgenössischen Quellen bestätigt.

In Feldpostbriefen deutscher Soldaten werden ähnliche Szenen wiedergegeben. So schrieb Leutnant Lorenz Wächter: »Und dann der Anblick. Hunderte von ermordeten Männern, Frauen und Kindern, scheußlich verstümmelt, Männern die Augen ausgestochen, einem Pfarrer den Bauch aufgeschlitzt und die Leiche eines neugeborenen Kindes hineingelegt.«[17] Carl Eyling, der damals mit seiner Einheit nach Lemberg kam, schrieb an seine Ehefrau: »Die Leichen lagen aufeinander geschichtet wie Kommißbrote. Kinder hatte man an die Wand genagelt, Frauen die Brust abgeschnitten usw., man mag es gar nicht schildern, so schrecklich ist es.«[18] Der Unteroffizier Kurt Dittrich berichtete am 3. Juli 1941:

> »Am 1. 7. 41 gegen 13 Uhr habe ich in einem Hofe eines Hauses, das zwischen der Zitadelle und der Art. Kaserne in Lemberg liegt, folgendes gesehen: Im Hofe lagen ca. 10–15 Leichen (Männer und Frauen). Die Leichen lagen an einem Bretterzaun. An dem Bretterzaun selbst waren 3 Kinder (im Alter von etwa 10–14 Jahren, 2 Jungens und 1 Mädel) durch die Handgelenke an den Zaun genagelt, und zwar in der Weise, daß die Füsse sich etwa 20 cm über dem Erdboden befanden.«[19]

Auch jüdische Zeugen berichten von solchen Exzessen. Ein anonymer Jude erzählte aber auch, daß Ukrainer ermordete Gefangene nachträglich entstellten hätten, um damit Propaganda zu betreiben.[20] Rachel Kleiner berichtet von Gefangenen der Lemberger Gefängnisse, die nach allgemeiner Ansicht von den Sowjets zu Tode gefoltert worden waren: »Die Leichen waren gekreuzigt, an Wände genagelt. Hier sah man die Hand der Bandera-Männer [ukrainische Nationalisten].«[21]

Wenn diese Aussagen zutreffen, ist es in der Tat wenig wahrscheinlich, daß sowjetische Täter für diese Exzesse verantwortlich sind. Als Dr. Georg Saeltzer am 29. Juni 1941, wenige Stunden nach der Eroberung Lembergs durch die Deutschen, die dortigen Gefängnisse besichtigte, fand er »Spuren gröbster Mißhandlungen und Verstümmelungen an

Armen und Beinen und Fesselungen« und bemerkte bei einer Frau eine abgeschnittene Brust sowie bei einem Mann das Fehlen des Geschlechtsteils,[22] aber Gekreuzigte sah er offenbar nicht. Mit anderen Worten, viele Leichen wurden erst nach Dr. Saeltzers Besuch verstümmelt, und zwar wahrscheinlich von ukrainischen Nationalisten, die nach dem Motto vorgingen: Je größer die Opferzahlen und je grausiger das Massaker, desto wirkungsvoller die Propaganda.

Auch für andere Orte, etwa für Borysław, gibt es Indizien dafür, daß NKWD-Opfer für Propagandazwecke nachträglich verstümmelt wurden. Eine jüdische Holocaustüberlebende berichtet:

> »Bevor sich die Russen aus Borysław zurückzogen, hatten sie kriminelle Gefangene entlassen und politische liquidiert. Die Leichen ließen sie im Gefängnis liegen, weil sie keine Zeit mehr hatten, sie zu beseitigen. Ukrainische Milizionäre verstümmelten die Leichen nach dem Abzug der Russen; sie schnitten Zungen heraus, stachen Augen aus, flickten Münder mit Draht zu. Und das alles nur, um die Bevölkerung gegen die Juden aufzuhetzen.«[23]

Daß die Leichen in Borysław tatsächlich so zugerichtet waren, daran gibt es kaum einen Zweifel. Viele Augenzeugen berichten darüber, auch ein jüdischer Überlebender, der damals gezwungen war, die Leichen zu bergen.[24]

Einige polnische Augenzeugen sind überzeugt, daß Ukrainer auch in Drohobycz die NKWD-Opfer nachträglich verstümmelt haben. Jerzy Pilecki, der die Sowjets nach eigener Aussage sehr gut kennengelernt hatte, erzählt: »Die Angehörigen des NKWD waren primitiv, rücksichtslos und grausam, sie haben unzählige Menschen auf dem Gewissen. Diese Verstümmelungen gehen aber nicht auf ihr Konto, sie hatten zuwenig Zeit dafür, und es ist auch nicht ihre Art gewesen.«[25]

Er und andere Polen aus Drohobycz sind überzeugt, daß ukrainische Nationalisten die Leichen nachträglich verstümmelt hatten. Sie weisen darauf hin, daß 1943/44 im Rahmen der »ethnischen Säuberung« in der Westukraine ähnliche Verstümmelungen vorgekommen seien. Ukrainische Extremisten schlachteten damals polnische Bewohner ab und massakrierten sie auf brutale Weise, um die polnische Bevölkerung in Panik zu versetzen und zur Flucht nach Westen zu bewegen.[26]

Darüber hinaus sind viele Berichte über angebliche sowjetische Grausamkeiten so abstrus, daß ihr Entstehen nur auf Legendenbildung zurückzuführen ist. In Sambor beispielsweise sollen die NKWD-Täter den Gefangenen das Fleisch ermordeter Häftlinge zu essen gegeben haben.[27] In diesem Fall läßt sich sogar rekonstruieren, wie die Legende möglicherweise entstand: Józef W. war einer der ersten gewesen, die nach der Flucht der Sowjets ins Gefängnis von Sambor gingen. Er inspizierte mit anderen die Keller, in denen sie Leichenberge fanden:

> »Danach gingen wir in die Lagerräume und die Gefängnisküche. Als wir in der Küche waren, rief ein Mann: ›Schau! Im Kessel ist Menschenfleisch. Anscheinend haben sie es gekocht und den Gefangenen zu essen gegeben.‹ Ich sah in den Kessel, der tatsächlich Fleisch enthielt. Allerdings handelte es sich nicht um ein menschliches Körperteil, das ich auf den ersten Blick als solches hätte erkennen können. Der Mann behauptete nun, es sei in Stücke gehacktes Menschenfleisch – Schenkel und Hinterbacken. … Ich erinnere mich, daß die Fleischstücken tatsächlich wie die erwähnte Körperteile aussahen.«[28]

Zahlreich sind auch Berichte über zugemauerte Kellerräume voller Gefangener, die elend darin erstickt seien. Tatsächlich fand man in vielen Kellern Leichenberge, so in Lemberg, weil die Sowjets keine Zeit mehr gehabt hatten, die Opfer zu beseitigen. Die meisten wurden jedoch zuvor ermordet, nur einige verletzte Opfer erstickten unter den Toten.

Wie geschildert, handelte es sich bei den Berichten über sowjetische Greuel um ein Gemisch aus Fakten, Mißdeutungen, Übertreibungen, nachträglich zugefügten Verstümmelungen, Legenden und Gerüchten. Hinzu kam, daß die sowjetischen Verbrechen und Grausamkeiten, die ohnehin schon grausam genug waren, von der ukrainischen und deutschen Propaganda instrumentalisiert und aufgebläht wurden. Weder die ukrainischen Nationalisten noch deutsche Stellen und noch weniger die Sowjets waren später an einer lückenlosen Aufklärung der Ereignisse interessiert.

Die Juden als angebliche Mittäter

Die Aufdeckung der sowjetischen Verbrechen an Gefängnisinsassen war in der Regel ein Vorwand, um Juden zu verfolgen und Pogrome anzuzetteln. Man zwang Juden, die Leichen der Ermordeten zu bergen, wobei viele von ihnen erschlagen und erschossen wurden. Ein Zusammenhang zwischen sowjetischen Massakern, antijüdischen Pogromen und Judenmorden ist nicht zu übersehen. Die ukrainisch-nationalistische und die deutsche Propaganda warf den Juden pauschal vor, sie seien für die sowjetischen Verbrechen mitverantwortlich gewesen. Einige polnische Augenzeugen sind noch heute der Meinung, manche Juden hätten sich an ihnen beteiligt.

Dies kann insofern nicht von vornherein als reine Propaganda abgetan werden, als in der sowjetischen Miliz, im NKWD und in der Gefängnisverwaltung viele Juden tätig waren, ebenso wie Russen, Ukrainer, Weißrussen und sogar Polen. In den Städten, wo die jüdische Bevölkerung konzentriert war, waren einheimische Juden auch in der Miliz präsent. Die größten Massaker begingen die Sowjets aber in den Städten. In Lemberg beispielsweise hatte die Miliz die Aufgabe, den Zugang zu den Gefängnissen abzusperren, während der NKWD die Häftlinge massakrierte.[1] Auch bei den Todesmärschen wurden Milizionäre als Bewacher eingesetzt.[2] Ohne Zweifel war die einheimische Miliz ein wichtiger Bestandteil des sowjetischen Terrorapparats und an den Massenerschießungen sowie an anderen sowjetischen Verbrechen beteiligt.

Polnische und ukrainische Augenzeugen nennen auch konkrete Namen von Personen jüdischer Herkunft, die bei sowjetischen Massakern mitgewirkt haben sollen. Polnische Zeugen beispielsweise benennen namentlich und übereinstimmend zwei Juden, die in Czortków an der Ermordung der Häftlinge teilgenommen haben sollen. Ermittlungen der polnischen Staatsanwaltschaft ergaben, daß beide Männer tatsächlich aus Czortków stammten und im sowjetischen Apparat tätig waren. Einer von ihnen gab sogar nach 1945 selbst an, er sei im Juni und Juli 1941 Angehöriger der »Vernichtungsbataillone« gewesen.[3] Diese vom NKWD aus Freiwilligen zusammengestellten Einheiten hatten die Aufgabe, das rückwärtige Gebiet von »verdächtigen« Elementen zu säubern, das heißt, sie zu liquidieren, sowie Industrieanlagen und andere strategische Objekte zu zerstören. Kurz, sie waren das sowjetische Pendant der deutschen Einsatzgruppen.[4] Beide Männer machten nach dem Krieg im kommunistischen Polen Karriere beim Militär. Der eine diente sich zum Oberst hoch, der andere zum General.

Eine ukrainische Zeugin berichtet, ein ukrainischer Deutschlehrer namens Palyanytsa habe das Massaker in Czortków überlebt und einige Tage nach dem Einmarsch der Deutschen auf dem Marktplatz vor der versammelten Einwohnerschaft der Stadt den Verlauf der Erschießung geschildert. Dem Lehrer zufolge hatte ein junger Jude aus Czortków die Zelle, in der er mit etwa fünfzehn anderen Gefangenen eingesperrt war, betreten und zu schießen begonnen.[5]

Auch in Dobromil soll ein Überlebender des Blutbades später erzählt haben, unter den Mördern sei ein einheimischer Jude gewesen.[6] Ähnliche Berichte gibt es für Dubno, wo das Massaker nach übereinstimmenden Aussagen vom dortigen NKWD-Chef Winokur, der Jude gewesen sein soll, organisiert wurde. Auch eine junge Kommunistin jüdischer Herkunft soll mitgeschossen haben.[7] Nach sowjetischen Unterlagen war Winokur tatsächlich Chef des NKWD in Dubno.[8] Es ist daher davon auszugehen, daß er die Liquidierung von Gefängnisinsassen in Dubno leitete. Ähnliche Anschuldigungen sind auch aus anderen Orten überliefert.[9]

Daß heute noch geklärt werden kann, ob all diese Anschuldigungen der Wahrheit entsprechen, ist so gut wie ausgeschlossen. Es ist aber anzunehmen, daß zumindest ein Teil der Berichte zutrifft. In Wilna beispielsweise beteiligten sich nach Angaben eines jüdischen Augenzeugen jüdische Komsomolzen an sowjetischen Deportationen, die eine Woche vor Kriegsausbruch stattfanden.[10] Abram Chaimowitsch Tabier, ein NKWD-Angehöriger jüdischer Herkunft, nahm an der Erschießung von 716 Insassen des Gefängnisses von Głębokie im heutigen Weißrußland teil. Wir kennen allerdings nur die Namen von sechs Tätern; bei vieren von ihnen ist die ethnische Zugehörigkeit überliefert: Es waren ein Jude (Tabier), zwei Russen und ein Weißrusse.[11]

Bei anderen Verbrechen war es mit Sicherheit ähnlich, das heißt, die Täter waren verschiedener ethnischer Herkunft, wobei die Russen zahlenmäßig überwogen haben dürften. Übrigens genauso wie unter den Opfern des sowjetischen Kommunismus.

Entscheidend ist aber, daß all diese Täter, ob jüdischer, russischer, weißrussischer, ukrainischer oder polnischer Herkunft (der erste Chef der Tscheka, des späteren NKWD, Felix Dserschinski, war Pole), als Angehörige des sowjetischen Terrorapparats Menschen verfolgten und töteten. Sie taten dies nicht im Namen des jüdischen, russischen oder polnischen Volkes, sondern – wenigstens offiziell – im Namen des sowjetischen Kommunismus. Ihre Opfer waren nicht nur Ukrainer und Polen, sondern auch Juden, Weißrussen, Balten, Rumänen und Russen, mit einem Wort alle, die als »Volksfeinde« eingestuft wurden. Die ethnische Zugehörigkeit spielte dabei nur insofern eine Rolle, als man Polen oder nationalistische Ukrainer eher verdächtigte, »Volksfeinde« zu sein. Sowjetische Kommunisten definierten ihre Feinde und Freunde nicht nach nationaler, sondern nach sozialer Herkunft und vor allem nach ihrer politischen Einstellung.

Es stellt sich nun die Frage, inwieweit diejenigen Juden, die sich direkt oder indirekt an den Massakern beteiligten, repräsentativ für die jüdische Bevölkerung waren. Als erstes ist festzustellen, daß es sich mit Sicherheit um Einzelpersonen handelte. Zweitens überstieg die Zahl der jüdischen NKWD-Opfer die der Täter jüdischer Herkunft mit Sicherheit um ein Vielfaches, obwohl es keine zuverlässigen nach ethnischer Zugehörigkeit aufgeschlüsselten Zahlen gibt. Der prodeutsch und antisemitisch eingestellte Władysław Studnicki hat 1943 angegeben, daß in Lemberg 600 Ukrainer, 400 Polen und 220 Juden ermordet worden seien.[12] Diese Zahlen sind mit Sicherheit zu niedrig, denn sogar der NKWD sprach von insgesamt 2464 Opfern. Man kann also davon ausgehen, daß allein in Lemberg mehrere hundert Juden von den Sowjets getötet wurden. In Złoczów hat man von rund 700 NKWD-Opfern etwa 80 identifiziert, von denen zehn Juden gewesen sein sollen. Kurz, Juden als Opfer des sowjetischen Terrors (allein etwa 80 000 Deportierte) waren eher repräsentativ für die jüdische Bevölkerung als Täter jüdischer Herkunft.

Außer den direkt Beteiligten gab es allerdings noch die viel zahlreicheren Angehörigen des sowjetischen Staats-, Wirtschafts- und Parteiapparats jüdischer Herkunft, die mit den Massakern an den Gefängnisinsassen nichts oder nur wenig zu tun hatten. Sie waren jedoch wie alle anderen Kollaborateure durch ihre Zusammenarbeit mit den sowjetischen »Befreiern« in den Augen vieler Ukrainer, Polen, Balten und Rumänen kompromittiert. Nicht wenige Verlierer der sowjetischen Herrschaft (Verfolgte, Opfer, Angehörige der Opfer, Benachteiligte, Enteignete) warteten nur auf eine Gelegenheit, mit den echten oder vermeintlichen Gewinnern, Nutznießern und Helfershelfern des Sowjetregimes abrechnen zu können, und diese waren sich dessen vollauf bewußt.

Nach dem deutschen Überfall gerieten sie in Panik, genauso wie die Funktionäre und Aktivisten aus der UdSSR und deren Familien, die in den vorangegangenen einundzwanzig Monaten in diese Gebiete gekommen waren. In Lemberg verdrückten sich die Angehörige von NKWD und Miliz als erste.[13] Nach einigen Stunden kehrten sie jedoch zurück, um die Gefängnisinsassen zu töten. Auch andere ergriffen die Flucht. Ein anonymer Jude berichtet: »Junge einheimische Kommunisten, meistens Juden, Komsomolzen und alle Einheimischen, die sich zu stark als Kommunisten oder auf verantwortlichen Posten engagiert hatten, flüchteten, sogar zu Fuß.«[14] Insgesamt sollen mehrere tausend Juden, vor allem junge Kommunisten und politische Funktionäre, aus der Stadt ins Innere der UdSSR geflohen sein.[15]

In Tarnopol lebten etwa 18 000 Juden. Vor den deutschen Truppen flüchteten »nur einige hundert von ihnen, und zwar diejenigen, die am meisten kompromittiert waren«, so ein von dort stammender jüdischer Überlebender im Jahr 1946.[16] In Dubno lebten rund 14 000 Juden, von denen etwa 500 flohen. Laut einem jüdischen Zeugen hatten »sich diejenigen evakuiert, die im sowjetischen Staatsapparat beschäftigt waren«.[17] Pinchuk stellt fest: »Aus den zugänglichen Beweisen geht eindeutig hervor, daß diejenigen, die evakuiert werden wollten, überwiegend Juden waren, die mit dem sowjetischen Regime verbunden waren, insbesondere die Generation der Jüngeren. Unter den Flüchtenden waren Mitglieder der kommunistischen Partei, Angestellte der sowjetischen Institutionen und Unternehmen und jene, die Grund hatten, die Rache der einheimischen Bevölkerung zu fürchten.«[18]

Selbstverständlich setzten sich nicht nur Aktivisten jüdischer Herkunft ab, sondern auch andere. Einsatzkommando 7a meldete aus Wilna: »Führende Kommunisten zum größten Teil geflohen.«[19] Einsatzkommando 7b teilte mit, aus Baranowice seien »Funktionäre und Beamte geflüchtet«. Gleiches berichtete Einsatzkommando 9.[20] Einsatzgruppe C meldete: »Obwohl die sicherheitspolizeilichen Einsatzkommandos jeweils mit den ersten Truppen vorgezogen wurden, gelang es in den meisten Fällen nicht, politische Sowjetfunktionäre festzunehmen oder Material zu erfassen.«[21]

Im Gegensatz dazu blieb die große Mehrheit der Juden im westlichen Weißrußland und in der westlichen Ukraine zurück. Eine breit angelegte Evakuierung der jüdischen Bevölkerung war schon aus logistischen Gründen nicht möglich. Zu schnell rückten die deutschen Truppen vor, und zu groß war das Kriegschaos auf sowjetischer Seite, wie Pinchuk feststellt, um fortzufahren: »Aber die meisten Juden versuchten nicht einmal zu flüchten. ... Es war für große Familien, wie sie für die Provinz typisch waren, eine äußerst schwere Entscheidung, sich zu Flüchtlingen mit ungewisser Zukunft zu machen. Und die grundlegende Abneigung dagegen, die Heimat zu verlassen, wurde durch das bestehende Vorurteil bestärkt, Deutschland sei ein zivilisiertes Land, ein Image, das die Wirkung der Berichte über deutsche Greuel abschwächte.«[22]

Man kann davon ausgehen, daß ein Großteil der Juden, die sich im sowjetischen Partei- und Staatsapparat besonders engagiert hatten, mit der Roten Armee nach Osten flüchteten oder untertauchten. Zurück blieben ihre Angehörigen und diejenigen, die glaubten, sie hätten nichts zu befürchten, vor allem Handwerker, Arbeiter, einfache Angestellte und Kaufleute mit ihren Familien, aber auch mittlere Angestellte, Lehrer, Ärzte, Leiter auf der unteren und mittleren Ebene von Verwaltung und Wirtschaft und andere. Sie hatten in der Regel nichts oder wenig mit dem sowjetischen Regime zu tun. In den Augen vieler Nichtjuden waren aber besonders die letzteren Nutznießer der sowjetischen Herrschaft gewesen.

Diese Ansicht war verhängnisvoll, denn einerseits assoziierten viele Nichtjuden die sowjetische Herrschaft mit dem tatsächlich erfolgten sozialen Aufstieg vieler Juden, und andererseits bedeutete die sowjetische Herrschaft für viele Menschen einen bis dahin unbekannten Terror. Da aber die sowjetischen Täter und ihre Helfershelfer, einschließlich der jüdischen, in der Regel mit der Roten Armee nach Osten entkommen waren, reagierten viele Nichtjuden ihren aufgestauten Haß auf die Sowjets an den Juden ab, die geblieben waren. Exemplarisch hierfür ist die Beobachtung der jüdischen Kommunistin Erna Klinger:

> »Teile der polnischen und ukrainischen Gesellschaft, die der Sowjetmacht ablehnend gegenüberstanden, identifizierten die Juden mit dem sowjetischen System. Sie erinnerten die Juden daran, mit welcher Sympathie sie den Sowjets begegnet seien und daß sie die sowjetischen Truppen mit Blumen empfangen hätten. Jetzt, nachdem die Sowjets diese Gebiete verlassen hatten, reagierte man den ganzen Zorn auf die Sowjetmacht an den Juden ab.«[23]

Ein anderer jüdischer Überlebender bestätigt dieses Urteil: »Die Bevölkerung identifizierte die Juden mit dem Regime, und jedes Verbrechen wurde den Juden angelastet. Dementsprechend schwor sie, sich zu rächen.«[24] Die jüdischen Opfer des sowjetischen Terrors ließ man außer acht, weil ihre Anerkennung den pauschalen Vorwurf der jüdischen Mitschuld an den sowjetischen Verbrechen ad absurdum geführt und dieses Vorurteil aufgelöst hätte.

Ferner deutet einiges daraufhin, daß die pauschalen Anschuldigungen nach dem Motto »Die Ukraine den Ukrainern« ein wichtiges Element im Unabhängigkeitskampf der ukrainischen Nationalisten waren. Im Klartext: Unter dem Vorwand der Abrechnung mit sowjetischen Kollaborateuren und Kommunisten versuchte man die »ethnische Säuberung« der westlichen Ukraine voranzutreiben. Im »Kriegsprogramm« der OUN war bereits das rücksichtslose Vorgehen gegen »feindliche Minderheiten« vorgesehen. Dort hieß es: »Im Kampf sind besonders die zu vernichten, die das Regime verteidigen: Umsiedlungen in ihre Gebiete, Vernichtung des Hauptteils der Intelligenz.«[25] In den ersten Tagen des deutsch-sowjetischen Krieges verbreitete OUN-Flugblätter präzisierten, welche Gruppen als Feinde des ukrainischen Volks einzustufen waren: »Vernichte den Feind. ... Volk! – Wisse! – Moskau, Polen, die Ungarn, das Judentum – das sind Deine Feinde! Vernichte sie.«[26]

Viele Aktionen der ukrainischen Nationalisten hatten tatsächlich kaum etwas mit antisowjetischen Ressentiments zu tun. Vielmehr scheint es, daß nicht wenige Ukrainer in diesen Tagen durch die Hoffnung auf Unabhängigkeit regelrecht in einen Rausch verfielen. Gruppe 711 der Geheimen Feldpolizei berichtete über die Einnahme von Lemberg:

»Von allen Teilen der Bevölkerung wurden lebhafte Äußerungen der Freude laut. Besonders organisiert zeigten sich die ukrainischen Volksteile, die in Lemberg etwa 30 Prozent der Einwohnerschaft ausmachen. Ihr Auftreten war derart, daß ein unbefangener Beobachter die Ukrainer für die siegreichen Befreier der Stadt hätte halten können. Diese fanatische Stimmung übertrug sich auch auf die ukrainischen Dolmetscher der Gruppe, die sich beeilten, jedem Menschen polnischen Volkstums ihren tiefsten Abscheu zu übermitteln. Ferner waren sie der Meinung, daß jeder Jude sofort erschlagen werden müsse.«[27]

Ähnliches beobachtete Józef Anczarski, der am 3. Juli 1941 notierte:

> »Wir wachten bereits in einer ›freien Ukraine‹ auf. Die einheimischen Ukrainer verkündeten in der Nacht die Unabhängigkeit. Man verteilte Flugblätter und hißte die blaugelbe Fahne. Hochbetrieb, Fieber, Ukrainern glänzen die Augen, sie sind im Rausch. Auf Flugblättern sind die Feinde aufgezählt: Bolschewiken, Polen, Ungarn und Juden. Sie sollen vernichtet werden. ... Die Ukrainer sind außer sich. Sie stürmen mit vorgehaltener Pistole in polnische Häuser, nehmen viele Menschen mit. Im Dorf sind Jammern und Verzweiflungsschreie zu hören. Vor einigen Minuten entführte ein bewaffneter Rotzjunge meinen Wirt. ... Der ukrainische Student Urski hatte funkelnde Augen und war wie im Rausch, in der Hand eine Pistole, mit der er die Menschen bedrohte. Hinter ihm eine ganze Gruppe fanatisierter Ukrainer.«[28]

Samuel Tennenbaum beobachtete in Złoczów Gruppen ukrainischer Jugendlicher, die Juden jagten: »Eine umherstreifende Gruppe trat an uns heran. Aus der Nähe sah ich, daß die Jugendlichen betrunken zu sein schienen, wahrscheinlich vom Wodka oder von der frisch erlangten Macht oder von beidem.«[29] Wie es scheint, versetzte die Hoffnung auf die lang ersehnte Unabhängigkeit viele nationalistisch eingestellte Ukrainer in Euphorie, vor allem junge Männer. Sie glaubten nun, mit allen angeblichen Feinden des ukrainischen Volks abrechnen zu können. Diese Feinde waren nicht nur die Sowjets und ihre Helfershelfer, sondern alle nichtukrainischen Volksgruppen, die damals in der Westukraine lebten (vor allem Polen und Juden).

Jüdische und polnische Augenzeugen sowie deutsche Quellen bestätigen die aggressive Haltung vieler Ukrainer nicht nur gegenüber Juden, sondern auch gegenüber Polen, denen man schwerlich eine prosowjetische Einstellung nachsagen konnte. Ein jüdischer Augenzeuge aus Lemberg notierte am 30. Juni 1941: »Die Ukrainer hassen in erster Linie die Polen. Sie würden gern schon in dieser Nacht ein Pogrom veranstalten und die Polen abschlachten. Die deutschen Instruktionen verbieten aber solche Schritte.«[30] Ähnlich war es in der Provinz. Anczarski schrieb am 18. Juli 1941:

> »Die Ukrainer befinden sich im Freiheitstaumel. Unter voller Freiheit verstehen sie das Abschlachten von Polen und Juden. So oft haben sie gesungen: ›Tod, Tod, Tod den Lachen [Polen], Tod der jüdisch-moskowitischen Kommune‹. ... Zur Zeit sind die Ukrainer mit den Juden beschäftigt. Tod den Juden. ... Nach den Juden kommen die Polen. Die Parole ›Schlachtet die Polen ab‹ ist wohl in die Köpfe der ukrainischen Chauvinisten eingebrannt. Jetzt, da die Deutschen gekommen sind, rasen sie vor Freiheit; sie würden uns [die Polen] am liebsten sofort vernichten, haben aber noch Angst vor den Deutschen.«[31]

Zwei Wochen später schilderte Anczarski die Situation in der Gegend um Złoczów:

> »Nachdem die Sowjets abgezogen waren, verhafteten einheimische Ukrainer viele Polen und bezichtigten sie vor den Deutschen, kommunistische Aktivisten zu sein. Erst der örtliche ukrainische Priester erklärte den Deutschen, daß es keine Kommunisten, sondern Polen seien. Die Ukrainer führen sich nach dem Einmarsch der Deutschen

wie die Herren auf und versuchen mit aller Kraft, die polnische Bevölkerung weiter auszuschalten. In Kozakach wurden zwei Polen ermordet, in Sokołówka sieben. Der polnische Pfarrer aus Sokołówka fuhr daraufhin nach Lemberg, von wo man ihn zur Ortskommandantur in Złoczów schickte. Die bot ein deutsches Bataillon auf, das das Dorf umstellte. Die Schuldigen wurden gefunden. Ein deutsches Standgericht verurteilte sieben ukrainische Milizionäre zum Tod. Das Urteil wurde sofort vollstreckt. … Dieser Vorfall schränkte die ukrainische Willkür ein.«[32]

In der Ereignismeldung Nr. 43 vom 5. August 1941 heißt es:

»An mehreren Orten mußte gegen die ukrainische Miliz und ihre Leiter vorgegangen werden, da Plünderungen und Mißhandlungen an der Tagesordnung waren. In Tarnopol und Rowno wurden polnische Familien von ihnen ermordet. Von Orts- und Feldkommandanten wurden vielerorts die Milizen entwaffnet und aufgelöst, ihre Führer festgenommen.«[33]

In den ersten Wochen des deutsch-sowjetischen Krieges zeigten die deutschen Stellen wenig Verständnis für antipolnische ukrainische Ausschreitungen, die das Ziel hatten, die polnische Bevölkerung zu verdrängen, um die Ukraine ethnisch zu säubern. Die Deutschen selbst planten die Ukraine zu germanisieren. Im übrigen brauchten die deutschen Truppen kurzfristig Ruhe in den rückwärtigen Gebieten; bürgerkriegsähnliche Zustände konnten nicht geduldet werden. Und eine »ethnische Säuberung« durch die Ukrainer kam für die deutschen Besatzer nicht in Frage.

Dies konnte man allerdings umgehen, indem man Polen und Juden prosowjetische Aktivitäten vorwarf. Denn die deutschen Besatzer verfolgten und liquidierten selbst tatsächliche, potentielle und angebliche sowjetische Partisanen, Saboteure, Heckenschützen und deren Helfer. Dabei setzten sie auf die Hilfe der einheimischen Bevölkerung. Dies garantierte aus der Sicht der Deutschen die Ruhe hinter der Front. In der Tat hofften einige nationalistische Ukrainer, unter dem Vorwand, mit sowjetischen Kollaborateuren und Aktivisten abzurechnen, auch gegen Polen vorgehen zu können, wie zum Beispiel bei dem von Anczarski geschilderten Vorfall oder im Fall von Grzegorz Małecki. Dieser wurde im Sommer 1941 in Sambor von einem ukrainischen Milizionär als sowjetischer Spion denunziert. Daraufhin führte ein deutscher Polizist gemeinsam mit dem ukrainischen Milizionär eine Hausdurchsuchung durch, bei der Fotos des Massakers an den Insassen des Gefängnisses von Sambor gefunden wurden. Der Deutsche erkundigte sich, was die Fotos zeigten. Małecki erklärte es ihm und fügte hinzu, daß er dieses Massaker überlebt habe, sein Bruder aber nicht. Danach brach der deutsche Polizist die Hausdurchsuchung ab, weil er es für ausgeschlossen hielt, daß Małecki ein sowjetischer Spion war.[34]

Es war relativ schwierig, den Polen pauschal eine prosowjetische Einstellung zu unterstellen, da sie häufig das Gegenteil beweisen und die Anschuldigungen widerlegen konnten. In einer ganz anderen Situation befanden sich die Juden. Die prosowjetische Haltung der Juden stand für die Mehrheit der Deutschen aufgrund der jahrelangen Propaganda fest, und jede neue Anschuldigung verfestigte dieses Vorurteil weiter. Nur wenige Deutsche scheinen auf die Idee gekommen zu sein, die Beschuldigungen zu hinterfragen. Die Vorstellung, daß auch Juden antisowjetisch eingestellt sein könnten, erschien vielen Deutschen geradezu absurd. So unterhielt sich Meinrad von Ow Anfang Juli 1941 in Czortków mit zwei Juden, die ihm erklärten, sie würden sich freuen, daß die Sowjets weg seien. Damals habe er ihnen nicht geglaubt, so von Ow im Interview.[35] Exemplarisch für diese Einstellung ist folgender Vorfall, den Felix Landau, ein Angehöriger eines Einsatzkommandos, am 7. Juli 1941 in seinem Tagebuch festhielt:

> »Unterwegs [auf dem Weg von Lemberg nach Drohobycz] wurden zwei Juden angehalten. Sie erzählen, daß sie von der russischen Armee geflüchtet waren. Ihre Angabe war ziemlich unglaubhaft. Sechs Mann sitzen von uns ab, laden durch, und in der nächsten Minute sind beide tot. Der eine Jude, ein Ingenieur, ruft noch, als das Kommando ›legt an‹ gegeben wird, ›es lebe Deutschland‹. Eigentümlich, das waren meine Gedanken. Mit welchen Plänen in dem Kopf mag wohl dieser Jude geflüchtet sein.«[36]

Die pauschalen Anschuldigungen und die Überzeugung, daß die Juden an den sowjetischen Verbrechen mitschuldig seien, waren auf mehrere Ursachen zurückzuführen. Die wichtigsten waren meines Erachtens die antijüdische Propaganda, das Rachebedürfnis vieler Nichtjuden, die Sündenbockmentalität (Juden sollten stellvertretend für die sowjetischen Täter – auch jene jüdischer Herkunft – bestraft werden), die jahrelange antijüdische Indoktrination (bei den Deutschen), die Abrechnung der Verlierer mit den angeblichen Gewinnern der sowjetischen Herrschaft und *last but not least* die Durchschlagskraft der Anschuldigungen als Waffe gegen den ethnisch definierten Feind (»ethnische Säuberung«).

Wie unsinnig der pauschale Vorwurf der jüdischen Mitschuld auch gewesen sein mochte, entscheidend war, daß viele einheimische Nichtjuden und Deutsche daran glaubten. Dies führte dazu, daß viele von Ihnen die Verfolgung der Juden als berechtigt ansahen. Die Gewaltbereitschaft gegenüber Juden, die ohnehin sehr groß war, erhöhte sich weiter. Dies zeigen beispielsweise die Reaktionen der Deutschen im

Reich auf die NS-Propaganda mit den schrecklichen Bildern der sowjetischen Verbrechen und den pauschalen Vorwürfen, die das abstrakte und mythische Feindbild der Juden als Träger des Bolschewismus zu bestätigen schienen.

Brutalisierung des deutsch-sowjetischen Krieges und Radikalisierung der Judenverfolgung

Die im September 1939 besetzten polnischen Gebiete eignen sich wie wenige andere für eine vergleichende Untersuchung von nationalsozialistischer und sowjetischer Besatzungspolitik sowie der Verbrechen, die von den Besatzern begangen wurden. Von September 1939 bis Juni 1941 verfolgten sowohl Deutschland als auch die Sowjetunion eine Politik, deren Ziel es war, den polnischen Staat mitsamt seiner Fundamente zu zerstören. Im Frühjahr 1941 waren die Sowjets diesem Ziel näher als die Nationalsozialisten.

Die sowjetischen »Befreier« überzogen das von ihnen besetzte Ostpolen mit einem Terror, der dort in diesem Ausmaß bis dahin unbekannt gewesen war, während die Sowjets über eine zwanzigjährige Erfahrung mit dem Terror verfügten und die vorhandenen ethnischen und sozialen Spannungen instrumentalisieren konnten, um ihre Herrschaft zu festigen. Dabei funktionalisierten und förderten sie, zum Teil unbeabsichtigt, niedere Instinkte und Negativwerte wie Denunziantentum, Rachedurst, Mißgunst, Schadenfreude und die Neigung, anderen »eins auszuwischen«.

Resultat der knapp einundzwanzig Monate währenden sowjetischen Herrschaft in Ostpolen waren mehrere hunderttausend Deportierte und Inhaftierte sowie Abertausende von Gefolterten und Ermordeten. Hinzu kamen die Folgen weiterer Maßnahmen, die für die sowjetisch-kommunistische Gesellschafts- und Wirtschaftsordnung typisch sind: Enteignung und Kollektivierung, Mangel- und Mißwirtschaft, Schwarzmarkt, Korruption und Nepotismus.

Die einzelnen Volksgruppen waren in unterschiedlichem Ausmaß von Sowjetisierung und sowjetischem Terror betroffen. Zuerst wurden vor allem Polen verfolgt, wenngleich auch die ukrainischen und jüdischen Eliten nicht verschont blieben. Im Lauf der Zeit verschob sich in der heutigen Westukraine der Schwerpunkt der Verfolgung immer mehr auf die ukrainische Bevölkerung, und im Frühjahr 1941 waren die meisten Verfolgten ukrainischer Herkunft. Hinzu kam, daß die Sowjets in dieser Zeit die bereits seit dem Frühjahr 1940 in Gang befindliche Kollektivierungskampagne intensivierten. Darunter hatten vor allem die Bauern zu leiden, die zunächst von der Sowjetisierung sogar profitiert hatten. Die meisten Ukrainer lebten auf dem Lande; gleiches galt für die Weißrussen.

Alle diese Maßnahmen und ihre Folgen verschärften die bestehenden Spannungen und schufen zugleich neue Konfliktherde zwischen den Bevölkerungsgruppen. In eine äußerst prekäre Lage geriet die jüdische Bevölkerung. Einerseits wurden ihre Eliten verfolgt und viele Flüchtlinge aus Westpolen nach Sibirien deportiert, so daß die jüdische Bevölkerung atomisiert wurde und ihre traditionelle Führungselite verlor. Andererseits bot das sowjetische System einem Teil der Juden eine neue Perspektive. Für viele von ihnen, insbesondere die Jugend, brachte die sowjetische Herrschaft sozialen Aufstieg mit sich.

Dies weckte bei den anderen Bevölkerungsgruppen Neid und Rachewünsche. Viele Nichtjuden assoziierten die sowjetische Herrschaft nun mit der sozialen Besserstellung von Juden und ihrer Beteiligung an der Macht. Daß auch viele Juden verfolgt und benachteiligt waren, übersah man meistens.[1] Auf diese Weise erhielten die antijüdischen Ressentiments während der sowjetischen Herrschaft eine neue Dimension. An die Seite der in wirtschaftlichen, religiösen und sozialen Unterschieden und Konflikten wurzelnden traditionellen Vorurteile trat das von interessierter Seite verbreitete Bild der Juden als vermeintlicher Nutznießer der Sowjetisierung und Helfershelfer der sowjetischen Besatzer.

Das ehemalige Ostpolen glich am Vorabend des deutsch-sowjetischen Krieges einem Hexenkessel, in dem sich negative Emotionen und Leidenschaften (vor allem Haß und Rachewünsche) infolge der sowjetischen Besatzungspolitik auf unvorstellbare Weise aufgeheizt hatten. Die Besatzer versuchten, diese Leidenschaften zu unterdrücken, indem sie antijüdische und antisowjetische Äußerungen verfolgten. Dies führte aber dazu, daß die Emotionen, die man nun nicht einmal mehr verbal abreagieren konnte, weiter radikalisiert wurden. Andererseits fachten die Sowjets die antipolnischen und antikapitalistischen und später auch die antiukrainischen Gefühle an und nutzten sie, um die eigene Herrschaft zu festigen. Diese Vorgehensweise erbitterte und radikalisierte die Verfolgten und Benachteiligten. So schufen die sowjetischen Maßnahmen ein komplexes System negativer Reaktionen und Verhaltensweisen, das die alten sozialen, ethnischen und politischen Spannungen verschärfte und zugleich neue Konflikte entstehen ließ.

Mit dem Anspruch, eine von Gleichheit, Gerechtigkeit, Brüderlichkeit und Altruismus geprägte Gesellschaft aufbauen zu wollen, erreichten die Sowjets auch in Ostpolen genau das Gegenteil: die Herrschaft von Willkür, Massenterror, Denunziantentum, ethnisch und sozial bedingtem Haß, kollektivem Rachedurst, Mißgunst und Zynismus. Wirtschaftlich hatte die sowjetische Besatzung eine weitere Verarmung des ohnehin armen Landes zur Folge.

Der sowjetische Terror der Jahre 1939 bis 1941 im ehemaligen Ostpolen gipfelte in den ersten Wochen des deutsch-sowjetischen Krieges in Massakern an Tausenden von Gefängnisinsassen und unzähligen Übergriffen auf die Zivilbevölkerung. Verglichen mit anderen sowjetischen und nationalsozialistischen Verbrechen, war die absolute Zahl der Opfer relativ klein (schätzungsweise 20 000 bis 30 000 Menschen). Einmalig waren jedoch die Umstände, unter denen diese Verbrechen begangen und dann aufgedeckt wurden, sowie ihre Auswirkungen.

Bereits der Ablauf der Erschießungen war ungewöhnlich, denn sie fanden, vom Standpunkt der Täter aus gesehen, unter äußerst ungünstigen Bedingungen statt. Es handelte sich um eine Ad-hoc-Maßnahme, die beschlossen wurde, weil es den Sowjets nicht mehr möglich erschien, alle Gefangenen aus den von deutschen Truppen bedrohten Gebieten zu evakuieren. Eine Befreiung der Gefangenen durch die Deutschen oder gar ihre Freilassung kam aus sowjetischer Sicht nicht in Frage. Es handelte sich schließlich um »sowjetfeindliche Elemente«, die man so oder so ausmerzen mußte.

In den meisten Gefängnissen im Baltikum, in Weißrußland, der Ukraine und Bessarabien (Moldawien) kam es in diesen Tagen und Wochen zu Massakern an Häftlingen. In der Regel wurden die Opfer einzeln durch Genickschuß oder, wenn die Zeit knapp war, gruppenweise mit Maschinengewehren und Handgranaten liquidiert. Vielfach blieben die Leichen in den Zellen oder Gefängniskellern liegen. In Weißrußland töteten die Sowjets Tausende von Häftlingen auf sogenannten Todesmärschen. In Gefängnissen, die weiter von der Grenze entfernt waren, hatte man meistens genug Zeit, die »Aktionen« abzuschließen, das heißt die Leichen zu verscharren. Auch bedrohte Arbeitslager wurde auf diese Weise »aufgelöst«. Hinzu kamen zahlreiche Verbrechen von Rotarmisten an der Zivilbevölkerung: Verdächtige Personen wurden erschossen, Geiseln genommen und getötet, Häuser und Dörfer niedergebrannt.

All diese Verbrechen waren für das sowjetische System nichts Ungewöhnliches. Im Gegenteil, Terror und Massenverbrechen waren systemimmanente Kennzeichen des sowjetischen Kommunismus dieser Zeit. Auch die Zahl der Opfer war nicht außergewöhnlich. Die Verbrechen unterschieden sich von anderen sowjetischen Untaten nur dadurch, daß sie schnell aufgedeckt wurden, und dies ausgerechnet vom Kriegsgegner.

Es ist kaum verwunderlich, daß die Nationalsozialisten die Verbrechen für ihre Kriegspropaganda ausschlachteten. Für Goebbels waren sie geradezu ein Geschenk. Die NS-Propaganda startete eine ausgedehnte Kampagne zur Verbreitung der erschütternden Berichte über die Massaker und der Aufnahmen der Mordstätten. Der Erfolg der Kampagne war aus Sicht der Nationalsozialisten bemerkenswert. Viele Deutsche wurden in ihrer Meinung bekräftigt und andere endgültig davon überzeugt, daß der Krieg gegen die UdSSR legitim und sogar notwendig sei. Zugleich verschärfte die Kampagne das Klima für ein hartes Vorgehen gegen tatsächliche (Parteifunktionäre) und vermeintliche (Juden) Träger des sowjetischen Systems. Die bestehenden antijüdischen und antisowjetischen Vorurteile und Emotionen wurden verstärkt und radikalisiert.

Die sowjetischen Verbrechen, die von der NS-Propaganda zudem verzerrt dargestellt wurden, bestätigten in den Augen vieler Deutscher das bereits existierende Bild von der »Judeo-Kommune«. Kritische Fragen erübrigten sich. Dagegen erschienen alle Berichte und Behauptungen glaubwürdig, die in dieses Bild paßten, gleichgültig wie abstrus sie waren. Die jahrelange antijüdische NS-Propaganda schuf ein selbstreproduzierendes System von antijüdischen Vorurteilen und falscher Wahrnehmung, in das sich die »Berichterstattung« über die sowjetischen Verbrechen nahtlos einfügte.

Das Zusammenspiel von »Leichenbergpropaganda« und

antijüdischer sowie antisowjetischer Indoktrination zeigte insbesondere bei den deutschen Soldaten Wirkung, die direkt mit den Massengräbern konfrontiert waren. Die systematische Propaganda, der die Deutschen seit Jahren ausgesetzt waren, hatte eine emotions- und vorurteilsbeladene Haltung gegenüber den Juden erzeugt. Viele deutsche Soldaten glaubten, daß das sowjetische System verbrecherisch sei und von Juden getragen werde, und nach dem 22. Juni 1941 wurden ihre Erwartungen noch übertroffen. Beweise für sowjetische Verbrechen fanden sie überall: Sie standen im wahrsten Sinne des Wortes vor Leichenbergen. Krasser konnte das Propagandabild von den »blutrünstigen« Bolschewiken nicht bestätigt werden.

Ebenso verheerend war der Umstand, daß auch das nationalsozialistische Axiom, Juden seien die Träger des Bolschewismus, von seiten der einheimischen nichtjüdischen Bevölkerung scheinbar bestätigt wurde. Viele Nichtjuden reagierten ihre antisowjetischen und antisemitischen Ressentiments ab, indem sie den Juden pauschal die Mittäterschaft an den sowjetischen Verbrechen anlasteten. Die wirklichen Täter waren zumeist geflohen. Schlimmer noch, nicht wenige Nichtjuden nutzten die Gelegenheit, um selbst mit den verhaßten Juden abzurechnen. Es kam zu gewalttätigen Pogromen, die von den einheimischen Urhebern mit der angeblichen jüdischen Mitverantwortung für den sowjetischen Terror gerechtfertigt wurden.

Diese pauschalen Anschuldigungen wurden von den Deutschen nicht in Zweifel gezogen, bestätigten sie doch das Bild vom Juden als dem Träger des sowjetischen Systems. Sie entsprachen der Erwartungshaltung, und so wurde die Vermutung zur Gewißheit. Darüber hinaus war es im Chaos des Krieges kaum möglich, die sowjetischen Verbrechen lückenlos aufzuklären und die Schuldigen objektiv festzustellen. Zudem war es für die deutsche Seite weitaus wichtiger, die sowjetischen Verbrechen für die Kriegspropaganda auszuschlachten, als sie aufzuklären. Auch heute noch verfolgt jede Kriegspropaganda das Ziel, den Gegner zu dämonisieren. Zur Wahrheitsfindung beizutragen ist nicht ihre Aufgabe.

Der NS-Antisemitismus, der von Anfang an eine fatale Eigendynamik entwickelte, bekam in diesem Klima einen kräftigen Schub. In den Köpfen vieler Soldaten bestand eine verhängnisvolle Kette von Assoziationen und Vorurteilen: sowjetisches System gleich sowjetische Verbrechen gleich Träger des sowjetischen Systems gleich sowjetische Juden. Diese Kette war seit Jahren ein wichtiges Element der antijüdischen Propaganda gewesen. Bis zum 22. Juni 1941 war sie jedoch abstrakt geblieben. Erst nach dem Überfall auf die Sowjetunion waren Deutsche in der Realität mit ihren Gliedern konfrontiert.

Die Leichenberge, die deutsche Soldaten nach dem Überfall auf die Sowjetunion entdeckten, bestätigten eindringlich das Propagandabild vom verbrecherischen Bolschewismus. In den Augen vieler wurde der Befehl zur Liquidierung der Träger des sowjetischen Systems, der sogenannte Kommissarbefehl, dadurch im nachhinein legitimiert. Die unmittelbaren Täter (NKWD), die Angehörigen des sowjetischen Besatzungsapparats und ihre einheimischen Kollaborateure waren jedoch geflüchtet. Zurückgeblieben waren die weniger Belasteten und die Juden, die von vielen nichtjüdischen Einheimischen ähnlich wie von der NS-Propaganda pauschal mit dem sowjetischen System identifiziert wurden. Nicht wenige einheimische Nichtjuden »bestätigten« nun das von der NS-Propaganda verbreitete Feindbild der Juden als Nutznießer und Träger des sowjetischen Systems.

All diese Elemente und Ereignisse bekräftigten aus Sicht der NS-Führung und vieler deutscher Soldaten die angeführte Kette von Assoziationen und Vorurteilen: Das sowjetische

System verübte Verbrechen (Leichenberge), an denen die Träger des sowjetischen Systems die Schuld trugen (nachvollziehbar), was hieß, daß die Juden als vermeintliche Träger des sowjetischen Systems mitverantwortlich seien (»bestätigt« durch pauschale Anschuldigungen von seiten vieler Nichtjuden). In der Vorstellungswelt der NS-Führung und vieler deutscher Soldaten verschmolzen beide Feinde endgültig zu einem einzigen jüdisch-bolschewistischen Komplex, den es zu zerstören galt.

In diesem Prozeß der »Meinungsbildung« spielten die NKWD-Mordaktionen vom Sommer 1941 eine herausragende Rolle. Sie initiierten oder beschleunigten den skizzierten Prozeß, der zur Bestätigung und Verfestigung der bestehenden negativen Assoziationskette führte. Ohne die vorherige und dann parallel laufende NS-Propaganda wäre es jedoch nie zu dieser »Meinungsbildung« gekommen. Die antijüdische NS-Propaganda bildete die unabdingbare Voraussetzung dieser Entwicklung, da sie das Feindbild der Juden als Träger des sowjetischen Systems und Mittäter erst geschaffen hatte und stets von neuem ausmalte.

Vor diesem Hintergrund kann man meines Erachtens davon sprechen, daß die sowjetischen Verbrechen im Sommer 1941 die Brutalisierung des deutsch-sowjetischen Krieges nach sich zogen. Diese Entwicklung war von den Nazis allerdings von vornherein geplant und gewollt. Die sowjetischen Verbrechen erleichterten es der NS-Führung jedoch, ihre Pläne umzusetzen und den Krieg zu brutalisieren. So wurde der Kommissarbefehl im nachhinein legitimiert und das Klima für ein hartes und grausames Vorgehen gegen echte, potentielle und angebliche Träger und Anhänger der sowjetischen Herrschaft verschärft, und die ohnehin hohe Gewaltbereitschaft gegen diese Personengruppen wurde weiter erhöht.

Diese Radikalisierung wirkte sich auf die gesamte antijüdische Politik der Nationalsozialisten aus. Bis zum Juni 1941 war diese weitgehend von dem Vorhaben bestimmt gewesen, die Juden aus dem deutschen Machtbereich zu vertreiben. Die deutschen Juden, deren Zahl relativ gering war, waren seit 1933 zur Emigration gezwungen worden. Als im September 1939 über zwei Millionen polnischer Juden in deutsche Hände fielen, erhielt die »Judenfrage« eine neue Dimension. Eine individuelle Emigration war nicht mehr möglich. Kein Land auf der Welt wäre bereit gewesen, Millionen zumeist armer polnischer Juden aufzunehmen. Damit begann die Suche nach anderen Lösungen. Zunächst entstand in Berlin der kurzlebige Plan, im Bezirk Lublin ein Judenreservat zu errichten. Im Frühjahr 1940 trat der sogenannte Madagaskar-Plan an seine Stelle. Bald wurde jedoch klar, daß auch diese Lösung unrealistisch war. Im Umfeld der Vorbereitungen zum Überfall auf die UdSSR entstand nun die Idee, nach dem schnell gewonnenen Krieg alle Juden in die Weiten Rußlands zu deportieren, wie es die Sowjets mit ihren inneren »Feinden« praktizierten.

Bis zum Juni 1941 wurde zu keinem Zeitpunkt ernstlich erwogen, die Judenheit in ihrer Gesamtheit durch systematische Tötungen zu dezimieren oder gar zu liquidieren. Von den Erschießungen nach dem Kommissarbefehl waren echte und vermeintliche Träger der sowjetischen Herrschaft betroffen, einschließlich von Partei- und Staatsfunktionären jüdischer Herkunft. Ihre Ermordung gehörte also in den Rahmen des Vernichtungskrieges gegen die UdSSR.

Eine einschneidende Zäsur in der Entwicklung der antijüdischen Politik der Nationalsozialisten waren dagegen die Vergeltungsmaßnahmen für sowjetische Massaker in den ersten Wochen des deutsch-sowjetischen Krieges, bei denen Einsatztruppen Tausende von männlichen Juden erschossen. Diese Erschießungen entsprachen der Logik der Nationalsozialisten: In Lemberg, zum Beispiel, gab es drei Bevölkerungsgruppen – Polen, Ukrainer und Juden. Polen und Ukrainer waren den Sowjets gegenüber meistens feindselig eingestellt und begrüßten die deutschen Truppen als Befreier. Die Juden galten dagegen als sowjetfreundlich und fürchteten sich nicht ohne Grund vor den deutschen Besatzern. Da die wirklichen sowjetischen Täter geflüchtet waren, rächte man sich an ihren vermeintlichen Helfershelfern und Sympathisanten, den Juden.

Ähnlich gingen die Deutschen bei Vergeltungsmaßnahmen für Übergriffe von Heckenschützen und Partisanen oder für Sabotageakte vor. Aus deutscher Sicht bot es sich geradezu an, jüdische Geiseln zu nehmen und sie zur Vergeltung für diese Aktionen zu töten. Daß Nichtjuden die deutschfeindlichen Aktivitäten unterstützten oder gar verübt hatten, hielten die Deutschen wohl für weniger wahrscheinlich. Schließlich waren die deutschen Truppen von den meisten Nichtjuden, ob Polen oder Ukrainer, zum Teil überschwenglich begrüßt worden. Exemplarisch hierfür ist der folgende Feldpostbrief aus Kiew: »Die Stadt brennt schon acht Tage, alles machen die Juden. Darauf sind die von 14 bis 60 Jahre alten Juden erschossen worden, und es werden auch noch Frauen der Juden erschossen, sonst wird's nicht Schluß damit.«[2]

Das nationalsozialistische Feindbild des Juden hatte viele Facetten. Der Jude galt als Parasit und Zersetzer des wirtschaftlichen und geistigen Lebens (deutsche und westeuropäische Juden, Ostjuden, sowjetische Juden: kurzum alle Juden), als Seuchenträger (Ostjuden gleich polnische Juden) sowie als Träger des Kommunismus im allgemeinen (alle Juden) und des Bolschewismus im besonderen (sowjetische Juden), um nur die wichtigsten Aspekte zu nennen. Eine bewaffnete Gefahr stellten die Juden weder im Westen noch im besetzten Polen dar.[3] Aus Sicht der Nationalsozialisten bestand also bis zum 22. Juni 1941 kein dringender Handlungsbedarf. Die bis dahin praktizierte Politik der »Entjudung« von Wirtschaft und öffentlichem Leben sowie der Isolierung der Juden von den Nichtjuden war ausreichend, um die mittelfristig geplante Deportation aller Juden aus dem deutschen Machtbereich vorzubereiten.

Diese Konstellation änderte sich nach dem Überfall auf die UdSSR. Von nun an befand sich Deutschland in einem »Schicksalskampf« mit der Sowjetunion, in dem sich die Gegner in puncto Brutalität und Rücksichtslosigkeit gegenseitig überboten. Zugleich waren Deutsche zum ersten Mal mit Juden aus dem sowjetischen Machtbereich konfrontiert. Zum ersten Mal nahmen NS-Führung und viele deutsche Soldaten Juden als direkte physische Bedrohung wahr. Sie assoziierten die Juden mit dem sowjetischen System, den sowjetischen Verbrechen und dem immer zäher und effektiver werdenden sowjetischen Widerstand.

Der weitere Verlauf des Krieges wirkte sich verhängnisvoll auf die NS-Politik gegenüber den sowjetischen Juden aus. Zunächst glaubte man in Berlin an einen Blitzsieg im Osten. Nach wenigen Wochen schwand jedoch die Hoffnung auf einen raschen Erfolg. Zugleich sah sich die deutsche Seite der zunehmenden Gefährdung ihrer Nachschubwege und Soldaten durch Partisanenüberfälle und Sabotageakte ausgesetzt. Diese Entwicklung war das Ergebnis einer gezielt angewandten sowjetischen Taktik.

Damit war aus deutscher Sicht ein dringender Handlungsbedarf gegeben: Die rückwärtigen Gebiete mußten unter allen Umständen befriedet werden. Die besetzten Räume waren aber zu groß, um sie mit den relativ schwachen Kräften schnell und flächendeckend befrieden zu können. Deshalb setzte man von vornherein auf Abschreckung und Kollektivbestrafung, Maßnahmen, die bereits im deutsch besetzten Polen »erfolgreich« praktiziert worden waren.[4] Richtungweisend dürften folgende Äußerungen Hitlers vom 16. Juli 1941 gewesen sein:

»Die Russen haben jetzt einen Befehl zum Partisanenkrieg hinter unserer Front gegeben. Dieser Partisanenkrieg hat auch seinen Vorteil; er gibt uns die Möglichkeit auszurotten, was sich gegen uns stellt. ... Der Riesenraum müsse natürlich so rasch wie möglich befriedet werden; dies geschehe am besten dadurch, daß man jeden, der nur schief schaue, totschieße.«[5]

Man bezichtigte nun die jüdische Bevölkerung, die subversiven Angriffe auf deutsche Truppen zu unterstützen. Ogorreck stellt fest: »Himmler nahm dies [die Angriffe auf deutsche Truppen] zum Anlaß, die angetroffene jüdische Bevölkerung generell für Partisanenüberfälle, Sabotage, Plünderungen und Brandschatzung verantwortlich zu machen. Im zunehmenden Maße verfolgte er die Strategie, die akute Gefährdung der Sicherheitslage mit der Ermordung der angetroffenen männlichen Bevölkerung im wehrfähigen Alter vergelten zu wollen.«[6]

Zum ersten Mal in der Geschichte der NS-Judenverfolgung wurden Juden *systematisch* zu Tausenden erschossen. Diese Erschießungen markierten den Beginn des Holocaust und waren eine der wichtigsten Zäsuren auf dem Weg zum endgültigen Beschluß, alle Juden Europas zu ermorden. Die Grenze zur systematischen Ermordung der Juden war überschritten.

Abkürzungen

AOK	Armee-Oberkommando
BSSR	Belorusskaja Sowjetskaja Sozialistitscheskaja Respublika (Weißrussische Sozialistische Sowjetrepublik)
Bund	Allgemeyner Yidischer Arbeter Bund in Lite, Polyn un Rusland
GPU	siehe OGPU
KPdSU	Kommunistische Partei der Sowjetunion
KPP	Kommunistische Partei Polens
HSSPF	Höherer SS- und Polizeiführer
NKGB	Narodny Kommissariat Gossudarstwennoj Besopasnosti (Volkskommissariat für Staatssicherheit; im Februar/März 1941 vom NKWD abgespalten, im Juli desselben Jahres aber wieder in den NKWD eingegliedert)
NKWD	Narodny Kommissariat Wnutrennych Del (Volkskommissariat für Inneres; seit 1934 sowjetische Sicherheitspolizei)
OGPU	Objedinjonnoje Gossudarstwennoje Polititscheskoje Uprawlenije (Vereinigte Staatliche Politische Verwaltung; 1923–1934 sowjetische Sicherheitspolizei); häufig wie die Vorgängerorganisation (1922/23) kurz GPU genannt
OKH	Oberkommando des Heeres
OKW	Oberkommando der Wehrmacht
OUN	Organisation Ukrainischer Nationalisten
PPS	Polska Partia Socjalistyczna (Polnische Sozialistische Partei)
SD	Sicherheitsdienst
UNKGB	Uprawlenije (Zentralverwaltung) NKGB
UNKWD	Uprawlenije (Zentralverwaltung) NKWD
USSR	Ukrainskaja Sowjetskaja Sozialistitscheskaja Respublika (Ukrainische Sozialistische Sowjetrepublik)
ZIH	Żydowski Instytut Historyczny (Jüdisches Historisches Institut in Warschau)

Abkürzungen

AW	Archiwum Wschodnie (Ostarchiv, Warschau)
BA	Bundesarchiv Berlin
BA-MA	Bundesarchiv-Militärarchiv, Freiburg
BGKBZpNP	Biuletyn Głównej Komisji Badania Zbrodni przeciwko Narodowi Polskiemu – Instytut Pamięci Narodowej (Bulletin der Hauptkommission zur Untersuchung der Verbrechen am polnischen Volk)
BfZ	Bibliothek für Zeitgeschichte Stuttgart
BZIH	Biuletyn Żydowskiego Instytutu Historycznego (Bulletin des ZIH)
EM	Ereignismeldungen UdSSR des Chefs der Sicherheitspolizei und des SD
GFP	Geheime Feldpolizei
IfZ	Institut für Zeitgeschichte, München
IMG	Der Prozeß gegen die Hauptkriegsverbrecher vor dem Internationalen Militärgerichtshof. 42 Bde., Nürnberg 1947–49.
OKL	Okręgowa Komisja Badania Zbrodni przeciw Narodowi Polskiemu w Łodzi (Bezirkskommission zur Untersuchung der Verbrechen am polnischen Volk in Łódź)
Ring.	Ringelblum-Archiv im ZIH
VfZ	Vierteljahrshefte für Zeitgeschichte

Einleitung

1 In Nürnberg mißlang den Sowjets der Versuch, den Mord an polnischen Offizieren, den sie im Frühjahr 1940 unter anderem in Katyn begangen hatten, der deutschen Wehrmacht anzulasten.

1969 errichteten die Sowjets im weißrussischen Chatyn (sic!) die zentrale Gedenkstätte für Dörfer, die von den deutschen Besatzern während des Zweiten Weltkrieges in Weißrußland niedergebrannt worden waren. Chatyn war nach sowjetischen Angaben eines von 628 zerstörten Dörfern. Auffallend sind die ähnlich klingenden Namen von Chatyn und Katyn. Den Sowjets ging es offenbar darum, daß man sie verwechselte und mit deutschen Verbrechen assoziierte, statt mit sowjetischen. Dies ist ein klassisches Beispiel für die Umlenkung von Assoziationen, eine von vielen Methoden der kommunistischen Propaganda (vgl. dazu Wierzbicki, *Struktura kłamstwa,* S. 94 f.). Wie wirkungsvoll sie ist, wurde mir persönlich vor Augen geführt, als mir ehemalige DDR-Bürger erzählten, sie hätten noch zu DDR-Zeiten eine Gedenkstätte in Katyn (sic!) besucht, wo sie gelesen hätten, daß die Deutschen dafür verantwortlich seien. Tatsächlich hatten sie aber die Gedenkstätte in Chatyn besucht. Die Gedenkstätte für die in Katyn ermordeten polnischen Offiziere wurde erst in den neunziger Jahren erbaut. Der Fall Katyn/Chatyn zeigt beispielhaft, wie die Kommunisten Geschichte politisch instrumentalisierten und Erinnerung konstruierten, mißbrauchten und ausbeuteten.

2 Goebbels, *Die Tagebücher,* Teil II, Bd. 1, S. 33.

3 Hitler, *Mein Kampf,* S. 742.

4 *Rzeczpospolita,* 27. April 2000, S. A2.

5 Die Hauptkommission mit ihren Filialen (Bezirkskommissionen) wurde im Januar 1999 aufgelöst. Ihre Bestände und Aufgaben hat das neu geschaffene Instytut Pamięci Narodowej (Institut des Nationalen Gedenkens) übernommen.

6 Slutsch, »Voraussetzungen des ›Hitler-Stalin-Pakts‹«, S. 65.

7 *Süddeutsche Zeitung,* 22. April 1999, S. 18.

8 *Berliner Zeitung,* 6./7. Februar 1999.

9 Vgl. dazu Bogdan Musial, »Täter und Opfer. Kein Perspektivenwechsel, sondern eine Perspektivenerweiterung«, in: *Frankfurter Rundschau*, 6. Oktober 2000.

September 1939

1 Vgl. Slutsch, »17. September 1939: Der Eintritt der Sowjetunion in den Zweiten Weltkrieg«.

2 *Agresja sowiecka na Polskę w świetle Dokumentów,* S. 56–67.
3 Geheimes Zusatzprotokoll zum Nichtangriffsvertrag vom 23. August 1939, in Pätzold/Rosenfeld (Hg.), *Sowjetstern und Hakenkreuz 1938 bis 1941,* S. 232.
4 Głowacki, *Sowieci wobec Polaków,* S. 32.
5 Łuczak, *Polska i Polacy w Drugiej Wojnie Światowej,* S. 511.
6 Pinchuk, *Shtetl Jews under Soviet Rule,* S. 107.
7 Torzecki, *Polacy i Ukraińcy,* S. 12.
8 Stankiewicz-Januszczak, »Dziś mówię ludziom«, S. 16.
9 Darauf weisen viele ehemalige polnische Bewohner dieser Gebiete hin (Interviews mit Władysława Bernatt, Czesław Blicharski, Bolesław Majer und anderen).
10 Orla-Bukowska, »Shtetl Communities«, S. 95.
11 Vgl. Haumann, *Geschichte der Ostjuden,* S. 99 f.
12 Tomaszewski, »Book Reviews: Ben-Cion Pinchuk, *Shtetl Jews under Soviet Rule*«. Pinchuk schreibt dagegen, es hätte einen formalen Numerus clausus gegeben (*Shtetl Jews under Soviet Rule,* S. 51).
13 Cala, »The Social Consciousness of Young Jews in Interwar Poland«.
14 Ein keineswegs extremes Beispiel hierfür ist Hans Jansen, der in seinem Buch *Der Madagaskar-Plan* die wirtschaftliche und soziale Misere der jüdischen Bevölkerung in Vorkriegspolen knapp schildert und ihre Ursachen auf gezielte antisemitische Politik des polnischen Staates zurückführt: »Als Folge der stark anti-jüdischen Politik der polnischen Regierung waren die Juden im 19. Jahrhundert vom Land in die Städte verjagt worden. Juden durften Grund nämlich weder kaufen noch pachten.« (S. 143) Dazu ist erstens anzumerken, daß es im 19. Jahrhundert keinen polnischen Staat und also auch keine polnische Regierung gab, die eine »stark anti-jüdische Politik« hätte betreiben können. Zweitens war es den Juden in Polen erlaubt, Grund und Boden sowohl zu kaufen als auch zu pachten (vgl. Mendelsohn, »Jewish Historiographie on Polish Jewery in the Interwar Period«).
15 Marcus, *Social and Political History of the Jews in Poland, 1919–1939,* S. 231.
16 Bronsztejn, »Polish-Jewish Relations as Reflected in Memoirs of the Interwar Period«. Dies bestätigen auch viele ehemalige polnische Bewohner dieser Gebiete in Interviews, zum Beispiel Bolesław Majer, Roman Maćkówka und Adolf Świdrak.
17 Jasiewicz, *Zagłada polskich Kresów,* S. 50.

Die Etablierung der sowjetischen Herrschaft

1 Głowacki, *Sowieci wobec Polaków,* S. 272–278.
2 Ebd.
3 Węgierski, *Lwów pod okupacją sowiecką 1939–1941,* passim.
4 Ausführlich dazu Głowacki, *Sowieci wobec Polaków,* S. 320–402; vgl. auch Paczkowski, »Polen, der ›Erbfeind‹«, S. 406 f.
5 Głowacki, *Sowieci wobec Polaków,* S. 622.
6 Paczkowski, »Polen, der ›Erbfeind‹«, S. 405 f.
7 Anczarski, Kronikarskie zapisy, S. 171.
8 Werth, »Ein Staat gegen sein Volk«, S. 232.
9 Głowacki, *Sowieci wobec Polaków,* S. 399–403.
10 Ebd., S. 405–408; Laskowicz, »Strajbataliony«.
11 Paczkowski, »Polen, der ›Erbfeind‹«, S. 407.
12 Vgl. Głowacki, *Sowieci wobec Polaków,* S. 199–218; Paczkowski, »Polen, der ›Erbfeind‹«, S. 402–405.
13 Der Troika gehörten an: Wsewolod Nikolajewitsch Merkulow, der Erste Stellvertreter Berijas, Bogdan Sacharowitsch Kobulow, Kommissar der Staatssicherheit dritten Ranges in der Moskauer NKWD-Zentrale, und Leonid Baschtakow, Chef der Sonderabteilung I des NKWD. Zu den Troikas vgl. unten, S. 93.
14 Głowacki, »Organizacja i funkcjonowanie więziennictwa NKWD«, S. 26–31, 34–41.
15 Ebd., S. 42 f.
16 *Listy katyńskiej ciąg dalszy.*
17 Vgl. Głowacki, *Sowieci wobec Polaków,* S. 292–295; Paczkowski, »Polen, der ›Erbfeind‹«, S. 405.

Die sowjetische Wirtschaftspolitik und ihre Folgen

1 Głowacki, *Sowieci wobec Polaków,* S. 129–134.
2 Ebd., S. 136–143.
3 Ebd., S. 140 f.
4 Ebd., S. 151–160.
5 Ebd., S. 169.
6 Ebd., S. 168 f.
7 Ebd., S. 143–147.

8 Wierzbicki, »Stosunki polsko-białoruskie«.
9 Zit. in ebd., S. 40 f.

Die Auswirkungen von Sowjetisierung und Terror

1 Węgierski, *Lwów pod okupacją sowiecką 1939–1941*, passim; Głowacki, »Organizacja i funkcjonowanie więziennictwa NKWD na Kresach Wschodnich II Rzeczpospolitej w latach 1939–1941«.
2 Zit. in Węgierski, *Lwów pod okupacją sowiecką 1939–1941*, S. 218.
3 Głowacki, *Sowieci wobec Polaków,* S. 151 f.
4 Ebd., S. 403–405.
5 Ausführlich dazu ebd., S. 161 f., 482–617.
6 Paczkowski, »Polen der ›Erbfeind‹«, S. 401.
7 Blicharski, »Notatki i Wspomnienia« (Manuskript), S. 276; Augenzeugenbericht von Mieczysław Ogrodowczyk, AW; Ermittlungsbericht der OKL vom 29. November 1991 über NKWD-Massenmord in Oszmiana im Sommer 1941, OKL, S 9/47/91/NK; Grynberg, *Kinder Zions,* S. 104.
8 »Pany« bedeutet auf polnisch eigentlich »Herren«. In der Sowjetunion wurde dieser Begriff jedoch zum Schimpfwort, mit dem man alle Polen belegte.
9 Vernehmung Michał B. (20. Juni 1990), OKL, S 1/91/NK.
10 Blicharski, »Notatki i Wspomnienia« (Manuskript), S. 254, Eintrag vom 18. August 1940.
11 Żbikowski, »Lokalne pogromy«, S. 10.
12 Blicharski, »Notatki i Wspomnienia« (Manuskript), S. 258, Eintrag vom 10. September 1940.
13 Ebd., S. 231.
14 Vernehmung Danuta K. (24. April 1991), OKL, S 9/91/NK, Bd. 1.
15 Paczkowski, »Polen, der ›Erbfeind‹«, S. 397.
16 Ebd., S. 407; Głowacki, *Sowieci wobec Polaków,* S. 376 f.; Pinchuk, *Shtetl Jews under Soviet Rule,* S. 102–116.
17 Wie zum Beispiel Władysława Bernatt, Grzegorz Małecki und Adolf Świdrak.
18 Głowacki, *Sowieci wobec Polaków,* S. 618–622.

19 Zit. in Węgierski, *Lwów pod okupacją sowiecką 1939–1941*, S. 218.
20 Grzegorz Motyka, »Białorusini a Ukraińcy«, S. 54.
21 Szawłowski, *Wojna polsko-sowiecka 1939*, Bd. 1, S. 371–414.
22 Zit. in ebd., S. 411.
23 Motyka, »Białorusini a Ukraińcy«, S. 54.
24 Ebd., S. 54 f.
25 1940 spaltete sich die OUN in OUN-B (unter Stephan Bandera) und OUN-M (unter Andrej Melnyk).
26 Motyka, *Tak było w Bieszczadach*, S. 99.
27 Ebd., S. 55–59.
28 Ebd., S. 55.
29 Ewa Kowalska, *Przeżyć, aby wrócić!*, S. 87.
30 Głowacki, *Sowieci wobec Polaków*, S. 128–130.
31 Ebd., S. 129 f.; Wierzbicki, »Stosunki polsko-bialoruskie«, S. 35 f.
32 Werth, »Ein Staat gegen sein Volk«, S. 165.
33 Głowacki, *Sowieci wobec Polaków*, S. 131–136.
34 *Biuletyn Informacyjny*, 3. April 1941, S. 11, zit. in Węgierski, *Lwów pod okupacją sowiecką 1939–1941*, S. 244.
35 Anczarski, *Kronikarskie zapisy*, S. 148 f., 151, 160, 164 f.
36 Bericht eines anonymen jüdischen Flüchtlings aus Westpolen: Lemberg unter sowjetischer Regierung, Krieg 1941, deutsche Besatzung, Ghetto, aufgezeichnet 1942, ZIH, Ring. I/955, S. 14.
37 Vgl. zum Beispiel: Bericht eines anonymen jüdischen Augenzeugen (1941/ 42), ZIH, Ring. I/494; Głowacki, *Sowieci wobec Polaków*, S. 128–136.
38 Głowacki, *Sowieci wobec Polaków*, S. 133.
39 Ausführlich dazu Wierzbicki, *Polacy i Białorusini*, S. 59–246; Jasiewicz, *Zagłada polskich Kresów*, S. 71–78; Motyka, »Białorusini a Ukraińcy«, S. 49–51; Szawłowski, *Wojna polsko-sowiecka*, Bd. 1, S. 369 f.
40 Wierzbicki, »Stosunki polsko-białoruskie«; Motyka, »Białorusini a Ukraińcy«, S. 49–54.
41 Ebd., S. 131–134; Wierzbicki, »Stosunki polsko-białoruskie«, passim; ders, *Polacy i Białorusini*, S. 306–314; Motyka, »Białorusini a Ukraińcy«, S. 49–54.
42 Wierzbicki, »Stosunki polsko-bialoruskie«, S. 39 f.; ders, *Polacy i Białorusini*, S. 315–331.
43 Pinchuk, *Shtetl Jews under Soviet Rule*, S. 24.
44 Żbikowski, »Lokalne pogromy«, S. 9.

45 Teresa Prekerowa, »The Jewish Underground and the Polish Underground«, S. 149.
46 Zahlreiche Beispiele in Szawłowski, *Wojna polsko-sowiecka 1939,* Bd. 1, S. 98, 106 f., 110, 117, 121 ff., 130, 147 f., 215, 229, 264, 292, 301, 359 f., 364 ff., 376, 390, 394, 397 f.; Bd. 2, S. 58, 65 f., 156, 207, 210–216; auch in Wierzbicki, *Polacy i Białorusini.* Zum »Aufstand« in Skidel vgl. Strzembosz (Hg.), *Okupacją sowiecką (1939–1941),* S. 17 f., 131–144.
47 Pinchuk, *Shtetl Jews under Soviet Rule,* S. 25 f., 35, 50.
48 Ebd., S. 27, 35.
49 Ebd., S. 47.
50 Ebd., S. 47–50.
51 Motyka, *Tak było w Bieszczadach,* S. 26.
52 Pinchuk, *Shtetl Jews under Soviet Rule,* S. 47–50.
53 Ebd.
54 Ebd., S. 48.
55 Ebd., S. 135.
56 Głowacki, *Sowieci wobec Polaków,* S. 158.
57 Pinchuk, *Shtetl Jews under Soviet Rule,* S. 49.
58 Ebd., S. 49–51.
59 Ebd., S. 28–40.
60 Ebd., S. 42.
61 Bericht einer anonymen Jüdin, Ende 1941/Anfang 1942, ZIH, Ring. I/475, S. 9.
62 Ebd., S. 102–116; Paczkowski, »Polen, der ›Erbfeind‹«, S. 407; Głowacki, *Sowieci wobec Polaków,* S. 376 f. Gross schätzt, daß etwa dreißig Prozent aller Deportierten aus dem ehemaligen Ostpolen Juden waren (*Upiorna Dekada,* S. 83). Nach neueren Forschungen ist diese Zahl zu hoch gegriffen (vgl. Głowacki, *Sowieci wobec Polaków,* S. 320–402).
63 Pinchuk, *Shtetl Jews under Soviet Rule,* S. 43–45, 53.
64 Ebd., S. 53–56.
65 Ebd., S. 51.
66 Ebd., S. 49.
67 Bericht eines anonymen Juden: Lemberg unter sowjetischer Regierung, Krieg 1941, Ghetto, 1942, ZIH, Ring. I/955, S. 14.
68 Bericht von Jan Karski: Judenfrage in der Heimat (Kopie, Original im Hoover Institut), AW, Sygn. V-PAL-02. Über Jan Karski und die Entstehungsgeschichte des Berichts vgl. Wood/Jankowski, *Jan Karski.*

69 Zit. nach Pinchuk, *Shtetl Jews under Soviet Rule,* S. 89.
70 Lukas, *The Forgotten Holocaust,* S. 128.
71 Pinchuk, *Shtetl Jews under Soviet Rule,* S. 27, 51, 89, 97.
72 Bericht von Dr. Buchwajc: Polnische Juden unter sowjetischer Herrrschaft. Beiträge zur Darstellung der sowjetischen Wirklichkeit, Ende 1943 (Kopie, Original im Hoover Institut), AW, V-PAL-01, S. 63; Pinchuk, *Shtetl Jews under Soviet Rule,* S. 96–98.
73 Pinchuk, *Shtetl Jews under Soviet Rule,* S. 50. Zur »Arbeitergarde« von Wilna, der dortigen Vorläuferin der Miliz, siehe unten.
74 Ferner ist Gross der Meinung, die Juden seien in ihrer Masse schwerer von sowjetischen Repressionen betroffen gewesen als die anderen ethnischen Gruppen *(Upiorna Dekada,* S. 61–92). Er stützt seine Thesen allerdings ausschließlich auf Zeugenaussagen von Juden, die nach Sibirien deportiert worden waren und 1941 mit der Anders-Armee nach Westen gelangten. Diese Menschen standen dem sowjetischen System aus nachvollziehbaren Gründen äußerst kritisch gegenüber. Zwei Beispiele: Ein jüdischer Deportierter, der um die Jahreswende 1939/40 aus Wien ins Generalgouvernement verschleppt, dann von den Deutschen über die neue deutsch-sowjetische Grenze ins sowjetisch besetzte Ostpolen vertrieben und im Juni 1940 nach Sibirien deportiert worden war, beschrieb das Konzentrationslager Dachau, in dem er 1938 festgehalten worden war, im Vergleich mit den Zuständen in sowjetischen Lagern als »Pensjonat« (sic!). Ein anderer, der vor 1939 wegen kommunistischer Tätigkeit zwei Monate im polnischen Gefängnis in Bereza (dem schlimmsten in Vorkriegspolen) eingesessen hatte und später in einem sowjetischen Lager gelandet war, schwärmte davon, wie gut die Zustände in diesem Gefängnis im Vergleich mit denen in sowjetischen Lagern seien. Darüber hinaus war der Mann »wütend auf sich selbst, weil er so einen Fehler [seine kommunistische Tätigkeit] begangen hatte« (AW, V-PAL-01, S. 31, Kopie, Original im Hoover Institut). Diese Gruppe von jüdischen Verfolgten war zwar zahlenmäßig relativ groß (siebzig- bis achtzigtausend Personen), stellte aber keineswegs die Mehrheit der jüdischen Bevölkerung dar. Zudem läßt Gross die neueren Untersuchungen zu diesem Thema außer acht, in denen unter anderem sowjetische Quellen ausgewertet werden. Anderslautende Beurteilungen der sowjetischen Besatzung durch Juden gibt es viele. So berichtet beispielsweise ein jüdischer Zeitzeuge: »Die jüdische Bevölkerung fühlte sich in den einundzwanzig Monaten

der sowjetischen Herrschaft wohl. Sie erlebte sich als freie und gleiche Staatsbürger« (zit. in Pinchuk, *Shtetl Jews under Soviet Rule,* S. 77). Dies ist keine singuläre Aussage (vgl. ebd., S. 76 f. und passim). Dagegen findet sich wohl kaum eine polnische Aussage, in der die sowjetische Besatzung ähnlich positiv beurteilt wird.

75 Vgl. Szawłowski, *Wojna polsko-sowiecka 1939,* Bd. 1, S. 75–85, 355–359.

76 Zit. in Levin, »The Jews of Vilna under Soviet Rule«, S. 115.

77 Szawłowski, *Wojna polsko-sowiecka 1939,* Bd. 1, S. 355.

78 Vgl. ebd., S. 351–414.

79 Bericht eines anonymen jüdischen Augenzeugen über die Verhältnisse im besetzten Wilna, Januar 1942, ZIH, Ring. I/932.

80 Levin, »The Jews of Vilna under Soviet Rule«, S. 115.

81 Ebd., S. 115, Anm. 20.

82 Operationsbericht Nr. 43 des Volkskommissars für Innere Angelegenheiten der BSSR, L. Kanawa, 9. Oktober 1939, in: »*Zachodnia Białoruś*«, S. 183.

83 Bericht eines anonymen jüdischen Augenzeugen über die Verhältnisse im besetzten Wilna, Januar 1942, ZIH, Ring. I/932.

84 Operationsbericht Nr. 45 des Volkskommissars für Innere Angelegenheiten der BSSR, L. Kanawa, 13. Oktober 1939, in: »*Zachodnia Białoruś*«, S. 204.

85 Operationsbericht Nr. 47 des Volkskommissars für Innere Angelegenheiten der BSSR, L. Kanawa, 15. Oktober 1939, in: »*Zachodnia Białoruś*«, S. 232.

86 Levin, »The Jews of Vilna under Soviet Rule«, S. 118.

87 Ebd., S. 128–131.

88 Ebd., S. 109.

89 Pinchuk, *Shtetl Jews under Soviet Rule,* S. 98.

90 Bericht eines anonymen jüdischen Augenzeugen über die Verhältnisse im besetzten Wilna vom Januar 1942, ZIH, Ring. I/932.

91 Bericht einer anonymen jüdischen Augenzeugin über das Leben der Juden unter sowjetischer Besatzung, 1941/42, ZIH, Ring. I/934.

92 Ein anonymer jüdischer Berichterstatter über die Verhältnisse in Lemberg, 6. Januar 1942, ZIH, Ring. I/483.

93 Wanderung nach Lemberg (1939) und Rückkehr (1941): Eindrücke und Reflexionen einer anonymen jüdischen Zeitzeugin, ZIH, Ring. I/475.

94 Bericht: Lemberg unter sowjetischer Besatzung, Krieg 1941, deutsche Besatzung, Ghetto, aufgeschrieben 1942, ZIH, Ring. I/955.
95 Zit. in Pinchuk, *Shtetl Jews under Soviet Rule,* S. 50.
96 Zit. in ebd., S. 98.
97 Ebd.
98 Zit. in Gross, *Upiorna Dekada,* S. 92.
99 Bericht von Jan Karski: Judenfrage in der Heimat (Kopie), AW, V-PAL-02.
100 Anczarski, *Kronikarskie zapisy,* S. 179, Eintrag vom 29. Juni 1941.
101 Zit. in Pinchuk, *Shtetl Jews under Soviet Rule,* S. 98.
102 Zit. in Żbikowski, »Lokalne pogromy«, S. 10.
103 Aufzeichnungen eines anonymen jüdischen Augenzeugen, *Lwów* 1941, Eintrag vom 22. Juni 1941, ZIH, Ring. I/427.
104 Anczarski, *Kronikarskie zapisy,* S. 186, Eintrag vom 18. Juli 1941.
105 Horowitz, *Of Human Agony,* S. 69.
106 Pinchuk, *Shtetl Jews under Soviet Rule,* S. 98 f.
107 Bericht eines anonymen jüdischen Augenzeugen, Januar 1942, ZIH, Ring. I/932, S. 4–8.
108 Bericht einer zwanzigjährigen Jüdin über das Leben der Juden im sowjetisch besetzten Polen, 21. Oktober 1941, ZIH, Ring. I/934.
109 Ebd.
110 Operationsbericht Nr. 49 des Volkskommissars für Innere Angelegenheiten der BSSR, L. Kanawa, an den Sekretär des Zentralkomitees der KP der BSSR, Pantalemon Ponomarenko, 19. Oktober 1939, in: *»Zachodnia Białoruś«,* S. 261.
111 Bericht einer anonymen Jüdin, 1942, ZIH, Ring. I/475.
112 Vgl. zum Beispiel ZIH, Ring. I/420, 427, 478, 483, 487, 488, 499, 932, 934, 955, 1070.
113 Steinlauf, *Bondage to the Dead,* S. 111; vgl. auch Novick, *The Holocaust in American Life,* S. 233.
114 Zit. in Głowacki, *Sowieci wobec Polaków,* S. 26.
115 Anczarski, *Kronikarskie zapisy,* S. 53 f., Eintrag vom 17. Januar 1940.
116 Ebd., S. 163, Eintrag vom 12. Mai 1941.
117 Vgl. Głowacki, *Sowieci wobec Polaków,* S. 141–143.
118 Parteibericht: Lage auf dem Lande im westlichen Weißrußland, Januar 1940, in Strzembosz (Hg.), *Okupacją sowiecką (1939–1941),* S. 96.

119 Wanderung nach Lemberg (1939) und Rückkehr (1941): Eindrücke und Reflexionen einer anonymen jüdischen Augenzeugin, 1941/42, ZIH, Ring. I/475.

120 Wierzbicki, *Polacy i Białorusini*, S. 331.

Gefängnisse und Arrestlokale des NKWD im ehemaligen Ostpolen

1 Głowacki, *Sowieci wobec Polaków*, S. 265–267; ders., »Organizacja i funkcjonowanie więziennictwa NKWD«, S. 12–14.

2 Ebd.

3 Głowacki, *Sowieci wobec Polaków*, S. 268–270; ders., »Organizacja i funkcjonowanie więziennictwa NKWD«, S. 14–16.

4 Vgl. AW HI, Kreis Drohobycz, Bl. 8–10; Stadt Przemyśl, Bl. 13–15; Kreis Sambor, Bl. 8–9; Kreis Łuck, Bl. 12–13; Stadt Białystok, Bl. 34; Kreis Wołkowywsk, Bl. 2.

5 Głowacki, *Sowieci wobec Polaków*, S. 270.

6 Głowacki, »Organizacja i funkcjonowanie więziennictwa NKWD«, S. 16–18; *Drogi śmierci*, S. 68 f.

7 Głowacki, »Organizacja i funkcjonowanie więziennictwa NKWD«, S. 20–22; ders., *Sowieci wobec Polaków*, S. 272–276.

8 Głowacki, *Sowieci wobec Polaków*, S. 272–276; Jasiewicz, *Zagłada polskich Kresów*, S. 105–112.

9 Głowacki, *Sowieci wobec Polaków*, S. 273 f.; ders., »Organizacja i funkcjonowanie więziennictwa NKWD«, S. 19.

10 Głowacki, *Sowieci wobec Polaków*, S. 275 f.; ders., »Organizacja i funkcjonowanie więziennictwa NKWD«, S. 20–22.

11 Węgierski, *Lwów pod okupacją sowiecką 1939–1941*, passim; Chackiewicz, »Aresztowania i deportacje ludności zachodnich obszarow Białorusi (1939–1941)«, S. 155; Głowacki, »Organizacja i funkcjonowanie więziennictwa NKWD«, S. 21.

12 Głowacki, *Sowieci wobec Polaków*, S. 279 ff.; ders., »Organizacja i funkcjonowanie więziennictwa NKWD«, S. 22 f.

13 Głowacki, *Sowieci wobec Polaków*, S. 285; ders., »Organizacja i funkcjonowanie więziennictwa NKWD«, S. 28.

14 Nagler, *Kazachstańskie noce*, S. 157 ff.

15 Głowacki, *Sowieci wobec Polaków*, S. 286.

16 Beim »Stand« war der Häftling gezwungen, mehrere Stunden be-

wegungslos mit gefesselten Händen vor der Zelle zu stehen, ohne daß er sich an der Wand abstützen durfte.

17 AW HI, Stadt Białystok, Bl. 31; ebd., Anders 38–1-4951, Bl. 2, 38–1-4977, Bl. 1; Głowacki, *Sowieci wobec Polaków,* S. 287.

18 Głowacki, *Sowieci wobec Polaków,* S. 287 f.

19 Ebd.

20 Ausführlich Mielnik, »Działalność sądów sowieckich«, S. 187–205.

21 Głowacki, *Sowieci wobec Polaków,* S. 290 f.

22 Diese bestanden aus dem Staatsanwalt und den beiden Regionalchefs des NKWD und der Milizdirektion. Die bei jeder regionalen NKWD-Stelle gebildeten Troikas arbeiteten im Schnellverfahren.

23 Głowacki, *Sowieci wobec Polaków,* S. 291 f.

24 Ebd.; vgl. Kap. »Massenmorde an Gefängnisinsassen«, Anm. 82.

25 *Katyn. Dokumenty ludobójstwa,* S. 36 f.

26 Głowacki, »Organizacja i funkcjonowanie więziennictwa NKWD«, S. 39.

27 *Zbrodnicza ewakuacja więzien i aresztów NKWD na Kresach Wschodnich II Rzeczpospolitej w czerwcu,* S. 51–54; *Drogi Śmierci,* S. 82–86, 105–108, 121.

28 Ausführlich Głowacki, *Sowieci wobec Polaków,* S. 294–298.

Der 22. Juni 1941

1 Głowacki, *Sowieci wobec Polaków,* S. 299.

2 Evakuierungsplan für die NKWD-Gefängnisse in den westlichen Bezirken der BSSR, Juni 1941, in: *Drogi Śmierci,* S. 109 f.; Evakuierungsplan für die NKWD-Gefängnisse in den westlichen Bezirken der USSR, 23. Juni 1941, in ebd., S. 87 f.; Evakuierungsplan für die NKWD-Gefängnisse in der Litauischen Sowjetrepublik, 22. Juni 1941, in ebd., S. 123 f.

3 Bericht über die Evakuierung der NKWD-Gefängnisse in der BSSR, 3. September 1941 (Kopie), AW II/4/7/3; auch in: *Drogi Śmierci,* S. 113–118.

4 Vgl. Kapitel »Massenmorde an Gefängnisinsassen«, Anm. 82.

5 Bericht über die Evakuierung der NKWD-Gefängnisse in der BSSR, 3. September 1941 (Kopie), AW II/4/7/3; auch in: *Drogi Śmierci,* S. 113–118.

6 Ebd.

7 Ebd.; vgl. unten.

8 In einem Bericht heißt es, daß nach vorläufigen Schätzungen 12 366 Häftlinge nicht evakuiert worden seien, wobei jedoch lediglich Gefängnisse in Białystok, Grodno, Łomża, Brześć, Kowno und Mariopol aufgezählt werden (Meldung über den Verlauf der Evakuierung von Gefängnissen aus den Frontgebieten, 24. Juli 1941, in: *Drogi Śmierci,* S. 133 f.).

9 Bericht des Chefs der NKWD-Gefängnisverwaltung in der USSR, Filipow, 12. Juli 1941 (Kopie), AW II/4/7/2; auch in: *Drogi Śmierci,* S. 98–104, hier S. 98.

10 Auszüge aus den Tätigkeitsberichten der Einheiten der 13. Division der NKWD-Schutztruppen für die Zeit vom 22. Juni bis zum 4. August 1941, in: *Drogi Śmierci,* S. 168 f.

11 Ebd., S. 100, 116 f.

12 Głowacki, *Sowieci wobec Polaków,* S. 299; J. Pacula, »Pro zloczynnu dijalnist' KPSS-KPU proty naselennia Riwnenszczyny w 1939–1944 rr«, in: *Czas,* 21. Juni 1996, S. 4.

13 Vgl. Werth, »Ein Staat gegen sein Volk«, S. 121 f.

Massenmorde an Gefängnisinsassen

1 *Drogi Śmierci,* S. 96; Kostrzewa, »Ewakuacja więzień«, S. 122.

2 Auszug aus dem Tätigkeitsbericht des 233. Regiments der NKWD-Schutztruppen für die Zeit vom 22. Juni bis zum 29. Juli 1941, in: *Drogi Śmierci,* S. 168; Węgierski, *Lwów pod okupacją sowiecką 1939–1941,* S. 268 f.

3 Węgierski, *Lwów pod okupacją sowiecką 1939–1941,* S. 270; *Drogi Śmierci,* S. 8–10, 162–168; Vernehmung Antoni W., 22. April 1991, OKL, S 9/91/NK, Bd. 1; Lwów 1941, Aufzeichnungen eines anonymen jüdischen Augenzeugen, Einträge vom 25. und 28. Juli 1941, ZIH, Ring. I/427.

4 Auszug aus dem Tätigkeitsbericht des 233. Regiments der NKWD-Schutztruppen für die Zeit vom 22. Juni bis zum 29. Juli 1941, in: *Drogi Śmierci,* S. 168 f.

5 Je tausend Gefangene nach Baschkirien, in die Oblaste Archangelsk und Iwanow sowie das Ordschonikidse-Land (Nordossetien) und 591 in die Oblast Molotow (Evakuierungsplan aus den

westlichen Oblasten der USSR, 23. Juni 1941, in: *Drogi Śmierci,* S. 87 f.).

6 Chef des 233. Regiments an den Chef der 13. Division der NKWD-Schutztruppen, 24. Juni 1941, 20 Uhr, in: *Drogi Śmierci,* S. 163.

7 Auszug aus dem Operationsbericht Nr. 39 des 13. Divisionsstabs, 12. Juli 1941, in: *Drogi Śmierci,* S. 163.

8 Auszug aus dem Befehl Nr. 036 der 13. Division der NKWD-Schutztruppen, 9. September 1941, in: *Drogi Śmierci,* S. 162 f.; Auszug aus dem Tätigkeitsbericht des 233. Regiments der NKWD-Schutztruppen für die Zeit vom 22. Juni bis zum 29. Juli 1941, in ebd., S. 164 f.

9 Vgl. Leinwand, »Zbrodnie NKWD w Lwowie«; Augenzeugenbericht von Omelian Matla, 6. Juli 1941, BA-MA RW 2/v 172, Bl. 342–344.

10 Auszug aus dem Tätigkeitsbericht des 233. Regiments der NKWD-Schutztruppen für die Zeit vom 22. Juni bis zum 29. Juli 1941, in: *Drogi Śmierci,* S. 168; Kostrzewa, »Ewakuacja więzień«, S. 122 f.

11 Auszug aus dem Sonderbericht Nr. 5 der Führung des 233. Regiments an den Kommandeur der 13. Division, Oberst Sawailow, Lemberg, 26. Juni 1941, in: *Drogi Śmierci,* S. 166.

12 In dem Bericht wird weder die Anzahl der am 25. Juni 1941 in Lemberg eingetroffenen stellvertretenden Volkskommissare angegeben, noch werden ihre Namen genannt. Im Juni 1941 waren diese Posten wie folgt besetzt: Nikolai Timofejewitsch Ratuschny und Timofej Amwrossijewitsch Strokatsch (stellvertretende Volkskommissare für Innere Angelegenheiten); Sergej Romanowitsch Sawtschenko und Iwan Maksimowitsch Tkatschenko (stellvertretende Volkskommissare für Staatssicherheit). Tkatschenko war gleichzeitig Chef der UKGB in der Lemberger Oblast (vgl.: *Drogi Śmierci,* S. 168).

13 Auszug aus der Meldung des Chefs der Abteilung 2 des Stabes der 13. Division, Major Wolfengang, vom 27. Juni 1941, 22.30 Uhr, in: *Drogi Śmierci,* S. 166.

14 Bericht des Chefs der NKWD-Gefängnisverwaltung in der USSR, Filipow, vom 12. Juli 1941 (Kopie), AW II/4/7/2; auch in: *Drogi Śmierci,* S. 98–104, hier S. 99.

15 Dem Bericht zufolge waren 2464 Personen »nach der ersten Kategorie abgegangen« (ermordet); 808 waren freigelassen, 201

evakuiert und 1546 in Gefängnissen zurückgelassen worden. Insgesamt handelte es sich um 5019 Gefangene. Am 10. Juni 1941 waren nach sowjetischen Angaben in den Gefängnissen von Lemberg 5145 Personen inhaftiert (siehe Tabelle 4). Es ist jedoch bekannt, daß vor und besonders nach dem 22. Juni in Lemberg wie in anderen Orten Hunderte von Menschen verhaftet wurden, die nicht mehr registriert, aber ebenfalls erschossen wurden.

16 Diesen Augenzeugenbericht verfaßte Zygmunt Cybulski bereits im Herbst 1941. Er selbst überlebte den Zweiten Weltkrieg nicht; er wurde 1943 oder 1944 von den Deutschen ermordet (AW II/557).

17 Ebd.

18 Vernehmungen J. Pelc (13. Oktober 1992), A. Janusz (19. April 1990), R. Nitarski (4. September 1991), Antoni W. (22. April 1991), OKL, S 9/91/NK; vgl. Kostrzewa, »Ewakuacja więzień«, S. 122 f.; Węgierski, *Lwów pod okupacją sowiecką 1939–1941,* S. 270 ff.

19 Bericht des Chefs der NKWD-Gefängnisverwaltung in der USSR, Filipow, vom 12. Juli 1941 (Kopie), AW II/4/7/2; auch in: *Drogi Śmierci,* S. 99; Węgierski , *Lwów pod okupacją sowiecką 1939–1941,* S. 272. Am 10. Juni waren im Brygitki 3638 Personen inhaftiert *(Zbrodnicza Ewakuacja,* S. 53). Hinzu kamen jedoch die nach dem 22. Juni Verhafteten, die nicht mehr registriert wurden.

20 Węgierski, *Lwów pod okupacją sowiecką 1939–1941,* S. 272 f.; *Drogi Śmierci,* S. 9; Kostrzewa, »Ewakuacja więzień«, S. 124; Vernehmungen W. Drzewinski (26. August 1992), W. Gatnicka (25. September 1992), OKL, S 9/91/NK; Bericht des Chefs der NKWD-Gefängnisverwaltung in der USSR, Filipow, vom 12. Juli 1941 (Kopie), AW II/4/7/2; auch in: *Drogi Śmierci,* S. 98–104, hier S. 99.

21 Vernehmungen D. Waniawski (14. März 1995), R. Jurewicz (14. April 1994), Z. Charchalis (5. November 1993), OKL, S 9/91/NK; Kostrzewa, »Ewakuacja więzień«, S. 124; *Drogi Śmierci,* S. 9; Węgierski, *Lwów pod okupacją sowiecką 1939–1941,* S. 273.

22 Vernehmung T. Wątrobska (22. Juni 1994), OKL, S 9/91/NK; Kostrzewa, »Ewakuacja więzień«, S. 124; *Drogi Śmierci,* S. 9.

23 Bericht der OKL vom 12. Oktober 1992 über die Ermittlungen im Fall der Verbrechen des NKWD an den Insassen der Gefängnisse von Lemberg im Juni 1941, OKL, S 9/91/NK.

24 Auszugsweise Abschrift aus dem Bericht der Gruppe GFP 711 vom 7. Juli 1941, 28. Juli 1941, BA-MA RW 2/v. 172, Bl. 380. Dies wird auch von polnischen Augenzeugen bestätigt (vgl. Augenzeugenbericht von Joanna H., 14. September 1992, OKL, S 9/91/NK).

25 Vernehmung Helena S. (23. April 1992), OKL, S 9/91/NK.

26 Bericht über die Evakuierung der Gefängnisse in der USSR (ohne Datum) (Kopie), AW II/4/7/2; auch in: *Drogi Śmierci,* S. 98–104. In dem Bericht heißt es, aus den Gefängnissen 1, 2 und 4 seien »nach der ersten Kategorie 2464 Gefangene abgegangen«, also getötet worden.

27 Auszugsweise Abschrift aus dem Bericht der Gruppe GFP 711 vom 7. Juli 1941, 28. Juli 1941, BA-MA RW 2/v. 172, Bl. 380.

28 Bericht der OKL vom 12. Oktober 1992 über die Ermittlungen im Fall der Verbrechen des NKWD an den Insassen der Gefängnisse von Lemberg im Juni 1941, OKL, S 9/91/NK.

29 Ebd.; auszugsweise Abschrift aus dem Bericht der Gruppe GFP 711 vom 7. Juli 1941, 28. Juli 1941, BA-MA RW 2/v. 172, Bl. 379–383.

30 Auszugsweise Abschrift aus dem Bericht der Gruppe GFP 711 vom 7. Juli 1941, 28. Juli 1941, BA-MA RW 2/v. 172, Bl. 381 f.

31 Bericht der OKL vom 12. Oktober 1992 über die Ermittlungen im Fall der Verbrechen des NKWD an den Insassen der Gefängnisse von Lemberg im Juni 1941, OKL, S 9/91/NK; vgl. auch Vernehmung Antoni W. (22. April 1991), Bericht von Janina K. (8. September 1997), Vernehmung Bolesław G. (6. Oktober 1993), OKL, S 9/91/NK; Interview mit Stefania Kowicka.

32 *Zbrodnicza ewakuacja,* S. 54.

33 Vernehmung Oktawian S. (9. April 1992), OKL, S 6/91/NK, Bd. 1.

34 Bericht der OKL vom 28. Dezember 1995 über die Ermittlungen im Fall der NKWD-Verbrechen in Łuck, ebd., Bd. 2.

35 Mieczysław Ogrodowczyk, Augenzeugenbericht über die Ereignisse im Gefängnis von Łuck Ende Juni 1941, verfaßt im September 1992. Diesen Bericht stellte mir Frau Irena Nowicka-Ogrodowczyk freundlicherweise zur Verfügung; eine Abschrift befindet sich im AW in Warschau. Vgl. auch Vernehmung Mieczysław Ogrodowczyk (13. August 1991), OKL, S 6/91/NK. Berichte von anderen Überlebenden aus Łuck stimmen mit Ogrodowczyks Darstellung überein (vgl. Vernehmung Władysław S. [16. November 1992], Bericht von Adam R. [9. November 1989], ebd.).

36 Interview mit Frau Irena Nowicka-Ogrodowczyk (10. Juli 1998).

37 Auszug aus dem Sonderbericht vom 28. Juni 1941 über die Lage in den Gefängnissen in der Oblast Wolyn, abgedruckt in: Bialas, *Represywno-karalna systema w Ukrajini 1917–1953,* S. 236–238.

38 Einstellungsverfügung der OKL vom 30. Dezember 1997 im Fall der NKWD-Verbrechen im Gefängnis in Dubno, OKL, S 28/92/NK; Vernehmung Aleksander B. (13. September 1990), ebd.

39 Ebd.

40 Augenzeugenbericht: »Tragödie im Gefängnis in Dubno«, in: *Wolyn,* 30. April 1993. Dieser Bericht stimmt mit den Angaben überein, die Frau Petrenko-Lepieszkiewicz im Juli 1941 gemacht hatte (vgl.: Bericht über das sowjetrussische Staatsgefängnis Dubno und über das Blutbad vom 24. und 25. Juni 1941, BA, R 58/214, Bl. 256–263, hier Bl. 262 f.).

41 Augenzeugenbericht von Wojciech Podgórski, AW; Einstellungsverfügung der OKL vom 30. Dezember 1997, OKL, S 28/92/NK.

42 Einstellungsverfügung der OKL vom 30. Dezember 1997, OKL, S 28/92/NK.

43 Feldpostbrief von W. S., 18. Juli 1941, BfZ, Sammlung Sterz.

44 Bericht der OKL vom 30. April 1992 über Ermittlungen im Fall der NKWD-Verbrechen in Sambor im Sommer 1941, OKL, S 9/51/92; Vernehmungen Mieczysław S. (26. Februar 1990), Józef W. (11. Oktober 1991), ebd.; Klawonisz, »Juni 1941 in Sambor« (Manuskript auf der Grundlage von Augenzeugenberichten, 25. August 1989), ebd.; Mieczysława K., Tagebucheintrag von 23. Juli und 7. September 1941, ebd.; Interview mit Grzegorz Małecki.

45 Ebd.

46 Einstellungsverfügung der OKL vom 31. Dezember 1997 im Fall der NKWD-Verbrechen in Dobromil und Przemyśl, OKL, S 32/92/NK.

47 Ebd.; Vernehmungen Maciej B. (12. August 1993), Alfred K. (27. November 1992), Czesław P. (25. Oktober 1990), ebd.; »Krwawe Zbrodnie Bolszewików w Dobromilu«, in: *Gazeta Lwowska,* 10. August 1941.

48 Ebd.; Bericht der Wehrmachtsuntersuchungsstelle über sowjetischen Massenmord in Dobromil – Abschriften von Zeugenaussagen von Dwulit und Pysarak, BA-MA RW 2/147, Bl. 103–106; »Tak *było*« (Erinnerungen von Bernard Sielski), in: *Spojrzenia przemyskie,* Nr. 1/9 (Januar 1991); Interview Józef Kreta.

49 Ebd.; Einstellungsverfügung der OKL vom 31. Dezember 1997, OKL, S 32/92/NK.
50 *Zbrodnicza ewakuacja,* S. 52.
51 Bericht der OKL vom 29. November 1991 über den Massenmord des NKWD in Oszmiana im Sommer 1941, OKL, S 9/47/91/NK.
52 Ebd.
53 Ebd.
54 Ebd.
55 Bericht über die Evakuierung der NKWD-Gefängnisse in der BSSR, 3. September 1941 (Kopie), AW II/4/7/3; auch in: *Drogi Śmierci,* S. 113–118.
56 Nach polnischen Zeugenaussagen handelte es sich um zwei Flieger (Einstellungsverfügung der OKL vom 30. Juni 1997 im Fall der NKWD-Verbrechen in Drohobycz, OKL, S 8/91/NK). Dagegen wurden nach der Morgenmeldung des Befehlshabers für rückwärtiges Heeresgebiet 103 vom 3. Juli 1941 »unter Ermordeten in Drohobycz 2 Oberfeldwebel und 1 Gefr. der Luftwaffe« gefunden (BA-MA, RH 20–17/277, Bl. 126).
57 Einstellungsverfügung der OKL vom 30. Juni 1997 im Fall der NKWD-Verbrechen in Drohobycz, OKL, S 8/91/NK.
58 Einstellungsverfügung der OKL vom 18. November 1996 im Fall der NKWD-Verbrechen in Czortków, OKL, S 13/91/NK, Bl. 560–565.
59 Bericht der OKL über Ermittlungen im Fall der NKWD-Verbrechen in Złoczów (ohne Datum), OKL, S 5/91/NK; Einstellungsverfügung der OKL vom Juni 1998, ebd.; Interviews mit Witold Czerny, Roman Maćkówka, Władysława Bernatt, Adam Świdrak, Leontyna Terlecka, Danuta Karpińska, Bolesław Majer, Kazimiera Dobrzenicka, Witold Dębowski, Bronisław Krutnik, Miroslawa Babinska und Wasyl Kuwalek.
60 Nach zeitgenössischen deutschen Angaben handelte sich dabei um drei Heeres- und sieben Luftwaffenangehörige, BA-MA RW 2/149, Bl. 270.
61 Einstellungsverfügung der OKL vom 26. Mai 1998 im Fall der NKWD-Verbrechen in Tarnopol, OKL, S 33/92/NK; vgl. auch Blicharski, *Tarnopolanie na starym ojców szlaku;* Interview mit Czesław Blicharski; *Drogi Śmierci,* S. 15, 97.
62 Popiński, »Ewakuacja więzień kresowych w czerwcu 1941r.«, S. 75–77.
63 Einstellungsverfügung der OKL vom 19. Dezember 1992 im Fall

der Verbrechen der Angehörigen des NKWD-Büros in Wołożyn, OKL, S 4/91/NK; vgl. auch Paduszyńska, »Więzienia NKWD w Oszmianie, Wilejce, Wołożynie i Mińsku w latach 1939–1941«.

64 Militärstaatsanwalt Glinka an Militärstaatsanwalt an der Westfront Rumintsew, 5. Juli 1941, in: *Drogi Śmierci,* S. 119.

65 Bericht des stellvertretenden Chefs der NKWD-Gefängnisverwaltung in der BSSR, Opalew, vom 3. September 1941, AW II/4/7/3 (Kopie); auch in: *Drogi Śmierci,* S. 113–118.

66 Vernehmung Michał Bogowicz (20. Juni 1990), OKL, S 1/91/NK; auch in: *Drogi Śmierci,* S. 66.

67 Ebd.; Bericht von Paweł K. (ohne Datum), ebd.; vgl. auch: Vernehmung Irena W. (9. März 1990), OKL, S 1/91/NK.

68 Einstellungsverfügung der OKL vom 15. Dezember 1997, OKL, S 25/ 92/NK.

69 Ebd.

70 Prawdzic-Szlaski, *Nowogrodzkie w walce 1940–1945,* S. 31–36.

71 Einstellungsverfügung der OKL vom 15. Dezember 1997, OKL, S 25/ 92/NK.

72 Ebd.

73 Popiński, »Ewakuacja więzień kresowych w czerwcu 1941r.«, S. 73–77.

74 *Zbrodnicza ewakuacja,* S. 67.

75 Tennenbaum, *Zloczow Memoir,* S. 161 f.

76 Vergleiche beispielsweise Monkiewicz, »Białostocki czerwiec«, S. 26–28; Anczarski, *Kronikarskie zapisy,* passim; Horowitz, *Of Human Agony,* S. 77 ff.; Jasiński, »Borysławska apokalipsa«, S. 108 f.

77 Bericht des stellvertretenden Leiters des I. Referats der I. Abteilung der Hauptverwaltung des NKWD-Gefängniswesens, Oberst Koschtschijenko, 26. August 1941, in: *Drogi Śmierci,* S. 136–139.

78 Głowacki, »Ukarana zbrodnia NKWD?«.

79 Popiński, »Ewakuacja więzień kresowych w czerwcu 1941r.«, S. 73 f.

80 Ebd., S. 73–77.

81 Ebd.

82 Dekret vom 26. Juni 1941: Das eigenmächtige Verlassen des Arbeitsplatzes durch Arbeiter und Angestellte; Dekret vom 10. August 1940: Bestrafung von kleineren Diebstählen am Arbeitsplatz und von Rowdytum (bis zu einem Jahr Gefängnis); Dekret vom

28. Dezember 1940: Verstöße gegen die Disziplin in Berufsschulen und das eigenmächtige Verlassen derselben; Dekret vom 9. April 1941: Schwarzfahren in Güterzügen und eigenmächtige und grundlose Betätigung der Notbremse in Eisenbahnzügen; vgl. *Drogi Śmierci,* S. 75.

83 Tschernyschow an Berija, 4. Juli 1941, AW II/4/7/1 (Kopie), auch in: *Drogi Śmierci,* S. 74 f.

84 Dekret des Präsidiums des Obersten Sowjets der UdSSR vom 12. Juli 1941, in ebd., S. 75 f.

85 Kravchenko, *Ich wählte die Freiheit,* S. 499.

86 *Drogi Śmierci,* S. 26; BA-MA RW 2/147, Bl. 102–124, RW 2/149, Bl. 273–279. Zu Stalino siehe ebd., RH 24–49/164, Bl. 10f.; *Völkischer Beobachter,* 29. September und 27. Oktober 1941. Zum NKWD-Massaker in Orjol im September 1941 vgl. Parrish, *The Lesser Terror,* S. 69ff. Zu sowjetischen Verbrechen in Bessarabien vgl. Hlihor, »Represiunea sovietică în Basarabia 1940–1941«; Văratec, »Victime ale terorii bolşevice in Basarabia 1940–1941«.

87 Bericht über die Zahl der Gefängnisse, die wegen der Kriegshandlungen evakuiert werden mußten, nach dem Stand vom 22. Januar 1942, in: *Drogi Śmierci,* S. 141 f.

Andere sowjetische Verbrechen im Sommer 1941

1 *Drogi Śmierci,* S. 24–26.

2 Vernehmung Władyslaw B. (8. Januar 1998), OKL, S 32/92/NK.

3 Anczarski, *Kronikarskie zapisy,* S. 191, Eintrag vom 31. August 1941.

4 Auszüge aus dem Tagebuch von Mieczysława K., Eintrag vom 23. Juli 1941, OKL, S 7/91/NK.

5 Vernehmung Prankiewicz (Juli 1941), BA-MA RW 2/148, Bl. 129f.

6 *Drogi Śmierci,* S. 16; Einstellungsverfügung der OKL vom 18. November 1996, OKL, S 13/91/NK.

7 *Drogi Śmierci,* S. 24–26.

8 Ausführlich über polnische Kriegsgefangene Głowacki, *Sowieci wobec Polaków,* S. 170–264; ders., »Jeńcy polscy w ZSRR«; ders., »Jeńcy polscy w rowieńskim i lwowskim obozie pracy NKWD«; *Drogi Śmierci,* S. 23 f.

9 *Drogi Śmierci,* S. 23 f.; vgl. auch Głowacki, »Jeńcy polscy w ZSRR«.
10 Ebd.

Der Abzug der sowjetischen Truppen und die Aufdeckung der Massenmorde

1 Vernehmung Władysław S. (16. November 1992), OKL, S 6/91/NK.
2 Augenzeugenbericht von Mieczysław Ogrodowczyk, 1990, AW; Kopie in OKL, S 6/91/NK, Bd. 1.
3 Wojciech Podgórski, Erinnerungen aus den Jahren 1939–1945 (ohne Datum), AW; Kopie in OKL, S 6/91/NK.
4 Siehe oben; Bericht des Chefs der NKWD-Gefängnisverwaltung der UdSSR, Filippow, 12. Juli 1941, AW, II/4/7/2 (Kopie); auch in: *Drogi Śmierci,* S. 98–104.
5 Ebd.
6 *Drogi Śmierci,* S. 27.
7 Węgierski, *Lwów pod okupacją sowiecką 1939–1941,* S. 273.
8 Interview mit Stefania Kowicka.
9 Podhorecki, *Dzieje Lwowa,* S. 223; Ossowska, *Przeżyłam ...,* S. 174 f.
10 *Zbrodnia katyńska w świetle dokumentów,* S. 225 f.; Węgierski, *Lwów pod okupacją sowiecką 1939–1941,* S. 273–275; Bericht der OKL vom 12. Oktober 1992 über die Ermittlungen im Fall der Verbrechen des NKWD an Insassen der Gefängnisse von Lemberg im Juni 1941, OKL, S 9/91/NK.
11 Schlußmeldung über Einnahme Lembergs und vollzogene Objektsicherung, 1. Juli 1941, BA-MA, WF-03/34170.
12 Vernehmung Dr. Georg Saeltzer (6. Juli 1941), BA-MA, RW 2/149, Bl. 339.
13 Ebd., Bl. 339–341.
14 Vgl. u. a.: Schreiben an OKL von Zbigniew Ch. (15. Oktober 1990), Zdzisław M. (8. November 1990) und Janina Jadwiga K. (8. September 1997), Vernehmungen Zdzisław-Michał F. (17. Juli 1991), Antoni W. (22. April 1991), Roman N. (4. September 1991), Bolesław G. (6. Oktober 1993) und Helena S. (23. April 1996), OKL, S 9/91/NK; Węgierski, *Lwów pod okupacją so-*

wiecką 1939–1941, S. 273–276; *Zbrodnia katyńska w świetle dokumentów,* S. 225 f.

15 Ebd.

16 Ebd.

17 Strauß, *Die Erinnerungen,* S. 51 f.

18 Vernehmung Dr. Josef Brachetka (6. Juli 1941), BA-MA, RW 2/149, Bl. 370 f.

19 Vgl. u. a.: Schreiben an OKL von Zbigniew Ch. (15. Oktober 1990), Zdzisław M. (8. November 1990) und Janina Jadwiga K. (8. September 1997), Vernehmungen Zdzisław-Michał F. (17. Juli 1991), Antoni W. (22. April 1991), Roman N. (4. September 1991), Bolesław G. (6. Oktober 1993) und Helena S. (23. April 1996), OKL, S 9/91/NK; Węgierski, *Lwów pod okupacją sowiecką 1939–1941,* S. 273–276; *Zbrodnia katyńska w świetle dokumentów,* S. 225 f.

20 Schreiben an OKL von Joanna H. (14. September 1992), OKL, S 9/91/NK.

21 Vernehmung Demeter Dwulit (17. Juli 1941), BA-MA, RW 2/149, Bl. 303. Dwulit starb vor einigen Jahren (vgl. »*Tak było*« [Erinnerungen von Bernard Sielski], in: *Spojrzenia przemyskie,* Nr. 1/9, Januar 1991).

22 Vernehmung Roman Kaschmir (17. Juli 1941), BA-MA, RW 2/149, Bl. 301.

23 Vernehmung Gregor Turko (17. Juli 1941), ebd., Bl. 298–300.

24 Vgl. Verfügung der OKL vom 31. Dezember 1997, Vernehmungen Alfred K. (27. November und 6. Dezember 1992), Władysław K. (1. Juli 1991), Edward T. (19. November 1993), Maciej B. (12. August 1993), Stefan Karol B. (24. September 1992) und Czesław P. (25. Oktober 1990), OKL, S 32/92/NK.

25 Leutnant Graf Magnis, Bericht über das Gefängnis von Dubno, 28. Juni 1941, BA-MA, RH 21–1/148(b).

26 Beispielsweise Jan B., der deutsche Soldaten als Dolmetscher durch das Gefängnis führte, OKL, S 28/92/NK, Bl. 130–135; Anna K. (7. November 1997), ebd., Bl. 149–151; Stanisław O. (1. August 1991), ebd., Bl. 30–32.

27 Zeugenvernehmung von Basilius Zariwnyj, 7. Juli 1941, BA-MA, RW 2/149, Bl. 326–328.

28 J. Klawonisz, »Juni 1941 in Sambor« (25. August 1989), OKL, S 7/91/NK. Die übrigen Zeugenaussagen stimmen mit diesem Bericht überein (vgl. ebd.).

29 Węgierski, *Lwów pod okupacją sowiecką 1939–1941,* S. 277.

30 Ostrowski, *Ternopil – pohlad kriz stolitia,* S. 93–96.

31 Vernehmung Bolesław Z. (15. November 1994), OKL, S 33/92/NK; Blicharski, »Masakra Więźniów w Tarnopolu«, in ders., *Tarnopolanie na starym ojców szlaku.*

32 Vernehmungen Władysława B. (24. April 1992), Adolf S. (17. Oktober 1990), Danuta K. (13. Februar 1991) und Katarzyna D. (8. Januar 1991), Einstellungsverfügung der OKL vom Juni 1998, OKL, S 5/91/NK.

33 Die sowjetischen Bajonette waren lang und hatten eine dreieckig geformte Schneide.

34 Vernehmung Katarzyna D. (8. Januar 1991), OKL, S 5/91/NK.

35 Zit. in Gross/Grudzinska-Gross (Hg.), *»W czterdziestym nas matko na Sybir zesłali ...«,* S. 14.

36 Bericht des ukrainischen Arztes Kozakiewicz, der an der Exhumierung der Leichen beteiligt war, abgedruckt in: Bestätigung des bolschewistischen Terrors in Sambor, in: *Samborski Visti,* 9. November 1991.

37 Einstellungsverfügung der OKL vom 30.6.1997, OKL, S 8/91/NK.

38 Vgl. J. Klawonisz, »Juni 1941 in Sambor« (Manuskript auf der Grundlage von Augenzeugenberichten, 25. August 1989), OKL, S 7/91/NK; Augenzeugenbericht von Maria J. (20. Mai 1991), OKL, S 1/91/NK; Interview mit Stefania Kowicka, Jan Kowalski und Jan Trznadel. Bei Brehm, *Aus der Reitschul'!,* heißt es: »Tausende von Fliegen summten über den acht oder zehn langen Reihen der Toten, die hier ausgelegt waren und zwischen denen gebeugte Frauen schlichen und unter den Toten ihre Männer und Söhne suchten.« (S. 290) Es handelte sich um NKWD-Opfer in Złoczów. Waldemar Posch schrieb am 4. Juli 1941 über »zahllose Fliegenschwärme» im Gefängnis in Tarnopol (Tagebuch von Waldemar Posch als Sanitätssoldat und Priester 1941–1945, in: *Mitteilungsblatt der Kameradschaft der 9. Panzer Division,* Folge 1943, September 1992, S. 25 f.).

39 Petruitis, »Jak oni nas rozstrzelali«, S. 98.

40 Augenzeugenbericht von Oberst Sokołowski (zit. in Węgierski, *Lwów pod okupacją sowiecką 1939–1941,* S. 275.

41 Interview mit Leontyna Terlecka.

42 Dies wird in allen von mir ausgewerteten Ermittlungsakten der OKL zu diesem Komplex (insgesamt 19 Fälle, siehe Quellenverzeichnis) bestätigt; Interview mit Leontyna Terlecka.

43 Augenzeugenbericht von Michał H., Abschrift vom 8. Dezember 1992, OKL, S 33/92/NK; Interview mit Jan Kowalski.

44 Vernehmung Katarzyna D. (8. Januar 1991), OKL, S 5/91/NK; »Verbrechen gegen die Menschlichkeit gibt es in jeder Armee«, Interview mit Dr. Heinz Haase, in: *Der Tagesspiegel,* 1. November 1999.

45 Wie beispielsweise in Sambor, vgl. J. Klawonisz, »Juni 1941 in Sambor« (Manuskript auf der Grundlage von Augenzeugenberichten, 25. August 1989), OKL, S 7/91/NK. Zu Złoczów vgl.: Vernehmung Katarzyna D. (8. Januar 1991), OKL, S 5/91/NK.

46 Interview mit Maria Rogowska, in Anczarski, *Kronikarskie zapisy,* S. 215; vgl. auch Vernehmungen Katarzyna D. (8. Januar 1991) und Danuta K. (13. Februar 1991), OKL, S 5/91/NK; ähnlich Danuta Karpińska im Interview mit dem Verfasser.

47 Vernehmung Dr. Georg Saeltzer (6. Juli 1941), BA-MA, RW 2/v. 149, Bl. 341.

48 Węgierski, *Lwów pod okupacją sowiecką 1939–1941,* S. 275.

49 Interview mit Władysława Rudzka.

50 Vernehmung Katarzyna D. (8. Januar 1991), OKL, S 5/91/NK.

51 Bestätigung des bolschewistischen Terrors in Sambor, in: *Samborski Visti,* 9. November 1991, S. 2; Vernehmung Grzegorz Małecki (2. August 1993), OKL, S 7/91/NK. Diese Leichen wurden erst im Jahre 1991 exhumiert (vgl.: *Samborski Visti,* 2. November 1991, S. 1 f.).

52 Augenzeugenbericht von Władysława Madej (Ende 1980); Interview mit derselben (9. August 1998); vgl. auch Einstellungsverfügung der OKL vom 31. Dezember 1997, OKL, S 32/92/NK.

53 Interview mit Edward Szul.

54 Vernehmung Czesław P. (25. Oktober 1990), OKL, S 32/92/NK; Interviews mit Bolesław Majer, Leontyna Terlecka, Danuta Karpińska, Stefania Kowicka, Grzegorz Małecki, Witold Czerny und Władysława Bernatt; Interview mit Maria Rogowska, in Anczarski, *Kronikarskie zapisy,* S. 210–220, hier S. 216.

55 Liskowacki, »Sambor: Okruchy … «.

56 Vernehmung Zenon D. (21. Dezember 1992), OKL, S 27/92/NK.

57 Vernehmung Adolf S. (17. Oktober 1990), OKL, S 5/91/NK; Interview mit Bolesław Majer; Augenzeugenbericht von Maria Rogowska, in Anczarski, *Kronikarskie zapisy,* S. 218.

58 Das geht unter anderem aus den Ermittlungsakten hervor, die ich im Rahmen dieser Untersuchung bei der OKL ausgewertet habe.

Antijüdische und antisowjetische Pogrome nach der Aufdeckung der sowjetischen Massenmorde

1 Żbikowski, »Lokalne pogromy«, S. 11–13.

2 Wołożyn (ZIH, Ring. I/494); Szczerce, Łuck, Kamionka Strumiłowa *(Drogi Śmierci,* S. 29); Dobromil (Interviews mit Józef Kreta und Władysława Madej); Dobropol, Kosowa, Chomiakowka und Romaszowka, Biały Kamień und Olesko (Anczarski, *Kronikarskie zapisy,* S. 18 ff., 190, 192–195, Einträge vom 18. Juli, 31. Juli und 2. August 1941); Grzymałów und Skałat (Rachel Kleiner, Erinnerungen 1941–1945, in: ZIH, 302/201, S. 10–13); Biała, Kossow, Rossochacz, Skorodynce, Połowce, Sosułowka, Tydrow, Majdan bei Czortków (Winter Fischel, in: ZIH, 301/835); Kaczyński, »Całopalenie« (Jedwabne, Wizna, Radziłów).

3 Żbikowski, »Lokalne pogromy«, S. 11.

4 Hilberg, *Die Vernichtung der europäischen Juden,* S. 326.

5 Vgl. Żbikowski, »Lokalne pogromy«, S. 4–6.

6 Hilberg, *Die Vernichtung der europäischen Juden,* S. 326.

7 Pohl, *Nationalsozialistische Judenverfolgung in Ostgalizien,* S. 66 f.

8 Sandkühler, *»Endlösung« in Galizien,* S. 114.

9 Dies läßt sich teilweise damit erklären, daß die Berichte nach Kriegsende und in der Regel im von den Sowjets »befreiten« Polen aufgezeichnet wurden. Gegen die »sowjetischen Befreier« auszusagen war gefährlich. Zum Teil handelt sich dabei offensichtlich um antiukrainische Gefühle der jüdischen Überlebenden. So gab Jakub Steiberg am 6. Mai 1945 in Bukarest zu Protokoll: »Als die Sowjettruppen sich [aus Drohobycz] zurückzogen, schossen die Ukrainer auf sie, weshalb die Russen die Schuldigen erschossen.« (ZIH, 301/4920) Chaim Schöps erwähnte in seiner Schilderung des Pogroms in Złoczów das sowjetische Massaker an den Gefangenen mit keinem Wort. Sein Bericht wurde am 6. Mai 1945 ebenfalls in Bukarest aufgenommen (ZIH, 301/4991). Die rumänische Hauptstadt war zu dieser Zeit nicht von den Sowjets besetzt, so daß für die Berichterstatter keine unmittelbare Gefahr seitens der Sowjets bestand.

10 Bericht ID/Ic betr. Überläufervernehmungen, 28. Juni 1941, BA-MA RH 26-100/36, Bl. 111.

11 KTB AK XXXXIX., 30. Juni 1941, 15 Uhr, BA-MA RH 24–49/8, Bl. 176.
12 Joanna H. an OKL, 14. September 1992, OKL, S 9/91/NK.
13 Notizen von Professor Allerhand, ZIH, 229/22 (Teka Lwowska).
14 Augenzeugenbericht M. W., Schlosser aus Lemberg, zit. in: *Zbrodnia katynska w świetle dokumentów*, S. 226.
15 Bericht von Kazimiera Poraj, ZIH, 302/217.
16 Vernehmung Władysław D. (18. Dezember 1993), OKL, S 9/91/NK, Bd. 2.
17 Vernehmungen Mieczysław Sz. (26. Februar 1990), Maria Marcela P. (6. Februar 1992), Józef Ch. (3. Juni 1993) und Regina L. (4. Oktober 1994), Schreiben an OKL von Jacenty Ch. (1. Oktober 1992), OKL, S 92/51/92, Bde. 1 und 2; Augenzeugenbericht von Włodzimierz Dobromilski, in Liskowacki, »Sambor: Okruchy ... «; Klawonisz, »Czerwiec 1941 w Samborze« (Manuskript), Wrocław 1989.
18 Augenzeugenbericht von Włodzimierz Dobromilski, in Liskowacki, »Sambor: Okruchy ...«.
19 Interviews mit Grzegorz Małecki.
20 Schreiben an OKL von Jacenty Ch. (1. Oktober 1992), OKL, S 92/51/92, Bd. 2.
21 Morgenmeldung von Befehlshaber für rückwärtiges Heeresgebiet 103, 3. Juli 1941, BA-MA, RH 20–17/277, Bl. 126.
22 EM Nr. 24 vom 16. Juli 1941, BA R 58/214, Bl. 190.
23 Żbikowski, »Local Anti-Jewish Pogroms in the Occupied Territories of Eastern Poland«, S. 178.
24 Vernehmungen Ryszard S. (16. Oktober 1990), Katarzyna D. (8. Januar 1990) und Adolf Świdrak (17. Oktober 1990), OKL, S 5/91/NK, Bde. 1 und 2; Anczarski, *Kronikarskie zapisy*, S. 194–196 (Eintrag vom 2. August 1941), 209–220; Tennenbaum, *Zloczow Memoir*, S. 169–172; Interviews mit Adolf Świdrak, Witold Czerny und Bolesław Majer.
25 Tennenbaum, *Zloczow Memoir*, S. 169.
26 Interviews mit Leontyna Terlecka, Jan Kowalski und Witold Czerny.
27 Interview mit Witold Czerny; vgl. auch: Bericht von Bolesław Kopelman (ohne Datum), ZIH, 301/801.
28 Interview mit Bolesław Majer, Bronisław Krutnik und Kazimiera Dobrzenicka, 26. September 1998, geführt am Tatort, das heißt in der Zitadelle von Zloczow.

29 Tennenbaum, *Zloczow Memoir*, S. 175.
30 Anczarski, *Kronikarskie zapisy*, S. 195, Eintrag vom 2. August 1941.
31 Tennenbaum, *Zloczow Memoir*, S. 178.
32 Wolkowicz, *Das Grab bei Zloczow*, S. 44–52.
33 Diese Zahl nennt zum Beispiel Bernd Boll, »Das Grab der Zitadelle. Der Judenmord von Zloczow vom Juli 1941 und die Rolle der deutschen Wehrmacht«, in: *Frankfurter Rundschau*, 14. August 1999. Die Jüdische Soziale Selbsthilfe nannte zum 1. 4. 1942 einen Bevölkerungsrückgang von 2000 Juden. (Pohl, *Nationalsozialistische Judenverfolgung in Ostgalizien*, S. 63, Anm. 130) Diese Zahl beinhaltet aber nicht nur die Pogromopfer von Anfang Juli 1941, sondern auch jüdische Opfer des NKWD-Massakers; einige hundert Juden, die mit der Roten Armee geflüchtet waren; jüdische Männer, die nach dem 22. 6. 1941 in die Rote Armee eingezogen wurden sowie etwa 300 Angehörige der jüdischen Intelligenz, die am 10. Juli von der Feldgendarmerie erschossen wurden (Chaim Schöps, 301/4991). Auch später fanden zahlreiche Morde an Juden statt.
34 EM Nr. 24, BA, R 58/214, Bl. 194.
35 Tennenbaum, *Zloczow Memoir*, S. 177.
36 Vernehmung Maciej B. (12. August 1993), OKL, S 32/92/NK, Bd. 1.
37 Interview mit Józef Kreta.
38 EM Nr. 24 vom 16. Juli 1941, BA, R 58/214, Bl. 191.
39 Interview mit Edward Szul.
40 Vgl. Ermittlungsakten, OKL, S 32/92/NK.
41 EM Nr. 24 vom 16. Juli 1941, BA, R 58/214, Bl. 190.
42 Jasiński, »Borysławska apokalipsa«, S. 112.
43 Vgl. Żbikowski, »Inny pogrom«, S. 130–133.
44 Jasiński, »Borysławska apokalipsa«, S. 112 f.
45 Horowitz, *Of Human Agony*, S. 59, 88 f.
46 Ebd., S. 91 f.
47 Ebd., S. 92 f.
48 Ebd., S. 94.
49 Bericht Leon Majblum, ZIH, 301/672.
50 EM Nr. 28, 20. Juli 1941, BA, R 58/214, Bl. 236.
51 Vernehmung Janina Wanda P. (22. Oktober 1990), OKL, S 8/91/NK, Bd. 1.
52 Vgl. Żbikowski, »Lokalne pogromy«, S. 12 f.

53 Korpsbefehl Nr. 22, 30. Juni 1941, 17 Uhr, BA-MA, RH 24–49/8, Bl. 176.
54 Bericht von Chaim Schöps, 13. April 1945, ZIH, 301/4991.
55 Berichte von Jeanetta Margolis (3. Juli 1946), ZIH, 302/158; Leon Knebel, ebd. 301/679; Salomon Rosenberg, ebd., 301/2465; Kriegstagebuch von Felix Landau, Eintrag vom 10. Juli 1941, in Klee/Dreßen/Rieß (Hg.), *»Schöne Zeiten«*, S. 94.
56 Pohl, *Nationalsozialistische Judenverfolgung in Ostgalizien*, S. 65 f.
57 Żbikowski, »Lokalne pogromy«, S. 4.
58 Anczarski, *Kronikarskie zapisy*, S. 186 f., Eintrag vom 18. Juli 1941.
59 Ebd., S. 195, Eintrag vom 2. August 1941.
60 Interview mit Stanisław Piotrowski.
61 Bericht von Rachel Kleiner, ZIH, 302/210, Bl. 4.
62 Ebd., Bl. 20.
63 Jasiński, »Borysławska apokalipsa«, S. 112–114.
64 Horowitz, *Of Human Agony*, S. 61 f.
65 Bericht Erna Klinger, ZIH, 301/1096.
66 Horowitz, *Holocaust Revisited*, S. 74.
67 Horowitz, *Of Human Agony*, S. 73.
68 Fijałkowska, *Borejsza i Różański*, S. 88 f.
69 Jasiński, »Borysławska apokalipsa«, S. 108.
70 Beispielsweise Interviews mit Witold Czerny, Bolesław Majer und Grzegorz Małecki. In der Sowjetunion wurden in den dreißiger und vierziger Jahren sogar Pioniere (Kinderorganisation) von offizieller Seite ermutigt, jeden zu denunzieren, auch Eltern und Geschwister (vgl. Druznikow, *Rosyjskie Mity*).
71 Horowitz, *Of Human Agony*, S. 61 f.
72 Horowitz, *Holocaust Revisited*, S. 183.
73 Heinz B., 10. Juli 1941, BfZ, Sammlung Sterz.
74 Kaczyński, »Całopalenie«.
75 Gross, *Sąsiedzi*.
76 Baruch Milch, »Mój testament«, S. 4.
77 Vgl. u. a. ZIH, Ring. I/144, 427, 431, 475, 932, 934, 955, ZIH, 301/230, 327, 847, 2168.

Die Reaktion der Deutschen

1 Goebbels, *Die Tagebücher,* Teil I, Bd. 4, S. 737.
2 Ebd., S. 741.
3 Vgl. beispielsweise: »Crusade for Civilazation«, in: *The Times,* 8. Juli 1941 (»Die Beschreibung der sowjetischen Greuel in Wort und Bild füllt die Abendzeitungen«); Meldungen aus dem Reich, Nr. 202 und 203, BA, R 58/162, 163.
4 *Völkischer Beobachter,* 6. bis 12. Juli 1941.
5 Goebbels, *Die Tagebücher,* Teil II, Bd. 1, S. 50.
6 Meldungen aus dem Reich, Nr. 202, 14. Juli 1941, BA, R 58/162, Bl. 90.
7 Meldungen aus dem Reich, Nr. 209, 7. August 1941, BA, R 58/162, Bl. 41.
8 Meldungen aus dem Reich, Nr. 203, 17. Juli 1941, BA, R 58/163, Bl. 119.
9 Goebbels, *Die Tagebücher,* Teil II, Bd. 1, S. 43.
10 Eintrag vom 15. Juli 1941. Ebd., S. 73.
11 Auszug aus dieser Rede in: *Feldpostbriefe aus dem Osten,* S. 47.
12 Vgl. dazu Feldpostbriefe vom 22. Juli bis Ende Juli 1941, BfZ, Sammlung Sterz.
13 Feldpostbrief von Mathilde D., 21. Juli 1941, BfZ, Sammlung Sterz.
14 Feldpostbrief vom Ludwig D., ebd.
15 Feldpostbrief von Lina L., 16. Juli 1941, ebd.
16 Feldpostbrief von Heinz B., 10. Juli 1941, ebd.
17 Brief aus Tarnopol, 6. Juli 1941, mit einem Begleitschreiben des Wehrkreiskommandos XVII, Wien, Abteilung Ic/WPr, Nr. 12277/41g, 12. September 1941 (Abschrift), BA-MA, RW 4/v.442.
18 Meldungen aus dem Reich, Nr. 203, 17. Juli 1941, BA, R 58/163, Bl. 129.
19 Meldungen aus dem Reich, Nr. 208, 4. August 1941, BA, R 58/162, Bl. 4.
20 Meldungen aus dem Reich, Nr. 205, 24. Juli 1941, ebd., Bl. 197 f.
21 Meldungen aus dem Reich, Nr. 207, 31. Juli 1941, ebd., Bl. 260.
22 Feldpostbrief von Luise G., 18. 7. 1941. BfZ, Sammlung Sterz.
23 Meldungen aus dem Reich, Nr. 209, 7. August 1941, BA, R 58/162, Bl. 41.

24 Meldungen aus dem Reich, Nr. 210, 11. August 1941, ebd., Bl. 95 f.
25 Meldungen aus dem Reich, Nr. 213, 21. August 1941, ebd., Bl. 150.
26 *Drogi Śmierci,* S. 29 f.; Schreiben an OKL von Zdzisław M., 8. November 1990, OKL, S 9/91/NK, Bd. 1; Vernehmung Eugeniusz L. (24. Mai 1990), OKL, S 1/91/NK, Bd. 2. Mieczysław Sz. führte aus: »Deutsche Militärfotoreporter machten Fotos, die auf Tafeln an mehreren Stellen in der Stadt [Sambor] angeschlagen wurden.« (Vernehmung, 26. Februar 1990, OKL, S 7/91/NK, Bd. 1)
27 *Nowy Kurier Warszawski,* 9. Juli 1941, Nr. 160.
28 Goebbels, *Die Tagebücher,* Teil II, Bd. 1, S. 50.
29 Zit. in Gutman/Krakowski, *Unequal victims,* S. 51.
30 Ringelblum, *Ghetto Warschau,* S. 55 f.
31 *Drogi Śmierci,* S. 29 f.
32 Goebbels, *Die Tagebücher,* Teil II, Bd. 1, S. 41.
33 Ausführlich dazu Musial, »Bilder einer Ausstellung«.
34 Mehr dazu in Latzel, *Deutsche Soldaten – nationalistischer Krieg?,* S. 12–31.
35 Ebd., S. 14.
36 Tagesmeldung, 30. Juni 1941, BA-MA, RH 24–49/162.
37 Zit. in Ogorreck, *Die Einsatzgruppen und die »Genesis der Endlösung«,* S. 144.
38 Meinrad von Ow an seinen Vater, 9. Juli 1941 (Kopie im Besitz des Verfassers).
39 Interview mit Meinrad von Ow. Kopien der Aufnahmen stellte Herr von Ow dem Verfasser zur Verfügung.
40 Christian Samler, »Die Wahrheit der Fotos«, in: *taz,* 3. Juli 1999.
41 Interview mit Leontyna Terlecka.
42 Beispielsweise Vernehmungen Zbigniew S. (2. August 1993), OKL, S 28/92/NK (Dubno), Michał P. (21. Dezember 1992), OKL, S 27/92/NK (Kamionka Strumiłowa), Mieczysław Sz. (26. Februar 1990), OKL, S 7/91/NK, Bd. 1 (Sambor), Irena K. (7. Februar 1989), OKL, S 1/91/NK, Bd. 1 (Berezwecz), und Feliks Stanisław M. (12. Oktober 1990), OKL, S 8/91/NK (Drohobycz); Klawonisz, »Czerwiec w Samborze« (Manuskript), S. 5; Schreiben an OKL von Majchrowicz (8. November 1990), OKL, S 9/91/NK, Bd. 1 (Lemberg) und Władysław D. (18. Dezember 1993), ebd., Bd. 2 (Lemberg), Augenzeugenbericht von Bronisława Madej (1989), Kopie im Besitz des Verfassers (Dobromil).

43 Courtois u. a. (Hg.), *Das Schwarzbuch des Kommunismus,* S. 43.

44 Feldpostbriefe werden u. a. aufbewahrt in: BfZ, Sammlung Sterz; Niedersächsisches Staatsarchiv, Osnabrück, Bestand Slg 55 Feldpostbriefe; vgl. Latzel, *Deutsche Soldaten – nationalistischer Krieg?,* S. 19–25.

45 Brehm, *Aus der Reitschul'!,* S. 290 f.

46 Feldpostbrief des Gefreiten Ferdinand B., 3. Juli 1941, BfZ, Sammlung Sterz.

47 Feldpostbrief von Heinz B., 10. Juli 1941, ebd.

48 Feldpostbrief von Major Hans Sch., 12. Juli 1941, ebd.

49 Feldpostbrief des Gefreiten Alfred H., 13. Juli 1941, ebd.

50 So stellte beispielsweise der Unteroffizier Heinrich Z. in einem Brief vom 30. Juni 1941 fest: »Ungeheures Material hatten die Russen angesammelt. Nicht auszudenken, was passiert wäre, wenn sie uns eines Tages in den Rücken gefallen wären. Nun, der Führer hat mal wieder gerade im richtigen Augenblick losgeschlagen, unsere Aufklärer hatten die Läger an Material, Munition, Geschützen, Panzern und vor allem Flugzeuge rechtzeitig entdeckt« (ebd.). Lew Kopolew, damals sowjetischer Politkommissar, der unter anderem deutsche Kriegsgefangene agitierte, stellte fest: »Die deutschen Soldaten schienen fest davon überzeugt, einen Präventivkrieg zu führen. Dies ließ sich aus ihren Tagebüchern und Briefen herauslesen. Sie erklärten uns, sie hätten den Krieg begonnen, um einen Angriff von hundertfünfzig Divisionen der Roten Armee zuvorzukommen« (Knopp, *Der verdammte Krieg,* S. 76).

51 Feldpostbrief von Hauptmann Dr. jur. Herbert Sch., 30. Juni 1941, BfZ, Sammlung Sterz.

52 Feldpostbrief von Unteroffizier Heinz H., 8. Juli 1941, ebd.

53 Feldpostbrief von Heinz B., 19. Juli 1941, ebd.

54 Soldat P. Woock, Feldpostnummer 38 817, an einen Kameraden in der Heimat, in: *Feldpostbriefe aus dem Osten,* S. 60.

55 Feldpostbrief von Heinz Sch., 17. Juli 1941, BfZ, Sammlung Sterz.

56 Feldpostbrief von Paul Sch., 12. Juli 1941, ebd.

57 Anczarski, *Kronikarskie zapisy,* S. 178.

58 Ebd., S. 179.

59 Aufzeichnungen eines anonymen Juden, Lwów 1941, ZIH, Ring. I/427, S. 6.

60 Stankiewicz-Januszczak, »Dziś mówię ludziom« (Manuskript), S. 227 f.; dies., *Marsz Śmierci,* S. 39.

61 Anczarski, *Kronikarskie zapisy,* S. 176 f.
62 Interview mit Grzegorz Małecki.
63 Feldpostbrief von Meinrad von Ow an seinen Vater, 9. Juli 1941 (Kopie im Besitz des Verfassers).
64 Feldpostbrief von Unteroffizier Heinz H., 7. Juli 1941, BfZ, Sammlung Sterz.
65 Feldpostbrief von Heinz H., 17. Juli 1941, BfZ, Sammlung Sterz.
66 EM Nr. 6, 27. Juni 1941, BA, R 58/214, Bl. 31 f.
67 Notizen von Gold (Sommer 1941), ZIH, 229/54 (Teka Lwowska), S. 103.
68 Aufzeichnungen eines anonymen Juden, Lwów 1941, ZIH, Ring. I/427, S. 10; Bericht eines anonymen Juden über Ereignisse in Lemberg, 1941/42, ZIH, Ring. I/431.
69 Stankiewicz-Januszczak, »Dziś mówię ludziom« (Manuskript), S. 246 f.; vgl. auch dies., *Marsz Śmierci,* S. 50, 53.
70 Stankiewicz-Januszczak, »Dziś mówię ludziom« (Manuskript), S. 246 f.; dies., *Marsz Śmierci,* S. 50, 53. Bald nach ihrer Befreiung aus sowjetischer Gefangenschaft schloß sich Frau Stankiewicz-Januszczak der polnischen Widerstandsbewegung gegen die deutschen Besatzer an. Ähnlich wie sie erkannten die meisten »befreiten« Polen und Weißrussen sowie viele Ukrainer schnell, daß die deutsche Besatzung keine echte Befreiung bedeutete, sondern daß lediglich der sowjetische Terror durch den nationalsozialistischen ersetzt wurde.
71 Liskowacki, »Sambor: Okruchy …«.
72 Feldpostbrief von Heinz T., 29. Juli 1941, BfZ, Sammlung Sterz.
73 Bericht von Mieczysław Ogrodowczyk (1990), Kopie im Besitz des Verfassers.
74 Stankiewicz-Januszczak, »Dziś mówię ludziom« (Manuskript), S. 253; dies., *Marsz Śmierci,* S. 53.
75 »Verbrechen gegen die Menschlichkeit gibt es in jeder Armee«, in: *Der Tagesspiegel,* 1. November 1999.
76 Petrov, »Außergerichtliche Repressionen gegen kriegsgefangene Deutsche«, S. 175.
77 Vgl.: Einstellungsverfügungen der OKL vom 30. Juni 1997 (Drohobycz), OKL, S 8/91/NK, und 26. Mai 1998 (Tarnopol), OKL, S 33/92/NK; Bericht des Artilleriekommandeurs, 7. Juli 1941, Tarnopol, BA-MA, RW 2/149, Bl. 270; Vernehmung Dr. Josef Brachetka (6. Juli 1941), BA-MA, RW 2/v. 149, Bl. 371 (zu Lemberg); EM Nr. 24, 16. Juli 1941, BA, R 58/214, Bl. 192 (zu Łuck);

Morgenmeldung des Befehlshabers für rückwärtiges Heeresgebiet 103, 3. Juli 1941, BA-MA, RH 20–17/277, Bl. 126 (zu Drohobycz).

78 Tagebuch von Maria K., Eintrag vom 23. Juli 1941, OKL, S 7/91/NK, Bd. 1.

79 Vernehmung Władysław B. (13. Juli 1993), OKL, S 25/92/NK, Bd. 3.

80 Vernehmung Prankiewicz (Juli 1941), BA-MA, RW 2/148, Bl. 129 f.

81 Vgl.: Bericht der Wehrmachtsuntersuchungsstelle über die Kriegsverbrechen der russischen Wehrmacht 1941, November 1941, in: BA-MA, RW 2/147, Bl. 1–100.

82 Vgl. ebd.

83 Befehl Nr. 020 des Volkskommissariats für Verteidigung der UdSSR vom 14. Juli 1941 an alle Chefs für politische Propaganda, Abwehrverbände und stellvertretenden Kommandeure für politische Angelegenheiten (Beutedokument), BA-MA, RW 2/149, Bl. 437–440.

84 Vernehmung des russischen Majors Kononow, 24. August 1941, BA-MA, RH 26–10/70a, Bl. 33.

85 Bericht des Referats Ic des 20. Infanterie-Regiments vom 30. Juni 1941, BA-MA, RH 26–10/69, Anlage 51, ohne Paginierung.

86 Bericht der Abteilung Ic der 10. Infanterie-Division vom 19. Juli 1941, ebd., Anlage 226.

87 EM Nr. 24, 16. Juli 1941, BA, R 58/214, Bl. 194.

88 Vgl. u. a.: BA-MA, RW 2/148, Bl. 276; RH 26–10/69 Anlage 178; RH 26–14/59, Bl. 21; RH 26–62/82 (Tätigkeitsbericht der 62. Inf.-Division vom 3. Juli 1941, ohne Paginierung).

89 Feldpostbrief von Rolf N., 24. Juli 1941, BfZ, Sammlung Sterz.

90 Feldpostbrief des Gefreiten Fritz G., 20. Juli 1941, BfZ, Sammlung Sterz.

91 Goebbels, *Die Tagebücher,* Teil II, Bd. 1, S. 77.

92 Zit. in Hürter, »›Es herrschen Sitten und Gebräuche genauso wie im 30-jährigen Krieg‹«, S. 371.

93 EM Nr. 14, 6. Juli 1941, BA, R 58/214, Bl. 85.

94 Bericht von Rachel Kleiner, ZIH, 302/201, S. 1.

95 Feldpostbrief von Ferdinand B., 3. Juli 1941, BfZ, Sammlung Sterz.

96 Feldpostbrief von Heinz H., 5. Juli 1941, BfZ, Sammlung Sterz.

97 Feldpostbrief von Franz D., 11. Juli 1941, BfZ, Sammlung Sterz.

98 Zit. in Hürter, »›Es herrschen Sitten und Gebräuche genauso wie im 30-jährigen Krieg‹«, S. 370.
99 Richtlinien für die Behandlung politischer Kommissare, 6. Juni 1941, BA-MA, RH 2/2082; auch in Ueberschär/Wette (Hg.), *»Unternehmen Barbarossa«*, S. 313 f.
100 Exemplarisch hierfür Bartov, *Hitlers Wehrmacht.* Auf fast dreihundert Seiten behandelt der Autor verschiedene Faktoren, die zur Brutalisierung des Krieges im Osten geführt haben, erwähnt die sowjetischen Verbrechen aber mit keinem Wort, obwohl sie ihm bekannt waren, wie er selbst in einem Interview erklärte: »Natürlich sei bekannt, ... daß der sowjetische NKWD bei dem hastigen Rückzug der Roten Armee Ende Juni, Anfang Juli 1941 eine Reihe von Massakern verübt habe« (»Antideutsche Gefühle werden nicht geweckt«, Interview mit Omar Bartov, in: *Die Welt,* 29. Oktober 1999, S. 3).
101 Interview mit Omar Bartov, in: *Konkret,* Februar 2000.
102 Diese durch die sogenannte Wehrmachtsausstellung ausgelöste Auseinandersetzung als Diskussion zu bezeichnen, ist eigentlich wegen der von manchen Beteiligten angewandten Methoden (falsches Beweismaterial, Verleumdungen, Denunziationen und sogar juristische Einschüchterungsversuche) ein Euphemismus.
103 Bartov, *Hitlers Wehrmacht,* S. 163–266.
104 Leutnant Graf Magnis, Bericht über das Gefängnis in Dubno, 28. Juni 1941, BA-MA, RH 21–1/148 (b) (ohne Paginierung).
105 Stankiewicz-Januszczak, »Dziś mówię ludziom« (Manuskript), S. 253, 255; dies., *Marsz Śmierci,* S. 53, 56.
106 Vernehmung Omelia Matla (6. Juli 1941), BA-MA, RW 2/v. 149, Bl. 344.
107 Bericht über das sowjetrussische Staatsgefängnis Dubno und über das Blutbad vom 24. und 25. Juni 1941, Anfang Juli 1941, BA, R 58/214, Bl. 26.
108 Im Nationalarchiv in Washington befinden sich Aufnahmen der ermordeten Soldaten und Zivilisten unter der Signatur: 242-GAP-286-H-6, 242-GAP-286-G-18, 28 ff., 242-GAP-286-D-5 f.
109 Kriegstagebuch der 5. Infanteriedivision, Abteilung Ia, Verstoß gegen das Völkerrecht, 28. Juni 1941, BA-MA, RH 26–5/7, Bl. 55.
110 Motyka, *Tak było w Bieszczadach,* S. 100.
111 Interview mit Meinrad von Ow.
112 Interview mit Walter Jung. Bei dieser Gelegenheit machte Jung

eine Aufnahme, die eine Frau zeigt, die mit einem Feuerhaken in der Hand einen jungen Mann durch eine Straße jagt. Als er die Aufnahme machte, glaubte Jung, daß es sich um einen Ehestreit handelte, was er recht komisch fand; deshalb machte er auch das Foto. Erst im nachhinein erfuhr er, daß es ein Pogrom war.

113 Feldpostbrief von Leutnant K., 1. Kp/Korps-Nachr. Abt. 44, 13. Februar 1942, BfZ, Sammlung Sterz.

114 Feldpostbrief aus Tarnopol, 6. Juli 1941 (Abschrift), BA-MA, RW 4/v. 442.

115 Pohl, *Nationalsozialistische Judenverfolgung in Ostgalizien,* S. 63.

116 EM Nr. 28, 20. Juli 1941, BA, R 58/214, Bl. 235.

117 Bericht von Czesław Blicharski über das Massaker an Gefängnisinsassen in Tarnopol (Manuskript), OKL, S 33/92/NK.

118 Bericht von Basar Zwi (13. September 1945), ZIH, 301/1038.

119 Bericht von Frydman Saza (12. Mai 1948), ZIH, 301/3551.

120 EM Nr. 24, 16. Juli 1941, BA, R 58/214, Bl. 192.

121 KTB XXXXIX. AK, 30. Juni 1941, BA-MA, RH 24–49/8, Bl. 176.

122 Bericht der 8. Infanteriedivision, Abteilung 1c über planmäßige Zerstörung von Witebsk durch Miliz (Stadtpolizei), Komsomolzen und Juden, 23. Juli 1941, BA-MA, RH 26–8/28, Bl. 141 f.; vgl. auch: Bericht: Einwohneraussagen zum Brand von Witebsk vom 22. 7. 41, ebd., Bl. 143–146.

123 Bericht: Allgemeines über den Aufbau in der UdSSR (NKWD), 26. Juli 1942, BA, R 58/68, Bl. 16 ff.

124 Augenzeugenbericht von Michał H., Abschrift vom 8. Dezember 1992, OKL, S 33/92/NK.

125 Vernehmung Antoni P. (17. August 1992), ebd.

126 EM Nr. 14, 6. Juli 1941, BA, R 58/214, Bl. 86.

127 Feldpostbrief aus Tarnopol, 6. Juli 1941 (Abschrift), BA-MA, RW 4/v. 442.

128 An die Wehrmachtsauskunftsstelle für Kriegsgräber und Kriegsverluste, Tarnopol, den 7. Juli 1941, BA-MA, RW 2/149, Bl. 270 f.

129 EM Nr. 24., 16. Juli 1941, BA, R 58/214, Bl. 193 f.

130 Zit. in Klee/Dreßen/Rieß (Hg.), *»Schöne Zeiten«,* S. 90 f.

131 Kommandeur des Bataillons 800: Schlußmeldung über Einnahme von Lemberg und vollzogene Objektsicherung, 1. Juli 1941, BA-MA, WF 03/34170.

132 EM Nr. 24, 16. Juli 1941, BA, R 58/214, Bl. 192.
133 IfZ, Rz. Gd.01.54, Bd. 60, S. 156–163; Bd. 48, S. 1195.
134 Feldpostbrief von Christoph B., 7. Juli 1941, BfZ, Sammlung Sterz.
135 Feldpostbrief von Georg Br., 18. Juli 1941, BfZ, Sammlung Sterz.
136 Feldpostbrief von Leutnant K., 13. Februar 1942, BfZ, Sammlung Sterz.
137 Gold-Bericht über Judenpogrom in Lemberg nach dem deutschen Einmarsch, Sommer 1941, ZIH, 229/54, S. 106.
138 Zeitgenössischer Bericht eines anonymen Juden über Ereignisse in Lemberg im Sommer 1941, 1941/42, ZIH, Ring. I/431.
139 Kommandeur des Bataillons 800, Schlußmeldung über Einnahme Lembergs und vollzogene Objektsicherung, 1. Juli 1941, BA-MA, WF-03/34170.
140 Mehr dazu in Krausnik, *Hitlers Einsatzgruppen,* S. 129–150.
141 EM Nr. 10, 2. Juli 1941, BA, R 58/214, Bl. 52.
142 Zit. in Krausnik, *Hitlers Einsatzgruppen,* S. 181.
143 Zit. in ebd., S. 181 f.
144 Korpsbefehl Nr. 22, 30. Juni 1941, BA-MA, RH 24–49/8, Bl. 176.
145 Notizen von Professor Allerhand, ZIH, 229/22 (Teka Lwowska), S. 153; Gold-Tagebuch, ZIH, 229/54 (Teka Lwowska), S. 106. Pohl schreibt dagegen, Oberst Wintergerst »griff erst am 2. Juli gegen die Gewalttätigkeiten ein« (*Nationalsozialistische Judenverfolgung in Ostgalizien*, S. 61).
146 295. ID/Ic, Tätigkeitsbericht vom 3. Juli 1941, BA-MA, RH 26–295/16; 295. ID, Kriegstagebuch Ia, 3. Juli 1941, BA-MA, RH 26–195/3; Morgenmeldung des IV. AK, 5. Juli 1941, BA-MA, RH 20–17/277; Wegner-Korfes, *Weimar – Stalingrad – Berlin,* S. 90 f.; Wolkowicz, *Das Grab in Zloczow,* S. 46 f.; Bericht von Chaim Schöps, 14. April 1945, ZIH, 301/4991; Interview mit Shlomo Wolkowicz.
147 Kriegstagebuch von Felix Landau, Eintrag vom 7. Juli 1941, in Klee/Dreßen/Rieß (Hg.), *»Schöne Zeiten«,* S. 92.
148 Margules, »Moje przeżycia w Tarnopolu podczas wojny«, S. 64; Interview mit Walter Jung.
149 Bericht von Jakub Knebel, Blima Hamerman und Jonas Frysz, abgedruckt in Żbikowski, »Inny Pogrom«, S. 131–133.
150 Bericht von Salomon Rosenberg, in ebd., S. 133.

151 Weisung der 454. Sicherungsdivision/Ia an Ortskommandanturen ihres Gebietes, 8. September 1941, zit. in Hilberg, *Die Vernichtung der europäischen Juden,* S. 324 f.

152 Ebd., S. 325.

153 Pohl, *Nationalsozialistische Judenverfolgung in Ostgalizien,* S. 65.

Einsatzgruppen, sowjetische Verbrechen und Judenverfolgung

1 Vgl. beispielsweise Krausnik, *Hitlers Einsatzgruppen;* Ogorreck, *Die Einsatzgruppen und die »Genesis der Endlösung«.*

2 Zit. in Krausnik, *Hitlers Einsatzgruppen,* S. 130.

3 Vgl. Musial, The Origins of »Operation Reinhard«.

4 Dazu ausführlich Ogorreck, *Die Einsatzgruppen und die »Genesis der Endlösung«.*

5 Ebd., S. 147–149.

6 EM Nr. 14, 6. Juli 1941, BA, R 58/214, Bl. 85.

7 EM Nr. 26, 18. Juli 1941, ebd., Bl. 209.

8 EM Nr. 20, 12. Juli 1941, ebd., Bl. 133 f.

9 EM Nr. 24, 16. Juli 1941, BA, R 58/215, Bl. 191.

10 Zit. in Ogorreck, *Die Einsatzgruppen und die »Genesis der Endlösung«,* S. 145.

11 Ebd., S. 145 f.

12 Goebbels, *Die Tagebücher,* Teil I, Bd. 4, S. 736; Teil II, Bd. 1, S. 33; vgl. oben, S. 12.

13 Zit. in Ogorreck, *Die Einsatzgruppen und die »Genesis der Endlösung«,* S. 145, Anm. 164.

14 EM Nr. 24, 16. August 1941, BA R 58/214, Bl. 190.

15 Auszugsweise Abschrift aus dem Bericht der Gruppe GFP 711 vom 7. Juli 1941 über die bolschewistischen Bluttaten in Lemberg, 28. Juli 1941, BA-MA, RW 2/v 149, Bl. 383.

16 Kommandeur des Bataillon 800, Schlußmeldung über Einnahme Lemberg, BA-MA WF-03/34170.

17 Fernschreiben Heydrichs vom 29. Juni 1941, in Longerich (Hg.), *Die Ermordung der europäischen Juden,* S. 118 f.

18 Pohl, *Nationalsozialistische Judenverfolgung in Ostgalizien,* S. 59.

19 Zit. in Klee/Dreßen/Rieß (Hg.), *»Schöne Zeiten«,* S. 89.

Die Instrumentalisierung der sowjetischen Verbrechen durch die ukrainische Unabhängigkeitsbewegung

1 Die Situation in der östlichen Ukraine, wo die Sowjets herrschten, spielt für die vorliegende Untersuchung eine untergeordnete Rolle. Hier sei nur angemerkt, daß dort in den dreißiger Jahren Millionen von Menschen dem sowjetischen Terror zum Opfer gefallen sind, sei es durch Hungertod, durch Erschießungen oder im Gulag (vgl. dazu zum Beispiel Werth, »Ein Staat gegen sein Volk«).

2 EM Nr. 12, 4. Juli 1941, BA, R 58/214, Bl. 70.

3 Pohl, *Nationalsozialistische Judenverfolgung in Ostgalizien*, S. 56 f.; Motyka, *Tak było w Bieszczadach*, S. 99 f.

4 Anczarski, *Kronikarskie zapisy*, S. 181.

5 Siehe oben, S. 14.

6 EM Nr. 10, 2. Juli 1941, BA, R 58/214, Bl. 54.

7 EM Nr. 23, 15. Juli 1941, BA, R 58/214, Bl. 174.

8 Vgl. Armstrong, *Ukrainian Nationalism;* Motyka, *Tak było w Bieszczadach*, S. 72–76, 100–105.

9 Auszugsweise Abschrift aus dem Bericht der Gruppe GFP 711 vom 7. Juli 1941, BA-MA, RW 2/v. 149, Bl. 137.

10 Aufzeichnungen eines anonymen Juden, Lwów 1941, ZIH, Ring. I/427, Bl. 11.

11 Vernehmung Stefan B. (24. September 1992), OKL, S 32/92/NK.

12 Interviews mit Grzegorz Małecki, Jerzy Pilecki und Bolesław Majer. Leutnant Graf Magnis schreibt in seinem Bericht über das Gefängnis in Dubno vom 28. Juni 1941: »Die [ermordeten] Insassen dieses Gefängnisses waren laut Aussage der Einwohner ausnahmslos politisch verdächtige Ukrainer.« (BA-MA, RH 21-1/148 [b])

Das Problem der Berichte über sowjetische Greuel

1 Bericht der OKL über die Liquidierung des Gefängnisses in Oszmiana durch den NKWD im Sommer 1941, 1. März 1999, OKL, S 9/47/91/NK.

2 Bericht: Greueltaten der Bolschewisten gegen die ukrainische und baltische Bevölkerung, BA-MA, RW 2/147, Bl. 102 f.

3 Auszugsweise Abschrift aus dem Bericht der Gruppe GFP 711 vom 7. Juli 1941, BA-MA, RW 2/v. 149, Bl. 381; vgl. oben, S. 114.

4 Leutnant Graf Magnis, Bericht über das Gefängnis in Dubno, 28. Juni 1941, BA-MA, RH 21-1/148 (b).

5 Auszugsweise Abschrift aus dem Bericht der Gruppe GFP 711 vom 7. Juli 1941, BA-MA, RW 2/v. 149, Bl. 381.

6 Aufzeichnungen eines anonymen Juden, Lwów 1941, ZIH, Ring. I/427, Bl. 11.

7 Auszugsweise Abschrift aus dem Bericht der Gruppe GFP 711 vom 7. Juli 1941, BA-MA, RW 2/v. 149, Bl. 381.

8 Vgl. oben, S. 157.

9 Siehe oben, S. 153.

10 Bericht von Oberst Sokołowski, in: Węgierski, *Lwów pod okupacją sowiecką 1939–1941,* S. 275.

11 Darüber berichten beispielsweise Grzegorz Małecki und Bolesław Majer in Interviews mit dem Autor sowie Petruitis, »Jak oni nas rozstrzelali«, S. 98.

12 Beispielsweise Interview mit Bolesław Majer.

13 Siehe oben, S. 181–185.

14 Interview mit Shlomo Wolkowicz.

15 *Drogi Śmierci,* S. 44.

16 Vernehmung Zdzisław F. (17. Juli 1991), OKL, S 9/91/NK, Bd. 1.

17 Feldpostbrief von Leutnant Lorenz Wächter, 20. August 1941, in: *Feldpostbriefe aus dem Osten,* S. 46.

18 Feldpostbrief von Carl Eyling, 5. Juli 1941 (Kopie im Besitz des Verfassers).

19 Vernehmung Kurt Dittrich (3. Juli 1941), BA-MA, RW 2/149, Bl. 330.

20 Bericht eines anonymen Juden über die sowjetische und deutsche Besatzung in Lemberg, 1941, ZIH, Ring. I/955.

21 Rachel Kleiner, Erinnerungen aus der Besatzungszeit 1941–1945, ZIH, 302/201, S. 23.

22 Vernehmung Dr. Georg Saeltzer (6. Juli 1941), RW 2/v. 149, Bl. 331–341.

23 Bericht von Erna Klinger, ZIH, 301/1096, S. 1.

24 Dieser Bericht ist abgedruckt in Węgierski, *Lwów pod okupacją sowiecką 1939–1941,* S. 277 f.; vgl. auch zahlreiche Aussagen in: OKL, KO 106/92/NK (Borysław).

25 Interview mit Jerzy Pilecki.

26 Vgl. Anczarski, *Kronikarskie zapisy,* S. 271–361; Motyka, *Tak było w Bieszczadach,* S. 106–115.
27 Tagebuch von Mieczysława K., Eintrag vom 7. September 1941, OKL, S 7/91/NK, Bd. 1; Interview Grzegorz Małecki.
28 Vernehmung Józef W. (11. Oktober 1991), OKL, S 7/91/NK.

Die Juden als angebliche Mittäter

1 Interview mit Stefania Kowicka.
2 Stankiewicz-Januszczak, *Marsz Śmierci,* S. 41.
3 Einstellungsverfügung der OKL vom 18. November 1996, OKL, S 13/91/NK.
4 *Drogi Śmierci,* S. 118.
5 Bericht von Maria Vasylivna Potykevych-Zabolotna (ohne Datum), Kopie im Besitz des Verfassers.
6 Vernehmungen Alfred K. (27. November 1992) und Czesław P. (25. Oktober 1990), OKL, S 32/92/NK, Bd. 2.
7 Einstellungsverfügung der OKL vom 30. Dezember 1997, OKL, S 28/92/K; Vernehmungen Zbigniew S. (2. August 1993), Stanisław O. (1. August 1991), Roman W. (26. März 1991) und Stefania S. (1. Juli 1991), ebd.; Bericht über das sowjetische Staatsgefängnis Dubno und über das Blutbad vom 24. und 25. Juni 1941, BA, R 58/214, Bl. 256–263.
8 Głowacki, »Sowiecki aparat represji w Małopolsce Wschodniej i na Wołyniu, 1939–1941«, S. 288.
9 Anczarski, *Kronikarskie zapisy,* S. 165, Eintrag vom 2. August 1941 (zu Złoczów); Vernehmung Michał B. (30. Juni 1990) und Wojciech H. (8. Oktober 1990) (zu Berezwecz), OKL, S 1/91/NK; Vernehmung Władysław B. (13. Juli 1993) (zu Minsk), OKL, S 25/92/NK; Vernehmung Oktawian S. (9. April 1992); Ermittlungsbericht der OKL vom 28. Dezember 1995 (zu Łuck), OKL, S 6/91/NK; Vernehmung Ludomił S. (11. Oktober 1994) (zu Kamionka Strumiłowa), OKL, S 27/92/NK; Sztelnicki, *Trembowola,* S. 213 (zu Tarnopol); Vernehmung Omelina Matla (Juli 1941) (zu Lemberg), BA-MA, RW 2/v 149, Bl. 344.
10 Sowjetische Besatzung in Wilno, Bericht eines anonymen Juden, Januar 1942, ZIH, Ring. I/942
11 Głowacki, »Ukarana zbrodnia NKWD?«.

12 Studnicki, *Rządy Rosji Sowieckiej we Wschodniej Polsce 1939–1941*, S. 46 f.
13 Węgierski, *Lwów pod okupacją sowiecką 1939–1941*, S. 269.
14 Aufzeichnungen eines anonymen Juden, Lemberg 1941 (Anfang 1942?), ZIH, Ring. I/427, S. 1.
15 Friedman, *Zagłada Żydów lwowskich*, S. 5.
16 Bericht von Jakob Zajad, 30. Dezember 1946, ZIH, 301/2166.
17 Bericht von Pinches Fingerhut, 8. Dezember 1946, ZIH, 301/2168.
18 Pinchuk, *Shtetl Jews under Soviet Rule*, S. 121.
19 EM Nr. 10, 2. Juli 1941, BA, R 58/214, Bl. 48.
20 EM Nr. 13, 5. Juli 1941, BA, R 58/214, Bl. 77 f.
21 EM Nr. 24, 16. Juli 1941, BA, R 58/214, Bl. 188.
22 Pinchuk, *Shtetl Jews under Soviet Rule*, S. 123–126, Zitat auf S. 125.
23 Augenzeugenbericht von Erna Klinger, ZIH, 302/201, S. 4.
24 Zit. in Pinchuk, *Shtetl Jews under Soviet Rule*, S. 98.
25 Zit. in Pohl, *Nationalsozialistische Judenverfolgung in Ostgalizien*, S. 57.
26 Ebd.
27 Auszugsweise Abschrift aus dem Bericht der Gruppe GFP 711 vom 7. Juli 1941, BA-MA, RW 2/v. 149, Bl. 137.
28 Anczarski, *Kronikarskie zapisy*, S. 180 f.
29 Tennenbaum, *Zloczow Memoir*, S. 169.
30 Aufzeichnungen eines anonymen Juden, Lemberg 1941, ZIH, Ring. I/427, S. 10.
31 Anczarski, *Kronikarskie zapisy*, S. 187.
32 Ebd., S. 194 f.
33 EM Nr. 43, 5. August 1941, BA, R 58/215, Bl. 160.
34 Interview mit Grzegorz Małecki.
35 Interview mit Meinrad von Ow.
36 Klee/Dreßen/Rieß (Hg.), »*Schöne Zeiten*«, S. 92.

Brutalisierung des Krieges und Radikalisierung der Judenverfolgung

1 Dieses Phänomen ist keineswegs spezifisch ukrainisch oder polnisch. Viele Menschen stellen das eigene Leiden in den Vordergrund und übersehen das der anderen. Gleichzeitig neigen sie dazu, die tatsächlichen und angeblichen Vergehen oder Verbrechen anderer pauschal der ganzen Gruppe anzulasten. Beispielsweise berichten viele Holocaustüberlebende aus Polen von polnischen Erpressern, Denunzianten und Kriegsgewinnlern. Gleichzeitig übersehen sie aber, daß das polnische Volk sowohl während der deutschen als auch während der sowjetischen Besatzung erhebliche Verluste an Menschen und Material erlitten hatte.

2 Feldpostbrief des Gefreiten L. B., 28. September 1941, BfZ, Sammlung Sterz.

3 Im Westen gab es zu dieser Zeit praktisch keinen bewaffneten Widerstand. In Polen galt die polnische Intelligenz als Träger der polnischen Widerstandsbewegung. Bis 1942 wurden im deutsch besetzten Polen ohnehin nur wenige bewaffnete Aktionen durchgeführt.

4 Bömmelburg/Musial, *Die deutsche Besatzungspolitik in Polen 1939–1945*, S. 53–55.

5 Besprechung über Kriegsziele im Krieg gegen die UdSSR, 16. Juli 1941, Notizen Bormanns, in: IMG, Bd. 38, S. 86–94.

6 Oggoreck, *Die Einsatzgruppen und die »Genesis der Endlösung«*, S. 176.

Ungedruckte Quellen

Bundesrepublik Deutschland

Bibliothek für Zeitgeschichte, Stuttgart: Sammlung Sterz (Feldpostbriefe)

Bundesarchiv, Berlin: R 58 Reichssicherheitshauptamt: Ereignismeldungen UdSSR; SD-Berichte zu Inlandfragen (Meldungen aus dem Reich)

Bundesarchiv, Militärarchiv Freiburg i. Br.: RH 20–21 (Armee-Oberkommandos), RH 24 (Generalkommandos der Armeekorps), RH 26 (Divisionen), RH 28 (Gebirgsdivisionen), RW 2 (Wehrmachtsuntersuchungsstelle), WF 03

Niedersächsisches Staatsarchiv in Osnabrück: Bestand, Slg 55 Feldpostbriefe.

Republik Polen

Archiwum Wschodnie, Warszawa, Ośrodek Karta (Ostarchiv, Warschau): II/4 (NKWD-Dokumente: Evakuierung der Gefängnisse im Sommer 1941, Kopien); Relacje (Berichte); Instytut Hoovera, Fotosammlung

Okręgowa Komisja Badania Zbrodni przeciw Narodowi Polskiemu w Łodzi (Bezirkskommission zur Untersuchung der Verbrechen am Polnischen Volk in Łódź): Ermittlungsakten: S 25/92/NK (Minsk), S 1/91/NK (Berezwecz), KO 106/92/NK (Borysław), S 25/92/NK (Czerwień/Ihuman), S 10/91/NK (Czortków), S 32/92/NK (Dobromil und Przemyśl), S 8/91/NK (Drohobycz), S 28/92/NK (Dubno), KO 2/91/NK (Grodno), KO 31/90/S (Kamionka Strumiłowa), KO 9/90/S (Lida), S 9/91/NK (Lwów), S 6/91/NK (Łuck), S 3/91/NK (Oszmiana), S 7/91/NK (Sambor), S 2/91/NK (Wilejka), KO 50/90S (Stryj), KO 53/90/S (Tarnopol), KO 9/91/NK (Wilno), KO 9/90/S (Włodzimierz Wołyński), S 4/91/NK (Wołożyn), S 5/91/NK (Złoczów), KO 225/91/NK (Żółkiew)

Żydowski Instytut Historyczny (Jüdisches Historisches Institut), Warschau: Bestand 301 (Relacje), 302 (Erinnerungen und Tagebücher), Ring. I (Ringelblum-Archiv); 229 (Teka Lwowska)

Interviews, Auskünfte, Manuskripte und zeitgenössische Presse

Interviews

Miroslava Babinska (24./25. September 1998); Władysława Bernatt (8. Juli 1998); Czesław Blicharski (12. Juli 1998); Witold Czerny (11. Juli 1998, 3. März 2000); Witold Dębowski (25. September 1998); Kazimiera Dobrzenicka (26. September 1998); Inna Feduschtschak (27. September 1998, 4./5. März 2000); Carl und Irena Horowitz (2. September 1998, telefonisch); Walter Jung (21. Juli 1999); Danuta Karpińska (21. August 1998); Jan Kowalski (6. März 2000); Stefania Kowicka (20. August 1998, 3. März 2000); Józef Kreta (6. August 1998); Władysław Krutnik (23. September 1998); Wasyl Kuwalek (25. September 1998, 5. März 2000); Roman-Bolesław Maćkówka (11. Juli 1998); Władysława Madej (9. August 1998); Bolesław Majer (23.–27. September 1998, 6. März 2000); Grzegorz Małecki (11. Juli, 28. September 1998); Irena Nowicka-Ogrodowczyk (10. Juli 1998); Meinrad Freiherr von Ow (21. Februar 1999); Jerzy Pilecki (26. Juli 1998); Stanisław Piotrowski (27. August 1999); Władysława Rudzka (24.–26. September 1998); Joanna Stankiewicz-Januszczak (17. August 1999); Adolf Świdrak (21. August 1998); Edward Szul (17. Februar 2000); Leontyna Terlecka (21. August 1998, 6. März 2000); Jan Trznadel (6. März 2000); Shlomo Wolkowicz (13. Mai 1999)

Unveröffentlichte Manuskripte

Blicharski, Czesław: »Wspomnienia« (Erinnerungen, Aufzeichnungen aus den Jahren 1939–1945)

Klawonisz, J.: »Czerwiec 1941 w Samborze« (Manuskript), Wrocław 1989
Stankiewicz-Januszczak, Joanna: »Dziś mowię ludziom, co mówiłam Bogu« (Aufzeichnungen aus dem Sommer 1941 und Erinnerungen)

Zeitgenössische Presse

Gazeta Lwowska, Krakauer Zeitung, Neue Zürcher Zeitung, Nowy Kurier Warszawski, The Times, Völkischer Beobachter

Bücher

Agresja sowiecka na Polskę w świetle Dokumentów. 17 września 1939, Bd. 1: *Geneza i skutki agresjii,* Warschau 1994
Anczarski, Józef: *Kronikarskie zapisy z lat cierpień i grozy w Małopolsce Wschodniej 1939–1946,* Lwów/Krakau 1998
Armstrong, John: *Ukrainian Nationalism 1939–1945,* New York 1955
Bartov, Omar: *Hitlers Wehrmacht. Soldaten, Fanatismus und die Brutalisierung des Krieges,* Reinbek 1999
Bialas, Iwan: *Represywno-karalna systema w Ukrajini 1917–1953. Suspilno-politycznyj ta prawowyj analiz w dwoch knyhach,* Kiew 1994
Blicharski, Czesław: *Tarnopolanie na starym ojców szlaku,* Biskupice 1994
Brehm, Bruno: *Aus der Reitschul'!,* Graz 1951
Courtois, Stéphane u. a. (Hg.): *Das Schwarzbuch des Kommunismus. Unterdrückung, Verbrechen und Terror,* München/Zürich 1998
Dobroszycki, Lucjan/Gurock, Jeffrey S. (Hg.): *The Holocaust in the Soviet Union. Studies and Sources on the Destruction of the Jews in the Nazi-Occupied Territories of the USSR, 1941–1945,* New York 1993
Drogi Śmierci. Ewakuacja więzień sowieckich z Kresów Wschodnich II Rzeczpospolitej w czerwcu i lipcu 1941, hg. von Krzysztof Popiński, Aleksander Kokurin und Aleksander Gurjanow, Warschau 1995
Druznikow, Jurij: *Rosyjskie Mity,* Warschau 2000

Feldpostbriefe aus dem Osten. Deutsche Soldaten sehen die Sowjetunion, hg. von Wolfgang Diewerge, Berlin 1941
Fijałkowska, Barbara: *Borejsza i Różański. Przyczynek do dziejów stalinizmu w Polsce,* Olsztyn 1995
Friedman, Filip: *Zagłada Żydów lwowskich,* Łódz 1945
Głowacki, Albin: *Sowieci wobec Polaków na ziemiach wchodnich II Rzeczpospolitej 1939–1941,* Łódz 1997
Goebbels, Joseph: *Die Tagebücher von Joseph Goebbels. Sämtliche Fragmente,* hg. von Elke Fröhlich, München/New York/Paris:
Teil I: *Aufzeichnungen 1924–1941,* Bd. 4, 1987
Teil II: *Diktate 1941–1945,* Bde. 1 und 2, 1987
Gross, Jan Tomasz: *Upiorna Dekada. Trzy eseje o stereotypach na temat Żydów, Polaków, Niemców i Komunistów 1939–1948,* Krakau 1998
– : *Saşidzi. Historia zagłady żydowskiego miasteczka,* Sejny 2000.
– /Grudzinska-Gross, J. (Hg.): *»W czterdziestym nas matko na Sybir zesłali …«. Polska a Rosja 1939–1941,* London 1983
Grynberg, Henryk: *Kinder Zions. Dokumentarische Erzählung,* Leipzig 1995
Gutman, Yisrael/Krakowski, Shmuel: *Unequal victims. Poles and Jews during World War Two,* New York 1986
Haumann, Heiko: *Geschichte der Ostjuden,* 1991
Hilberg, Raul: *Die Vernichtung der europäischen Juden,* Frankfurt am Main 1990
Hitler, Adolf: *Mein Kampf,* München 1942
Horowitz, Irene and Carl: *Of Human Agony,* New York 1992
– : *Holocaust Revisited,* New York 1993
Jahn, Peter/Rürup, Reinhard (Hg.), *Erobern und Vernichten. Der Krieg gegen die Sowjetunion 1941–1945,* Berlin 1991
Jansen, Hans: *Der Madagaskar-Plan. Die beabsichtigte Deportation der europäischen Juden nach Madagaskar,* München 1992
Jasiewicz, Krzysztof: *Zagłada polskich Kresów. Ziemiaństwo polskie na Kresach Północno-Wschodnich Rzeczypospolitej pod okupacją sowiecką 1939–1941,* Warschau 1997
Katyń. Dokumenty ludobójstwa. Dokumenty i materiały archiwalne przekazane Polsce 14 października 1992 r., Warschau 1992
Klee, Ernst/Dreßen, Willi/Rieß, Volker (Hg.): *»Schöne Zeiten«. Judenmord aus der Sicht der Täter und Gaffer,* Frankfurt am Main 1988
Knopp, Guido: *Der verdammte Krieg. »Unternehmen Barbarossa«. Überfall auf die Sowjetunion 1939–1941,* München 1991

Kowalska, Ewa: *Przeżyć, aby wrócić! Polscy zesłańcy lat 1940–1941 w ZSRR i ich losy do roku 1946,* Warschau 1998
Krausnik, Helmut: *Hitlers Einsatzgruppen. Die Truppe des Weltanschauungskrieges 1938–1942,* Frankfurt am Main 1985
Kravchenko, Victor A.: *Ich wählte die Freiheit. Das private und politische Leben eines Sowjetbeamten,* Zürich 1947
Latzel, Klaus: *Deutsche Soldaten – nationalistischer Krieg? Kriegserlebnis – Kriegserfahrung 1939–1945,* Paderborn u. a. 1998
Listy katyńskiej ciąg dalszy. Straceni na Ukrainie. Lista obywateli polskich zamordowanych na Ukrainie na podstawie decyzji Biura Politycznego WKP (b) i naczelnych władz państwowych ZSRR z 5 marca 1940 roku, Warschau 1994
Longerich, Peter (Hg.): *Die Ermordung der europäischen Juden. Eine umfassende Dokumentation des Holocaust 1941–1945,* München/Zürich 1989
Łuczak, Czesław: *Polska i Polacy w Drugiej Wojnie Swiatowej,* Poznań 1993
Lukas, Richard C.: *The Forgotten Holocaust. The Poles under German Occupation 1939–1944,* Lexington, Kentucky, 1986
Marcus, Josef: *Social and Political History of the Jews in Poland, 1919–1939,* Berlin/New York/Amsterdam 1983
Motyka, Grzegorz: *Tak było w Bieszczadach. Walki polsko-ukraińskie 1943–1948,* Warschau 1999
Nagler, Hermina: *Kazachstańskie noce,* London 1958
Novick, Peter: *The Holocaust in American Life,* Boston/New York 1999
Ogorreck, Ralf: *Die Einsatzgruppen und die »Genesis der Endlösung«,* Berlin 1996
Ossowska, Wanda: *Przeżyłam ...,* Warschau 1990
Ostrowski, R.: *Ternopil – pohlad kriz stolitia,* Tarnopol 1992
Parrish, Michael: *The Lesser Terror. Soviet State Security, 1939–1953,* Westport 1996
Pätzold, Kurt/Rosenfeld, Günter (Hg.): *Sowjetstern und Hakenkreuz 1938–1941, Dokumente zu den deutsch-sowjetischen Beziehungen,* Berlin 1990
Pinchuk, Ben-Cion: *Shtetl Jews under Soviet Rule. Eastern Poland on the Eve of the Holocaust,* Oxford 1990
Podhorecki, Leszek: *Dzieje Lwowa,* Warschau 1993
Pohl, Dieter: *Nationalsozialistische Judenverfolgung in Ostgalizien 1941 bis 1944. Organisation und Durchführung eines staatlichen Massenverbrechens,* München 1996

Prawdzic-Szlaski, Janusz: *Nowogrodzkie w walce 1940–1945*, London 1976
Ringelblum, Emanuel: *Ghetto Warschau. Tagebücher aus dem Chaos*, Stuttgart-Degerloch 1967
Sandkühler, Thomas: *»Endlösung« in Galizien. Der Judenmord in Ostpolen und die Rettungsinitiativen von Berthold Beitz 1941–1944*, Bonn 1996
Stankiewicz-Januszczak, Joanna: *Marsz Śmierci. Ewakuacja więźniów z Mińska do Czerwieni 24–27 czerwca 1941 r.*, Warschau 1999
Steinlauf, Michael C.: *Bondage to the Dead. Poland and the Memory of the Holocaust*, Syracuse, New York, 1997
Strauß, Franz Josef: *Die Erinnerungen*, Berlin 1998
Strzembosz, Tomasz (Hg.): *Okupacja sowiecka (1939–1941) w świetle tajnych dokumentów. Obywatele polscy na kresach północno-wschodnich II Rzeczypospolitej pod okupacją sowiecką w latach 1939–1941*, Warschau 1996
– (Hg.): *Studja z dziejów okupacji sowieckiej (1939–1941). Obywatele polscy na kresach północno-wschodnich II Rzeczypospolitej pod okupacją sowiecką w latach 1939–1941*, Warschau 1997
Studnicki, Władysław: *Rządy Rosji Sowieckiej we Wschodniej Polsce 1939–1941*, (Selbstverlag) Warschau 1943
Szawłowski, Ryszard: *Wojna polsko-sowiecka 1939*, 2 Bde., Warschau ^{3}1997
Sztelnicki, Wacław: *Trembowola. Kresowy Bastion Wiary i Polskości*, Wrocław 1992
Tennenbaum, Samuel Lipa: *Zloczow. Memoir. A Chronicle of Survival*, New York 1986
Torzecki, Ryszard: *Polacy i Ukraińcy. Sprawa ukraińska w czasie II wojny światowej na terenie II Rzeczpospolitej*, Warschau 1993
Ueberschär, Gerd R./Wette, Wolfram (Hg.): *»Unternehmen Barbarossa«. Der deutsche Überfall auf die Sowjetunion 1941. Berichte, Analysen, Dokumente*, Paderborn 1984
Węgierski, Jerzy: *Lwów pod okupacją sowiecką 1939–1941*, Warschau 1991
Wegner-Korfes, Siegrid: *Weimar – Stalingrad – Berlin. Das Leben des deutschen Generals Otto Korfes*, Berlin 1994
Wierzbicki, Marek: *Polacy i Białorusini w zaborze sowieckim. Stosunki polsko-białoruskie na ziemiach północno-wschodnich II Rzeczpospolitej pod okupacją sowiecką 1939–1941*, Warschau 2000
Wierzbicki, Piotr: *Struktura kłamstwa*, London 1987

Wolkowicz, Shlomo: *Das Grab bei Zloczow. Geschichte meines Überlebens. Galizien 1939–1945,* Berlin 1996
Wood, E. Thomas/Jankowski, M. Stanisław: *Jan Karski. Einer gegen den Holocaust. Als Kurier in geheimer Mission,* Gerlingen 1997
»Zachodnia Białoruś«. 17. IX 1939 – 22 VI 1941. Wydarzenia i losy ludzkie. Rok 1939, Warschau 1998
Zbrodnia katyńska w świetle dokumentów, Łódź 1981
Zbrodnicza ewakuacja więzień i aresztów NKWD na Kresach Wschodnich II Rzeczypospolitej w czerwcu – lipcu 1941 roku, Warschau 1997

Artikel

Bömmelburg, Hans-Jürgen/Musial, Bogdan: »Die deutsche Besatzungspolitik in Polen 1939–1945«, in: *Deutsch-polnische Beziehungen 1939–1945–1949,* hrsg. von Włodzimierz Borodziej und Klaus Ziemer, Osnabrück 2000, S. 53–55
Bronsztejn, Szyja: »Polish-Jewish Relations as Reflected in Memoirs of the Interwar Period«, in: *Polin,* Bd. 8 (1994), S. 81 f.
Cala, Alina: »The Social Consciousness of Young Jews in Interwar Poland«, in: *Polin,* Bd. 8 (1994), S. 57–60
Chackiewicz, A. F.: »Aresztowania i deportacje ludności zachodnich obszarów Białorusi (1939–1941)«, in: *Polska – Białoruś 1918–1945,* Warschau 1994
Głowacki, Albin: »Jeńcy polscy w ZSRR, wrzesień 1939 – lipiec 1941«, in: *Wojskowy Przegląd Historyczny* 3/1992
– : »Jeńcy polscy w rowieńskim i lwowskim obozie pracy NKWD (wrzesień 1939 r. – kwiecien 1941 r.)«, in: *BGKBZpNP* 38 (1995), S. 223–235
– : »Ukarana zbrodnia NKWD?«, in: ebd., S. 236–240
– : »Organizacja i funkcjonowanie więziennictwa NKWD na Kresach Wschodnich II Rzeczpospolitej w latach 1939–1941«, in: *Zbrodnicza ewakuacja,* S. 12–14
– : »Sowiecki aparat represji w Małopolsce Wschodniej in na Wołyniu, 1939–1941«, in: *BGKBZpNP* 40 (1997–1998), S. 281–297
Hlihor, Constantin: »Represiunea sovietică în Basarabia 1940–1941«, in: *Arhivela Totalitarismului* 2/1997, S. 100–110
Hürter, Johannes: »›Es herrschen Sitten und Gebräuche genauso wie

im 30-jährigen Krieg‹. Das erste Jahr des deutsch-sowjetischen Krieges in Dokumenten des Generals Gotthard Heinrici« in: *VfZ* 2/2000, S. 329–403

Jasiński, Alfred: »Borysławska apokalipsa«, in: *Karta* 4/1991, S. 98–114

Kaczyński, Andrzej: »Całopalenie«, in: *Rzeczpospolita,* 5. Mai 2000

Kostrzewa, Paweł: »Ewakuacja więzień i aresztów w wojewodztwie lwowskim latem 1941 r. na przykładzie więzień we Lwowie, Drohobyczu, Dobromilu, Przemyślu, Samborze i Żołkwie«, in: *Zbrodnicza ewakuacja*

Laskowicz, Krystyna: »Strajbataliony«, in: *Karta* 2/1991, S. 106–121

Leinwand, Artur: »Zbrodnie NKWD w Lwowie«, in: *Polska Zbrojna* 124 (28.–30. Juni 1991)

Levin, Dov: »The Jews of Vilna under Soviet Rule, 19 September – 28 October 1939«, in: *Polin,* Bd. 9 (1996)

Liskowacki, Artur D.: »Sambor: Okruchy ...«, in: *Morze i Ziemia* 20 (389) (16.–22. Mai 1990)

Margules, Zaneta: »Moje przeżycia w Tarnopolu podczas wojny«, in: *BZIH* Nr. 36 (1960), S. 62–94

Mendelsohn, Ezra: »Jewish Historiographie on Polish Jewery in the Interwar Period«, in: *Polin,* Bd. 8 (1994), S. 3–13

Mielnik, Andrzej Kazimierz: »Działalność sądów sowieckich w prawobrzeżnym Przemyślu 1940–1941 w świetle dokumentów Sądu Ludowego II dzielnicy«, in: *Rocznik Historyczno-Archiwalny* VII/VIII (1994)

Milch, Baruch: »Mój testament«, in: *Karta* 2/1991, S. 3–56

Monkiewicz, Waldemar: »Białostocki czerwiec«, in: *Sybirak* 13/1995

Motyka, Grzegorz: »Białorusini a Ukraińcy wobec władzy komunistycznej na Kresach Wschodnich II RP w latach 1939–1941«, in Strzembosz (Hg.), *Studja z dziejów okupacji sowieckiej (1939–1941)*

Musial, Bogdan: »Bilder einer Ausstellung. Kritische Anmerkungen zur Wehrmachtsausstellung«, in: *VfZ* 4/1999, S. 563–591

– : The Origins of »Operation Reinhard«. The Decision-Making Process for the Mass Murder of the Jews in the Generalgouvernement, in: *Yad Vashem Studies* 28/2000

Orla-Bukowska, Annamaria: »Shtetl Communities. Another Image«, in: *Polin,* Bd. 8 (1994)

Paczkowski, Andrzej: »Polen, der ›Erbfeind‹«, in Courtois u. a. (Hg.), *Das Schwarzbuch des Kommunismus,* S. 397–510

Paduszyńska, Marianna: »Więzienia NKWD w Oszmianie, Wilejce,

Wołożynie i Mińsku w latach 1939–1941«, in: *Zbrodnicza ewakuacja,* S. 93–103
Petrov, Nikita: »Außergerichtliche Repressionen gegen kriegsgefangene Deutsche 1941 bis 1956«, in Klaus-Dieter Müller u. a. (Hg.), *Die Tragödie der Gefangenschaft in Deutschland und der Sowjetunion 1941–1956,* Böhlau 1998, S. 175–196
Petruitus, Jonas: »Jak oni nas rozstrzelali«, in Stankiewicz-Januszczak, *Marsz Śmierci*
Popiński, Krzysztof: »Ewakuacja więzień kresowych w czerwcu 1941r. na podstawie dokumentacji ›Memorialu‹ i Archiwum Wschodniego«, in: *Zbrodnicza ewakuacja*
Prekerowa, Teresa: »The Jewish Underground and the Polish Underground«, in: *Polin,* Bd. 9 (1996)
Slutsch, Sergej: »Voraussetzungen des ›Hitler-Stalin-Pakts‹. Zur Kontinuität totalitärer Außenpolitik«, in Jahn/Rürup, *Erobern und Vernichten,* S. 65–83
– : »17. September 1939: Der Eintritt der der Sowjetunion in den Zweiten Weltkrieg. Eine historische und völkerrechtliche Bewertung«, in: *Vierteljahreshefte für Zeitgeschichte* 2/2000, S. 219–254.
Tomaszewski, Jerzy: »Book Reviews: Ben-Cion Pinchuk, *Shtetl Jews under Soviet Rule*«, in: *Polin,* Bd. 6
Vǎratec, Viatalie: »Victime ale terorii bolşevice în Basarabia 1940–1941, Cetatea Albǎ«, in: *Arhivela Totalitarismului* 4/1997 (17), S. 88–116
Werth, Nicolas: »Ein Staat gegen sein Volk. Gewalt, Unterdrückung und Terror in der Sowjetunion«, in Courtois u. a. (Hg.), *Das Schwarzbuch des Kommunismus,* S. 51–298
Wierzbicki, Marek: »Stosunki polsko-białoruskie w okresie okupacji sowieckiej ziem północno-wschodnich II Rzeczpospolitej (1939–1941)«, in Tomasz Strzembosz (Hg.), *Studia z dziejów okupacji sowieckiej (1939–1941). Obywatele polscy na kresach północno-wschodnich II Rzeczpospolitej pod okupacją sowiecką w latach 1939–1941,* Warschau 1997, S. 34–44
Żbikowski, Andrzej: »Inny Pogrom«, in: *Karta* 6/1991, S. 130–133
– : »Lokalne pogromy Żydów w czerwcu i lipcu 1941 roku na wschodnich rubieżach II Rzeczpospolitej«, in: *BZIH* 2–3 (162–163) (1992), S. 2–18
– : »Local Anti-Jewish Pogroms in the Occupied Territories of Eastern Poland, June-July 1941«, in Dobroszycki/Gurock (Hg.), *The Holocaust in the Soviet Union,* S. 173–179

Ortsregister

Personenregister

Bildnachweis

AGK, Warschau 9 (Sign. 66818), 20 (Sign. 66833), 21 (Sign. 66832); Archiwum Wschodnie, Warschau 3 (822), 12–14 (Sign. 4483, 1702, 4480), 15–16, 18 (sowjetische Verbrechen in Złoczów, Juli 1941), 17 (Sign. 17821); Bundesarchiv/Militärarchiv, Freiburg 24–27 (Sign. RW 2/149, S. 404, 402, 400, 399); Meinrad von Ow, München 22, 23; Ullstein-Bilderdienst, Berlin 1, 2, 4–8, 11; WFDiF Archiwum Filmowe, Warschau 10, 19 (Sign. II-2/18, II-2/34).